权威·前沿·原创

皮书系列为
"十二五""十三五""十四五"时期国家重点出版物出版专项规划项目

BLUE BOOK

智 库 成 果 出 版 与 传 播 平 台

北京城市治理蓝皮书

BLUE BOOK OF URBAN GOVERNANCE IN BEIJING

北京城市治理研究报告
（2024）

ANNUAL REPORT ON URBAN GOVERNANCE IN BEIJING
(2024)

京津冀协同发展背景下的城市群治理

Urban Agglomeration Governance within the Context of Beijing–Tianjin–Hebei Coordination

主　编／刘永祥
副主编／王业强　赵继新　罗文豪

社会科学文献出版社
SOCIAL SCIENCES ACADEMIC PRESS（CHINA）

图书在版编目（CIP）数据

北京城市治理研究报告 . 2024：京津冀协同发展背景下的城市群治理／刘永祥主编；王业强，赵继新，罗文豪副主编 . --北京：社会科学文献出版社，2024. 12. --（北京城市治理蓝皮书）. -- ISBN 978-7-5228 -4659-0

Ⅰ. F299. 271

中国国家版本馆 CIP 数据核字第 2024UC2074 号

北京城市治理蓝皮书

北京城市治理研究报告（2024）
——京津冀协同发展背景下的城市群治理

主　　　编／刘永祥
副 主 编／王业强　赵继新　罗文豪

出 版 人／冀祥德
责任编辑／陈晴钰　丁阿丽
责任印制／王京美

出　　　版／社会科学文献出版社·皮书分社（010）59367127
　　　　　　地址：北京市北三环中路甲 29 号院华龙大厦　邮编：100029
　　　　　　网址：www. ssap. com. cn
发　　　行／社会科学文献出版社（010）59367028
印　　　装／三河市东方印刷有限公司

规　　　格／开　本：787mm×1092mm　1/16
　　　　　　印　张：30　字　数：449 千字
版　　　次／2024 年 12 月第 1 版　2024 年 12 月第 1 次印刷
书　　　号／ISBN 978-7-5228-4659-0
定　　　价／188.00 元

读者服务电话：4008918866

《北京城市治理研究报告（2024）》
编　委　会

主编简介

刘永祥　北方工业大学经济管理学院教授。主持多项国家自然科学基金项目、北京市教委人文社科项目、北京市教委教改项目等。主编《基础会计》《现代会计纵论》《环境会计应用与企业绩效评价》等著作和教材。1996年被原国家人事部批准为"有突出贡献的中青年科学、技术、管理专家"。2006年获得第二届北京市高等学校教学名师奖，2008年被评为北京市优秀教学团队"会计学专业系列课程教学团队"带头人，2010年被评为北京高校育人标兵。近年来多次被评为北京市课程思政教学名师。主讲的课程"基础会计"2005年被评为北京市精品课程，2007年获北京市精品教材立项，主讲的"会计学原理"被评为北京市优质本科课程。主持并合作完成的"应用导向的会计学专业实践教学体系创新设计与实践"项目获全国商业科技进步三等奖、"工科大学应用导向的会计学专业建设的实践与探索"获北京市高等教育教学成果奖二等奖、"SJ公司股权激励计划"入选全国工商管理专业学位研究生教指委发布的第三届"全国百篇优秀管理案例"。3篇论文先后获中国有色金属协会企业管理优秀论文一、二等奖。

摘　要

　　2014 年 2 月 26 日，习近平总书记视察北京并对京津冀协同发展工作发表重要讲话，亲自谋划、亲自部署、亲自推动这一重大国家战略。京津冀城市群，作为我国北方最大的城市群和国家核心增长极，正逐步成为全球性资源交汇地、国家间政治经济联系节点和控制中心。在京津冀协同发展的国家战略背景下，城市群治理成为实现区域协同发展的关键环节，其核心特征在于将谋划层次从单体城市的治理跃升至城市群的协同治理，充分发挥城市之间的协同力量对于推动高质量发展的加速效应。

　　十年来，京津冀三地始终坚持以人民为中心的发展思想，推动了大规模、快速度、全方位的城市群发展鲜活实践。这样的发展历程在中国城市群发展历史上尚属首次，在国际城市群发展史上也同样非常鲜见。京津冀协同发展战略实施中的城市群治理，蕴含了极强的城市治理中国智慧。在京津冀协同发展战略实施十周年之际，北京城市治理研究基地聚焦"京津冀协同发展背景下的城市群治理"这一主题，充分发挥京津冀三地专家学者智慧力量，旨在深刻挖掘十年来京津冀高质量发展进程中的城市治理智慧。

　　京津冀协同发展战略背景下的城市群治理，是一个典型的系统问题。协同发展的进程中，处处体现着创新、协调、绿色、开放、共享的新发展理念，也反映在功能定位与空间规划、产业结构升级调整、教育医疗交通等公共服务共建共享、生态环境治理优化、科技教育人才一体化推进等方面。有鉴于此，本报告共包括总报告、分报告、协同篇和服务篇，旨在尽可能全方位多角度地描绘京津冀协同发展战略实施十年来城市群治理中的重要经验。

总报告系统梳理了新中国成立以来北京城市治理的发展历程，从顶层设计与功能定位、经济基础与产业升级、文化融合、社会治理、生态文明等方面系统回顾了京津冀协同发展战略实施十年来北京城市治理的时代创举。

分报告一进一步强调了系统协同观念，从理论上厘清了首都都市圈的内涵和发展策略；分报告二从科技—经济—生态系统治理效能评估指标与模型着眼，揭示京津冀地区科技创新指数和经济高质量发展指数均保持平稳上升态势，而生态舒适宜居指数从快速上升转变为平稳上升，城市科技—经济—生态协调治理效能迈入优质协调阶段；分报告三则从生产—生活—生态空间的耦合协调出发，借助空间计量分析方法为京津冀城市群生产、生活、生态空间的优化提升提供了建议；分报告四聚焦创新驱动，从创新要素、基础设施、治理体系、空间布局、空间品质和智慧升级等方面为创新驱动京津冀发展新格局提供对策建议。

协同篇重在考察京津冀协同发展战略实施十年来如何实现高质量协同发展，七份报告分别从跨域创新网络、公共数字文化服务产业、医疗卫生和区域养老服务、健康协同、立法协同、人才高地建设等不同角度入手，探析协同何以实现，如何进一步优化推动协同治理。研究发现，京津冀地区在创新、文化、医疗、养老、健康立法、人才等领域的协同治理取得快速发展和显著成效，但也都存在一定程度的不平衡问题，并由此提出了一系列有针对性的建议。

服务篇立足于公共服务均等化这一实现京津冀协同发展的重要目标，涉及就业、医疗、教育、养老、环境治理等多个民生领域。报告既从总体角度概览京津冀基本公共服务均等化方面取得的进展，也分别从空间环境舒适度治理、全民健身公共服务设施、养老服务消费、都市圈通勤治理、地摊经济等多个不同角度入手，细致分析了京津冀地区公共服务均等化的发展现状及面临的机遇和挑战。

毋庸置疑的是，京津冀协同发展背景下的城市群治理，是一项长期而复杂的任务。党的二十届三中全会审议通过的《关于进一步全面深化改革 推进中国式现代化的决定》明确提出，要完善实施区域协同发展战略机制，推动京津冀地区更好发挥高质量发展动力源作用。过去十年京津冀协同发展取得的成绩令人欣喜，未来各个领域将面临更大的机遇和更加艰巨的任务。

关键词：　城市治理　高质量发展　京津冀协同发展

Abstract

On February 26, 2014, General Secretary Xi Jinping inspected Beijing and delivered an important speech on the coordinated development of Beijing-Tianjin-Hebei, personally planning, deploying, and promoting this major national strategy. The Beijing-Tianjin-Hebei urban agglomeration, as the largest urban agglomeration in northern China and a core growth pole of the country, is gradually becoming a global hub for resource convergence, a node for political and economic ties between nations, and a control center. Against the backdrop of the national strategy for the coordinated development of Beijing-Tianjin-Hebei, urban agglomeration governance has become a crucial link in achieving regional coordinated development. Its core feature lies in elevating the planning level from the governance of individual cities to the coordinated governance of urban agglomerations, fully leveraging the accelerating effect of inter-city synergies on high-quality development.

Over the past decade, Beijing, Tianjin, and Hebei have thoroughly implemented the concept of high-quality development and consistently adhered to the people-centered development philosophy. Such a development trajectory is unprecedented in the history of urban agglomeration development in China and is also rare in the international context. Urban agglomeration governance in the implementation of the Beijing-Tianjin-Hebei coordinated development strategy embodies profound Chinese wisdom, experience, and models in urban governance. On the occasion of the 10th anniversary of the implementation of the Beijing-Tianjin-Hebei coordinated development strategy, the Beijing Urban Governance Research Base at NCUT focuses on the theme of " Megacity Agglomeration Governance in the Context of the 10th Anniversary of the

Implementation of the Beijing-Tianjin-Hebei Coordinated Development Strategy" .
It aims to tap into the urban governance wisdom accumulated during the high-quality development process of Beijing-Tianjin-Hebei over the past decade by leveraging the expertise and insights of scholars and experts from the three regions.

The governance of megacity agglomerations against the backdrop of the Beijing-Tianjin-Hebei coordinated development strategy is a quintessential systemic issue. Throughout the process of coordinated development, the new development concepts of innovation, coordination, green development, openness, and inclusiveness are embodied everywhere. These concepts are reflected in various aspects such as functional positioning and spatial planning, upgrading and adjustment of industrial structures, joint construction and sharing of public services like education, healthcare, and transportation, optimization of ecological environment governance, and integrated promotion of science, technology, education, and talent development. In light of this, this report comprises general report, topical reports, and research reports categorized into two sections focusing on collaboration and services. The aim is to provide a comprehensive and multi-angled portrayal of the academic and practical experiences in urban agglomeration governance since the 10th anniversary of the implementation of the Beijing-Tianjin-Hebei coordinated development strategy.

General report systematically traces the development of urban governance in Beijing since the founding of the People's Republic of China, with a special focus on the pioneering initiatives in Beijing's urban governance over the past decade since the implementation of the Beijing-Tianjin-Hebei coordinated development strategy. This review covers top-level design and functional positioning, economic foundation and industrial upgrading, cultural integration, social governance, ecological civilization.

The first report further emphasizes the concept of systemic coordination and theoretically clarifies the components and development strategies of the capital city metropolitan area. The second report examines the evaluation indicators and models for science-technology-economy-ecology system governance, revealing that both the science and technology innovation index and the high-quality economic development index in the Beijing-Tianjin-Hebei region have maintained a steady upward trend. Meanwhile, the ecological comfort and livability index has shifted from rapid to steady growth, and the urban science-technology-economy-ecology coordination index has entered a stage of high-quality coordination. The third report, starting from the coupling and coordination of production-living-ecological spaces, provides effective suggestions for optimizing and enhancing these spaces in the Beijing-Tianjin-Hebei urban agglomeration through spatial econometric analysis. The fourth report focuses on innovation-driven development, offering countermeasures and suggestions for fostering a new pattern of innovation-driven development in the Beijing-Tianjin-Hebei region in terms of innovation factors, infrastructure, governance systems, spatial layout, and smart upgrades.

The "Collaboration" section focuses on examining how the Beijing-Tianjin-Hebei region has achieved high-quality coordinated development over the past decade. Seven reports, each from different perspectives—cross-regional innovation networks, public digital cultural service industries, healthcare, regional elderly care services, collaborative legislation, and the construction of talent hubs for future industries—explore how collaboration is achieved and how collaborative governance can be further optimized. Across these four reports, a consistent finding is that the Beijing-Tianjin-Hebei region has made rapid progress in collaborative governance in innovation, culture, healthcare, and elderly care. However, there are also certain imbalances present to varying degrees. Based on these findings, a series of targeted optimization suggestions are proposed.

The "Service" section focuses on the important goal of achieving equalization of public services in the Beijing-Tianjin-Hebei coordinated development, covering various livelihood areas such as employment, healthcare, education, elderly care, and spatial environmental governance. Based on an overview of the progress made in equalizing basic public services in the Beijing-Tianjin-Hebei region, six reports provide detailed analyses of the current status, new opportunities and challenges of public service equalization in the region from the perspectives of fitness facilities for all, consumption in elderly care services, the capital city metropolitan area, the revitalized street vendor economy.

Undoubtedly, urban agglomeration governance within the context of Beijing-Tianjin-Hebei coordination is a long-term and complex task. The Third Plenary

Session of the 20th Central Committee of the Communist Party of China made the "Decision on Further Comprehensively Deepening Reforms and Advancing Chinese-Style Modernization," which clearly states the need to improve and implement regional coordinated development strategic mechanisms and promote the Beijing-Tianjin-Hebei region to better serve as a driving force for high-quality development. The achievements and developments made over the past decade are encouraging, various fields will face greater and more arduous tasks.

Keywords: City Governance; High-quality Development; Coordinated Development of the Beijing-Tianjin-Hebei Region

目　录

Ⅰ　总报告

Ⅱ　分报告

Ⅲ 协同篇

Ⅳ 服务篇

皮书数据库阅读**使用指南**

CONTENTS ⟍⟩

I　General Report

II　Topical Reports

III   Collaboration Chapters

Ⅳ　Service Chapters

总 报 告

B.1

京津冀协同发展背景下北京城市治理的
历史传承与时代创举

——2024年北京城市治理发展报告

温 泉 方 霁*

摘 要： 城市治理作为现代国家治理体系的重要组成部分，其发展水平是衡量一个城市现代化程度的重要标尺。北京作为全国首个实施减量发展的超大城市，在京津冀协同发展战略指引下，精准锚定全国政治中心、文化中心、国际交往中心、科技创新中心的战略定位和建设国际一流和谐宜居之都的战略目标，开展了一场多领域、深层次、系统化的"疏解整治促提升"行动。京津冀三地通过区域内的资源整合与政策协调，特别是在政治实施上强化顶层设计与政策引领，经济发展上推动产业结构转型升级，文化繁荣上促进文化事业与文化产业双轮驱动，社会建设上加强民生保障与公共服务供给，生态保护上实施蓝天碧水净土保卫战，有效地缓解了环境污染、交通拥

---

* 温泉，北方工业大学马克思主义学院副教授，主要研究方向为马克思主义基本原理、马克思主义中国化；方霁，北方工业大学马克思主义学院讲师，主要研究方向为中共党史党建。

堵、资源分配不均等"大城市病",全方位地推动了城市功能的优化升级。在提升区域竞争力、探索现代化城市治理新模式、构建以首都为核心的国际性城市群等方面,北京城市治理将不断迈向更高水平。

关键词: 京津冀协同　北京　城市治理

习近平总书记指出:"城市治理是国家治理体系和治理能力现代化的重要内容。衣食住行、教育就业、医疗养老、文化体育、生活环境、社会秩序等方面都体现着城市管理水平和服务质量。"①现代化城市是一个由政治系统、经济系统、社会系统、文化系统、生态系统组成的集合体,城市治理的发展水平直接关系到人民的生活福祉和社会的整体进步。在城市治理实践中,京津冀协同发展战略的实施为京津冀三地带来了显著的改变。党的十八大以来,党中央、国务院高度重视区域经济和社会发展,制定并实施一系列重大区域发展战略和决策部署。2014年2月26日,习近平总书记视察北京并就京津冀协同发展工作发表重要讲话,亲自谋划、亲自部署、亲自推动这一重大国家战略。十年来,京津冀三地深入贯彻落实习近平总书记重要讲话和重要指示批示精神,紧密围绕《京津冀协同发展规划纲要》和各领域各阶段重点任务推动工作,坚持新发展理念,遵循城市发展规律,打破"一亩三分地"思维定式,政策链、产业链、创新链深度融合,实现了一张图规划、一盘棋建设、一体化发展,城市治理体系和治理能力现代化水平得到整体提升。

一　新中国成立后北京城市治理的发展

(一)保障民生与促进工业发展(1949~1977年)

1. 调整行政区划,增加北京拥有与统筹的资源数量

从北平和平解放之日起到20世纪60年代初,中央人民政府对北京与河

---

① 中共中央党史和文献研究院编《习近平关于城市工作论述摘编》,中央文献出版社,2023。

北之间的行政区划作了一系列调整，使得北京所管辖的区域大幅扩张。1949年6月，察哈尔省所属昌平县西北旺五个村和长辛店、丰台、门头沟、南苑等地区划属北平市。1952年7月，经华北行政委员会批准，河北省宛平全县和房山县75个村、良乡县三个村划归北京市。1956年2月，河北省昌平县和通县所属七个乡划归北京市。1958年3月，河北省通县、顺义、大兴、良乡、房山五个县和通州市划归北京市。调整后北京市增加土地面积4040平方公里。同年10月，原属河北省的怀柔、密云、平谷、延庆四县又划归北京。1961年，河北省的迁安铁矿区也划归北京市，成为北京市的一块飞地。① 通过将原属河北的各区县并入北京，北京管辖土地面积获得了大幅增长。②

管辖土地面积的增加使得北京市能够拥有与统筹的资源数量得到了大幅增长。首先是水资源，它可以说是当代社会最为重要的一类资源，无论是人们日常生活还是工农业生产都离不开水，水也是当时电力的重要来源之一。新中国成立后，北京开始兴修水利工程，特别是在1957年，北京郊区掀起了声势浩大的水利运动，仅半年多时间，就修好了近百处水库和各种水利工程。③ 其中较大型的当属位于延庆的官厅水库和密云的密云水库。官厅水库于1951年动工，1954年竣工，密云水库则于1958年9月动工兴建，1960年9月基本建成，在南水北调工程之前，北京的工农业生产用水和人民生活用水主要由这两大水库提供，水库上的水电站为北京的工业及居民生活用电作出了重要贡献。④

其次是煤、铁等工业建设所必需的资源。以煤炭为例，丰台、门头沟是重要产煤区，在新中国成立以前就建有大型采煤厂。1948年底平津战役尚在进行时，毛泽东就电令前方，要求人民解放军注意保护那时尚属于河北的

---

① 曾宪植编《世界城市与全球城市区域：北京世界城市的区域经济合作》，知识产权出版社，2012。

② 北京市地方志编纂委员会：《北京志·市政卷 房地产志》，北京出版社，2000。

③ 《地理教学参考资料》（第二十二辑），上海教育出版社，1959。

④ 李桂华、岳博伟：《从"水患"到"水利"——官厅水库的建设历程》，《北京档案》2023年第11期。

这些地区的工业设施,① 可见中共领导人对这些地区的重视。北平解放后,这些地区划归北平,同时人民政府设立煤炭流通工作机构,从这些地区调运煤炭。新中国成立后,北京市政府又通过在该地区铁路沿线新建扩建储煤场所,投资建设机制煤球厂,扩大了煤球的供应范围,建立了比较稳定的煤源基地。② 煤炭的持续供应一方面保障了居民日常生活,另一方面也为工业发展提供了助力。除煤炭外,北京远郊各区县还生产各类矿物性原料、建筑材料、轻工业原料等。例如,密云、怀柔、延庆等地以及北京在河北的飞地迁安都发现有大量的铁矿资源。③ 这些资源都为北京工业生产奠定了基础。

最后是粮食、蔬菜等食品资源。粮食供应对于一地的民生、物价乃至社会稳定都有重要影响。北京郊区有着发展农业的良好条件,耕地面积占全市土地总面积的30%,粮食作物面积占到郊区播种总面积的80%,小麦、玉米、粟、高粱、稻米和薯类等成为北京居民粮食的主要来源。④ 除粮食外,京郊还种有种类丰富的蔬菜和水果,产量相当可观,有些具有很高的出口价值。在畜牧业方面,京郊地区发展多种畜牧业,北京的鸭子更是因其味道鲜美、输出量大而世界闻名。⑤ 这些农产品为供应北京居民的日常所需作出了重要贡献。

2.改善区域间交通状况,促进京津冀之间资源流通

新中国成立后,京津冀对京山、京汉、京绥三大铁路干线进行了养护与升级,提升其运力,加强了京津冀之间的联系。以京山铁路为例,该铁路于1901年建成,起自北京站,经廊坊、天津、唐山、秦皇岛最终至山海关。新中国成立后,对京山铁路进行改造。1954年建成双线,1960年完成自动闭塞工程,大大提升了铁路的运输能力。由此它也成了联系京津冀的重要交通运输干线,成为全国铁路中通行能力最强、客货运业务量最大的线路之

① 中共中央文献研究室编《毛泽东文集》(第五卷),人民出版社,1996。
② 《北京工业志》编委会编《北京工业志·煤炭流通志》,中国科学技术出版社,2006。
③ 《地理教学参考资料》(第二十二辑),上海教育出版社,1959。
④ 《地理教学参考资料》(第二十二辑),上海教育出版社,1959。
⑤ 《地理教学参考资料》(第二十二辑),上海教育出版社,1959。

一。京山铁路北京市境内段长 56 公里，设有北京南、丰台、黄村等站，在铁路沿线设有多条专用线连接厂矿企业。[1] 随着以京山铁路为主干，以铁路上的各条专用线为分支的铁路网的形成，北京与天津、唐山、秦皇岛等城市的联系得到明显加强，物资流通与交换相比以往明显提速。唐山、秦皇岛、天津等地的煤炭、钢铁以及其他工农业产品能够更大量、更快速地运往北京，这既极大地促进了北京工农业发展，也很大程度上保障了北京人民的民生需要。

京津冀铁路交通的发展不仅便利了京津冀之间的资源流通，也大大促进了北京与其他地区的物资流通，进而对北京的城市治理产生重要影响。在粮食供应上，这一点体现得十分明显。随着北京城市人口的不断攀升，北京本地的粮食已经无法满足市民所需，而河北、天津也不是产粮大省，因此北京的粮食供应很大程度上依赖东北产粮区。京山铁路连接着山海关至沈阳、哈尔滨等地的铁路，东三省产粮区所产大米便能够沿着这条铁路线将粮食运至山海关，再由京山铁路运至北京。从这个角度看，京山铁路运输能力的提升对于解决北京地区的粮食供应问题作出了重要贡献。除粮食外，东北的石油，山西、内蒙古的煤炭，以及更远地区的其他各类物资也都要依靠京山、京汉、京绥铁路运往北京，而北京产出的产品也通过这些铁路流向全国各地，这些铁路成为联通北京与全国各个省市的重要"血管"。

除铁路外，京津冀间的公路运输也是联通北京与天津、河北乃至更远地区的重要手段。新中国成立后，北京与天津、河北或新建或在原先的基础上修复了多条公路，包括京张公路（北京—河北张家口）、京石公路（北京—河北石家庄）、京塘公路（北京—天津塘沽）、京原公路（北京—河北涞源）、南廊公路（北京南苑—河北廊坊）、怀丰公路（北京怀柔—河北丰宁）等。这些公路成为北京与河北、天津乃至更远地区沟通的重要通道。以京张公路为例，自 20 世纪 50 年代起，北京与河北多次对该公路进行维修以提高

---

[1]　褚亚平主编《中华人民共和国地名词典　北京市》，商务印书馆，1991。

其运输能力。在三年经济恢复时期，除发动群众义务对公路进行普修外，还有重点地对桥涵、路基进行改建。1963 年，河北省又开展京张公路的油路建设工程，1968 年京张公路全线建成油路。1965 年，河北省在该公路上完成钢筋混凝土板桥和石拱桥 4 座、涵洞 30 道以及路基加宽工程，使京张公路的路况质量和通行能力有了明显的改善和提高。[①]

　　总的来看，从新中国成立到改革开放前，这一时期京津冀之间的协同发展对北京的城市治理产生了一定影响。主要体现在：一方面，重新划分北京与河北的行政区划使得北京能够统筹的资源数量大大增加；另一方面，京津冀之间交通的发展使得北京与天津、河北乃至更远的省份之间的资源流通大大加速。北京既能够利用这些资源满足民生需要，又能实现自身工业发展，完成从消费型城市向生产型城市转型的目标。

（二）促进产业升级（1978~2014年）

1. 京津冀相互协商与帮扶，解决北京用水问题

　　新中国成立后很长一段时间，海河水系是天津市的主要供水来源，然而，自 20 世纪 60 年代开始，受上游水量减少影响，海河的供水能力逐渐减弱。1966 年，北京的密云水库开始向天津供水。但随着北京与天津两地的人口增长与工业快速发展，两大直辖市对水资源需求量都在不断上升，密云水库供水量无法同时满足两大城市需求。20 世纪 70 年代，国务院指示成立京津冀地区供水规划小组，负责研究商定有关三省市供水规划重大问题。经过反复研究后，该小组认为，要根本解决这一问题，还是需要为天津市寻找新的用水来源，于是，"引滦入津"的方案应运而生。所谓"引滦入津"，就是将位于河北省东北部的滦河中的水引入天津。这一方案最早于 1973 年提出，但由于各种原因，这一牵涉京津冀三地供水的核心工程始终无法开工。直到 1981 年 6 月，这一工程才正式动工。

　　引滦入津的施工过程充分体现了京津冀三地的互帮互助、协同共进。修

---

① 河北省交通厅公路史志编写委员会编《当代河北公路》，人民日报出版社，1985。

建尔王庄水库是引滦入津工程中的重要一环，由于是在平原上建水库，围堤屯水，这一工程施工难度很大。为了保证施工效率，按期完成，这项工程由北京机拖公司与天津机拖公司、中国建筑工程六局机拖公司三家单位共同承担。① 三家单位齐头并进使得工程推进得很快，在一年时间内工程即完工。河北在引滦入津工程中更是作出了重要贡献。为满足施工需要，河北省动员了宽城、兴隆、承德、迁西四地近五万农民迁居他乡，并为此做了大量的占地、附着物赔偿和安置工作。② 为使施工队能够按期进场，河北唐山地区主动承担并完成了 50 多公里的黎河整治工程。围绕施工队物资供应、交通运输、沿线队社思想教育等方面，当地政府也都开展了大量工作。③ 经过京津冀三地施工人员两年的奋战，引滦入津最终于 1983 年 9 月完成全部工程，正式通水，滦河水进入天津市的千家万户。④

引滦入津工程的完成不仅很大程度上解决了天津的用水问题，也使北京的供水压力大大减小。引滦入津工程完成前，由于密云水库需要向天津以及河北部分地区供水，对北京的供水能力不足，北京不得不超采地下水，这导致了北京出现地下水位持续下降、部分地区形成降落漏斗、生态环境恶化等问题。⑤ 引滦入津工程完成后，密云水库不再向天津供水，只承担大部分北京城市生活用水及工业用水。⑥ 这也使得其对北京本地的水资源供给更加充足，减轻了北京地区的用水压力，相关的生态环境问题得到了很大程度的缓解。

---

① 《宝坻县水利志》编纂委员会：《天津水利志·宝坻县水利志》，天津科学技术出版社，2001。

② 河北省水利厅：《河北省关于加快移民迁建进度确保两大水库蓄水的安排意见（1983 年 1 月 27 日）》，天津市档案馆：X0156-Y-000015-10，转引自王凛然《20 世纪 80 年代初引滦入津工程的规划与实施》，《当代中国史研究》2017 年第 6 期。

③ 河北省人民政府：《关于协助做好引滦入津工程施工中有关工作的通知（1982 年 2 月 27 日）》，天津市档案馆：X0156-Y-000411-10，转引自王凛然《20 世纪 80 年代初引滦入津工程的规划与实施》，《当代中国史研究》2017 年第 6 期。

④ 王凛然：《20 世纪 80 年代初引滦入津工程的规划与实施》，《当代中国史研究》2017 年第 6 期。

⑤ 任永强：《新时代北京地下水可持续发展工作探究》，《城市地质》2021 年第 2 期。

⑥ 全国水污染防治部际协调小组办公室发布的《水污染防治工作简报》（2018 年第 55 期）。

2.京津冀产业转移与承接，助力北京产业升级

1983年，中共中央、国务院对《北京城市建设总体规划方案》批复十条意见，其中指出要促进高新技术产业和第三产业发展，实现环境效益、经济效益、社会效益统一。自此，北京开始逐步加快高新技术产业与第三产业发展。1993年10月，国务院对《北京城市总体规划（1991年—2010年）》又作了正式批复，对北京经济建设的问题作了指示，要求北京开始不再发展重工业，也不再发展耗能多的工业。市区建设要从外延扩展向调整改造转变。①

将城市发展的重心放在高新技术产业与第三产业上意味着北京原有的第二产业要向外转移，而与北京相邻的河北成了承接北京产业转移的目的地。改革开放以后，尤其是21世纪以来，多家企业由北京迁至河北，其中不乏像首钢集团这样的大型企业。河北方面也为承接产业转移出台相应政策，作了充足准备。以紧邻北京的河北大厂和固安为例，大厂回族自治县的潮白河工业区与北京通州隔河相望，成为北京产业转移的重要目的地。2006年，河北省在此地建立了"大厂北京产业园"，并设立招商引资中心，积极承接北京市的城乡产业转移。固安工业园区提出"规划对接、平台对接、产业对接、环境对接、民生对接"的发展规划，努力承接北京市城乡产业转移，加快"融京"进程。②

北京的诸多第二产业转移至河北，一方面，缓解了北京的大城市病，使得北京的环境污染、交通堵塞等问题相对减轻，例如，首钢搬迁停产后一年内，北京的燃煤量减少326.4万吨，二氧化硫和氮氧化物的排放量分别减少15461.9吨和11849.3吨。③ 另一方面，使得北京能够将更多资源投入高端

---

① 周守高、张桂敏、韩小南、宋天博：《北京城市治理的历史经验和实践探索》，载北京城市治理研究基地、国家未来城市实验室编《北京城市治理研究报告NO.1（2023）》，社会科学文献出版社，2024。

② 张维昊：《北京城乡产业转移的现状分析——基于四大功能区的视角》，《中国商贸》2012年第34期。

③ 联合国可持续发展大会中国筹委会编《中华人民共和国可持续发展国家报告》，人民出版社，2012。

制造业与第三产业中，促进了北京区域内的产业转型升级。

河北承接北京产业转移后，京津冀逐渐形成了初步的产业配套与协同。北京以电子信息、汽车等高新技术产业和现代装备制造业为主，天津依托其沿海港口优势主打加工制造业，河北则主要是原料、重化工业。京津冀都市圈形成了以电子信息和生物制药为核心的高新技术产业，以汽车、制药、电子及通信设备为主的现代制造业和钢铁、石油化工行业构成的主导产业体系。[1] 三地之间相互支撑，共同发展，这种协同在一定程度上促进了北京的产业发展。

3. 京津冀间交通发展，助推北京产业发展

在公路方面，改革开放以来，中国政府投入大量资源在高速公路建设方面，围绕北京建成的高速公路网络也成为联通京津冀的重要通道。中国第一条跨省高速公路便是 1987 年开始修建的京津塘高速公路，该高速始于北京，途经河北廊坊，最后到达天津塘沽。除了京津塘高速公路，还有多条高速公路将北京、天津与河北连接起来，如京台高速公路（北京至河北沧州段）、京港澳高速公路（北京至河北邯郸段）、密涿高速公路（北京密云至河北涿州）等。这些高速公路一方面使京津冀之间的来往更加便捷。以京津塘高速公路为例，这条高速公路使天津到北京的时间大大缩短，在高速公路修成之前，天津到北京需要七八个小时，而在高速公路修通之后，只需要一个半小时便可到达北京，实现当天往返。另一方面，高速公路也为北京等城市吸引了更多的投资。在京津塘高速两侧，建有多个经济技术开发区，著名的北京经济技术开发区便建立在该条高速公路沿线，而且许多知名企业也进驻其中。[2] 这些都推动了北京的产业发展与繁荣。

在铁路方面，改革开放以来中国取得的最亮眼成就便是一系列高速铁路的开通，而京津冀区域的高铁发展在全国范围内也是处于领先地位的。2008年 8 月正式开通的京津城际高铁是国内最早开通运营的高铁之一，它将北京

---

① 肖春梅：《我国工业布局的演变特征、存在问题与优化策略》，《当代经济研究》2011 年第 1 期。

② 《一路连通京津冀，北方这条"黄金通道"你走过没？》，《中国交通报》2018 年 8 月 8 日。

与天津这两大城市之间的通勤时间缩短到了 30 分钟。除此之外，京沪高铁、京广高铁等重要铁路线在河北境内也修建了线路。高铁给城市带来的改变是全方位的。首先，它缩短了北京与天津、河北各个城市之间的时空距离，增强了要素流动和资源整合能力，促进人口的迁徙，带来资本、技术和信息等要素的交流，推动北京的产业布局调整和转型升级。其次，高铁的修建有利于北京高端服务业的发展，城市内部的商贸服务空间、居住休闲空间、产业集聚空间在市场机制下的自然调整会影响到城市整体的产出效率。最后，与高铁相关的服务设施在城市外围的修建也便于城市，如北京向外扩张，形成新的地域发展空间。①

总而言之，改革开放以来，京津冀的协同程度在进一步加深。改革开放初期，京津冀协同解决了城市用水问题，这为三地进一步合作发展奠定了良好基础。在交通方面，京津冀开始在区域交通一体化上持续发力，公路与铁路发展均取得很大成绩，这不仅极大地提升了北京与天津、河北之间各类生产要素流通的速度，同时也为北京带来了新的产业发展机会。在产业发展方面，北京与河北之间还在产业转移与承接上形成了一定的合作关系，由此形成了京津冀一定规模上的产业协同，助力北京的产业升级。不过，不能忽视的是，这一时期京津冀之间的产业协同程度总体上看仍然不高，北京与天津之间产业同质化现象较明显，而北京与河北之间由于两地经济社会发展水平差距较大，产业转移过程中常遭遇一些困境，这些都成为京津冀一体化中亟待解决的问题。

二　京津冀协同发展背景下北京城市治理的时代创举

党的十八大以来，习近平总书记高瞻远瞩，对首都北京的建设与发展倾注了深切关怀。2014 年 2 月，习近平总书记视察北京并发表重要讲话，对

---

① 胡鞍钢、刘生龙：《交通运输、经济增长及溢出效应——基于中国省际数据空间经济计量的结果》，《中国工业经济》2009 年第 5 期。

北京的发展和管理、京津冀协同发展作出重要指示，为北京城市治理的现代化进程注入了强劲动力。北京，作为全国首个实施减量发展的超大城市，精准锚定全国政治中心、文化中心、国际交往中心、科技创新中心的城市战略定位和建设国际一流和谐宜居之都的战略目标，牢牢抓住疏解非首都功能这个"牛鼻子"，有效推动城市功能的优化升级。[①] 北京城市治理的实践，不仅是一场深刻的"疏解整治促提升"行动，更是一场多领域、深层次、系统化的协同治理变革。特别是在政治实施上强化顶层设计与政策引领，经济发展上推动产业结构转型升级，文化繁荣上促进文化事业与文化产业双轮驱动，社会建设上加强民生保障与公共服务供给，生态保护上实施蓝天碧水净土保卫战，全方位地提升了城市治理的专业化水平。通过深化治理创新、精准施策，北京有效缓解了"大城市病"，提升了城市治理效能。过去十年，京津冀三地通过区域内的资源整合与政策协调，在优化北京的城市功能、提升区域竞争力、探索现代化城市治理新模式、构建以首都为核心的国际性城市群等方面不断迈向更高水平。

（一）城市治理的顶层设计与功能定位

北京城市治理的现代化在区域协同发展中占据核心地位，体现了从单一城市管理向复杂城市治理体系的深刻转型。通过科学的顶层设计与精准的功能定位，北京引领并带动着京津冀地区的高质量发展。2014年8月，国务院成立京津冀协同发展领导小组及其办公室，统筹指导推进京津冀协同发展工作。2015年，习近平总书记先后主持召开中央财经领导小组会议和中央政治局会议，研究和审议了《京津冀协同发展规划纲要》。该规划指出了京津冀"以首都为核心的世界级城市群、区域整体协同发展改革引领区、全国创新驱动经济增长新引擎、生态修复环境改善示范区"的整体定位，明确了"功能互补、区域联动、轴向集聚、节点支撑"的总体思路，构建了

---

① 李凤双、张涛、齐雷杰：《精准破题 奋力开拓协同新路——京津冀协同发展十周年观察》，《经济参考报》2024年2月27日。

以"一核、双城、三轴、四区、多节点"为骨架，以重要城市为支点、以战略性功能区平台为载体的空间格局，为区域城市科学、规范、高效地治理指明了方向。①

1. 北京优化提升首都核心功能

北京作为京津冀协同发展的"一核"，定位为"全国政治中心、文化中心、国际交往中心、科技创新中心"，其城市治理的首要任务在于有序疏解非首都功能、优化提升首都核心功能、解决北京"大城市病"问题。② 近年来，北京坚持"双控四降"（控制人口规模、控制建设规模，降低能耗、降低水耗、降低污染物排放、降低碳排放强度），提高"四个服务"（为中央党政军领导机关服务、为国家国际交往服务、为科技和教育发展服务、为改善人民群众生活服务）水平，科学规划并实施了严控增量与疏解存量并举的策略。北京中心城区已累计拆除违法建筑超 8000 万平方米，腾退土地6000 余公顷，市级机关第二批集中搬迁工作顺利完成，35 个部门 1 万余名干部职工迁入城市副中心。③ 通过内部功能重组与向外疏解转移双向推进，北京显著优化了城市空间布局，提升了中央政务功能保障能力，实现了从单一城市扩张向首都整体功能提升的转变。

2. 津冀地区做好承接北京非首都功能疏解工作

天津与北京作为京津冀发展的"两城"，不断强化深层联动，全方位拓展合作广度和深度，加快实现同城化发展，共同发挥高端引领和辐射带动作用。天津拥有滨海新区、自贸试验区、国家级开发区、国家自主创新示范区、综合保税区等产业承载和政策创新优势，其城市发展定位是"全国先进制造研发基地、北方国际航运核心区、金融创新运营示范区、改革开放先行区"，是非首都功能疏解的重要承接地。④ 通过加快"一基地三区"等重

① 刘秉镰、边杨：《京津冀建设中国式现代化先行区、示范区的理论逻辑与路径选择》，《北京社会科学》2024 年第 7 期。
② 《京津冀协同发展》，国家发展和改革委员会网站，2019 年 11 月 27 日，https://www.ndrc.gov.cn/gzl/jjjxtfz/201911/t20191127_1213171.html。
③ 《牢记首都职责使命 全面提高"四个服务"水平》，《北京日报》2023 年 6 月 29 日。
④ 武义青、冷宣荣：《京津冀协同发展十周年回顾与展望》，《经济与管理》2024 年第 3 期。

点承接平台建设，天津有效打通了供需堵点，特别是滨海—中关村科技园的蓬勃发展，不仅吸引了大量北京企业的入驻与科技创新合作，还显著提升了区域经济的联动效应。截至 2023 年底，滨海—中关村科技园累计注册企业近 5000 家，累计为 1009 家北京来津企业提供科技创新服务，吸引京、冀投资额 2305.6 亿元，占全部引进内资的 57.4%，较 2017 年提高 12.0 个百分点，2017 年以来累计突破 1 万亿元（11899.6 亿元），占全部引进内资的一半。天津以其卓越的综合承载能力和服务效能，为北京提升首都功能提供了坚实支撑。①

河北省定位为"全国现代商贸物流重要基地、产业转型升级试验区、新型城镇化与城乡统筹示范区、京津冀生态环境支撑区"，牵牢疏解北京非首都功能这个"牛鼻子"，建立"1+5+4+33"重点承接平台体系，以雄安新区集中承载地为核心，5 个协作平台为重点，4 个特色专业平台和 33 个个性化平台为支撑，综合承载力不断提升。2016 年 5 月，中共中央政治局会议审议《关于规划建设北京城市副中心和研究设立河北雄安新区的有关情况的汇报》，推动河北雄安新区和北京城市副中心"两翼"联动发展，形成"一核两翼"的新格局。2017 年 4 月，党中央、国务院决定设立河北雄安新区，"1+4+26"规划体系［"1"是指以《河北雄安新区规划纲要》为引领，"4"是指《河北雄安新区总体规划（2018—2035 年）》《白洋淀生态环境治理和保护规划（2018—2035 年）》《河北雄安新区起步区控制性规划》《河北雄安新区启动区控制性详细规划》综合性规划，"26"是指支撑新区总体和起步区层面的能源、交通、产业、市政等专项规划］和"1+N"政策体系等一系列顶层设计高水平完成，为新区发展提供了强有力的政策支撑。从新区设立至 2023 年底，重点项目累计完成投资 6570 亿元，累计开发面积 184 平方公里，4017 栋楼宇拔地而起，总建筑面积达 4370 万平方米，新建地下管廊 141 公里。央企累计在雄安新区设立各类分支机构 200 多家，

---

① 北京市统计局：《协同发展十年路 京畿大地启新章——数说京津冀协同发展十年成效系列之综合篇》，北京市人民政府网站，2024 年 2 月 19 日，https://www.beijing.gov.cn/gongkai/shuju/shudu/202402/t20240219_3565151.html。

首批疏解的4家央企总部、4所高校加快建设，中国移动、中国联通、中国电信互联网产业园等一批市场化疏解项目加速推进，为区域高质量发展注入了强劲动力。2023年7月，京津冀协同发展联合工作办公室，在北京集中办公。三地建立起四级协同工作机制，衔接更紧密、联动更高效、政策路径更清晰。

（二）城市治理的经济基础与产业升级

京津冀协同发展是打造新的首都经济圈、推进区域发展体制机制创新的需要，也是实现优势互补、促进环渤海经济区发展、带动北方腹地发展的重要途径。北京以其独特的战略地位和经济实力，引领着区域经济总量与产业结构的双重提升，彰显了现代化城市治理能力与效率的深度革新。

1. 经济跃升与城市治理的双向赋能

党的十八大以来，京津冀作为新的区域增长极蓬勃发展，发展韧性持续增强，经济总量连跨五个万亿元台阶，GDP规模从5万亿元增至10万亿元，成为驱动中国经济版图重构的重要力量。2023年京津冀地区生产总值超过10.4万亿元（见图1），按现价计算，是2013年的1.9倍；三地分别为43760.7亿元、16737.3亿元和43944.1亿元，是2013年的2.2倍、1.7倍和1.8倍，按不变价格计算，分别较上年增长5.2%、4.3%和5.5%，增速较2022年分别提高4.5个、3.3个和1.7个百分点。2024年第一季度，京津冀实现地区生产总值约2.5万亿元，北京、天津、河北分别为10581.4亿元、3890.1亿元和10454.0亿元，按不变价格计算，分别比上年同期增长6.0%、5.3%和5.6%，比上年全年分别加快0.8个、1.0个和0.1个百分点（见图2）。[①] 在波澜壮阔的发展浪潮中，北京作为核心城市，其经济总量的快速增长尤为引人注目，从2013年的不足2万亿元增长至2023年的43760.7亿元，不仅彰显了北京作为首都的经济实力，更为区域协同发展提供了强劲动力。在这一经济跃升的背后，是北京城市治理能力的显著提升与

---

① 《京津冀经济回升向好 协同发展开创新局面》，北京市统计局网站，2024年5月23日，https://tjj.beijing.gov.cn/zxfbu/202405/t20240523_3691745.html。

治理模式的不断创新。北京通过构建高效、精准的城市治理体系，实现了经济发展与城市治理的紧密协同。政府利用大数据、云计算等现代信息技术手段，对城市运行进行全方位、全天候的监测与管理，有效提升了城市管理效率和服务水平。同时，北京还注重推动社会治理创新，鼓励社会力量参与城市治理，形成了政府主导、社会协同、公众参与的城市治理新格局。

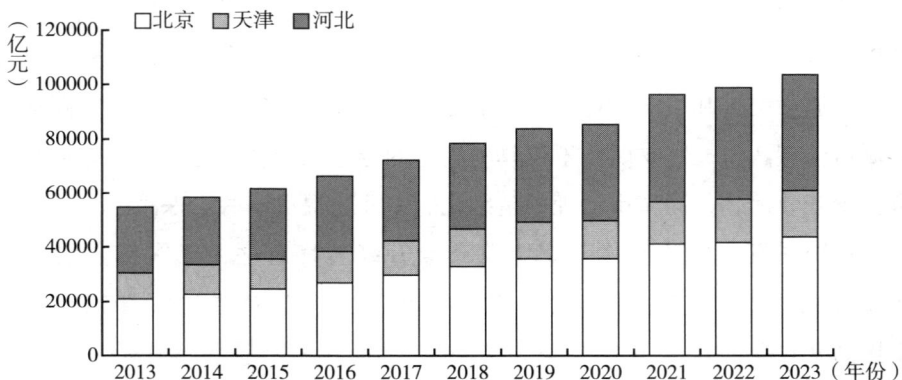

图1　2013~2023年京津冀三地地区生产总值

注：2013~2022年京津冀三地地区生产总值为最终核实数，2023年为初步核算数。
资料来源：北京市统计局。

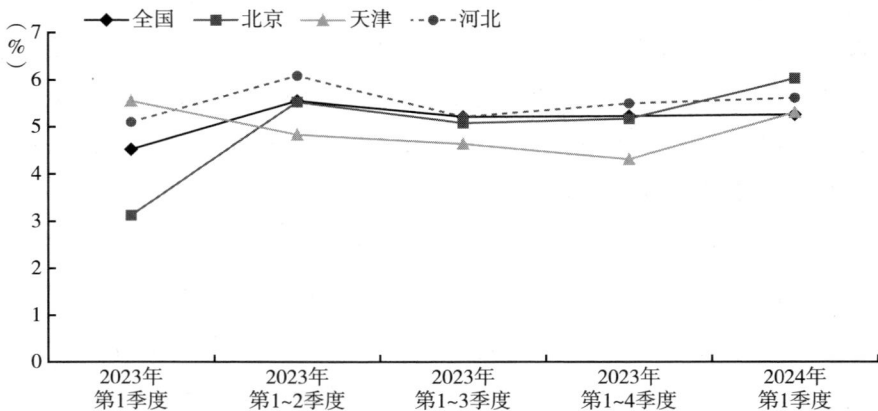

图2　2023年第一季度至2024年第一季度全国、京津冀三地地区生产总值增速

资料来源：北京市统计局。

2. 产业升级与城市治理的深度融合

京津冀协同发展的关键在于产业结构的优化升级与区域经济的深度融合。在这一进程中，北京凭借其丰富的创新资源和雄厚的科技实力，成为产业升级的领头羊。第三产业特别是现代服务业和高新技术产业的蓬勃发展，不仅推动了北京经济结构的持续优化，也为城市治理带来了新的挑战与机遇。北京通过推动科技创新与产业融合，加速了科技成果的转化与应用，为城市治理提供了强大的技术支撑。同时，北京还注重提升城市治理的专业化水平，通过引进和培养专业人才、加强专业培训等措施，打造了一支高素质的城市治理队伍。这支队伍不仅具备扎实的专业知识和技能，还具备强烈的责任感和使命感，为城市治理的精细化、专业化提供了有力保障。

在协同发展的进程中，京津冀产业升级转移有序，三次产业结构由2013年的6.2：35.7：58.1变为2023年的4.6：27.7：67.7，第三产业比重提高9.6个百分点（见图3）。① 其中，北京第三产业占比保持在八成以上，天津占比超六成，河北突破五成且提升最快，三地第三产业比重较2013年分别提高5.3个、8.6个和11.4个百分点。新兴经济快速发展，北京数字经济增加值从2015年的8719.4亿元增加到2023年的18766.7亿元，占地区生产总值的比重为42.9%，提高7.7个百分点；天津高技术制造业占规模以上工业增加值的比重为13.7%，较2014年提高1.4个百分点；河北规模以上高新技术产业占规模以上工业增加值的比重为21.4%，比2013年提高9.6个百分点。三地高技术服务业营业收入持续增长，较2019年三地均增长20%以上。

3. 科技创新与城市治理的互促共进

习近平总书记在深入推进京津冀协同发展座谈会上的讲话，为京津冀未来的发展指明了方向。作为引领全国高质量发展的三大重要动力源之一，京津冀区域正以前所未有的力度推进协同创新和产业协作。在这一背景下，北

---

① 《京津冀协同发展十年 三地创新产业链这样"织网"》，中国日报网，2024年2月24日，https://china.chinadaily.com.cn/a/202402/24/WS65d9b57ea3109f7860dd2c78.html。

2013年

第一产业
6.2%

第二产业
35.7%

第三产业
58.1%

2023年

第一产业
4.6%

第二产业
27.7%

第三产业
67.7%

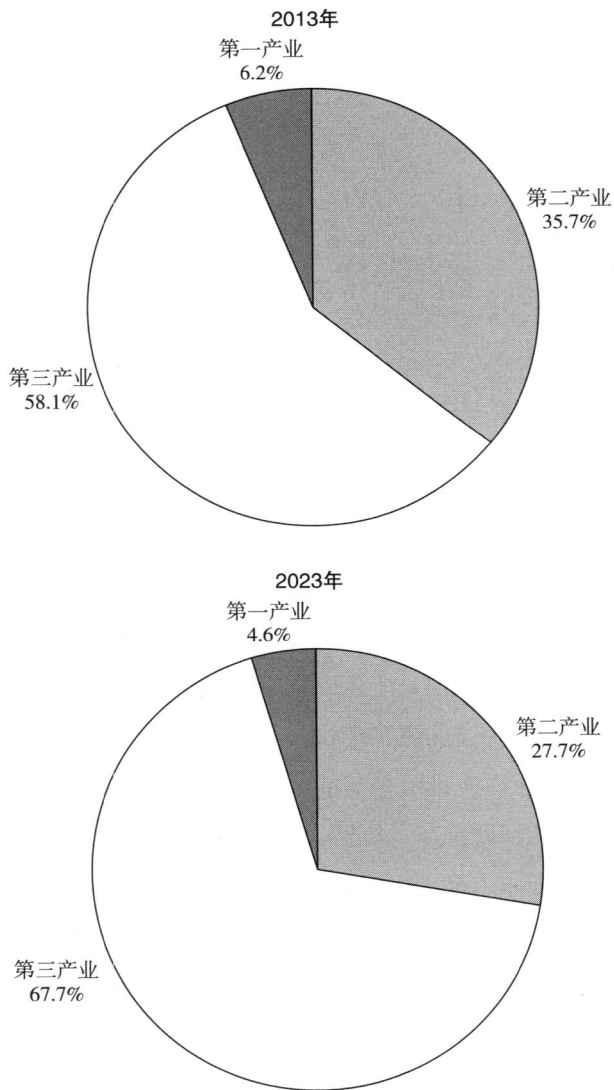

图3 2013年和2023年京津冀区域三次产业比重

资料来源：《协同发展十年路 京畿大地启新章》，天津市
统计局网站，2024年2月18日，https：//stats. tj. gov. cn/sy_
51953/jjxx/202402/t20240218_ 6537826. html。

京将继续发挥其创新资源丰富的优势，推动科技创新与产业深度融合，为城市治理注入新的活力。

京津冀坚持发挥北京创新资源的辐射带动作用，推动科技创新与产业融合，助力科技成果在京津冀区域内落地转化。2023年，北京流向津冀技术合同成交额748.7亿元，比上年增长1.1倍，主要集中在城市建设与社会发展、新能源与高效节能和现代交通领域，河北吸纳京津技术合同成交额成倍增长；已有5300余项专利开放许可技术在京津冀三地共享；天津滨海—中关村科技园累计注册企业近5000家，累计为1009家北京来津企业提供科技创新服务，雄安中关村科技园累计对接企业2351家，其中北京企业占比70%。与此同时，三地持续加大产业创新协作力度，产业协同正由产业转移承接向产业链合作转变，共同做大产业增量，高质量发展动力源作用持续增强。三地协同编制完成6条产业链图谱，启动产业链"织网工程"，生命健康、电力装备产业集群入选国家先进制造业集群名单。北京通州与河北廊坊北三县项目推介洽谈会已连续举办五届，累计签约项目210余个，意向投资额超1500亿元。在2023年11月召开的首届中国国际供应链促进博览会上，京津冀首次聚焦产业链供应链联合招商，达成意向签约项目152个，意向投资额超1000亿元，签约项目覆盖氢能、生物医药、工业互联网、高端工业母机、新能源和智能网联汽车、机器人等六大产业链条。①

习近平总书记在深入推进京津冀协同发展座谈会上强调，"京津冀作为引领全国高质量发展的三大重要动力源之一，拥有数量众多的一流院校和高端研究人才，创新基础扎实、实力雄厚，要强化协同创新和产业协作，在实现高水平科技自立自强中发挥示范带动作用"。② 2023年5月，工信部会同国家发展改革委、科技部等有关部门以及京津冀三地政府共同编制《京津冀产业协同发展实施方案》，11月，北京、天津、河北三地人大常委会审议

---

① 《投资京津冀 共赢新时代——2023京津冀产业链供应链大会在京举办》，新华网，2023年11月29日，http://www.xinhuanet.com/info/20231129/ed3843cfa5d7425cbe0b28d5fce669fc/c.html。
② 叶堂林、江成：《协同创新推进京津冀发展》，《经济日报》2024年1月6日。

通过了《关于推进京津冀协同创新共同体建设的决定》，12月，三省市签署了《京津冀自贸试验区协同发展行动方案》，并共同发布"1+5+18"系列协同创新成果，以务实举措推进京津冀三地自贸试验区协同发展。京津冀正"拧成一股绳"，加快形成新质生产力，协同优化区域营商环境，协力打造高质量发展的动力源，推动协同发展再上新台阶。

（三）文化融合：城市治理的文化底蕴与品牌建设

文化协同是京津冀协同发展的重要支点。京津冀地缘相接、人缘相亲、地域一体、文化一脉。2014年8月，北京市文化局、天津市文化广播影视局、河北省文化厅共同签署了《京津冀三地文化领域协同发展战略框架协议》，明确三地融合发展的领域、方向和思路，约定在公共文化资源、活动、服务、管理机制等方面共建共享。近年来，京津冀旅游标准化、京津冀文旅行业信用体系、公共文化服务示范走廊建设不断完善，文旅品牌宣传营销持续深化。① 三地联合签订了《京津冀协同发展文旅营销战略合作框架协议》《京津冀地区文化市场综合执法战略合作框架协议》《京津冀地区信用+旅游协同共建合作协议》《共建京张体育文化旅游带战略合作协议》《非物质文化遗产保护战略合作协议》等，印发实施了《京津冀基层公共文化设施服务指导标准》等，出台了《京津冀自驾驿站服务规范》，发布了《京津冀地区主要历史文化资源分布图》等。2019年6月，经京津冀三地文旅局（厅）共同研究，决定成立京津冀文化和旅游协同发展领导小组，深入推进京津冀文化和旅游协同发展各项工作，提高协同发展质量。

1. 深化文化底蕴，促进文旅协同

十年来，三地文旅部门围绕文旅产业规划和政策联动、文旅资源开发利用、文旅产品供给配置、文旅市场监管治理等同向发力。北京文旅资源交易平台为京津冀文旅企业提供了招商融资、资源对接、合作推介等专业化服务，累计发布文旅项目1942个，促成381个项目达成投融资交易，金额约

---

① 《光明日报》调研组：《京畿大地：文化一脉绽芳华》，《光明日报》2024年7月25日。

342 亿元，加快形成京津冀统一文化大市场，发展壮大文化产业，不断提升区域文化产业竞争力，逐渐形成"协同管理、优势互补、形象共树、客源共享"的良好格局。① 京津冀坚持互利共赢原则，共同商讨旅游协同发展重大事项，共同推介特色旅游资源，上线"乐游京津冀一码通"，实现了 193 家旅游景区"一卡通游"、23 家博物馆"一卡通览"、171 家图书馆"一卡通阅"。

截至 2023 年，中国有 57 项世界遗产，其中京津冀地区就有 8 项；在国务院已公布的 8 批共 5058 处全国重点文物保护单位中，京津冀地区有 474 处。三地拥有 8 座中国历史文化名城、10 个中国历史文化名镇、38 个中国历史文化名村。加之商务往来频繁化、交通设施一体化、营商环境便利化等趋势，三地文旅协同发展态势持续向好。大数据客流监测显示，2023 年，京津冀三地已互为重要且热门客源地，河北全省接待游客达到 8.4 亿人次，其中京津游客达到 1.2 亿人次。河北和天津位列北京客源前两位，游客合计占接待外地游客总数的 42.3%；天津接待的外地游客中，河北和北京居前两位，占接待外地游客总数的 49.1%。同程旅行 2024 年 4 月至 5 月的数据显示，在到达北京的客流量中，河北占比 40%，天津占比 9.9%（合计占49.9%）；在到达天津的客流量中，河北占比 32.8%，北京占比 28.7%（合计占 61.5%）；在到达河北的客流量中，北京占比 29.9%，天津占比 10.3%（合计占 40.2%），京津冀三地互为重要客源地的格局已经形成。②

2. 跨区域合作，推动文化遗产保护与利用

在文化遗产保护和国家文化公园建设方面，京津冀构建跨区域文化遗产连片、成线整体保护体系。2019 年以来，中办、国办先后印发《大运河文化保护传承利用规划纲要》《长城、大运河、长征国家文化公园建设方案》等重要文件，对加强大运河文化保护传承利用工作作出了全面部署。2022 年 11 月至 12 月，京津冀采取区域协同立法，相继通过《关于京津冀协同推

---

① 陈红玉：《推动京津冀文化高质量协同发展》，《光明日报》2024 年 3 月 21 日。
② 厉新建、张安妮：《深入推进京津冀文旅协同发展》，《中国旅游报》2024 年 6 月 19 日。

进大运河文化保护传承利用的决定》，联合组织推出"京津冀运河文化展"。2023 年签订《北运河开发建设合作框架协议》，携手开展北运河综合治理，积极为游船通航创造条件。京津冀积极推动协同方式的延伸拓展，加快推进京张体育文化旅游带建设，长城、大运河文化公园建设，"京畿长城"国家风景道建设等重大任务、重点工作全面落实。

（四）社会治理：城市治理的社会参与与民生改善

1.交通一体化纵深推进，共筑城市治理新基石

增强基础设施的连接性和贯通性，是打造现代化都市圈的重点。京津冀三省市牢牢把握交通的基础先导作用，逐渐形成与世界级城市群相适应的综合交通网络。京津冀地区高铁总里程达到 2576 公里，实现对区域内所有地级市的全覆盖。2015 年，京津城际铁路延伸至天津滨海站，打通了天津滨海新区与北京之间的快速便捷通道；2019 年，京张高铁建成通车，从北京到张家口的车程从 3 个多小时缩短为最快 40 多分钟；2020 年，京雄城际铁路全线开通运营，雄安新区融入京津冀城际铁路网，与北京、天津联系更加便捷高效；2022 年，京唐城际铁路、京滨城际铁路宝坻至北辰段开通运营，成为京津冀协同发展的重要交通支撑。京津冀核心区 1 小时交通圈、相邻城市间 1.5 小时交通圈基本形成，"轨道上的京津冀"主骨架形成。此外，京津冀"定制快巴"已开通 6 条主线、36 条支线，累计开行 2.64 万班次，客运总量突破 100 万人次。北京形成航空"双枢纽"格局，津冀港口群货物吞吐量超过 19 亿吨。高效密集的轨道交通网、完善便捷通畅的公路交通网、国际一流航空枢纽、现代化津冀港口群等建设已取得实质性突破。

2.民生领域共建共享，不断增进人民福祉

在教育、医疗、就业、养老、社会保障等民生领域，京津冀深度推进共建共治共享。京津 200 多所中小学、幼儿园与河北开展办学合作，三地建立 15 个特色职教集团（联盟）、24 个高校联盟。北京以"交钥匙"方式全力支持雄安新区提升综合承载能力，援建的"三校一院"开学开诊，40 余所

学校、5 所医疗卫生机构与雄安新区对接合作。① 天津一批职业院校、医疗机构持续提供优质技能培训和医疗帮扶。北京与河北廊坊、张家口等五市在医疗卫生领域持续深化合作,北京 16 家市属医院已与河北 26 家医院共同开展 31 个合作项目。三地联合签署协议推动社保"一卡通"建设,区域内三级和二级定点医疗机构纳入互认范围,9900 余家定点医疗机构实现跨省异地就医门诊费用直接结算,三地全面取消异地就医备案;50 项临床检验结果在京津冀 685 家医疗机构实现互认,区域内异地就医实现"同城化"。② 京津冀"跨城养老"步伐加快。截至 2023 年底,河北省养老机构收住京津户籍老人近 5000 人,到河北社区养老的京津户籍老人近 4 万人,京津户籍老人来河北旅居养老达 59 万人次。截至 2023 年 10 月,三地先后推出四批 179 项政务服务事项"同事同标",234 个服务事项实现"跨省通办",200余项"京津冀+雄安"政务服务事项实现"移动办",极大方便了居民跨省市办理日常事务。

2023 年,京津冀三地全体居民人均可支配收入分别为 81752 元、51271元和 32903 元,与 2013 年相比,年均增速分别为 7.2%、6.9%和 8%;其中,城镇居民人均可支配收入分别增长 7.1%、6.7%和 7.0%,农村居民人均可支配收入分别增长 8.1%、7.2%和 8.5%,均快于城镇居民。

(五)生态文明:城市治理的环境保护与可持续发展

1. 生态联建联防联治,促进城市绿色发展

习近平总书记指出"美丽宜居京津冀取得丰硕成果",青山常在、绿水长流、空气常新的美丽画卷在京畿大地逐步铺展开来,绿色成为首都高质量发展的亮丽底色。2015 年,京津冀三地(原)环保厅/局正式签署了《京津冀区域环境保护率先突破合作框架协议》,以大气、水、土壤污染防治为重

---

① 孙杰、赵语涵:《北京优质教育、医疗资源落地雄安"三校一院"进入合作办学办医新阶段》,《北京日报》2023 年 7 月 15 日。

② 《协同发展十年路 京畿大地启新章》,天津市统计局网站,2024 年 2 月 18 日,https://stats. tj. gov. cn/sy_51953/jjxx/202402/t20240218_6537826. html。

点，围绕大气污染联防联控、水环境联保联治、危险废物跨区域协同处置、生态环境联动执法等重点领域，聚焦北京城市副中心、河北雄安新区等重点区域，推动区域生态环境保护协同发展不断走向深入。① 十年来，三地坚定不移贯彻新发展理念，深入开展联建联防联治，以高水平生态环境保护推动经济高质量发展，统一立法、统一规划、统一标准等实现突破，区域生态环境质量实现了大幅改善，区域共享生态环境质量改善成果，人民群众的生态环境获得感、幸福感不断提升。②

2022 年，三地生态环境部门联合制定了《关于加强京津冀生态环境联建联防联治工作的通知》，联合签署了《"十四五"时期京津冀生态环境联建联防联治合作框架协议》，审议通过了《京津冀生态环境联建联防联治2022 年工作要点》，成立京津冀生态环境联建联防联治工作协调小组，推动区域层面生态环境保护的重要目标、重大任务落地，协商解决跨省（市）重大生态环境问题。2023 年，三地联合成立京津冀生态协同专题工作组，制定实施两批次共 44 项走深走实措施清单，生态环境、水务、园林绿化九部门携手联动，统筹推进山水林田湖草沙"大环保"系统治理。

2. 空气、水环境共保共治，城市生态治理成效显著

2013 年 9 月，国务院发布《大气污染防治行动计划》，提出在京津冀等区域建立大气污染防治协作机制。北京市牵头建立了京津冀及周边地区大气污染防治协作机制，推动三地践行"责任共担、信息共享、协商统筹、联防联控"。北京市聚焦 PM2.5 污染，深化"一微克"行动，颁布实施了几十项地方标准，通过压减燃煤、治理机动车污染、治理企业污染、整治扬尘等举措，"蓝天保卫战"取得明显成效。天津依托"双城双港"整体布局，在企业搬迁调整过程中同步实现产业转型升级，发展人工智能、生物医药、

---

① 《京津冀三地生态环境部门联合签署"十四五"合作框架协议》，《中国环境报》2022 年 6 月 22 日。

② 《北京市深入推进京津冀生态环保协同十周年新闻发布会》，2024 年 2 月 20 日，北京市生态环境局网站，https：//sthjj. beijing. gov. cn/bjhrb/index/xxgk69/2fxxgk43/fdzdgknr2/ywdt28/xwfb/436359856/index. html。

新能源新材料等新兴产业，加快钢铁产业结构优化调整。河北压减全省钢铁、煤炭、水泥、平板玻璃和焦化等过剩产能，对城市主城区企业"退城搬迁"，提高标准实施工业污染治理，推进保定、廊坊、张家口和秦皇岛的钢铁产能退出。[①] 截至 2023 年底，京津冀三地细颗粒物年均浓度明显下降，重污染天数大幅减少，蓝天含金量大幅增加。2023 年，北京市、天津市、河北省 PM2.5 年均浓度分别为 32 微克/米^3、41 微克/米^3、38.6 微克/米^3，与 2013 年相比降幅分别达到 64.2%、57.3%、64.3%。其中，北京市 PM2.5 年均浓度实现连续三年稳定达标；可吸入颗粒物、二氧化氮、二氧化硫等其他三项主要污染物的年均浓度分别为 61 微克/米^3、26 微克/米^3 和 3 微克/米^3，均持续多年稳定达标。2023 年，北京市、天津市、河北省重污染天数较 2013 年分别减少 50 天、37 天和 69 天，而且污染程度明显减轻。其中，北京市 PM2.5 日峰值浓度较 2013 年下降 58%。2023 年，北京市、天津市、河北省优良天数较 2013 年分别增加 95 天、87 天、121 天。其中，北京市 PM2.5 优良天数占比达九成，PM2.5 最长连续优良天数为 192 天，相较 2013 年的 13 天，由近半个月增加到了超过半年。十年来，三地生态环境部门同频共振"一盘棋"，逐步完善了协同机制，联合立法、统一规划、统一标准、协同治污，连续多年共同开展秋冬季大气污染攻坚行动，统一重污染预警分级标准，定期开展预报会商，制修订空气重污染应急预案，协同应对重污染天气，实现了区域空气重污染过程"削峰降速"，推动了空气质量同步改善。

京津冀区域同属海河流域水系，互为上下游、左右岸。在水环境联保联治方面，2018 年，北京市政府与河北省政府签订实施《密云水库上游潮白河流域水源涵养区横向生态保护补偿协议》；2019 年，生态环境部办公厅会同北京市政府办公厅、河北省政府办公厅共同印发实施《潮河流域生态环

① 《从"北京蓝"到"双碳绿"：京津冀协同的八年之"养"》，北京市发展和改革委员会网站，2022 年 2 月 16 日，https://fgw.beijing.gov.cn/fzggzl/jjjxtfz2022/mtbd/202212/t20221208_2873609.htm。

境保护综合规划（2019—2025 年）》。① 密云区、怀柔区、延庆区、门头沟区和张家口市、承德市共同组成"保水共同体"，统一规划携手保上游好水、送下游清水，形成了保护者和受益者的良性互动。北京城市副中心加快建设国家绿色发展示范区，围绕绿色产业、绿色能源、绿色交通、绿色建筑、绿色生态、绿色文化六大核心要素，筑牢高质量发展的深厚根基。北京携手北三县一体化高质量发展，燕郊、三河 6 座污水处理厂按北京市地方标准建设运行，全力支持雄安新区生态环境建设，建立白洋淀流域跨省（市）界河流水污染防治工作机制，京冀两地共同推进白洋淀上游大清河流域水污染治理，房山区与保定市联合开展执法检查，共同保障白洋淀入淀河流水质。十年来，三地水环境全面消除劣 V 类断面，国家地表水考核断面水质优良比例均动态达到"十四五"国家目标要求。其中，北京市密云水库、怀柔雁栖湖入选全国美丽河湖优秀案例，"清水绿岸、鱼翔浅底"的自然美景逐步融入市民生活。②

京津冀协同发展战略承载着打造新首都经济圈、推进区域发展体制机制创新、实现资源互补、促进环渤海经济区繁荣和引领北方腹地发展的重大历史使命。在这一国家战略版图中，北京不仅承载着厚重的历史底蕴，更展现出前所未有的创新活力。通过加强与天津、河北等周边地区的深度合作，北京不仅建设了城市副中心，助力雄安新区崛起，还共同构建起现代化的交通网络系统，扩大了环境容量和生态空间，全面地增进了民生福祉。北京城市治理的精细化、专业化与系统化在这一进程中得到了深刻体现，彰显了中国城市治理的新高度与新方向。这一系列举措不仅极大地提升了首都的功能与品质，更为新时代首都的发展开启了崭新篇章。

---

① 白雪：《十年协同"探"绿共享美丽成果》，《中国改革报》2024 年 2 月 26 日。
② 潘俊强：《十年来，PM2.5 年均浓度降六成、水环境全面消除劣 V 类断面——京津冀生态环境质量显著改善》，《人民日报》2024 年 2 月 21 日。

分 报 告

B.2
高水平构建现代化首都都市圈：理论
辨析、实践探索与发展策略

摘　要： 都市圈是城市化发展进程中的一般性规律和普遍现象，是政府推动经济发展的重大战略性选择。高水平构建现代化首都都市圈是京津冀协同进入深化阶段的重要支撑和带动力量。本文在从都市圈概念的本土化演进和首都都市圈的特殊性两个维度对高水平构建现代化都市圈的理论进行辨析的基础上，结合现代化首都都市圈的圈层划分与建设要求，系统梳理总结现代化首都都市圈建设的成效和存在的问题，并结合新时期京津冀协同发展的新要求，通过提升综合承载力和一体化发展水平、推动首都服务功能和城市功能互补、引领重点产业链上下游分工协作等，提出现代化首都都市圈通勤圈、功能圈和产业圈的推进方略。

关键词： 都市圈　现代化首都都市圈　京津冀协同发展

---

* 张乃婧，北京市社会科学院助理研究员，主要研究方向为经济管理、人力资源管理。

都市圈是城市发展进程中的一般性规律和普遍现象，是政府推动经济发展的重大战略性选择。习近平总书记高度重视我国城市群和都市圈建设，多次就此发表重要讲话、作出重要论述，强调要"强化大城市对中小城市的辐射和带动作用，弱化虹吸挤压效应，强化大中小城市和小城镇产业协作协同"，要求"培育发展现代化都市圈、加强重点区域和重点领域合作"等，这些都为我们做好相关工作指明了方向。

面对错综复杂的国际环境变化，我国正加快构建以国内大循环为主体、国内国际双循环相互促进的新发展格局。京津冀城市群作为我国的三大城市群之一，是引领国家高质量发展的重要引擎。当前京津冀协同发展已经进入"滚石上山、爬坡过坎、攻坚克难"的关键阶段。在此重要节点，高水平构建现代化首都都市圈，有利于聚集资源和力量，提升发展水平和能级，强化都市圈对构建京津冀世界级城市群的支撑和引领作用，对推动新时代首都发展和京津冀协同发展影响深远，意义重大、使命艰巨。

一 高水平构建现代化都市圈的理论辨析

（一）都市圈概念的本土化演进

都市圈的概念最早可以追溯到 20 世纪初美国提出的"大都市区"，20 世纪 60 年代，日本明确提出"大都市圈"空间范围，即都市圈的划定标准。经过数十年的发展，都市圈已经成为最能代表国家形象和地位的区域，并在国际竞争中占据重要地位，形成了伦敦首都圈、东京首都圈、纽约都市圈、巴黎首都圈等世界著名的都市圈。相比国外发达国家和地区，我国都市圈建设起步较晚，在对都市圈这一"舶来品"进行概念辨析和理论探讨的过程中，出现了城市群、城市圈、城市带、大都市圈、大都市带、大都市连绵区等一系列概念，这些概念内涵界定不清、内容交织重叠，存在混用现象。①

---

① 柴浩放：《构建现代化首都都市圈的理论辨析与政策建议》，《中国市场》2023 年第 33 期。

经过一段时间的讨论之后，我国有关都市圈建设的顶层制度设计也在逐步完善，从 2014 年起都市圈概念开始在国家级重大政策规划中正式出现，2019年都市圈正式上升为国家层面的重大战略，北京都市圈、上海都市圈、深圳都市圈、南京都市圈建设的实践正如火如荼。与此同时，学术界关于都市圈的研究也方兴未艾。

在学术层面，中国学者结合都市圈概念的原始内核，赋予其具有中国特色的独特内涵。学者们在对都市圈理论源流、[①] 概念、[②] 演化机制[③]进行系统梳理的基础上，结合新的发展环境、[④] 区域一体化、[⑤] 共同富裕[⑥]重点探讨了我国都市圈政策导向、[⑦] 空间范围、[⑧] 都市圈规划，[⑨] 分析了中国都市圈功能分工水平的时空特征及其对经济发展效率的影响，[⑩] 从日常人口流动、[⑪] 生态与社会经济系统耦合协调动态演化[⑫]的视角对南京都市圈和成都都市圈的

---

① 申明锐、王紫晴、崔功豪：《都市圈在中国：理论源流与规划实践》，《城市规划学刊》2023 年第 2 期。

② 钱紫华：《都市圈概念与空间划定辨析》，《规划师》2022 年第 9 期。

③ 刘涛、刘嘉杰、曹广忠：《都市圈的概念内涵、演化机制与政策意义》，《城市发展研究》2024 年第 3 期。

④ 张京祥、胡航军：《新发展环境下的都市圈发展、规划与治理创新》，《经济地理》2023 年第 1 期。

⑤ 杨柳青、陈雯：《区域一体化分工—合作视角下的都市圈高质量国土空间治理》，《中国土地科学》2024 年第 2 期。

⑥ 袁建军：《都市圈建设促进共同富裕的内在逻辑、制约因素与实践路径》，《学习论坛》2022 年第 5 期。

⑦ 龙茂乾、扈茗、卢庆强：《我国都市圈政策导向及建设着力点》，《宏观经济管理》2023 年第 12 期。

⑧ 钱紫华：《都市圈概念与空间划定辨析》，《规划师》2022 年第 9 期；张婷麟、孙斌栋：《关于当前我国都市圈规划空间范围划定的探讨》，《城市规划学刊》2023 年第 4 期。

⑨ 尹稚、尚嫣然、崔音等：《现代都市圈规划理论框架体系与实践研究》，《规划师》2023 年第 4 期。

⑩ 李培庆、赵新正、姜永青等：《中国都市圈功能分工水平的时空特征及其对经济发展效率的影响》，《地理科学进展》2024 年第 4 期。

⑪ 黄志强、甄峰、席广亮等：《南京都市圈日常人口流动网络结构特征及影响因素》，《人文地理》2023 年第 4 期。

⑫ 刘铁、王倩娜、廖奕晴：《成都都市圈生态与社会经济系统耦合协调动态演化、多情景模拟及其政策启示》，《自然资源学报》2023 年第 10 期。

发展进行研究。在现代化首都都市圈方面，石晓东等①、孙久文等②、赵弘③认为建设现代化首都都市圈战略是首都发展和京津冀协同发展两大战略的"中坚"战略，是建设京津冀世界级城市群的重要内容和必经之路。

在政策层面，都市圈建设是我国城镇化理论和实践发展过程中的一个重要阶段。自从党的十八大以来，无论是现代化都市圈建设还是首都都市圈建设都得到了国家前所未有的重视。在现代化都市圈建设方面，2014年3月，国家级规划《国家新型城镇化规划（2014—2020年）》首次提到了要发展都市圈，初步界定了都市圈"1小时交通圈"的识别范围；2016年3月，都市圈首次作为区域发展战略在国家层面的五年发展规划——《中华人民共和国国民经济和社会发展第十三个五年规划纲要》中提出；2018年3月，《国家发展改革委关于实施2018年推进新型城镇化建设重点任务的通知》中明确了都市圈与我国城市群建设、中心城市建设等战略之间的关系和地位；2019年2月，针对现代化都市圈建设的首个纲领性文件——《国家发展改革委关于培育发展现代化都市圈的指导意见》颁布，标志着我国都市圈规划建设已经上升为国家政策；2021年3月，《中华人民共和国国民经济和社会发展第十四个五年规划和2035年远景目标纲要》专门将"建设现代化都市圈"列为一节；2022年10月，党的二十大报告提出"以城市群、都市圈为依托构建大中小城市协调发展格局"。在现代化首都都市圈建设方面，自2015年6月《京津冀协同发展规划纲要》提出加快打造现代化新型首都圈以来，三地对首都都市圈建设已经达成共识。国家层面关于现代化首都都市圈建设的内容也愈加明确和清晰，出台了《国务院关于支持北京城市副中心高质量发展的意见》《北京市推进京津冀协同发展2022年工作要点》等系列政策文件。

① 石晓冬、和朝东、王蓓等：《现代化首都都市圈规划的互动与协同》，《城市发展研究》2023年第5期。
② 孙久文、邢晓旭：《现代化首都都市圈发展的基本特征与高质量发展路径》，《北京社会科学》2023年第6期。
③ 赵弘：《以现代化首都都市圈建设引领京津冀协同发展实现新突破》，《城市问题》2024年第2期。

（二）首都都市圈的特殊性

首都都市圈在国家治理中的地位既重要又特殊，其是我国唯一一个包含首都的都市圈，也是目前唯一一个拥有两个超大城市的都市圈，承担诸多国家级职能，承载着重要的国家使命。如何规划好负载"一个首都、两个直辖市"于一体的超级都市圈，具有长远的国家安全意义和政治安全意义。

当前，首都都市圈面临着较为严峻的超大城市治理难题，核心城市功能与人口的过度集聚带来诸多的"大城市病"，区域生态环境较为脆弱、人地矛盾突出。北京作为世界城市和京津冀地区的核心城市，不但拥有居于全球前列的科技创新资源，而且拥有全球 200 余家跨国企业总部，在全球城市排名中居第五位，对外联系广、聚集辐射范围大，具有非常大的交易半径和灵活的开放性与包容性。通过高水平建设现代化首都都市圈，将充分调动北京拥有的世界城市资源和联系能级，充分发挥京津辐射带动作用。三地携手构建区域发展共同体，将京津冀地区与世界城市网络紧密联系在一起，推动形成全国创新驱动经济增长新引擎，带动北方地区共同发展，更有力地支撑国家构建新发展格局，逐步建成以首都为核心的世界级城市群，共同打造中国经济的第三增长极，为国家参与全球竞争发挥引领作用。

二　高水平构建现代化首都都市圈的实践探索

（一）现代化首都都市圈的圈层划分与建设要求

1. 圈层划分

结合《构建现代化首都都市圈重点任务落实工作方案》的要求，对现代化首都都市圈进行圈层划分。其中，通勤圈包括廊坊市北三县（三河市、大厂回族自治县、香河县）、固安县、永清县、广阳区、安次区，保定市涿州市、涞水县，张家口市怀来县，承德市兴隆县，天津市武清区，天津市蓟州区共 13 个区县。功能圈包括天津市（不含通勤圈所涉及的武清区、蓟州区）、雄安新区。产业圈包括张家口市、承德市、保定市、廊坊市、唐山市、沧州市共 6 个节点城市（各市均不含通勤圈、功能圈所涉及的区县）。

2. 建设要求

根据北京市委对加快构建现代化首都都市圈的各项决策部署和要求，北京市围绕环京 50 公里"通勤圈"、京津雄 100 公里"功能圈"、节点城市 150 公里"产业圈"提出了现代化首都都市圈的主要任务。各圈层的建设重点分别为以下三点。

一是通勤圈主要是以一体化为目标，深化与环京周边地区的密切合作，带动城市南部地区高质量发展，切实提升平原地区的综合承载能力。坚持公交优先，轨道先行，积极发展区域快线，提升通勤效率，推进公共服务资源延伸，促进区域职住协同、要素互补，形成同城化效应。

二是功能圈为非首都功能疏解赋能，围绕疏解和承接功能，服务首都都市圈和京津冀一体化进程中的功能分工、要素流通、产业协作与生态质量提升。推动雄安新区和城市副中心"两翼"深化对接协作，形成错位联动发展格局。

三是"产业圈"主要是依托京津、京保石、京唐秦发展轴，强化资源要素集聚，推动区域节点城市发展，促进产业配套能力提升，以创新链带动产业链，推动应用场景和技术项目合作，共建上下游衔接的产业链和供应链体系。

（二）现代化首都都市圈建设的成效

1. 通勤圈出行特征与建设成效

（1）通勤圈出行特征

经过初步分析，目前通勤圈已覆盖北京市市域向外 15 公里范围，涵盖了北三县、固安、涿州、武清等环京区域，并加速向外 20～50 公里拓展，具体情况见表 1。

表 1　环京通勤圈涉及地区情况

序号	涉及地区	面积 （平方公里）	至天安门距离 （公里）	与北京相邻区距离 （公里）
1	三河市	634	60	33（至通州区政府）
2	大厂回族自治县	176	55	28（至通州区政府）
3	香河县	458	59	33（至通州区政府）
4	固安县	696	60	37（至大兴区政府）
5	永清县	776	81	60（至大兴区政府）
6	广阳区	332	57	47（至大兴区政府）
7	安次区	578	57	47（至大兴区政府）
8	涿州市	751	67	35（至房山区政府）
9	涞水县	1662	97	64（至大兴区政府）
10	武清区	1574	88	76（至通州区政府）
11	蓟州区	1590	91	34（至平谷区政府）
12	兴隆县	3123	137	66（至密云区政府）
13	怀来县	1801	115	48（至延庆区政府）

资料来源：面积数据来源于各地人民政府官网，距离数据来源于高德地图测距功能中的直线距离。

①进京通勤主要集中在东、南方向

北京市西部、北部和东北部三面环山，人口密度低，跨区域通勤呈现东、南多，西、北少的特征。根据手机信令数据（2023 年 12 月）分析，跨区域进京通勤日均约 40 万人，其中北三县进京通勤人数最多，日均 17.5 万人（进入中心城区的约 10.9 万人），占跨市域进京通勤总人数的 43%。

②跨区域通勤目的地主要集中在朝阳和通州

从工作地分布情况看，环京地区来京工作人口中，去往朝阳和通州的来京工作人口占半数以上，显示出较强集聚效应。北三县、通州去往中心城区通勤的目的地高度重合，主要集中在国贸 CBD，京通沿线四惠、望京等区域。固安、大兴去往中心城区通勤的目的地重合度也较高，主要集中在丰台科技园、北京总部基地、望京、三元桥等区域。

③跨区域通勤出行距离较长且乘坐小汽车比例较高

根据手机信令数据，环京区域平均进京通勤距离为 40～50 公里，平均进京通勤时间超过 120 分钟。即使是直线距离最短的北三县，平均进京通勤距离也达到 41.9 公里，平均通勤时间达到 105 分钟。跨区域通勤出行乘坐小汽车比例较高，环京区域小汽车通勤比例明显高于中心城区，以北三县为例，全程驾驶小汽车进京通勤的比例达到 35.2%。

（2）通勤圈建设取得的成效

①京津冀道路互联互通进一步加强

北京与津冀连接公路共 68 条（国道及以上 36 条），其中与北三县连接道路 16 条，与燕郊、香河连接道路较多，与大厂连接道路较少；三河市（燕郊）东西向进京道路 4 条，为京秦高速、通燕高速、徐尹路、京榆旧线，除此以外，三河市向北与平谷连接道路 6 条。大厂回族自治县进京道路仅 1 条，为武兴路。香河县进京道路 5 条，为京哈高速、唐通线、京津公路、通武线、首都环线高速。与廊坊城区连接道路 9 条，与固安连接道路 2 条，与涿州连接道路 5 条，与武清连接道路 2 条，与其他毗邻区域连接道路 34 条。

②轨道交通建设取得积极进展

一是国家干线铁路网持续完善。相继建成并开通京张高铁、京哈高铁北京至承德段，随着国家干线高速铁路网建设的加快，京津冀到其他毗邻区域的时间大幅度缩短，以北京、天津为核心枢纽，贯通连接河北各地市的全国性高速铁路网络基本建成。二是区域城际铁路建设不断加快。京雄城际铁路建成通车，城际铁路联络线一直加快建设，京唐城际、京滨城际铁路建设全面提速，区域城际铁路网正在加速形成。三是市郊铁路发展实现重大突破。目前北京市共开通城市副中心线、S2 线、怀密线和通密线 4 条市郊铁路共 400 公里。跨省域轨道交通线路建设方面，作为首都都市圈首条跨省域的轨道交通线路，轨道交通平谷线的北京段、河北段已经同步启动建设，将更有力地推动都市圈同城化发展。四是地铁建设力度持续加大。北京市地铁网络进一步织补、加密、优化，轨道交通运营总里程增至 783 公里，车站 459 座，并不断向城市外围延伸。其中与外围新城及副中心连接的轨道 15 条，除延庆、怀柔、密云、平谷外，各区均有与中心城区连接的地铁。东部的轨道交通 6 号线、7 号线、八通线可为北三县提供通勤服务（距离北三县直线距离小于 5 公里）；南部的地铁大兴线、大兴机场线可为京南、固安、廊坊城区提供通勤服务。

③跨城公交服务水平不断提高

北京市共开行 38 条与津冀连接的跨域公交。与东部北三县地区连接公交 21 条：其中直接与中心城区连接的线路 11 条（至国贸及国贸周边区域的 10 条），与副中心内轨道站点进行接驳的线路 10 条，连接廊坊城区 3 条，固安 4 条，涿州 1 条，其他毗邻区域 9 条。

2. 功能圈建设的成效

（1）京津"双城记"深入实施

对接天津市"一基地三区"定位，加强城市功能互补和科技创新资源对接，京津"同城效应"不断加强。一是同城交通体系日益完善。京津共连通 4 条高铁，已初步实现京津雄 0.5 小时通达。其中，京津城际铁路、京沪高铁、京滨城际铁路、津兴铁路（连接天津与大兴机场）已经通车。二是推进海港、陆港、空港联动发展。2021 年 12 月开通了"天津港—平谷"海陆联运班列，打通了服务首都、辐射京津冀的海铁联运、公铁连用、铁铁连用为一体化的智慧绿色物流枢纽新通道。以首都机场集团为纽带，推动京津空港在航空服务、物流服务和多式联运等方面加强分工协作。三是科技创新合作进一步深化。发挥天津滨海—中关村科技园、宝坻区京津中关村科技城、京津合作示范区等带动作用，推动北京科技人才资源与天津先进制造业优势有机结合。四是重点打造汽车、生物医药、新材料等产业链。天津通过承接非首都功能疏解，吸引金隅集团、京能集团、360 集团等众多项目落地。在此基础上，与北京、河北协同打造汽车、生物医药、新材料三条示范产业链。

（2）北京新"两翼"错位发展

紧紧抓住疏解非首都功能这个"牛鼻子"，推动城市副中心与雄安新区"两翼"对接协作，形成错位发展格局。

城市副中心聚焦行政办公、商务服务、文化旅游、科技创新四大功能统筹推进。科技创新方面，科技创新要素快速增长，中关村通州园仅2024年上半年规模以上高新技术企业总收入就达到422.9亿元，同比增长39%，其中实现技术收入128.4亿元，同比增长61%；中关村高新技术企业166家，同比增长45.6%。承接企业方面，城市副中心积极承接央企、国企及其二三级总部企业，近三年新增企业数量年均保持4100家左右。公共服务方面，首师大附中、景山学校通州校区等基础教育资源的引进，人民大学这样的国内顶尖高校在通州建设新校区等，极大地补充了通州教育方面的短板。此外，安贞医院、友谊医院通州院区等一批优质医疗资源的建设，提升了通州的医疗服务水平。

雄安新区积极承接非首都功能疏解，在京部分央属高校、医疗机构、企业总部等向雄安新区转移。公共服务方面，北京市以"交钥匙"方式在雄安新区建设3所学校、1所医院且已完工交付。持续协助雄安新区开展教师、医生、护士等招聘和培训，深化公共服务对接合作。交通一体化方面，雄安新区已进入北京1小时交通圈，从北京西站到雄安新区的时间仅为50分钟，从大兴机场到雄安新区的时间还不足20分钟。产业方面，围绕生物技术、新材料、新能源、数字经济等前沿领域，央企和市属国企的社会责任感充分彰显，纷纷在雄安新区设立子公司、分支机构等，支持雄安新区建设。

3. 产业圈建设的成效

（1）以中关村为龙头的创新园区延伸产业链布局

中关村国家自主创新示范区在京津冀协同创新共同体建设中发挥了引领支撑和辐射带动作用，已经在津冀两地建立了宝坻区京津中关村科技城、保定·中关村创新中心、曹妃甸中关村高新技术产业基地、石家庄（正定）中关村集成电路产业基地、天津滨海—中关村科技园等科技创新中心和成果转化基地，以园区链布局产业链。一是以宝坻区京津中关村科技城为代表的共建共管园区。宝坻区京津中关村科技城由中关村管委会、宝坻区委区政府、中关村发展集团三方共同投资建设，建立三方高层联席会议制度，协商园区发展重大事宜；成立天津京津中关村科技城发展有限公司，负责园区的开发建设、招商运营、企业服务等相关工作。二是以保定·中关村创新中心为代表的技术品牌服务输出园区。保定·中关村创新中心采用"轻资产、重运营、重服务"的方式，充分利用中关村的品牌、理念和招商资源，委托北京中关村信息谷资产管理有限责任公司管理运营，将中关村运营服务模式复制到保定·中关村创新中心，提供全方位运营服务。

（2）京津冀重点产业链合作具备较好基础

京津冀三地通过区域合作、部门协同、企业联合，加强新能源汽车和智能网联汽车、生物医药、氢能、工业互联网、高端工业母机、机器人等重点优势产业链协同发展。在新能源汽车和智能网联汽车产业链方面，通过北京研发、天津测试、河北示范的协作模式，联合创建雄安新区智能网联汽车应用示范区。在生物医药产业链方面，充分发挥北京、天津的医药创新资源优势和河北生产制造优势，加快打造优势互补、协同创新的生物医药产业链。探索集中搬迁、异地监管模式，共建北京·沧州渤海新区生物医药产业园，产生了良好的经济效益和社会效益。在氢能产业链方面，北京聚焦氢能关键核心技术攻关和终端应用，天津重点发展高效低成本大容量制氢设备、加氢站成套装备等先进装备制造，河北重点发展化工副产气体制氢、风电制氢、光伏制氢。在工业互联网产业链方面，发挥北京工业互联产业创新优势和天津、河北的应用场景优势，推动京津冀工业互联网产业一体化发展。在高端工业母机产业链方面，京津冀立足高端工业母机产业基础和航空航天、汽车制造等丰富的应用场景，充分发挥工业母机产业链协同作用。在机器人产业链方面，以京津冀传感器产业为基础，发挥人工智能领域的先发优势；以电子信息、汽车制造、航空航天等领域的应用为导向，协同开展机器人技术和产品创新，培育壮大机器人产业。

（三）现代化首都都市圈建设存在的问题

1. 通勤圈建设面临的问题

（1）跨区域通勤出行小汽车比例较高，主要通道高峰运行压力较大

跨区域通勤出行小汽车比例较高。以北三县为例，北三县小汽车进京占

比高达 35.2%，加上小汽车再换乘地铁占比则达到 44.6%，小汽车通勤出行比例明显偏高。主要进京通道拥堵严重，跨区域进京通勤总量大，并且目的地与市内通勤高度一致，长距离通勤和短距离通勤叠加，导致放射线道路压力大，京藏高速、京承高速、京通快速路、京开高速、京港澳高速早高峰进京拥堵。目前北京城市路网格局基本形成，"环路+放射线"结构中环路通道能力提升空间有限。未来随着跨区域通勤需求的增长，道路运行将面临较大压力。进京检查站制约出行效率提升。由于进京通勤人员数量大、进京时间集中，部分检查站高峰期检查能力不能满足实际交通需求，检查站成为拥堵的堵点。以北三县进京为例，通燕高速白庙检查站进京安检一般要等待30 分钟以上；廊坊城区、固安县进京安检耗时均在 45 分钟以上。

（2）通勤圈交通体系不健全，长距离通勤服务支撑能力不足

一是市郊铁路供给存在明显短板，快速通勤系统亟待完善。北京市 60 分钟以上通勤比重高达 30%，环京区域平均进京通勤时间超过 120 分钟。城市空间变大，居民出行距离变长，对速度要求更高。目前，轨道交通以普速地铁为主，旅行速度为 30~40km/h，长距离出行效率低，导致全程通勤时间过长。与国际成熟都市圈相比，市郊铁路供给存在明显短板，滞后于都市圈人口流动需求。北三县是进京通勤需求最强的区域之一，以燕郊为代表的环京城镇已经融入通勤圈发展范畴，但尚缺少快速直通轨道通勤服务。目前市郊铁路主要是利用既有铁路富余资源开行，由于干线铁路需要承担长途运输和军事运输，短期内很难释放大量运力，因此市郊铁路开行对数较少，服务水平难以满足通勤出行需求；北京目前的轨道交通体系难以实现"通勤圈 1 小时"的目标。二是由于跨行政区域，涉及部门多，通勤圈相关利益主体协调难度大，尚未建立区域协同的工作机制。三是跨域公交运输服务潜能尚需挖掘。由于轨道交通建设周期较长，而一旦以小汽车为主的出行结构形成，未来很难扭转。

（3）交通与土地利用不协调，对都市圈空间形态的引导作用不足

一是市郊铁路线路与城市发展相对脱节。干线铁路网长期与城市独立发展，现状市郊铁路沿线多为"城市背面"地区，站点周边开发强度低，站

点设置与周边土地结合不紧密，沿线直接客流需求不高，导致现状客流规模小。二是综合交通枢纽布局与城市产业布局协调不足。铁路枢纽与功能区距离较远，从铁路枢纽出发到各功能区的公共交通时间较长。北京站、北京北站、北京南站、北京丰台站、北京朝阳站至各功能区（中关村、奥体、金融街、国贸 CBD、丽泽商务区）的公交时间平均在 45 分钟以上。

（4）一体化协同发展体制机制不健全，资金、政策等协调机制尚不成熟

一是区域协调机制有待完善。目前的京津冀三地跨部门协调机制只是就区域发展的重大问题进行定期讨论和协商，具体事务协商多采用"一事一议"形式，缺乏常态化、制度化、可持续的议事和决策机制，相关政策及规划对通勤圈指导不足。二是通勤圈交通基础设施投融资保障机制尚未形成。大型交通基础设施资金不足，导致部分未纳入国家补贴政策的项目推进困难。跨区域重大项目建设的投融资机制不完备，尚未建立成本分担和利益共享机制，盈利模式缺失导致吸引社会资本困难。出京公交运行补贴由北京市财政承担，导致跨域公交运力无法有效提升。

2. 功能圈建设面临的问题

（1）产业分工依然存在同质化竞争

北京、天津和雄安自贸区功能定位同质化现象突出。北京自贸区和河北雄安片区重点发展高端和高新技术产业，如数字经济、高端服务业、生物技术、新一代信息技术等；北京大兴机场片区和天津空港保税区基于航空方面的区位优势，重点发展航空物流等高端产业；北京国际商务片区和高端产业片区、天津的滨海新区片区重点发展金融等高端服务业。三地自贸区功能定位同质化，造成资源不能得到有效配置。

（2）"一核两翼"功能还不完善

随着京津冀协同发展进入深化阶段，非首都核心功能疏解转移仍有待进一步提速，"一核"的首都功能仍有待提升。首都功能核心区人口密集、功能过度聚集、交通拥堵等问题一直没有得到有效解决，城市精细化治理的能力与人民群众对美好生活的期待还有一定的差距。

通州成为北京城市副中心以来，其发展进入了前所未有的快车道，经济

发展、社会风貌日新月异。但是通州发展基础薄弱、产业结构还比较初级、科技含量不高，对房地产业依赖还比较严重。此外，通州的基础设施和公共服务短板突出，比如通州的教育、医疗和中心城区相比还有很大差距。

雄安新区设立以来，受到世界的高度关注，目前雄安新区的建设如火如荼。但是，由于雄安新区第一、第二产业比例还很高，以塑料包装、制革、电气电缆、废旧有色金属等低端化、劳动密集型产业为主，企业创新能力较弱，产业转型升级难度较大，与高质量发展的要求还有很大的差距。

（3）"双城记"合作基础不牢

在行政级别方面，两者存在竞争。经验表明，中国城市发展与其行政级别密切相关，京津均属于直辖市，具有较高的行政级别。高行政级别带来的资源类似，都要向中央获取相同的发展政策，导致其发展政策和路径具有一定的相似性，不可避免地存在同质化竞争。

在产业结构方面，尽管北京的服务业比例很高，但主要为全国服务，近域辐射较少；北京目前保留的高端制造业和高精尖产业，也是天津作为特大城市需要的，比如智能制造、生物医药等。因此，北京的少量制造业与天津存在同构性，产业不能有效衔接，缺少产业合作基础。

在创新领域，北京的创新成果转化率较低，需要强有力的上端产业链支撑。目前天津的产业与创新之间仍有较长距离，两者之间存在创新链断裂。尽管天津设有中关村科技园，但目前园区之间以各自吸引的企业为主，并未在创新链和产业链融合方面进行有效合作。天津滨海—中关村科技园、宝坻区京津中关村科学城、京津合作示范区等重点园区建设有待进一步提速，合作内容还需要进一步扩展，联动发展的机制还需要进一步健全。

3.产业圈建设面临的问题

（1）产业发展梯度较大，产业良性互动有待加强

一是产业协同距离预期目标还有一定差距。京津冀协同的推进，使得北京的许多产业向周边进行转移，但是由于受到环保政策以及承接地现有的产业基础的限制，转移出去的产业与北京保留的高精尖产业联系并不十分紧密，并未给转入地产业带来明显变化。二是低技术劳动密集型传统产业比重

仍然较高。河北的大多数城市仍以传统产业为主，比如箱包产业、皮革产业等，这些产业大多起点低、技术改造难度大，企业生存主要依赖地理集中度带来的相互模仿，呈现出"块状"经济分布，缺乏集群效应，难以产生空间外溢和外部空间组织。三是三地产业联系还不够紧密。以汽车产业为例，北京、保定都具有汽车产业发展基础，但是两者的龙头企业本地联系较弱，反而与全国其他地区建立了紧密的零配件业务联系。

（2）地方保护主义明显，整体营商环境有待提升

首都都市圈内城市之间的行政壁垒明显，尚未建立城市间利益共享机制，营商便利化及协同程度不高，地区行动整体目标不一致。一是协同商事制度还需要加快完善。比如三地间企业在登记服务的获得感上仍然存在一定差距，跨区域企业迁移资质互认限制还需要进一步突破，人才、技术、土地等跨区域要素流动有待进一步畅通。二是协同监管力度需要持续强化。比如三地监管执法联动机制仍需进一步完善，三地监管执法信息互通共享阻碍仍需进一步打破，生态环境、公共服务、基建等重点领域监管合作还需要进一步深入。三是三地政务服务仍然存在一定差异。比如三地企业经常性涉企服务获得感存在明显落差，三地数据电子化和共享互认机制还有待进一步健全。四是跨境贸易协作仍需加强。比如三地口岸合作缺乏针对重大项目、重大问题的统筹协商机制，三地对各方需要提供便利化服务的产业及重点企业产品了解不充分、掌握不全面，并未形成基于三地产品快速通关方面的协作机制。

（3）数字化水平不高，创新链供应链产业链融合不足

北京创新资源首屈一指，但是由于信息不对称等问题，对区域发展的带动和辐射作用不足，三地城市间尚未形成创新驱动产业转型升级的合力。创新链和产业链缺乏有效衔接，协同创新相对不足，具体体现在：一是创新功能布局尚需完善，还未形成以北京为核心、多层次节点式腹地支撑的创新格局；二是北京创新结构与腹地产业结构匹配度较低，首都圈创新链产业链有效衔接不足；三是北京与津冀的创新服务存在较大差距，创新要素市场化配置还不充分；四是创新政策体系和多主体、多层级协同创新推进机制亟待完善。

三　推进现代化首都都市圈建设的策略

（一）通勤圈：提升综合承载力和一体化发展水平

1. 以轨道交通促进都市圈空间形态优化

一是促进都市圈空间拓展沿轨道交通廊道轴向发展。充分发挥轨道交通（含市郊铁路）在都市圈空间结构及功能布局中的引导及支撑作用，扭转长期以来轨道和土地结合不紧密的情况。建立轨道站点一体化开发的用地和建筑规模指标有限保障制度，促进都市圈沿轨道交通廊道轴向、放射布局和梯度联动发展。二是以综合交通枢纽支撑都市圈建设和城市空间结构调整，提高枢纽周边土地使用集约化程度，统筹地上地下空间复合利用，积极推动地下空间开发，打造站城融合综合体，实现枢纽与城市综合开发的一体化。

2. 加快构建多层次多模式的轨道交通体系

加快构建多层次多模式的轨道交通体系，发挥各级轨道的网络技术优势，满足不同空间圈层多层次、差异性出行需求，使北京与环京周边地区的通勤时间能够控制在 1 小时之内。一是补齐短板，加快推进市郊铁路（区域快线）、干线铁路、城际铁路与环京地区的衔接。二是加快推进首都都市圈轨道交通"四网融合"，尤其是强化城市轨道交通与市郊铁路融合。三是积极打造首都"绿色通勤圈"，提升绿色出行比例，试点推广绿色出行积分政策，推动建设步行和自行车友好通勤圈。

3. 推动区域运输服务一体化发展

一是打造区域快速公交走廊。统筹道路客运公交化和城市公交城际化发展，进一步加快定制化客运发展速度，实现"按需发车、车随人走、灵活设站"，满足多样化公交出行需求；二是提高市郊铁路（区域快线）"门到门"全程的运行效率。按照出行即服务（MaaS）理念，完善市郊铁路（区域快线）车站的地面公交、步行及自行车等综合衔接配套设施，做好"最后一公里"接驳，培育站点周边"轨道+慢行""轨道+公交"出行模式；

三是优化进京检查站设置及管理，提升进出京出行效率。以北三县为试点开展市域外异地设站，结合厂通路等通州—北三县跨界道路建设，研究检查站远端设置工作方案；推动整合京冀两地同一路段现有检查站资源，实现联合设站、联动执法，统筹京津冀一体化外围防线布局。

（二）功能圈：推动首都服务功能和城市功能互补

1. 围绕协同创新和海空港联动唱好京津"双城记"

沿京津科技创新走廊，支持天津滨海—中关村科技园、宝坻区京津中关村科技城等重点平台建设，促进北京创新成果在天津落地转化。推动清河地区东西区联动发展，推动京津合作示范区建设；引导北京龙头企业在津布局，构建区域完备的产业链；发挥京津公共服务优势，深化教育、养老、医疗等合作；加强创新政策衔接，优化区域营商环境，促进高技术产业和现代服务业在区域内延伸布局。

发挥北京空港型国家物流枢纽与天津港口型国家物流枢纽优势，推进北京空港、陆港与天津港的规划衔接和融合，畅通京平蓟津高速公路、京津铁路等骨干交通，完善"通道+枢纽+网络"物流体系，发展集装箱公铁、海铁联运。支持用好天津港作为北京出海通道，推动"天津港—平谷"海铁联运班列常态化运行，加快推进北京燃气天津南港 LNG 项目建设。

2. 推动两翼齐飞和京雄同城化发展

积极配合国家做好疏解项目落地服务保障，支持适宜的非首都功能向雄安新区疏解转移。抓好"三校一院"交钥匙项目后续工作，持续深化学校、医疗卫生机构对口帮扶，尽快研究编制完成交钥匙项目办学、办医工作方案。继续推动京津优质公共服务资源向腹地延伸，提升区域吸引力和承载力，进而支撑"两翼"联动。

以雄安新区为纽带，围绕协同创新、健康服务等领域，沿京雄科技创新走廊，以同城化标准构建高效交通网和高品质公共服务体系。加快雄安新区中关村科技园建设，依托重点交通干线，串联海淀、丰台、房山等地创新资源，为京津冀创新发展提供更多助力。

3.引领建设京津冀世界级机场群和港口群

加快北京航空"双枢纽"建设。推动京津冀机场群合理分工定位。发挥首都机场集团有限公司、基地航空公司、空管中心等纽带作用，支持天津机场、石家庄机场等功能优化，推动天津机场打造区域国际枢纽和国际货运物流中心，石家庄机场发展大众化航空服务，提升京津冀机场群第二梯队机场的运输规模，优化京津冀机场群格局和结构。发挥北京通航机场、航空航天等资源优势和津冀直升机等装备设备优势，优化环京低空航路，为京津冀及周边区域的防汛防火、应急救援工作提供支持，并与生态旅游等结合，促进通用航空产业联动发展。

推进京津冀港口群的联动发展。推进津兴铁路、城际铁路联络线等骨干通道规划建设，构建以大型国际机场、首都国际机场为核心，高效连接京津冀机场群、港口群的区域综合交通网络。促进津冀港口群海铁联运体系建设，加强与北京市无水港及京津冀机场群的协同发展。整合区域内国际航空港、轨道枢纽港、高速公路港及海港，探索"一单制""门到门""动检车"等多式联运物流新模式，实现"空铁公水"四港联动，优化多种运输方式的衔接和中转流程，提升货物中转集疏能力和物流组织运作效率。推进"航空+铁路"丝绸之路国际空铁多式联运示范工程项目，服务"一带一路"建设。

（三）产业圈：引领重点产业链上下游分工协作

1.以中心—外围式圈层方式实现梯次分工

（1）通勤圈依托区位优势打造产研一体化

北三县重点加强与通州城市副中心的联动，加快高端要素和创新资源向城市副中心聚集，打造京津冀协同发展桥头堡，依托本地产业基础及资源，实现与北京高端价值链环节联动，如香河县依托机器人小镇大力发展人工智能，服务智能制造领域；固安县重点依托太谷等生物医药基础资源以及邻近北京生物医药基地的优势，重点进行生物创新药的研发孵化；涿州市则依托区位优势承接北京转移，构建了总部经济、高端制造、科技研发、医养健康等产业集群；武清区精准承接北京非首都功能疏解，依托引入的红日药业、诺禾致源等一批行业龙头企业，重点发展智能科技、生物医药等产业。

（2）功能圈依托政策优势重点承接研发孵化

重点支持天津、雄安建设区域科技创新中心，从事研发设计和成果孵化，通过设立"双向"飞地、开展产业投资、提供人才和技术支持等形式，引导研发设计企业与制造企业嵌入式合作，推动技术创新成果在结对的周边城市转化，支撑专业化的制造业发展。强化京津雄联动，推动天津滨海—中关村科技园、宝坻区京津中关村科学城、京津合作示范区等重点园区建设，全方位拓展合作广度和深度。

（3）产业圈依托产业基础发展制造业配套行业

产业圈重点实现产业竞合发展。沿京津、京保（石）、京唐（秦）等主要交通通道，推动产业要素沿轴向集聚，绘制产业配套图。沿京津走廊，打造科技研发转化、先进制造业发展带；沿京保（石）走廊，打造先进制造业发展带，强化北京创新资源与保定产业发展结合，提高氢能、智能网联汽车等合作水平；沿京唐（秦）走廊，打造产业转型升级发展带，共建唐山曹妃甸协同发展示范区，重点打造新材料、智能装备产业链。

2. 以创新—产业化方式抢占创新制高点

（1）共同打造跨区域协同创新联合体

强化枢纽型协同创新平台建设，依托京津冀国家科技创新中心推动协同创新中心等平台在津冀布局，支持首都圈高校院所、高科技企业等建立联合实验室，促进优质科技成果在首都圈落地转化。结合首都安全重点产业链建设，以关键技术突破和产业链条延伸为重点，打造"链主+"的创新联合体和大中小企业融通发展平台。研究支持行业领军企业建设开放式产业创新平台，发挥平台对各类创新资源的集聚整合作用，汇集前沿信息、智能制造等创新企业，实现首都圈大中小企业间多维度、多触点的创新能力共享，赋能创新产业融通发展。

（2）推动津冀城市承接成果转化孵化

一是全面推进区域协同创新共同体与北京科技资源载体，如亦庄开发区、中关村科技园区等密切对接，结合首都圈产业布局和区域发展，推动科研功能设施合理布局和开放共享，积极探索"双向"飞地模式，形成都市圈协同创新共同体，在更大范围释放资源效能，更好支撑区域创新链产业链建设。二是加大在津冀建立成果孵化与中试基地。津冀锚定国家级科研院所和重点院校，精准对接引进北京科技创新资源、科技成果和科技企业，加强与中国科学院、中国工程院、清华大学、北京大学等合作，密切与河北省各城市的科技创新协作，支持涿州、高碑店等县市与北京共建科技创新基地，抓好北京化工大学沧州技术转移中心等平台建设。三是构筑科技成果转化新高地。落实高新技术企业资质京津冀互认制度，积极吸纳京津等地创新资源，承接北京科技成果并形成集聚效应，把北京研发与津冀转化更好结合起来，积极推进京津冀科技成果共享协同立法，打造数据贯通、统筹开放的京津冀科技资源共享服务平台，逐步形成"北京研发设计、津冀产业化制造"的协同创新格局。

（3）深入推进技术市场一体化

一是完善市场化技术交易机制。重点依托中国技术交易所、北京技术交易促进中心、北京国家技术转移中心以及高校科技成果转移转化促进中心等，联合津冀技术交易平台或科技大市场，整合科技创新主体、专业化技术运营服务机构等资源，建立具有跨区域一体化技术交易服务功能体系和市场化运营机制的首都圈技术交易服务大平台，成立首都圈技术交易市场联盟，完善技术需求与供给信息数据库，建立完善的信息评价和发布标准，推动更多科技成果在首都圈转化。二是拓展技术交易增值服务。通过技术服务前移，构建技术挖掘、市场分析、概念验证评估"一站式"服务体系，让更多有价值的技术成果走入市场；将技术交易业务与股权激励、质押融资等业务结合，搭建高价值成果资本化、产业化快车道。

3. 以链主—核心企业式实现建链强链补链

（1）实行产业链链主制、链长制

一是推行产业链链主制。选择类似北汽、亿华通等经济效益和社会美誉度都较高的龙头企业作为"链主"企业，以龙头企业为依托，整合跨区域制造业产业链，使小米、理想、蔚来等龙头企业加速在首都都市圈跨域布局。

二是推行产业链链长制。建立由京津冀三地主要领导担任总链长,三地省(市)级领导任各重点产业链链长的"链长制",全面推进产业链建设工作。

(2)培育核心企业推动供应链发展

一是加快培育建链关键企业。京津冀三地根据各自的产业优势,加快培育产业链重点节点企业,强化顶层设计和系统谋划,推动龙头企业围绕创新链和产业链融合,与链主企业共同带动都市圈企业形成产业链供应链,搭建都市圈内企业互相协作、融合发展的架构,充分发挥链主及关键企业的主体地位、促进大中小企业联动发展,构建产业链共生发展生态。二是推动企业链式发展。推动上下游企业融通发展,支持链主企业根据需求形成主要配套产品需求清单,产业链上形成中小企业产品供给清单,营造良好产业生态,促进配套合作,鼓励"链主"企业按照"龙头带动、政府推动、市场运作"思路,通过补链、固链、强链、延链推动产业链建设。

(3)推动创新链产业链协同融合

一是形成双链融合发展行动指引。研究出台首都圈创新链产业链融合发展指导意见或专项规划,围绕重点产业链形成由产业链图谱、链主企业布局图、产业布局图、产业发展路线图"4张图"和人才需求清单、产业基金清单、关键平台清单、关键技术需求清单、关键产品配套清单"5张清单"所构成的创新链产业链图谱体系。二是围绕四大产业赛道协同打造双链融合的产业集群。结合津冀产业基础和资源优势,突出"强优势"和"促升级"两大产业发展导向,聚力打造数字经济和生命健康两大世界级产业集群,积极布局先进制造业新赛道,着力推动科技农业发展,为首都圈经济高质量发展提供强力支撑。三是积极探索创新链产业链融合方式。聚集资源科学配置、合理链接、高效融合,通过共同打造跨区域协同创新联合体、聚焦产业需求探索首都圈协同创新模式、积极探索"双向"飞地模式,激发首都圈创新链产业链融合内在动力。

4. 以集群示范区模式为牵引构建产业生态

(1)建立跨区域产业集群

一是打造世界级数字产业集群。依托北京数字经济资源雄厚的优势,紧抓北京加快建设全球数字经济标杆城市的契机，充分挖掘津冀数字经济产业发展潜力，加快打造具有国际竞争力的数字经济产业链和产业集群。二是打造世界级生物医药和医疗器械产业集群。对标国内外顶尖生物医药产业集群，加快推动三地跨区域产业优势互补、分工协作和产业链协同创新，全面提升首都生物医药和医疗器械产业链水平与核心竞争力。三是打造先进智造产业集群。结合津冀工业发展基础，发挥"北京智造"带动优势，以智能科技产业为引领，在重点领域上形成协同突破，打造具有竞争力的先进智造产业集群。

（2）多模式探索园区共建共享

一是共建产业合作园区，深入推进天津滨海—中关村科技园合作共建，加快推进宝坻区京津中关村科技城创新发展，提升武清京津产业新城、北辰国家级产城融合示范区等平台集聚能力，推动产业跨区域转移和生产要素双向流动。二是共建城市间毗邻产业园区，在城市与城市的交界处，共建产业园区，借鉴长三角发展经验，通过园区共建等形式，打造"飞地经济"样板，促进经济均衡发展，推动圈层式分工格局向网络化分工格局转变。

（3）创建产业协作分工发展示范区

一是打造京津冀城市产业承接主平台。加强北京与天津滨海高新区，河北廊坊、曹妃甸、沧州、保定的经开区或高新区合作，采用"研发+转化""总部+基地""终端产品+协作配套"等产业分工模式。二是创建可复制推广的产业协作示范区。鼓励产业园区探索以"轻资产"为主导的模式，输出品牌园区的管理经验、运营模式、招商资源等；推动区域共建产业集群，将京津运营园区经验复制推广到河北各城市，推动三地产业协同互动发展。

B.3
京津冀城市科技—经济—生态系统
治理效能评估与对策

吴 丹 陈江南*

摘 要： 京津冀城市科技—经济—生态系统治理主要包括创新性、经济性和舒适性三大需求，涉及科技创新驱动、经济高质量发展和生态舒适宜居三大目标。从城市科技—经济—生态系统治理效能评估结果来看，城市科技—经济—生态系统治理效能稳步增长，其中科技创新驱动指数和经济高质量发展指数均保持平稳上升态势，而生态舒适宜居指数从快速上升转变为平稳上升。京津冀城市科技、经济、生态的发展较为均衡，城市科技、经济、生态对城市科技—经济—生态系统治理效能的平均贡献度基本趋同。京津冀城市科技与经济、城市经济与生态以及城市科技—经济—生态的协调治理效能较高。研究表明，城市科技创新驱动指数的提升重在提高科技创新投入效益，深化科技创新与产业融合，加强创新环境建设；城市经济高质量发展指数的提升重在加强基础设施的持续建设和优化，重点支持数智化产业发展；城市生态舒适宜居指数的提升重在强化生态环境保护和改善，持续优化能源结构。

关键词： 科技—经济—生态系统 治理效能 京津冀

---

* 吴丹，北方工业大学经济管理学院副教授，主要研究方向为城市治理与资源环境管理；陈江南，北方工业大学经济管理学院技术经济及管理专业硕士研究生。

城市治理是推进国家治理体系和治理能力现代化的重要内容。习近平总书记强调,"推进国家治理体系和治理能力现代化,必须抓好城市治理体系和治理能力现代化"。党的十九大报告提出,新时代城市治理的根本追求转变为满足人民对美好生活的需要。党的二十大报告强调,"要加快转变超大特大城市发展方式,打造宜居、韧性、智慧城市"。2022年12月19日,在北京党建引领接诉即办改革论坛闭幕式上,京、沪、津、渝等13个城市在党建引领超大城市治理、多元主体参与城市治理等方面达成广泛共识,发布了《城市治理现代化北京宣言》,共同发出建设人民城市、推进城市治理现代化的时代强音。同时,京津冀地区制定了《北京城市总体规划(2016年—2035年)》《北京市"十四五"时期重大基础设施发展规划》《北京市"十四五"时期高精尖产业发展规划》《北京市国民经济和社会发展第十四个五年规划和二〇三五年远景目标纲要》《天津市国民经济和社会发展第十四个五年规划和二〇三五年远景目标纲要》《河北省国民经济和社会发展第十四个五年规划和二〇三五年远景目标纲要》等一系列政策文件,应对京津冀城市治理问题挑战,加快京津冀城市科技创新驱动,促进京津冀城市经济高质量发展,实现京津冀城市各类生态要素高效配置,着力提升京津冀城市科技—经济—生态系统治理效能,以高效能治理推进京津冀城市治理能力现代化。但京津冀城市科技—经济—生态系统治理效能评估尚缺乏一套完善的评估体系,如何科学评估京津冀城市科技—经济—生态系统治理效能,成为京津冀城市治理的一个重大命题。为此,对京津冀城市科技—经济—生态系统治理现状进行分析,开展京津冀城市科技—经济—生态系统治理效能评估,据此明确京津冀城市科技—经济—生态系统治理的问题和挑战,为提升京津冀城市科技—经济—生态系统治理效能提出合理对策,推进京津冀城市治理能力现代化。

一 我国城市治理评估研究现状

目前,我国城市治理评估研究主要集中在城市治理评估体系构建及其实现路径探索方面。首先，针对城市治理评估体系构建，我国学者依据国情、区情和研究视角的差异，构建城市治理评估框架体系，[①] 设计多样化的质量评估框架。[②] 采用综合指数法、双重差分法、模糊评价法等多重方法，定量评估城市治理水平。如吴志强等[③]将产业经济、科技创新、社会人文、民生福祉、生态保护作为城市治理关键要素，从经济效益、结构与活力，数智水平、升级与融合和生态资源与环境等方面建立评估指标；李友根[④]采用综合评价指数法、变异系数法和聚类分析，提出了"机会善治、过程善治、结果善治"三个维度的特大城市社会治理评估框架；刘润芳等[⑤]运用加速遗传算法投影寻踪模型和物元可拓评价模型，对不同规模城市治理能力现代化水平进行时空测度；聂爱云等[⑥]运用模糊集定性比较分析法，评估了数字经济对城市治理能力的提升作用，并从创新生态构建和数据驱动方面提出城市治理提升路径和策略。

其次，针对城市治理的实现路径研究，我国学者聚焦于城市规划建

[①] 戴长征：《中国国家治理体系与治理能力建设初探》，《中国行政管理》2014 年第 1 期；郑吉峰：《国家治理体系的基本结构与层次》，《重庆社会科学》2014 年第 4 期；杨琛、王宾、李群：《国家治理体系和治理能力现代化的指标体系构建》，《长白学刊》2016 年第 2 期；俞可平：《国家治理的中国特色和普遍趋势》，《公共管理评论》2019 年第 3 期。

[②] 张业、米热阿依·米吉提：《新疆城市综合治理能力评价体系构建——基于耦合协调模型分析》，《兵团党校学报》2020 年第 3 期；谭日辉：《"三轮"驱动与北京特大城市治理体系创新》，《现代城市研究》2016 年第 4 期；李晓壮：《城市治理体系初探——基于北京 S 区城市管理模式的考察》，《城市规划》2018 年第 5 期。

[③] 吴志强、刘晓畅、赵刚等：《空间效益导向替代简单扩张：城市治理关键评价指标》，《城市规划学刊》2021 年第 5 期；王芳、阴宇轩、刘汪洋等：《我国城市政府运用大数据提升治理效能评价研究》，《图书与情报》2020 年第 2 期。

[④] 李友根：《中国特大城市社会治理的评估与发展——基于变异系数法的聚类分析》，《重庆社会科学》2020 年第 9 期。

[⑤] 刘润芳、郝东明、李馨兰：《不同规模城市治理能力现代化水平测度》，《统计与决策》2024 年第 6 期。

[⑥] 聂爱云、潘孝虎：《数字经济能否提升地方政府治理能力？——基于中国 275 个城市 2011~2019 年面板数据的实证检验》，《经济社会体制比较》2023 年第 6 期；魏斌、邵继萍：《数字经济时代城市治理能力何以提升？》，《兰州财经大学学报》，网络首发时间为 2024 年 3 月 21 日。

设①、国际经验借鉴②、产业协同发展③、基本公共服务均等化④等方面，探索城市治理实现路径。同时，学者们聚焦于新发展、绿色发展、开放发展等方面，提出了推动科学化、智能化、精细化、长效化的城市治理方案。如安树伟等⑤提出城市治理现代化建设应着手完善城市治理体系、产业链创新链深度融合、系统提升生态环境品质，明确数字化转型是实现城市治理能力现代化的重要路径。

综上所述，我国城市治理已逐步实现向产业、创新、民生和生态环境等方面深入推进，是对科技、经济、民生、公共服务和环境等视角的集成治理。但如何全面评估城市治理效能，仍缺乏一个较为完善的框架体系，亟须构建有效、可操作的城市治理效能评估方法。为此，立足城市科技、经济和生态系统治理视角，设计城市科技—经济—生态系统治理效能评估指标体系，据此将理想解模型、贡献度模型、协调度模型进行耦合，构建城市科技—经济—生态系统治理效能评估方法。并以京津冀城市治理实践为导向，开展京津冀城市科技—经济—生态系统治理效能评估，全面反映京津冀城市科技、经济和生态系统治理情况，因地制宜探索京津冀城市科技—经济—生态系统治理效能提升的优化路径，提出提升京津冀城市科技—经济—生态系统治理效能的对策建议，加快推动京津冀城市高质量发展。

---

① 徐亚清、马韵竹：《加快构建环首都经济圈对策研究》，《河北大学学报》（哲学社会科学版）2013 年第 4 期。
② 高慧智、张京祥、胡嘉佩：《网络化空间组织：日本首都圈的功能疏散经验及其对北京的启示》，《国际城市规划》2015 年第 5 期。
③ 林小莉、王德起：《基于演化博弈的首都圈高质量发展产业转移研究》，《社科纵横》2022 年第 2 期。
④ 宋迎昌：《北京都市圈治理的实践探索及应对策略》，《城市与环境研究》2023 年第 1 期。
⑤ 安树伟：《北京高质量发展的内涵与路径》，《北京社会科学》2022 年第 8 期；任兵、陈志霞、张晏维等：《首都超大城市治理现代化：基本逻辑、理念与路径构想》，《城市问题》2021 年第 12 期；张若冰、祝歆、李雪岩：《智慧城市建设推动社区治理实践创新》，《北京联合大学学报》（人文社会科学版）2021 年第 2 期；孟子龙、任丙强：《城市治理数字化转型的阶段演进与优化路径》，《电子政务》2024 年第 3 期。

二 京津冀城市科技—经济—生态系统治理现状

（一）京津冀城市科技创新变化

1. 城市科技创新投入变化

（1）R&D 人员投入变化

2012~2022 年，京津冀 R&D 人员投入呈现稳定增长态势（见图 1）。其中，R&D 人员占从业人员比重以年均 5.44% 的增速保持增长，从 2012 年的 1.598% 增加到 2022 年的 2.713%①；每万名高技术产业 R&D 人员折合全时当量以年均 4.23% 的增速保持增长，从 2012 年的 3.967 人年增加到 2022 年的 6.005 人年；京津冀每万名规模以上工业企业 R&D 人员全时当量以年均 2.40% 的增速保持增长，从 2012 年的 17.017 人年增加到 2022 年的 21.590 人年。

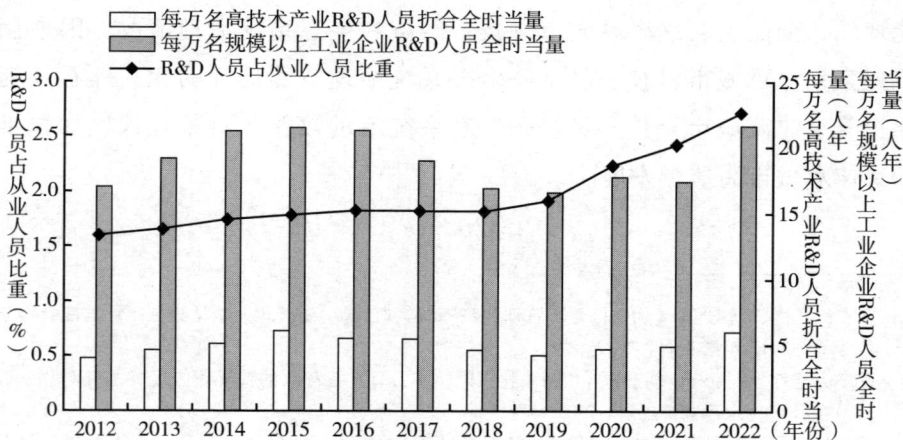

图 1　2012~2022 年京津冀 R&D 人员投入变化

---

① 数据主要来自 2013~2023 年《中国统计年鉴》、《中国科技统计年鉴》、《中国城乡建设统计年鉴》、《中国水利统计年鉴》、《北京统计年鉴》、《天津统计年鉴》、《河北统计年鉴》、国家统计局官网，下同。

（2）R&D 经费投入变化

2012~2022 年，京津冀 R&D 经费投入呈现稳定增长态势（见图 2）。其中，R&D 经费投入强度以年均 2.45% 的增速稳步增长，从 2012 年的 3.223% 增加到 2022 年的 4.107%；高技术产业 R&D 经费内部支出以年均 10.12% 的增速快速增长，从 2012 年的 146.857 亿元增加到 2022 年的 385.094 亿元；规模以上工业企业 R&D 经费内部支出以年均 6.90% 的增速保持增长，从 2012 年的 651.298 亿元增加到 2022 年的 1269.436 亿元。

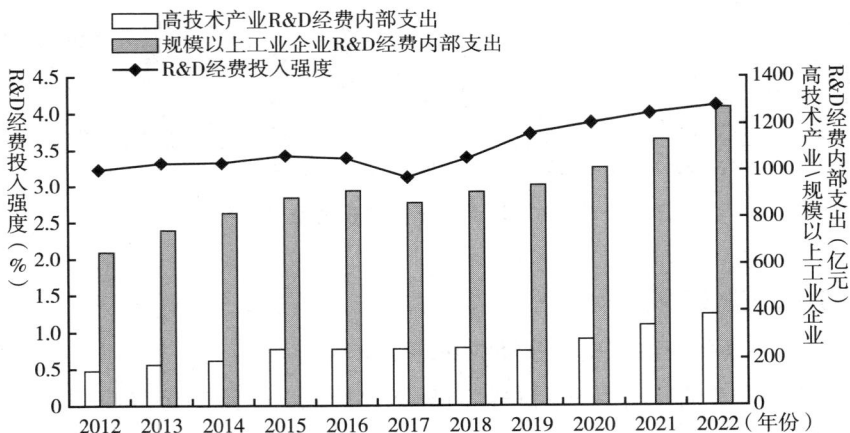

图 2　2012~2022 年京津冀 R&D 经费投入变化

2. 城市科技创新产出变化

2012~2022 年，京津冀科技创新产出呈现稳定增长的发展态势（见图 3）。其中，每万人专利申请受理数以年均 11.07% 的增速稳步增长，从 2012 年的 77.380 件增加到 2022 年的 221.045 件；每万人专利授权数以年均 14.71% 的增速快速增长，从 2012 年的 40.772 件增加到 2022 年的 160.853 件。每万人专利授权数占受理数的比重变动呈 "U" 形，即先下降再上升。截至 2022 年，京津冀每万人专利授权数占受理数的比重达到 72.77%，与 2012 年的 52.69% 相比有显著提升。技术市场成交额占比以年均 7.28% 的增速保持增长，从 2012 年的 0.052%增加到 2022 年的 0.105%；高技术产业新产品出口额以年均 3.20%的增速保持增长，从 2012 年的 1.058 千万美元增加到 2022 年的 1.450 千万美元。

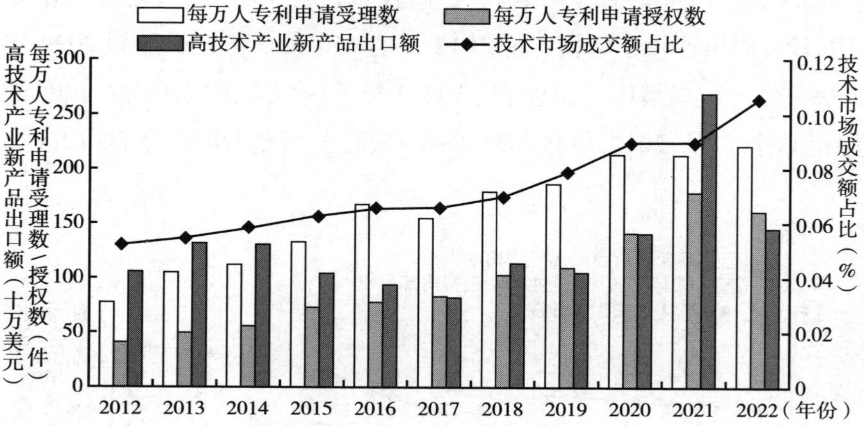

图 3 2012~2022 年京津冀科技创新产出变化

3. 城市科技创新环境变化

（1）科技创新政府支持和经济基础变化

2012~2022 年，京津冀科技创新环境保持稳定发展态势（见图 4）。其中，地方财政科学技术支出以年均 7.62%的增速稳步增长，从 2012 年的 321.13 亿元增加到 2022 年的 668.99 亿元。与此同时，京津冀经济基础的稳健发展也为科技创新提供了坚实的物质基础和良好的环境。农业、工业和服务业分别以年均 4.67%、4.40%和 8.58%的增速保持增长，从 2012 年的 3230.1 亿元、16330.4 亿元和 29025.2 亿元分别增加到 2022 年的 5097.6 亿元、25114.4 亿元和 66120.2 亿元。

（2）科技创新人力资源和科研资源变化

2012~2022 年，京津冀人力资源展现出积极的发展态势，高等教育体系的规模持续扩大（见图 5）。其中，每十万人中普通高等学校平均在校学生数以年均 1.51%的增速稳步增长，从 2012 年的 1.196 万人增加到 2022 年的 1.390 万人；高等院校、高技术企业和 R&D 机构分别以年均 0.57%、

图4 2012~2022年京津冀科技创新政府支持和经济基础变化

3.68%和10.30%的增速保持增长,从2012年的257所、1780个和2337个分别增加到2022年的272所、2556个和6227个。

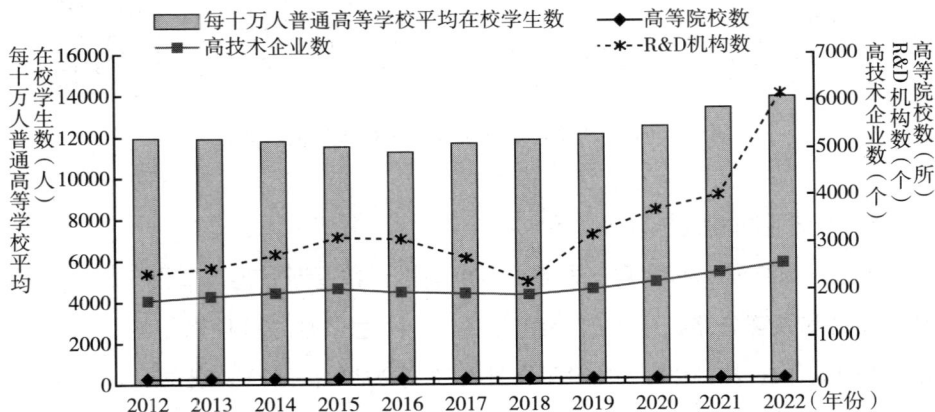

图5 2012~2022年京津冀人力资源和科研资源变化

(二)京津冀城市经济高质量发展变化

1.城市基础设施建设变化

(1)网络基础设施建设变化

2012~2022年,京津冀网络基础设施建设取得了显著成果,互联网宽带接入用户数、移动互联网用户数以及长途光缆线路长度等方面均呈现出积极的发展态势（见图6）。其中，互联网宽带接入用户数以年均10.61%的增速稳步增长，从2012年的1642.4万户增加到2022年的4501万户；移动互联网用户数以年均6.41%的增速稳步增长，从2012年的6662.126万户增加到2022年的12397.251万户；长途光缆线路长度以年均1.29%的增速稳步增长，从2012年的4.150亿公里增加到2022年的4.717亿公里。

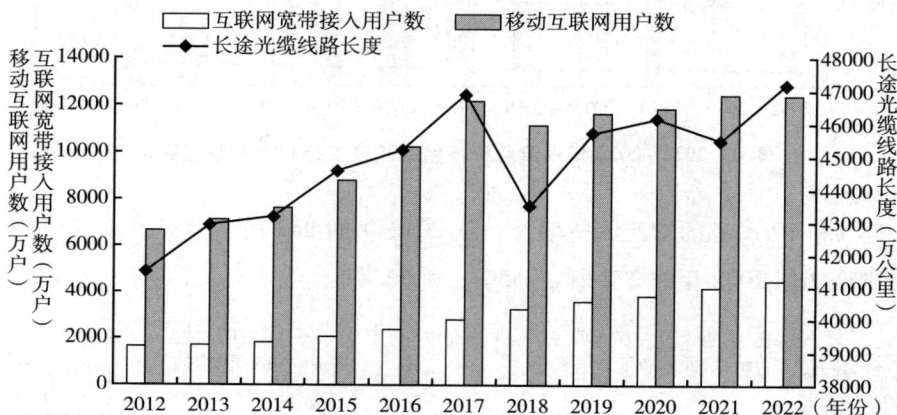

图6　2012~2022年京津冀网络基础设施建设变化

（2）交通基础设施建设变化

2012~2022年，京津冀交通基础设施建设正在逐渐完善（见图7）。其中，轨道交通和高速公路是两大核心组成部分，轨道交通总里程以年均7.20%的增速稳步增长，从2012年的581公里增加到2022年的1164公里；高速公路总里程以年均4.38%的增速稳步增长，从2012年的0.71万公里增加到2022年的1.09万公里。此外，公交专用道里程以年均10.96%的增速稳步增长，从2012年的5.109万公里增加到2022年的14.455万公里。这一显著增长不仅表明京津冀在公共交通服务领域的投入取得了显著成效，也进一步提升了京津冀城市交通的便捷性和通达性，满足了人民群众日益增长的出行需求。

（3）能源基础设施建设变化

2012~2022年，京津冀能源基础设施建设取得了一定的进展，特别是在

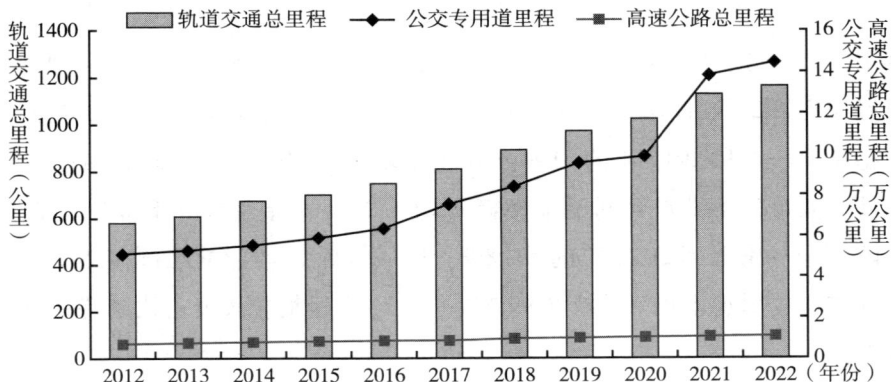

图7 2012~2022年京津冀交通基础设施建设变化

天然气供应领域，其增长势头尤为强劲，逐渐取代了液化石油气成为主要的能源供应来源（见图8）。自2012年起，液化石油气的供应量便呈现波动式下降的发展趋势，年均增速为-6.45%，从2012年的67.27吨下降到2022年的34.55吨，显示出其在京津冀能源消费结构中的地位逐渐降低。这与能源结构的调整、环保政策的推动以及市场需求的转变等有关。同时，天然气的供应量却呈现出强劲的增长势头。以年均9.01%的增速持续增长，从2012年的139.55万米^{3}增加到2022年的330.61万米^3，弥补了液化石油气供应量下降带来的能源缺口。

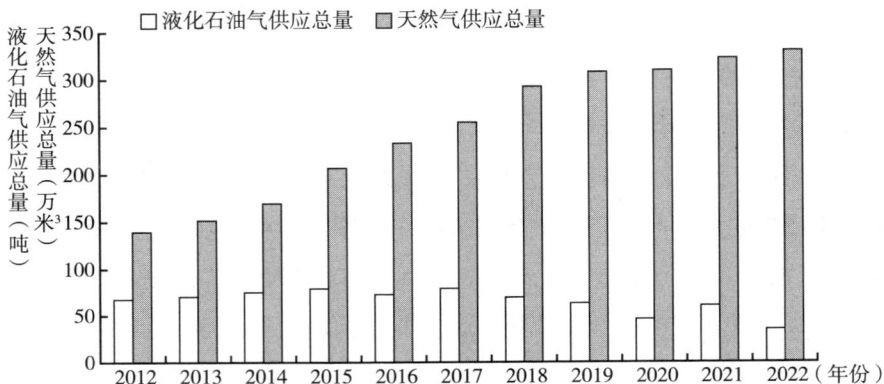

图8 2012~2022年京津冀能源基础设施建设变化

2012~2022年，京津冀水利基础设施建设取得了一定的进展（见图9）。其中，排水管道长度以年均5.15%的增速稳步增长，从2012年的46208公里增加到2022年的76380.04公里；自来水供水管道长度以年均2.38%的增速稳步增长，从2012年的51944.67公里增加到2022年的65743.32公里；此外，城市公共供水管网漏损率以年均1.29%的降速持续下降，从2012年的47.6%增加到2022年的41.8%。区域水库库容总量维持在285亿立方米左右，用水普及率维持在99%以上，1、2级堤防长度占比维持在50%左右。

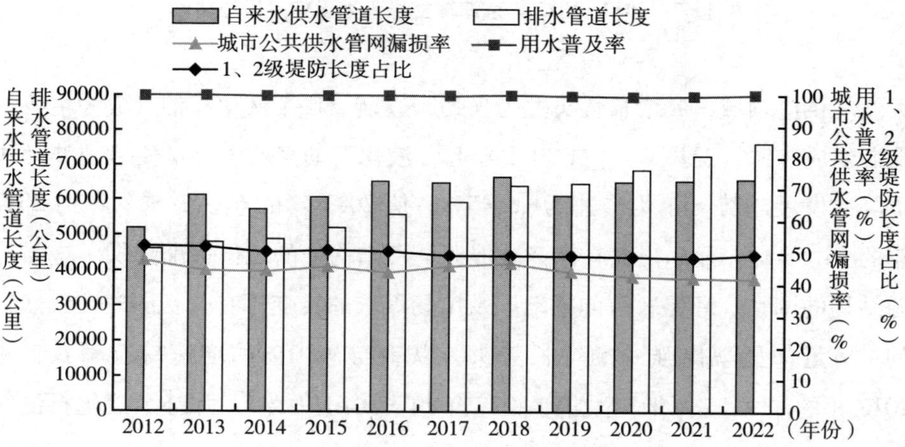

图9　2012~2022年京津冀水利基础设施建设变化

2.城市数智化产业发展变化

（1）数智产业化发展变化

京津冀数智产业化的总体发展态势展现为稳健且持续增长的演进轨迹（见图10）。在人力资源配置方面，信息化产业领域的从业人员比例逐年攀升，截至2022年，从业人员比例已显著提升至6.174%，其年均增长速率高达6.879%，充分反映了数智化趋势对就业结构的深刻影响。从市场角度来看，京津冀软件业务与信息技术服务的收入均保持着高速且稳定的增长。其中，软件业务收入占据主导地位，软件业务收入、信息技术服务收入分别从

2012 年的 4358.065 亿元、317.402 亿元增加到 2022 年的 25847.275 亿元、617.377 亿元，年均增速分别为 19.485% 和 6.879%。在数智化浪潮中，信息技术服务领域正迅速崛起，其增长势头强劲，未来数智化产业结构将进一步优化和升级。

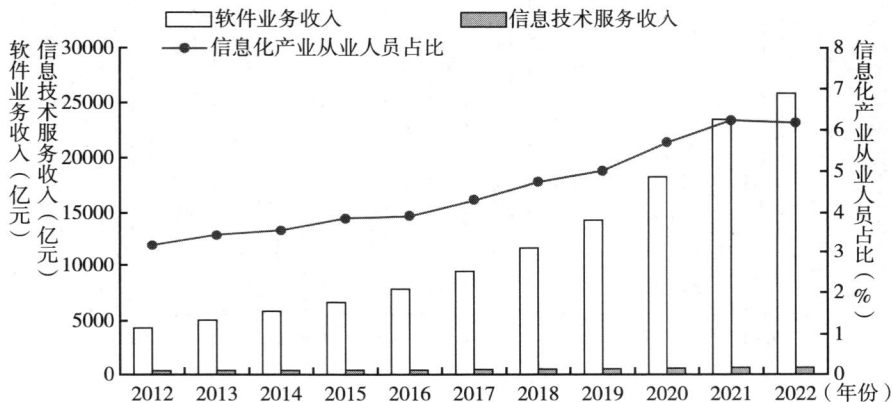

图 10　2012~2022 年京津冀数智产业化发展情况

（2）产业数智化发展变化

京津冀产业数智化表现由初期的高速增长逐步转向增速的渐进式放缓。这一态势体现了产业数智化在成熟过程中的自然调整。从企业的角度看，京津冀 2012~2017 年每百家企业拥有的网站数缓慢增长，而自 2018 年起则呈现出持续性的下跌趋势（见图 11）。这种变化可能与市场竞争的加剧、企业数字化转型的深入以及技术迭代带来的成本效益变化等因素密切相关。随着数字技术的广泛应用和市场竞争的加剧，企业对于网站的需求从简单的展示功能转向更为复杂和专业的数字化服务，从而导致网站数量的减少，从 2012 年的 161 个降至 2022 年的 129 个。随着电子商务市场的日益成熟和竞争的加剧，企业对于电子商务的投入可能更加理性和精准，有电子商务交易活动的企业数占比从 2012 年的 4.661% 增加到 2022 年的 13.1%，年均增速为 10.89%。从更广泛的民生视角来看，全国每百人使用计算机数目在数年间的增长显示了京津冀计算机普及程度的持续提高，从 2012 年的 95 台增至

2022 年的 159 台，年均增速为 5.29%，这一数据表明京津冀计算机普及程度已经达到了较高的水平。

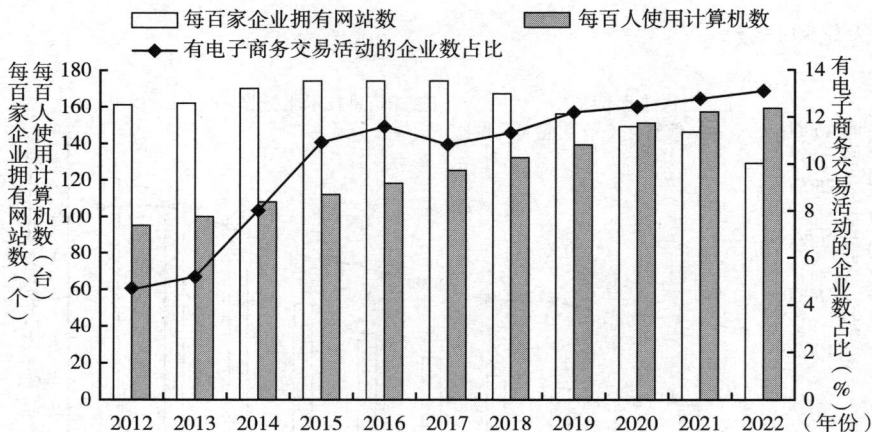

图 11　2012～2022 年京津冀产业数智化发展情况

3. 城市经济发展质效变化

（1）京津冀经济发展效益变化

新时代以来，京津冀经济发展效益主要体现在经济增长水平和居民消费水平两个方面。综合来看，京津冀经济效益呈现平稳向好的发展趋势。固定资产投资额从 2012 年的 3.371 万亿元增至 2022 年的 6.354 万亿元，年均增速为 6.54%。进出口贸易总额从 2012 年的 5743.047 亿美元增至 2022 年的 7530.90 亿美元，年均增速为 2.75%。从消费水平变化来看，京津冀城市居民恩格尔系数在 2012～2022 年呈现持续下降趋势，从 2012 年的 30.183% 降至 2022 年的 27.047%，这表明在该时期内城市居民生活水平在逐年提高，消费结构逐渐优化。京津冀人均社会消费品零售总额呈现低速稳定增长发展态势，从 2012 年的 8.029 万元增至 2022 年的 10.786 万元，年均增长率为 3.00%，表明京津冀消费市场持续繁荣，总体经济效益良好（见图 12）。

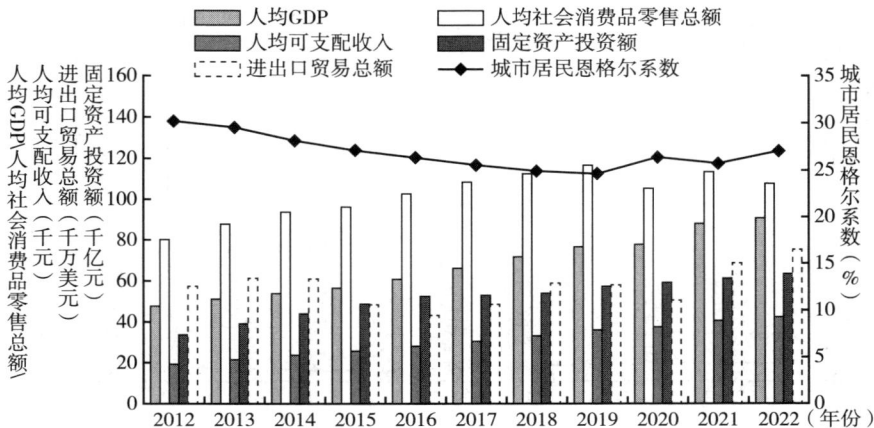

图 12　2012~2022 年京津冀经济发展效益变化

（2）京津冀产业转型升级变化

从京津冀产业转型升级变化来看，京津冀产业结构向更加合理化的方向发展，以较为平缓的速度向第三产业转型升级。而向高技术产业转型升级的力度仍存在一定的不足。其中，京津冀服务业增加值占 GDP 比重已经达到了 60% 以上，表明服务业是促进京津冀经济增长的最主要力量之一，但服务业增加值占 GDP 比重的增速较低，年均增长率为 1.258%。第三产业与第二产业产值的比值有一定增幅，从 2.383 增至 3.401，年均增长 3.62%。但是以泰尔系数表示的产业结构合理化程度在逐年升高，从 20.593 提高到 53.773。高技术产业收入占 GDP 比重在 2012~2015 年较为稳定，2016~2019 年出现了小幅下降，2020~2022 年小幅提升，但与 2012 年相比，高技术产业的收入占 GDP 比重还是呈现下降的趋势（见图 13）。

（3）京津冀经济发展质量变化

京津冀经济发展质量总体上呈现稳步增长的发展态势。2012~2022 年，京津冀万元 GDP 能耗、万元 GDP 二氧化碳排放量、万元 GDP 用水量以及万元工业增加值用水量均呈现稳定的下降趋势（见图 14），其年均增长率分别为 -5.793%、-4.571%、-4.109% 以及 -5.579%。这表明京津冀经济发展

图13 2012~2022年京津冀产业转型升级变化

正在向更加节约和高效的方向转变，体现了经济发展逐渐变得更加绿色和低碳，增强了京津冀经济发展的可持续性。而全员劳动生产率反映了劳动力资源的利用效率，京津冀全员劳动生产率以8.165%的年均增速稳定提升，这表明京津冀劳动力资源产出效率逐年提升，经济发展正在向更加高效和集约的方向转变，经济发展质量也随之提升。

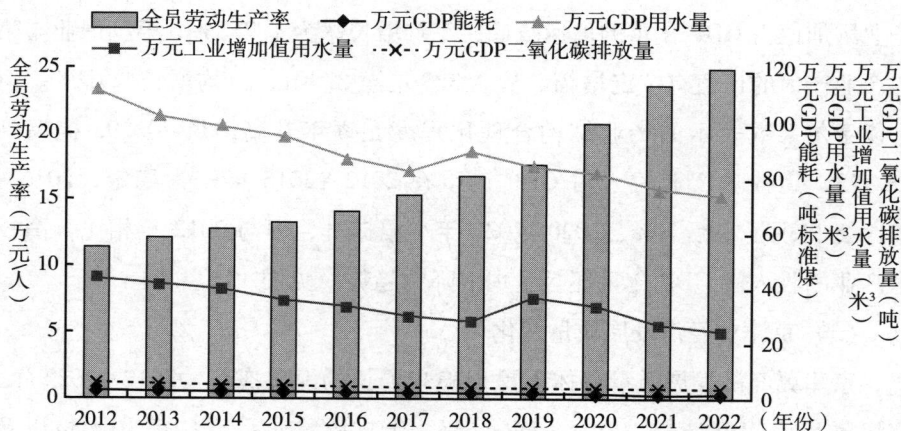

图14 2012~2022年京津冀经济发展质量变化

（三）京津冀城市生态环境治理变化

1. 城市空气质量变化

从空气质量的变化来看，京津冀城市空气质量整体呈现出显著的改善趋势。具体而言，空气中的二氧化硫和二氧化氮浓度均实现了大幅度的降低，这一积极变化表明空气污染物排放得到了有效遏制。同时，可吸入颗粒物的浓度虽呈现出波动下降的态势，但总体而言仍表现出积极的发展趋势。与2012年的数据相比，2022年二氧化硫、二氧化氮和可吸入颗粒物的浓度分别实现了21.169%、8.676%和15.759%的降幅，这一成果凸显了京津冀在空气质量改善方面取得的显著成效（见图15）。在应对全球气候变化的大背景下，京津冀对于碳排放量的控制也取得了显著进展，成功将碳排放量的年均增速控制在1%以内，这一成就不仅有助于减缓全球气候变暖的趋势，也为京津冀实现绿色可持续发展奠定了坚实基础。

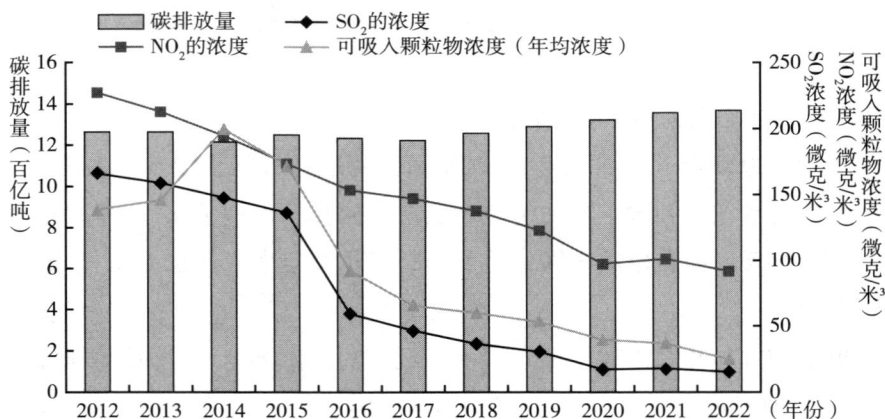

图15　2012~2022年京津冀空气质量变化

2. 城市水质变化

从水质的变化来看，京津冀水污染物的排放水平呈现出鲜明的阶段性特征。整体而言，水质达标水平持续保持在相对较高标准。其中，京津冀化学需氧量排放量稳步下降，从176.5万吨降至172.43万吨，氨氮排放量从

15.66 万吨显著降至 3.72 万吨，显示出京津冀在水污染治理方面取得了显著成效。与此同时，京津冀地表水质量达到或优于Ⅲ类水体的比例呈现出稳步上升的趋势，尽管增速较为缓慢，但显示出水质改善的长期趋势。此外，城市集中式饮用水水源地水质达标率始终保持在 90% 以上（见图 16）。

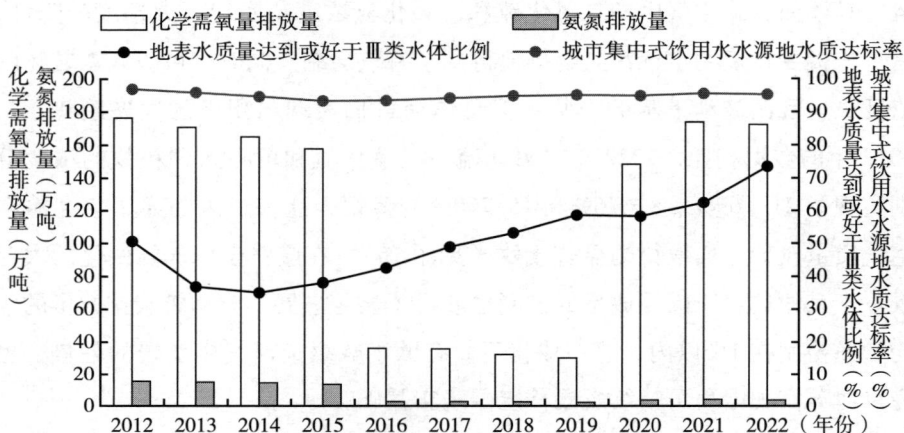

图 16　2012~2022 年京津冀水质量变化

3. 城市生态改善和环境卫生变化

2012~2022 年，京津冀生态改善主要表现在人均公园绿地面积的增长、生态用水比例和水土流失治理面积占比的提升、地下水开采率下降方面均较为显著。而在建成区绿化覆盖率、森林覆盖率方面没有明显的提升（见图 17）。

根据图 17 可知，2012~2022 年，生态用水比例从 7.961% 提高到32.20%，地下水开采率从 80.386% 降至 44.160%，湿地面积占比从 7.422%提高到 10.921%，水土流失治理面积占比从 2.063% 提高到 3.430%，森林覆盖率从 23.033% 提高到 27.567%。

此外，2012~2022 年，京津冀环境卫生得到了有效治理（见图 18）。其中，生活垃圾无害化处理率从 93.433% 提高到了 100%，一般工业固体废物综合利用率维持在 70% 左右，污水处理率从 88.486% 提高到了 98.2%，再生水利用率从 7.80% 提高到了 15.855%。

图 17 2012~2022 年京津冀生态改善变化

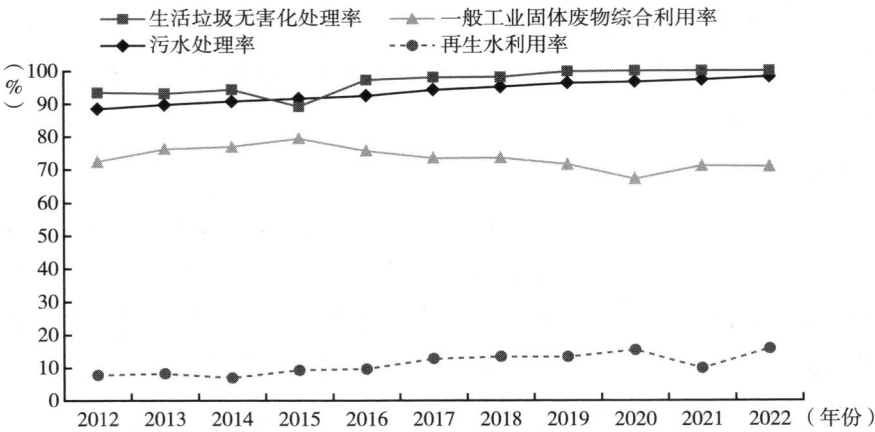

图 18 2012~2022 年京津冀环境卫生变化

三 京津冀城市科技—经济—生态系统 治理效能评估体系设计

（一）城市科技—经济—生态系统治理需求与治理机制

1. 城市科技—经济—生态系统治理需求与理念

从城市科技—经济—生态系统治理的角度来看，京津冀城市治理与城市科技、经济和生态系统相互联系、相互影响。这决定了京津冀城市治理的核心是统筹和协调城市科技、经济和生态系统的关系。通过城市科技创新驱动、经济高质量发展和生态舒适宜居之城建设,推动京津冀城市高质量发展,满足北京城市创新性、经济性和舒适性的需求。为此,京津冀城市科技—经济—生态系统治理可划分为创新性、经济性和舒适性三大需求。

(1)城市科技—经济—生态系统治理需求

①创新性需求

从创新性需求看,京津冀城市科技创新需求主要包括科技创新投入和科技创新产出的需要。科技创新投入的重点:一是增加 R&D 人员,如 R&D 人员占从业人员比重、每万名高技术产业 R&D 人员折合全时当量;二是增加 R&D 经费,如 R&D 经费投入强度、高技术产业 R&D 经费内部支出。科技创新产出的重点:一是增加专利,如每万人专利申请受理数、专利申请数量、每万人专利申请授权数;二是增加市场输出,如技术市场成交额占比、高技术产业出口额。

②经济性需求

从经济性需求看,京津冀城市经济高质量发展主要包括基础设施建设、数智化产业发展和经济发展质效的需要。基础设施建设的重点:一是加大网络基础设施建设力度,如互联网宽带接入用户数、移动互联网用户数、长途光缆线路长度;二是优化交通基础设施布局,如轨道交通总里程、公交专用道里程、高速公路总里程;三是优化能源基础设施布局,如液化石油气供应总量、天然气供气总量;四是优化水利基础设施布局,如排水管道长度、自来水供水管道长度、城市公共供水管网漏损率、城市水库库容总量、用水普及率。

数智化产业发展的重点:一是推动数智产业化,如信息化产业从业人数、软件业务收入、信息技术服务收入;二是推进产业数智化,如每百家企业拥有网站数、每百人使用计算机数、有电子商务交易活动的企业数比重。

经济发展质效的重点:一是增加经济发展效益,如人均 GDP、人均社会消费品零售总额、人均可支配收入、城市居民恩格尔系数、固定资产投资占 GDP 比重、服务贸易总额占 GDP 比重；二是推动产业转型升级，如服务业增加值占 GDP 比重、第三产业与第二产业产值比、高技术产业收入占 GDP 比重、产业结构合理化的泰尔系数；三是提高经济发展质量，如全员劳动生产率、万元 GDP 能耗、万元 GDP 水耗、万元工业增加值用水量、万元 GDP 二氧化碳排放量。

③舒适性需求

为改善京津冀城市生态环境，京津冀地区政府管理部门相继出台了蓝天保卫战、碧水保卫战、净土保卫战等相关的生态环境保护政策，制定并实施了众多环境保护措施和行动。近年来，京津冀积极推动数智化发展，将数字化技术应用于生态环境治理中，体现在六个方面。第一，利用传感器、卫星遥感技术收集土地、水资源和生物多样性等数据，并对数据进行挖掘分析，实现生态资源的有效管理和保护。第二，采用物联网技术、人工智能和区块链等技术，收集空气质量、水质、噪声和土壤污染的生态数据，对工业企业的环境排放、污水处理等进行实时监控，实现生态环境实时监测和预警功能，提高环保执行效率。第三，通过分析收集的生态数据，快速定位生态环境问题并展开精细化治理，促进生态环境的修复和保护。第四，通过数字化手段，实时监测城市绿地、园林和湿地，实现对城市生态环境的规划和管理，提高城市生态空间的规划、建设和管理水平。第五，利用数智化手段，精准定位大气、水、土壤等污染源，推动环境污染防治的有效实施。第六，利用数智化手段，开展数字化水资源监测、智能化水资源调度等，实现水资源可持续利用。总体来看，通过数字化技术手段，实现了中国城市的智能化、精细化和可持续发展，促进了中国城市和生态环境协同发展。

从舒适性需求看，生态舒适宜居主要包括空气质量、水质量、生态和环境卫生改善的需要。空气质量改善的重点：一是控制空气污染排放，如碳排放量；二是控制空气污染浓度，如二氧化硫的浓度、二氧化氮的浓度、可吸入颗粒物浓度（年均浓度）。水质量改善的重点：一是提高水质达标，如地表水质量达到或好于Ⅲ类水体比例、水库水质达标率；二是控制水污染排放，如化学需氧量排放量、氨氮排放量。生态改善的重点：一是增加城市绿化覆盖面积，如人均公园绿地面积、建成区绿化覆盖率；二是加强生态修复，如生态用水比例、地下水开采率、水土保持率、森林覆盖率、工业污染治理完成投资额占 GDP 比重。环境卫生改善的重点：一是加大垃圾废物处理利用，如生活垃圾无害化处理率、一般工业固体废物综合利用率；二是提高污水处理和再生利用能力，如城市污水处理率、再生水利用量占用水总量比重。

总体来看，"创新性需求"重点是为加快京津冀城市科技创新驱动提供创新性保障，凸显京津冀城市治理的创新属性；"经济性需求"重点是为促进京津冀城市经济高质量发展提供支撑性保障，凸显京津冀城市治理的经济属性；"舒适性需求"重点是为维持京津冀城市生态系统服务功能价值提供全面性保障，凸显京津冀城市治理的生态属性。

京津冀城市科技—经济—生态系统治理实践表明，三类需求各不相同。其中，"创新性需求"层次最为基础，"舒适性需求"层次最为高端，"经济性需求"层次对"创新性需求"层次和"舒适性需求"层次起到承上启下的重要作用。因此，三类需求层次由低到高构成了需求金字塔，如图 19所示。

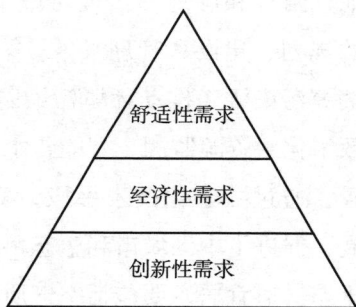

图19　京津冀城市科技—经济—生态系统治理需求层次

按照京津冀城市科技—经济—生态系统治理的需求层次，将创新性需求与经济性需求作为城市科技—经济—生态系统治理的优先任务。当城市科技—经济—生态系统治理满足一定程度的创新性需求与经济性需求之后，随着经济与生态的关系紧张，舒适性需求成为城市科技—经济—生态系统治理的重要任务。随着经济发展阶段的演变，京津冀城市科技—经济—生态系统治理需求处于动态变化中。舒适性需求的不断提高，将对创新性需求与经济性需求提出更高要求。

（2）城市科技—经济—生态系统治理理念

"系统治理"理念将城市视为一个多维度的复杂系统，它强调从整体性、协调性和可持续性三个核心维度出发，综合考虑科技、经济和生态等多重因素，以实现城市科技—经济—生态系统治理的整体性、协调性和可持续性。

整体性作为城市科技—经济—生态系统治理的首要原则，要求将城市视作一个有机整体，深入剖析并理解其内部各要素之间的内在联系和相互作用。在治理实践中，必须全面考量城市的经济结构、科技发展和生态环境等多个方面，通过优化资源配置，促进城市科技、经济和生态各方面的协调发展，实现城市的整体性提升。

协调性是系统治理的关键要素，强调城市内部各要素之间的协同配置和整体优化。在城市科技—经济—生态系统治理过程中，需要强化科技、经济和生态等各方力量的协作与配合，形成治理合力，共同推动城市的整体发展。同时，还需要注重城市与周边地区的协调发展，通过区域一体化战略，实现城市间的互补与共赢。

可持续性作为系统治理的重要目标，强调城市发展必须注重生态环境的保护、资源的优化配置利用以及绿色经济的推动。在城市科技—经济—生态系统治理实践中，必须坚持以人为本的发展理念，关注居民的生活质量和幸福感，通过绿色技术、绿色产业和绿色政策等手段，推动城市的可持续发展，实现经济、社会和环境的和谐共生。

2. 城市科技—经济—生态系统治理机制

科技创新是促进京津冀城市产业转型与优化升级、推动京津冀城市经济高质量发展的重要驱动力，有利于加快城市基础设施建设、推动城市数智化产业发展和提高经济发展质效。以科技创新为引领的经济格局才能有效推动供给侧改革、实现城市经济高质量发展。同时，科技创新作为城市生态环境治理的重要手段，对建设生态舒适宜居之城的影响机制可分为两个方面：一是科技创新在推动城市经济高质量发展、实现经济增长的同时，加快推动城市数智化技术的推广应用，有效改善城市生态环境，包括空气质量、水质量、生态和环境卫生改善，提高城市生态治理效能。二是科技创新通过推动城市传统产业发展模式创新、加快转变生产方式，推进城市产业结构转型升级，实现城市生态要素高效配置。

经济高质量发展是全面建成社会主义现代化强国的主基调。党的十九大报告明确指出"我国经济已由高速增长阶段转向高质量发展阶段"，党的二十大报告强调"未来五年是全面建设社会主义现代化国家开局起步的关键时期"，其首要目标任务就是"经济高质量发展取得新突破"。经济高质量发展就是贯彻新发展理念，由数量型发展转向质量型发展，加快城市基础设施建设、推动城市数智化产业发展和提高经济发展质效。经济高质量发展是改善城市生态环境、推进城市生态舒适宜居之城建设的重要支撑。

党的二十大报告强调，必须牢固树立和践行绿水青山就是金山银山的理念，站在人与自然和谐共生的高度谋划发展。全面实施绿色发展战略，改善生态环境，事关京津冀城市经济社会可持续发展和人民生活质量的提高。通过加快京津冀城市科技创新驱动，有利于推动京津冀城市经济高质量发展，进而推进京津冀城市生态舒适宜居之城建设。同时，京津冀城市生态环境的改善将进一步提高对工业化、城市化和服务业快速发展的承载能力。

京津冀城市科技—经济—生态系统治理机制如图 20 所示。

（二）城市科技—经济—生态系统治理目标与评估指标体系

1. 城市科技—经济—生态系统治理目标

京津冀城市科技—经济—生态系统治理与城市科技、经济和生态系统相互联系、相互影响。依据京津冀城市科技—经济—生态系统治理需求，京津冀城市科技—经济—生态系统治理的总体目标可概括为：通过加快城市科技创新驱动，提高科技创新投入产出效率，提升科技创新能力；从而加快基础设施建设、推动数智化产业发展、提高经济发展质效，推动城市经济高质量

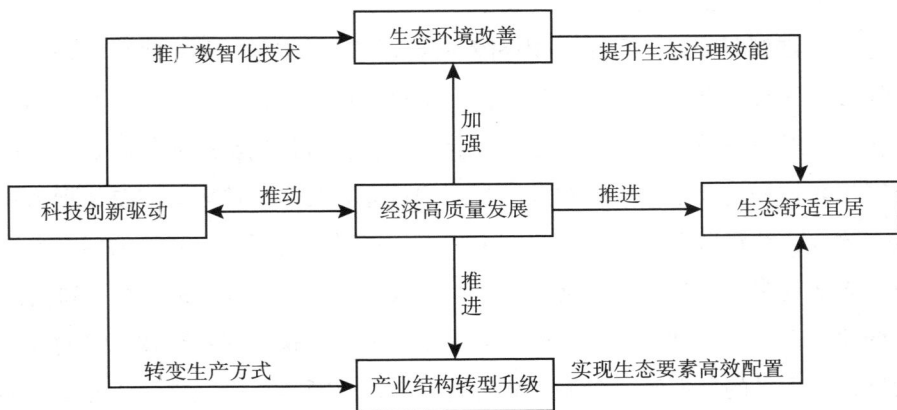

图20　京津冀城市科技—经济—生态系统治理机制

发展；进而实现城市生态资源高效配置，全面建成生态舒适宜居之城。因此，提升京津冀城市科技—经济—生态系统治理效能为城市的创新性、经济性、舒适性需求的满足提供了重要的支撑。为此，将京津冀城市科技—经济—生态系统治理的总体目标具体细分为科技创新驱动、经济高质量发展和生态舒适宜居目标，由此构成京津冀城市科技—经济—生态系统治理目标体系（见图21）。

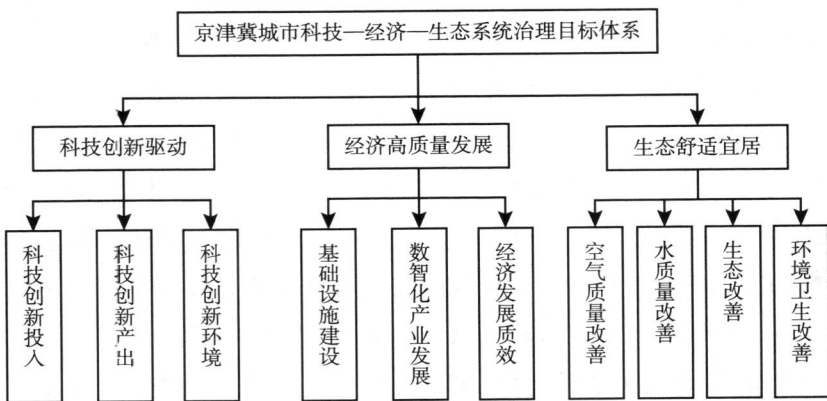

图21　京津冀城市科技—经济—生态系统治理目标体系

（1）科技创新驱动目标

科技创新驱动目标重在强调保障京津冀城市科技创新驱动需求，提高京津冀城市科技创新投入产出效率，提升京津冀城市科技创新能力，为推动京津冀城市经济高质量发展提供创新性保障，包括科技创新投入保障、科技创新产出增加和科技创新环境建设三方面的目标。在指标选取上主要体现为科技人才、科技经费和科技成果。其中，人才是科技创新的核心，培养高素质科技人才越多，科技创新的潜力就越大。政府的支持和良好的经济基础有助于构建一个有利的创新环境，科技经费投入直接反映了其对科技研发的支持力度，高水平的研发经费投入意味着更多的科研项目、更先进的研究设施和更良好的市场效益，对于培育创新意义重大。科技创新产出的专利等科技成果直接反映了城市科技创新的实际实力和未来创新的潜力，更多产出意味着城市在科技领域有更多话语权和领先优势，最终提高京津冀城市治理的创新属性。

一方面，通过增加 R&D 人员，以提高 R&D 人员占从业人员比重、每万名高技术产业 R&D 人员折合全时当量和规模以上工业企业 R&D 人员全时当量；通过增加 R&D 经费，以提高 R&D 经费投入强度、高技术产业 R&D 经费内部支出和规模以上工业企业 R&D 经费内部支出。另一方面，通过增加专利，以提高专利申请数量、每万人专利申请受理数和每万人专利申请授权数；通过增加市场输出，以提高技术市场成交额占比和高技术产业出口额。同时，通过增加政府支持，以提高地方财政科学技术支出；通过增强经济基础，以提高农业增加值、工业增加值和服务业增加值；通过增加人力资源，以提高每十万人普通高等学校在校学生数、高等院校数；通过增加科研资源，以提高高技术企业数、R&D 机构数。科技创新驱动目标的重点任务包括：①科技创新投入目标的重点任务是提高 R&D 人员占从业人员比重、每万名高技术产业 R&D 人员折合全时当量、规模以上工业企业 R&D 人员全时当量、R&D 经费投入强度、高技术产业 R&D 经费内部支出、规模以上工业企业 R&D 经费内部支出；②科技创新产出目标的重点任务是提高每万人专利申请受理数、专利申请数量、每万人专利申请授权数、技术市场成交额占比、高技术产业出口额；③科技创新环境目标的重点任务是提高地方财政科学技术支出、农业增加值、工业增加值与服务业增加值、每十万人普通高等学校在校学生数、高等院校数、高技术企业数、R&D 机构数。

（2）经济高质量发展目标

经济高质量发展目标重在强调保障京津冀城市经济高质量发展需求，为京津冀城市建设生态舒适宜居之城提供经济性保障，包括基础设施建设、数智化产业发展和经济发展质效三方面的目标。由于网络、交通、能源和水利等基础设施的发展对于各行各业的运转至关重要，因此，良好的基础设施能够提高城市的生产力水平，是城市经济高质量发展的重要支撑；数智化产业的发展推动了传统产业向智能化、高附加值方向升级，有助于促进产业结构升级和提高差异化发展质量，推进经济向着高效益和高质量发展，最终提高城市治理的经济属性。

一方面，通过加大网络基础设施建设力度，以增加互联网宽带接入用户数量、移动互联网用户数量、长途光缆线路长度；通过优化交通基础设施布局，以增加轨道交通总里程、公交专用道里程、高速公路总里程；通过优化能源基础设施布局，以增加液化石油气供应总量、天然气供气总量、全市集中供热管道长度；通过优化水利基础设施布局，以增加排水管道长度、自来水供水管道长度、城市水库库容总量、用水普及率、累计达标堤防长度并降低城市公共供水管网漏损率。另一方面，通过推动数智产业化，以提高信息化产业从业人数、软件业务收入、信息技术服务收入；通过推进产业数智化，以提高每百家企业拥有网站数、每百人使用计算机数、有电子商务交易活动的企业数比重。同时，通过增加经济发展效益，以提高人均 GDP、人均社会消费品零售总额、人均可支配收入，降低城市居民恩格尔系数、固定资产投资占 GDP 比重，提高服务贸易总额占 GDP 比重；通过推动产业转型升级，以提高服务业增加值占 GDP 比重、第三产业与第二产业产值比、高技术产业收入占 GDP 比重、数字经济增加值占 GDP 比重；通过提高经济发展质量，以提高全员劳动生产率，降低万元

GDP 能耗、万元 GDP 水耗、万元工业增加值用水量、万元 GDP 二氧化碳排放量。

经济高质量发展目标的重点任务包括：①基础设施建设目标的重点任务是增加互联网宽带接入用户数量、移动互联网用户数量、长途光缆线路长度、轨道交通总里程、公交专用道里程、高速公路总里程、液化石油气供应总量、天然气供气总量、全市集中供热管道长度、排水管道长度、自来水供水管道长度、城市水库库容总量、用水普及率、累计达标堤防长度并降低城市公共供水管网漏损率；②数智化产业发展目标的重点任务是提高信息化产业从业人数、软件业务收入、信息技术服务收入、每百家企业拥有网站数、每百人使用计算机数、有电子商务交易活动的企业数比重；③经济发展质效目标的重点任务是提高人均 GDP、人均社会消费品零售总额、人均可支配收入，降低城市居民恩格尔系数、固定资产投资占 GDP 比重，提高服务贸易总额占 GDP 比重；通过推动产业转型升级，以提高服务业增加值占 GDP 比重、第三产业与第二产业产值比、高技术产业收入占 GDP 比重、产业结构合理化的泰尔系数；通过提高经济发展质量，以提高全员劳动生产率，降低万元 GDP 能耗、万元 GDP 水耗、万元工业增加值用水量、万元 GDP 二氧化碳排放量。

（3）生态舒适宜居目标

生态舒适宜居目标重在强调保障京津冀城市生态舒适宜居需求，为京津冀城市治理提供舒适性保障，包括空气质量改善、水质量改善、生态改善和环境卫生改善四方面的目标。

首先，空气质量改善是城市生态宜居性的基础，优质的空气直接关系到居民的健康状况和生活品质。其次，水质量改善是评价城市宜居性的重要因素，水是人类生活的基本需求，而良好的水质不仅关系到饮用水的安全，也涉及生态系统的健康。保障城市供水系统的水质和水污染程度达标，有助于维护人类健康和生态平衡。第三，生态改善注重整个城市生态系统的平衡，通过城市绿化、保护和恢复自然生态系统，城市可以减少环境灾害和提高生物多样性，创造更为和谐的人与自然共生的环境。第四，环境卫生改善在城市生态宜居性中起到点睛之笔的作用，维持良好的环境卫生不仅有助于公共卫生的维护，预防疾病的传播，同时也美化了城市环境，提高了市民对城市的归属感。综合而言，从基础的空气和水质量，到生态系统修复，最终到整体的环境卫生，都为中国城市提供了更为宜居的城市环境，使其在经济繁荣的同时保持了生态平衡，为城市居民提供了更为健康、舒适、宜人的生活空间，最终提高中国城市治理的舒适属性。

第一，通过控制空气污染排放，以降低碳排放量；通过控制空气污染浓度，以降低二氧化硫的浓度、二氧化氮的浓度、可吸入颗粒物浓度（年均浓度）。

第二，通过提高水质标准，以提高地表水质量达到或好于Ⅲ类水体比例、水库水质达标率；通过控制水污染浓度，以降低地表水水质监测断面高锰酸盐年平均浓度、氨氮年平均浓度。

第三，通过增加城市绿化覆盖面积，以提高人均公园绿地面积、建成区绿化覆盖率；通过加强生态修复，以提高生态用水比例、地下水开采率、水土流失治理率、森林覆盖率、自然湿地保护率。

第四，通过加大垃圾废物处理利用力度，以提高生活垃圾无害化处理率、一般工业固体废物综合利用率；通过提高污水处理和再生利用能力，以提高城市污水处理率、再生水利用量占用水总量比重。

生态舒适宜居目标的重点任务包括：①空气质量改善目标的重点任务是提高空气质量达到二级以上天数占全年比重，降低碳排放量、二氧化硫的浓度、二氧化氮的浓度、可吸入颗粒物浓度（年均浓度）；②水质量改善目标的重点任务是提高地表水质量达到或好于Ⅲ类水体比例、水库水质达标率，降低地表水水质监测断面高锰酸盐年平均浓度、氨氮年平均浓度；③生态改善目标的重点任务是提高人均公园绿地面积、建成区绿化覆盖率；通过加强生态修复，控制地下水开采率，提高生态用水比例、水土保持率、森林覆盖率、工业污染治理完成投资占 GDP 比重；④环境卫生改善目标的重点任务是提高生活垃圾无害化处理率、一般工业固体废物综合利用率、城市污水处理率、再生水利用量占用水总量比重。

2. 城市科技—经济—生态系统治理效能评估指标

立足京津冀城市科技—经济—生态系统治理目标体系，京津冀城市科技—经济—生态系统治理效能评估涉及科技创新、经济高质量发展和生态舒适宜居等内容。评估指标明确了京津冀城市治理工作的要点方向，体现了京津冀城市治理效能评估的具体内容，对开展京津冀城市科技—经济—生态系统治理效能评估具有强烈的行为引导功能。立足京津冀城市科技—经济—生态系统治理目标体系，以科技创新、经济高质量发展、生态舒适宜居三大目标为核心，根据三大目标的重点任务，采用文献梳理法、成果借鉴法、专家咨询法等理论方法，通过城市治理评估体系案例研究，对京津冀城市科技—经济—生态系统治理效能评估指标体系进行系统设计。

（1）城市科技创新评估指标

采用文献梳理法、成果借鉴法、专家咨询法等理论方法，建立京津冀城市科技创新评估指标（见表1）。

表 1　京津冀城市科技创新评估指标

一级指标	二级指标	三级指标	指标单位	指标方向
科技创新投入	R&D 人员	R&D 人员占从业人员比重	%	正指标
		每万名高技术产业 R&D 人员折合全时当量	人年	正指标
		每万名规模以上工业企业 R&D 人员全时当量	人年	正指标
	R&D 经费	R&D 经费投入强度	%	正指标
		高技术产业 R&D 经费内部支出	亿元	正指标
		规模以上工业企业 R&D 经费内部支出	亿元	正指标
科技创新产出	专利数量	专利申请数量	件	正指标
		每万人专利申请受理数	件	正指标
		每万人专利申请授权数	件	正指标
	市场输出	技术市场成交额占比	%	正指标
		高技术产业新产品出口额	亿元	正指标
科技创新环境	政府支持	地方财政科学技术支出	亿元	正指标
	经济基础	农业增加值	亿元	正指标
		工业增加值	亿元	正指标
		服务业增加值	亿元	正指标

一级指标	二级指标	三级指标	指标单位	指标方向
科技创新环境	人力资源	每十万人普通高等学校在校学生数	人	正指标
		高等院校数	所	正指标
	科研资源	高技术企业数	个	正指标
		R&D 机构数	个	正指标

（2）城市经济高质量发展评估指标

采用文献梳理法、成果借鉴法、专家咨询法等理论方法，建立京津冀城市经济高质量发展评估指标（见表2）。

表 2　京津冀城市经济高质量发展评估指标

一级指标	二级指标	三级指标	指标单位	指标方向
基础设施建设	网络基础设施建设	互联网宽带接入用户数	万户	正指标
		移动互联网用户数	万户	正指标
		长途光缆线路长度	万公里	正指标
	交通基础设施建设	轨道交通总里程	公里	正指标
		公交专用道里程	公里	正指标
		高速公路总里程	公里	正指标
	能源基础设施建设	液化石油气供应总量	吨	正指标
		天然气供应总量	万米^3	正指标
	水利基础设施建设	排水管道长度	公里	正指标
		自来水供水管道长度	公里	正指标
		城市公共供水管网漏损率	%	负指标
		用水普及率	%	正指标
		1、2级堤防长度占比	%	正指标
数智化产业发展	数智产业化	信息化产业从业人员占比	%	正指标
		软件业务收入	亿元	正指标
		信息技术服务收入	亿元	正指标
	产业数智化	每百家企业拥有网站数	个	正指标
		每百人使用计算机数	台	正指标
		有电子商务交易活动的企业数占比	%	正指标

续表

一级指标	二级指标	三级指标	指标单位	指标方向
经济发展质效	经济发展效益	人均 GDP	万元	正指标
		人均社会消费品零售总额	万元	正指标
		人均可支配收入	万元	正指标
		城市居民恩格尔系数	%	正指标
		固定资产投资额	亿元	正指标
		进出口贸易总额	亿美元	正指标
	产业转型升级	服务业增加值占 GDP 比重	%	正指标
		第三产业与第二产业产值比	—	正指标
		高技术产业收入占 GDP 比重	%	正指标
		泰尔系数	—	正指标
	经济发展质量	全员劳动生产率	万元/人	正指标
		万元 GDP 能耗	吨标准煤	负指标
		万元 GDP 用水量	米^3	负指标
		万元工业增加值用水量	米^3	负指标
		万元 GDP 二氧化碳排放量	吨	负指标

（3）城市生态舒适宜居评估指标设计

采用文献梳理法、成果借鉴法、专家咨询法等理论方法，建立京津冀城市生态舒适宜居评估指标（见表3）。

表3　京津冀城市生态舒适宜居评估指标

一级指标	二级指标	三级指标	指标单位	指标方向
空气质量	空气污染排放	碳排放量	亿吨	负指标
	空气污染浓度	二氧化硫浓度	微克/米^3	负指标
		二氧化氮浓度	微克/米^3	负指标
		可吸入颗粒物浓度（年均浓度）	微克/米^3	负指标
水质量	水质达标	地表水质量达到或好于Ⅲ类水体比例	%	正指标
		城市集中式饮用水水源地水质达标率	%	正指标
	水污染排放	化学需氧量排放量	万吨	负指标
		氨氮排放量	万吨	负指标

一级指标	二级指标	三级指标	指标单位	指标方向
生态改善	城市绿化	人均公园绿地面积	米²	正指标
		建成区绿化覆盖率	%	正指标
	生态修复	生态用水比例	%	正指标
		地下水开采率	%	负指标
		水土流失治理面积占比	%	正指标
		森林覆盖率	%	正指标
		湿地面积占比	%	正指标
环境卫生	垃圾废物处理利用	生活垃圾无害化处理率	%	正指标
		一般工业固体废物综合利用率	%	正指标
	污水处理利用	污水处理率	%	正指标
		再生水利用率	%	正指标

（三）城市科技—经济—生态系统治理效能评估模型构建

依据建立的京津冀城市科技—经济—生态系统治理效能评估指标体系，采用理想解模型，测算京津冀城市科技—经济—生态系统治理效能变化。运用耦合协调度模型，综合评估京津冀城市科技与经济、经济与生态以及科技—经济—生态系统的协调治理效能。运用贡献度模型，评估科技、经济、生态对京津冀城市科技—经济—生态系统治理效能的贡献度。与其他模型相比，理想解模型可以客观地评估京津冀城市科技—经济—生态系统治理的多层次治理问题，直观反映京津冀城市科技—经济—生态系统治理各个指标存在的问题。同时，耦合协调度和贡献度模型是在理想解模型的基础上进行，三种模型层层递进，可以较全面地反映京津冀城市科技—经济—生态系统治理情况，进而提出提升京津冀城市科技—经济—生态系统治理效能的对策建议。

1.城市科技—经济—生态系统治理效能评估模型

依据建立的京津冀城市科技—经济—生态系统治理效能评估指标体系，应用理想解模型，对京津冀城市科技—经济—生态系统治理效能进行综合评估。可用以下公式表示。

$$F_{ij}(t) = \cfrac{1}{1 + \left(\cfrac{d_{ijt}(x_{ijtk},x_{ijk}^{\alpha})}{d_{ijt}(x_{ijtk},x_{ijk}^{\beta})} \right)^2}$$

$$\begin{cases} d_{ijt}(x_{itk},x_{ik}^{\alpha}) = \sqrt{\sum_{k=1}^{n} w_k^2 (x_{ijtk} - x_{ijk}^{\alpha})^2} \\ d_{ijt}(x_{itk},x_{ik}^{\beta}) = \sqrt{\sum_{k=1}^{n} w_k^2 (x_{ijtk} - x_{ijk}^{\beta})^2} \\ x_{ijk}^{\alpha} = \max_{t=1}^{T}(x_{ijtk}) \\ x_{ijk}^{\beta} = \min_{t=1}^{T}(x_{ijtk}) \end{cases} \quad (1)$$

式（1）中，$F_{ij}(t)$ 为第 t 时期京津冀第 i 地区第 j 维度的指数（$j = 0$，1，2，3 分别代表京津冀城市科技—经济—生态系统治理效能指数、科技创新指数、经济高质量发展指数和生态舒适宜居指数）。$d_{ijt}(x_{ijtk}, x_{ijk}^{\alpha})$、$d_{ijt}(x_{ijtk}, x_{ijk}^{\beta})$ 分别为第 t 时期京津冀第 i 地区第 j 维度第 k 项评估指标与指标理想值、负理想值的距离。其中，设 $x_{ijk}^{\alpha} = (1, 1, \cdots, 1)$、$x_{ijk}^{\beta} = (0, 0, \cdots, 0)$ 分别为京津冀第 i 地区第 j 维度第 k 项评估指标的"理想值""负理想值"。x_{ijtk} 为京津冀第 i 地区标准化后的指标值，c_{ijtk} 为京津冀第 i 地区指标原始数据值，①正向指标标准化：$x_{ijtk} = \cfrac{c_{ijtk}}{\max\limits_{t=1}^{T}(c_{ijtk})}$；②逆向指标标准化：

$x_{ijtk} = \cfrac{\min\limits_{t=1}^{T}(c_{ijtk})}{c_{ijtk}}$。$w_k$ 为第 k 项评估指标的权重，为减少人为因素的干扰，采用层次等权法确定指标权重。

2. 多维度贡献评估模型

根据式（1），在确定京津冀城市科技—经济—生态系统治理的科技创新指数、经济高质量发展指数、生态舒适宜居指数的基础上，采用贡献度模型，测量科技、经济、生态对京津冀城市科技—经济—生态系统治理效能的平均贡献度。可用以下公式表示。

京津冀城市科技—经济—生态系统治理效能评估与对策

$$M_{ij} = \left[\sum_{t=1}^{T} \frac{w_j \cdot F_{ij}(t)}{\sum_{j=1}^{3} w_j \cdot F_{ij}(t)} \right] \middle/ T \qquad (2)$$

式（2）中，M_{ij} 为京津冀第 i 地区第 j 维度对京津冀城市科技—经济—生态系统治理效能的平均贡献度，T 为计算时期数。w_j 为第 j 维度的相对重要性，考虑科技、经济、生态系统对京津冀城市科技—经济—生态系统治理具有同等重要性，可采用等权法予以确定。

3. 多维度协调治理效能评估模型

依据京津冀城市科技—经济—生态系统治理效能评估指标，采用耦合协调度模型，评估京津冀城市科技、经济、生态的协调治理效能，可用下列公式表示。

$$D_i(t) = \left[\prod_{j=2}^{3} F_{ij}(t) \right]^{\frac{1}{j}} \qquad (3)$$

式（3）中，$D_i(t)$ 为第 t 时期京津冀第 i 地区城市科技、经济、生态的协调治理效能，其中 $j=1$，2，3；$j=2$ 代表科技—经济或经济—生态 2 个维度；$j=3$ 代表科技—经济—生态 3 个维度。

根据京津冀城市科技与经济、经济与生态、科技—经济—生态的协调治理效能，参考现有文献，① 可划分协调等级。即协调治理效能分别处于（0.0~0.1）、[0.1~0.2）、[0.2~0.3）、[0.3~0.4）、[0.4~0.5）、[0.5~0.6）、[0.6~0.7）、[0.7~0.8）、[0.8~0.9）、[0.9~1.0），对应的协调等级分别为极度失调、严重失调、中度失调、轻度失调、濒临失调、勉强协调、初级协调、中级协调、良好协调、优质协调。

四 京津冀城市科技—经济—生态系统治理效能评估

原始数据主要来自 2013~2023 年《中国统计年鉴》、《中国科技统计年

---

① 陆远权、张源：《长江经济带基本公共服务与新型城镇化耦合协调发展研究》，《统计与决策》2023 年第 12 期。

081

鉴》、《中国城乡建设统计年鉴》、《中国水利统计年鉴》、《北京统计年鉴》、
《天津统计年鉴》、《河北统计年鉴》、国家统计局官网，2023 年京津冀城市
科技、经济和生态的相关数据因未全面公开而无法获取。

（一）城市科技—经济—生态系统治理效能评估

1. 总体评估

根据式（1），计算得到 2012~2022 年京津冀城市科技—经济—生态系
统治理效能指数（见图 22）。

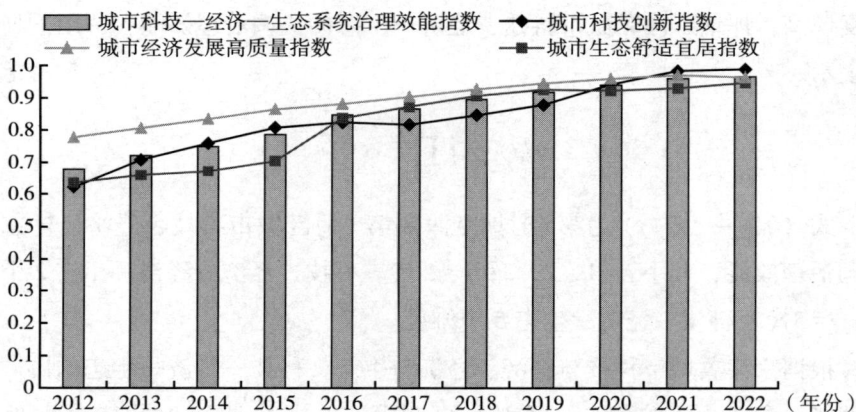

图 22　2012~2022 年京津冀城市科技—经济—生态系统治理效能指数

根据图 22 可知，2012~2022 年北京城市科技—经济—生态系统治理效
能指数呈稳速增长趋势，从 0.680 提高到 0.965，年均增速为 3.56%。其中
城市经济高质量发展指数总体水平最高。同时，城市科技创新指数保持平稳
上升，城市生态舒适宜居指数上升态势为先快后慢。2012~2018 年，城市生
态舒适宜居指数上升较快，并于 2016 年超越城市科技创新指数；2018~
2022 年，城市生态舒适宜居指数呈上升趋势，2020~2022 年城市科技创新
指数和经济高质量发展指数略高于科技生态舒适宜居指数。

综合来看，京津冀城市科技—经济—生态系统治理效能指数受到城市经
济高质量发展指数的影响程度较大。主要归因于：一是京津冀始终致力于推

动城市经济高质量发展，助力京津冀科技协同创新，为科技创新提供了强大的经济基础；二是京津冀积极实施科技创新驱动发展战略，重视人才、资本和技术的积累，扶持高新技术产业的发展，推动了城市经济高质量发展；三是京津冀积极完善基础设施建设，推动产业升级和经济效益提升，进而促进了城市经济高质量发展。此外，城市经济高质量发展又为城市生态环境治理提供了重要的经济支撑和保障。京津冀通过制定和实施"十三五"发展规划，推进大气污染防治、水污染防治、生态环境保护等关键任务，以实现城市生态舒适宜居目标，2012~2022年城市生态舒适宜居水平实现了较大的突破。因此，京津冀城市科技、经济、生态三者之间相互促进，推动京津冀城市科技—经济—生态系统治理效能的稳步增长。

2. 分项评估

（1）城市科技创新指数评估

根据式（1），计算得到2012~2022年京津冀城市科技创新指数（见图23）。

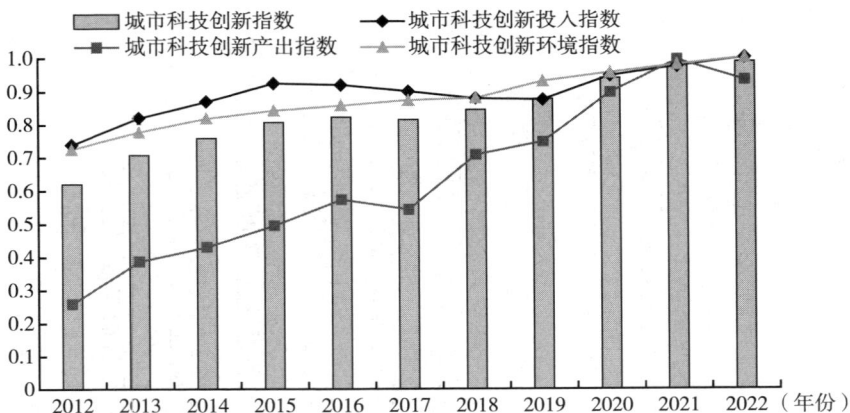

图23 2012~2022年京津冀城市科技创新指数

根据图23可知，2012~2022年，京津冀城市科技创新指数从0.621快速增至0.987，年均增速为4.74%，城市科技创新指数受科技创新产出指数影响较大。城市科技创新投入指数、城市科技创新产出指数和城市科技创新环境指数均保持上升态势，分别从0.739、0.260、0.725增至1、0.933、1，年均增速分别为 3.07%、13.63%、3.27%。城市科技创新投入指数总体高于城市科技创新环境指数和城市科技创新产出指数，但城市科技创新产出指数增速最快。城市科技创新环境指数和城市科技创新投入指数差距不大，均高于城市科技创新产出指数，但城市科技创新产出指数增速最快，这表明京津冀的城市科技创新环境和城市科技创新投入为京津冀的科技创新产出提供了重要的支撑。2012~2021 年，京津冀的城市科技创新产出指数与城市科技创新环境指数和城市科技创新投入指数趋同，这表明城市科技创新投入所带来的效应具有一定的滞后性。总体来看，2012~2022 年，京津冀正处于城市科技创新水平提高阶段，完善的创新环境建设为高水平科创活动培育了良好的发展基础，较高水平的科技创新投入也推进了京津冀的科技创新产出。

（2）城市经济高质量发展指数评估

根据式（1），计算得到 2012~2022 年京津冀城市经济高质量发展指数（见图 24）。

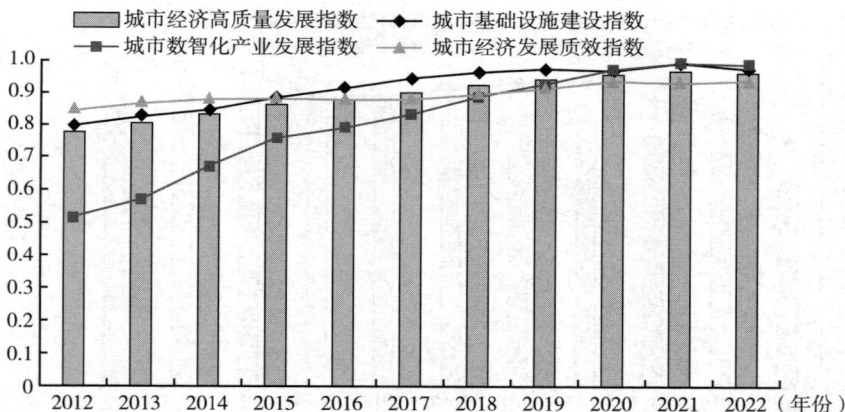

图 24　2012~2022 年京津冀城市经济高质量发展指数

根据图 24 可知，2012~2022 年，京津冀城市经济高质量发展指数从 0.778 平稳增至 0.962，年均增速为 2.15%，经济高质量发展指数主要受数智化产业发展指数的影响较大。而基础设施建设指数、数智化产业发展指数和经济发展质效指数分别从 0.799、0.518、0.845 提高到 0.974、0.988、

0.938。2012~2014 年，京津冀的城市经济发展质效指数相对较高，进一步推动城市基础设施建设。2015~2022 年，基础设施建设指数一直处于最高水平，表明良好的基础设施建设能够加快数智化产业发展。2012~2022 年，数智化产业发展指数增速最快，年均增速高达 6.67%，且于 2021 年达到了最高水平，这表明完善的基础设施建设可以为京津冀的数智化产业发展提供良好的支持，并带来较高的经济质效。总体来看，2015~2022 年，京津冀基础设施建设较为完善，经济发展质效较高，数智化产业发展空间较大。

（3）城市生态舒适宜居指数评估

根据式（1），计算得到 2012~2022 年京津冀城市生态舒适宜居指数（见图 25）。

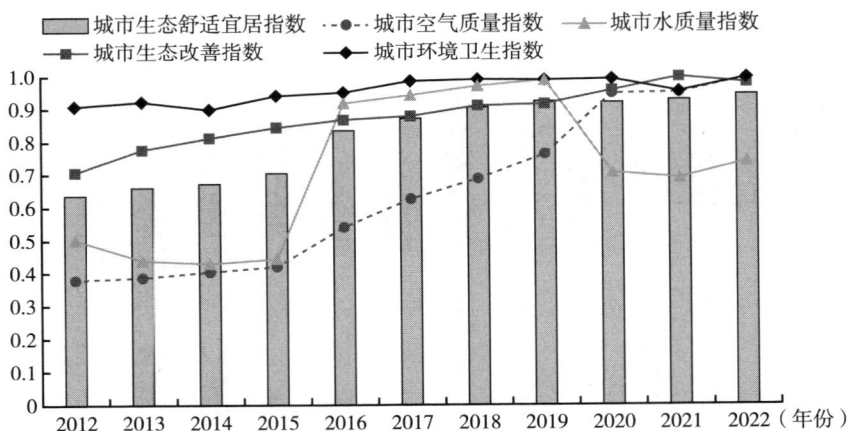

图 25　2012~2022 年京津冀城市生态舒适宜居指数

根据图 25 可知，2012~2022 年，京津冀的城市生态舒适宜居指数从 0.636 逐步增至 0.945，年均增速为 4.04%。城市空气质量指数、城市水质量指数、城市生态改善指数和城市环境卫生指数分别从 0.378、0.502、0.706、0.908 提高到 0.997、0.741、0.981、0.997，年均增速分别为 10.18%、3.97%、3.34% 和 0.94%。城市生态舒适宜居指数受城市空气质量、城市水质量和城市生态改善的影响较大。2012~2022 年，城市环境卫生指数一直处于最高水平，表明城市环境卫生治理水平较高；2012～2019年，京津冀的城市空气质量指数水平一直处于最低水平，表明城市空气质量的治理难度较大，治理效果不显著。然而2020～2022年城市空气质量指数保持了较高水平，这与京津冀开展大气污染联防联控行动计划、京津冀水利协同发展等一系列生态治理措施有关。2020年起，城市空气质量指数逐渐与城市生态改善指数、城市环境卫生指数一起达到较高水平，表明京津冀的城市空气质量治理取得了较大的成效。

（二）贡献评估

根据式（2），测量京津冀的城市科技、经济、生态对京津冀城市科技—经济—生态系统治理效能的平均贡献度（见图26）。

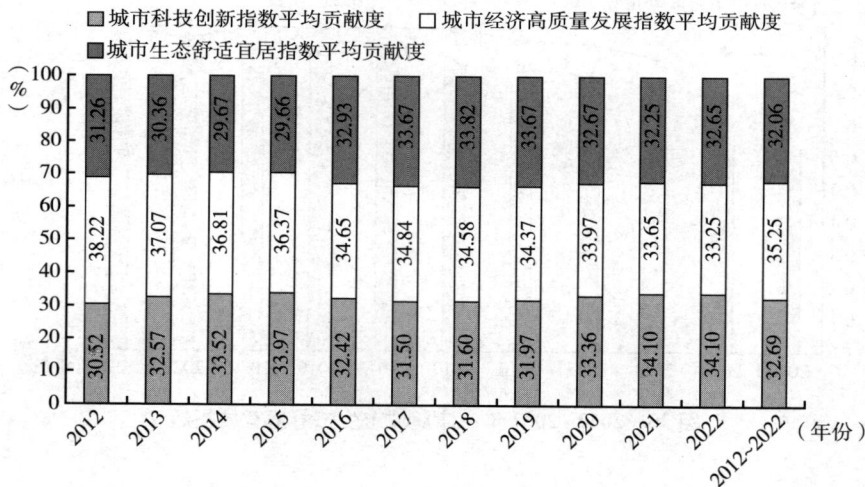

图26 2012～2022年京津冀城市科技、经济、生态对城市科技—经济—生态系统的平均贡献度

根据图26可知，2012～2022年京津冀的城市科技、经济、生态对城市科技—经济—生态系统的平均贡献度基本趋同。京津冀的城市科技、经济、生态的协调度较高，发展较为均衡。主要归因于：第一，科技和经济资源积累。京津冀的技术积累比较雄厚，促使创新成果不断涌现，推动了新能源技术的发展，很大程度上提高了节能减排效率；同时京津冀的经济基础扎实稳固，基础设施配备完善，拥有高效的民生基础服务以及完善的市场机制与独特的营商环境。第二，政策推动科技、经济和生态发展。京津冀的政府管理部门出台多项激励创新的政策推动科技成果的转化和应用；同时京津冀的政府管理部门也积极推动供给侧结构性改革和产业结构优化升级，加大对以数字技术为基础的新兴产业的扶持力度，并出台多项政策促进传统产业向高技术、高附加值产业转型；在生态建设方面，京津冀的政府管理部门严格落实环境保护举措，加大环境监管力度，强化居民环境保护的社会意识，构建全民共建的环境治理格局，提升人民生活幸福感与舒适度。

从三者平均贡献度差距变化来看，经济的平均贡献度总体略高于科技和生态，三者平均贡献度的差距总体上在缩小。其中，2012~2015年科技和经济的平均贡献度差距相对较大，但经济发展的平均贡献度在下降，科技创新的平均贡献度在提升，这与城市经济高质量发展指数和城市科技创新指数的增速有关；同时生态的平均贡献度与科技和经济的差距相对较大，主要归因于该时期京津冀城市生态环境治理中水质量指数、空气质量指数和生态改善指数水平较低，空气和水的质量较差以及生态保护不充分。2016~2022年，随着京津冀的城市生态环境改善措施的实施，城市的空气、水和生态治理取得一定的成效，均达到了较高的指数水平，进而促进了生态舒适宜居指数的提升和对城市治理效能的贡献度提升。

综上，城市科技创新促使城市创新环境建设日益完善，城市科技成果转化成效不断提高，城市科技创新水平持续攀升，为城市科技—经济—生态系统治理效能的提升提供了有力支撑。城市经济高质量发展加大了城市基础设施建设力度，推动了城市产业结构转型升级，增强了城市经济发展潜力，为城市科技—经济—生态系统治理效能的提升提供了坚实基础。城市生态环境治理有效改善了城市空气质量、水质量和其他生态环境，提高了城市环境卫生程度，为城市科技—经济—生态系统治理效能的提升提供了重要保障。此外，科技、经济、生态的协调作用是实现科技创新驱动目标、经济高质量发展目标和生态舒适宜居目标的关键，是提升京津冀城市科技—经济—生态系统治理效能的保障。

（三）协调评估

根据式（3），测算京津冀城市科技—经济—生态的协调治理效能（见表4）。

表4　2012～2022年京津冀城市科技—经济—生态协调治理效能

年份	城市科技与经济		城市经济与生态		城市科技—经济—生态	
	协调治理效能	协调等级	协调治理效能	协调等级	协调治理效能	协调等级
2012	0.695	初级协调	0.703	中级协调	0.675	初级协调
2013	0.756	中级协调	0.729	中级协调	0.722	中级协调
2014	0.796	中级协调	0.749	中级协调	0.752	中级协调
2015	0.835	良好协调	0.780	中级协调	0.789	中级协调
2016	0.851	良好协调	0.858	良好协调	0.846	良好协调
2017	0.858	良好协调	0.887	良好协调	0.863	良好协调
2018	0.885	良好协调	0.915	优质协调	0.892	良好协调
2019	0.910	优质协调	0.934	优质协调	0.915	优质协调
2020	0.949	优质协调	0.939	优质协调	0.939	优质协调
2021	0.976	优质协调	0.949	优质协调	0.960	优质协调
2022	0.975	优质协调	0.954	优质协调	0.965	优质协调

首先，从京津冀城市科技与经济的协调治理效能来看，2012～2014年低于0.8，仅为初级或中级协调等级；2015～2018年达到了0.8以上，提高到了良好协调等级；2019～2022年超过0.9，实现优质协调。究其原因，首先，城市科技创新的蓬勃发展为城市经济发展提供了强大动力。京津冀在城市科技创新投入和城市创新环境建设方面处于全国领先地位。高水平的城市科技创新投入使得京津冀能够不断推动新技术、新产业的兴起，促进产业升级和经济转型。同时，创新成果的不断涌现也为城市治理智能化发展提供了重要支撑。通过引入智能化技术和解决方案，京津冀提高了城市管理的效率和质量，进一步促进经济的发展。其次，经济的快速增长为科技创新提供了充足

的资金支持。经济的快速增长往往伴随着城市财政收入的增加，京津冀政府管理部门可以通过增加城市科技创新的投入，提高研发经费的比例，吸引更多科研人才和创新资源，推动科技创新的进一步发展。

其次，从京津冀城市经济与生态的协调治理效能来看，2012~2015年低于0.8，仅为中级协调等级；2016~2017年达到了0.8以上，实现良好协调；2018~2022年超过0.9，达到优质协调等级。究其原因，首先，京津冀城市经济高质量发展为城市生态环境治理提供了有力支撑。强大的经济实力和创新能力显著推动了京津冀城市产业结构的升级和经济结构的优化，为城市生态环境治理创造了有利的物质和技术条件，从而保障了城市经济高质量发展与城市生态舒适宜居的协调发展。其次，受现实发展需要与国家政策的影响，京津冀注重城市生态环境的持续改善以及居民生活质量的持续提升，采取一系列措施以减少污染并强化发展的可持续性，使得京津冀城市生态舒适宜居指数于2018年以后较高，经济与生态于2018年起达到了优质协调治理水平。

最后，从京津冀城市科技—经济—生态的协调治理效能来看，2012~2015年低于0.8，仅为初级或中级协调等级；2016~2018年达到了0.8以上，提高到良好协调等级；2019~2022年超过0.9，实现优质协调。结果表明，京津冀致力于创新科技、发展经济和改善生态，并全力推动科技创新、经济高质量发展和生态环境治理的协调发展。一方面，城市科技创新为城市科技、经济和生态的协调治理发挥了重要作用。京津冀致力于推动创新科技的发展，加大城市科技投入力度，建设创新型城市。城市科技创新为城市经济发展提供了新的增长引擎，促进了城市产业结构的升级和转型。城市科技创新也为城市生态环境治理提供了解决方案和技术支持，有助于提升城市生态环境治理效能和降低环境污染。另一方面，京津冀注重城市经济发展的质量和效益，推动城市产业升级和经济转型升级，实现城市经济高质量发展。城市经济高质量发展为城市科技创新提供了充足的资源和市场需求，激发创新活力。城市经济高质量发展也为城市生态治理提供了资金和技术支持，为改善城市环境质量和推进城市生态建设创造了更好的条件。

综上可知，京津冀城市科技创新与城市经济高质量发展相互促进，并驱动城市生态环境治理政策的良好实施。同时，城市经济高质量发展和城市生态环境改善又为城市科技创新提供了充足的资源和条件。因此，城市科技、经济和生态的协调治理是京津冀实现可持续发展的关键路径。

五　京津冀城市科技—经济—生态系统治理效能的提升对策

（一）影响因素分析

1. 城市科技创新的影响因素

京津冀正处于科技创新水平增长阶段，其中科技创新投入主要受 R&D 人员、高技术产业 R&D 经费内部支出、规模以上工业企业 R&D 经费内部支出的影响；科技创新产出受专利申请数量和技术市场成交额的影响；科技创新环境建设较为完善，但一定程度上主要受地方财政科学技术支出、服务业增加值和 R&D 机构数的影响。

2. 城市经济高质量发展的影响因素

京津冀的城市基础设施建设较为完善，相对而言，在网络、交通和能源基础设施建设方面仍有一定的发展空间；经济发展质效较高，主要受人均 GDP、人均可支配收入、固定资产投资额、产业结构高级化程度、全员劳动生产率、万元 GDP 能耗和万元工业增加值用水量的影响；数智化产业发展空间较大，主要受信息化产业从业人员占比、软件业务收入、信息技术服务收入和有电子商务交易活动的企业数比重的影响。

3. 城市生态舒适宜居的影响因素

2012~2022 年，京津冀城市生态舒适宜居指数的年均增速达到 4.04%，发展势头良好，其中生态改善方面主要受生态修复的制约，具体体现为受生态用水比例、水土流失治理面积占比和地下水开采率的影响；空气质量指数主要受空气污染浓度的制约，包括二氧化硫的浓度、二氧化氮的浓度和可吸入颗粒物浓度的影响；水质量指数主要受氨氮排放量的影响。

（二）对策建议

为提升京津冀城市科技—经济—生态系统治理效能，推动京津冀城市高质量发展，推进京津冀城市治理能力现代化、治理体系智能化，需综合考虑科技、经济和生态的关系，加强政策协同和整合，形成科学合理的治理政策，推动科技、经济、生态的融合发展。

1. 加快推动科技创新驱动

科技创新已然成为推动京津冀经济发展和社会进步的重要引擎，能在促进城市产业结构升级的同时提高经济质量和效益。为实现京津冀城市科技创新驱动目标，首先需要提高科技创新投入效益，深化科技创新与产业融合；其次需要加强科技创新环境建设。

（1）提高科技创新投入效益，深化科技创新与产业融合

一方面，从指标衡量角度出发，京津冀应加大 R&D 人员与经费的投入，具体应提升 R&D 人员占从业人员比重和高技术产业 R&D 经费内部支出，从而提高创新产出的效益。另一方面，从政策制定角度出发，京津冀应在加大科创资金投入的同时注重提高科技创新产出的质量和效益，加强科技成果转化的机制建设，促进科研机构、企业和市场的深度合作，加快科技成果的转化和应用。首先，京津冀政府管理部门应当建立科技创新投入的有效监管评估机制，确保资金流向切实的科研项目，并追踪项目的进展和成果，从而提升科研资金的利用效益；其次，企业应当建立健全科研项目的有效管理体系，并积极开展技术合作和联合研发，以激发创新活力，降低研发成本，从而提高科技创新的效益；最后，科研机构也应当加强科技成果的评估转化机制建设，将科研成果对接经济需求与社会需要，从而提高科技成果的落地率。

（2）加强科技创新环境建设

一方面，从指标衡量角度出发，北京市应夯实经济基础、丰富科研资源，以优化科技创新环境建设，具体应提升人均 GDP 并大力扶持高技术产业发展。另一方面，从政策制定角度出发，京津冀应完善知识产权保护制

度，构建创新创业的孵化器和加速器，提供创新创业团队的支持和服务。首先，政府在进一步完善知识产权法律法规与加大知识产权保护的执法力度的同时还应加强知识产权宣传教育，提高创新主体对知识产权的保护意识；其次，为帮助创新创业团队实现快速成长，京津冀在扶持孵化器与加速器建设和运营的同时，要加强孵化器与企业、高校和科研机构的合作，促进科技成果转化和产业化；再次，京津冀在建立创新创业人才培养体系，提供专业的培训和指导服务，帮助创新者提高创新创业能力的同时，可以设立科技创新基金和风险投资基金，为创新创业团队提供创业资金和风险投资支持；最后，高校和科研机构是科技创新的重要源泉和智力支持，京津冀应重视科研资源的培育，为高校和科研机构提供更多支持，鼓励教师和科研人员参与创新创业活动，推动科研成果的转化和应用。

2. 促进经济高质量发展

经济高质量发展现已成为京津冀城市高质量发展战略的核心内容，夯实经济基础提升经济质效是实现城市现代化发展的必由之路。为实现京津冀城市经济高质量发展目标，首先需要加强基础设施的持续建设和优化，其次需要重点支持数智化产业发展。

（1）加强基础设施的持续建设和优化

一方面，从指标衡量角度出发，京津冀应加强网络基础设施建设和能源基础设施建设，具体应普及互联网应用，拓展互联网宽带接入用户，完善水、电、气、燃油等资源的供给网络，增加全市集中供热管道长度。另一方面，从政策制定角度出发，京津冀应注重优化基础设施的运营和管理，不断完善现有的交通、能源、通信等基础设施网络，提高效率和便利性，为经济发展和城市居民的生活提供更好的支持。基础设施的建设和优化是实现经济高质量发展的基础。首先，京津冀政府管理部门应加强基础设施的管理并注重优化其运营效率。引入先进的管理技术和智能化设备，从而提高基础设施的运行效率。其次，京津冀政府管理部门应不断完善现有的交通、能源、通信等基础设施网络。扩大地铁线路、建设新的高速公路、提升电力供应可靠性以提高城市的交通便捷性与能源供应稳定性，从而为经济发展和居民生活提供有力支撑。

（2）重点支持数智化产业发展

一方面，从指标衡量角度出发，京津冀应积极推进数智产业化，具体应大力扶持信息化产业和软件产业的发展，增加信息化从业人数和软件业务收入。另一方面，从政策制定角度出发，加大对数字经济、人工智能、大数据等相关领域的投资和政策支持。同时建设数字化基础设施，提升数据采集、存储和处理的能力，促进数字技术在各行业的应用和创新发展。首先，京津冀政府管理部门应加大对数字经济领域的投资和政策支持力度。培育数字经济生态系统，提供税收优惠、创新资金支持等激励措施，从而鼓励创新型企业发展数字经济。其次，京津冀政府管理部门应完善数字经济基础设施。建立健全云计算中心、大数据中心、物联网基站等数字化基础设施，从而促进数据要素的流通和数据驱动创新发展。此外，积极推动人工智能和区块链等前沿技术的研究和应用。鼓励科研机构与企业的跨界合作，从而推动前沿技术的创新和应用。

3. 实现生态舒适宜居需求

城市环境质量的提升和生态系统的稳定能为京津冀经济社会的可持续发展提供坚实基础，提高京津冀居民生活的幸福感。为实现京津冀城市生态舒适宜居发展目标，首先需要强化生态保护和改善，其次需要持续优化能源结构。

（1）强化生态环境保护和改善

一方面，从指标衡量角度出发，京津冀应加强生态修复和水资源保护，具体应提升水土流失治理率和生态用水比例，降低地表水水质监测断面高锰酸盐年平均浓度和氨氮年平均浓度。另一方面，从政策制定角度出发，京津冀应加强水土流失治理与水资源管理，推进生态用水比例的合理化，实现土壤资源与水资源的可持续利用。加强水污染治理，控制地表水水质监测断面高锰酸盐和氨氮等污染物的浓度，提高水质量指数。首先，京津冀政府管理部门应加强水土流失防治设施建设，加大植树造林与湿地修复等措施实施力度，增强土地的保水保肥能力，从而减少水土流失的风险。其次，京津冀政府管理部门应完善水权交易市场和水资源定价机制，促进水资源的跨区域流动并优化水资源配置，从而提升水资源调度和分配的科学性。最后，京津冀政府管理部门应兼顾源头治理和综合防治，加强工业和农业废水治理并推广污水处理和再生水利用技术，从而维护水生态系统的健康发展。

（2）持续优化能源结构

一方面，从指标衡量角度出发，京津冀应优化能源结构以提升空气质量，减少碳排放量，降低二氧化硫的浓度、二氧化氮的浓度和可吸入颗粒物浓度。另一方面，从政策制定角度出发，推动能源结构的优化，加快对清洁能源的开发和利用，并加强源头控制和排放监管，以提高空气质量指数。首先，京津冀政府管理部门应倡导并推进清洁能源的规模应用并削减高污染能源的使用，从而显著减少大气污染物排放量。其次，京津冀政府管理部门应引入更为严格的排放标准，鼓励企业采用清洁生产技术的同时加大排放监管与执法力度，从而显著提升城市的空气质量。

B.4
京津冀城市群生产—生活—生态空间
耦合协调与优化治理对策

林浩曦　黄金川*

摘　要： 本研究针对传统数据时空分辨率不高的弊端，应用高德地图POI数据、腾讯位置大数据等具有明确空间属性的离散化数据，通过空间计量方面定理识别京津城市群人口和各种经济活动的空间分布状况，将生产、生活、生态空间落实到细分经济社会活动场所类型，建立京津冀地区生产-生活-生态空间评价指标体系，对京津冀城市群生产、生活、生态空间进行计算和表征，并基于耦合协调度模型测度2005～2020年三大基本功能耦合与协调关系的时空特征，发现空间分布格局上呈现"西北高、东南低"的特征，时间演化格局呈现出随时间从低到高耦合协调发展的规律。优化"三生"空间是助力城市承载力提升的重要引擎，京津冀城市群可通过在生产空间适配发展、在生活空间资源共享、在生态空间协同共治，重点布局智能科技，打造城市特色品牌，实现人与自然和谐相处，将"悬崖"变"缓坡"，助推京津等超大城市承载力升级。

关键词： 生产—生活—生态空间　耦合协调度模型　京津冀城市群

---

* 林浩曦，北京建筑大学建筑与城市规划学院讲师，硕士生导师，主要研究方向为地域功能的识别与优化、城市群发育与演化、都市圈跨界协同治理等；黄金川，中国科学院地理科学与资源研究所副研究员，硕士生导师，主要研究方向为城市与区域规划研究。

一 生产、生活、生态空间的时代内涵与科学意义

（一）时代内涵

随着城乡蔓延融合趋势的加剧，耕地、林地、水体等农业和生态空间受到严重挤压，城镇建设与耕地和永久基本农田保护红线、生态保护红线等矛盾加剧，不同空间尺度都存在生产、生活、生态之间与内部关系的失衡或矛盾。[1][2] 在新型城镇化与城乡统筹发展的客观背景、城镇空间粗放利用与规划无效的现实背景、三生空间和土地节约集约利用的政策背景等共同作用下，解决经济高速增长、社会快速转型中存在的国土开发秩序混乱和资源环境代价沉重等问题一直是区域可持续发展领域的重大科学命题。[3][4] 党的十八大明确将国土空间开发格局优化作为生态文明建设与生态文明体制改革的关键与抓手，提出"促进生产空间集约高效、生活空间宜居适度、生态空间山清水秀"的要求，标志着多年以来生产主导的开发方式正逐步向三生协调的方向转变，与国内外广泛认可的可持续发展的生态—生产—生活"三支柱"理念不谋而合。基于此，定量甄别和刻画三生空间组成要素与相互关系等成为国土空间优化的前提，也是克服不同空间结构比例失调、功能组合失衡、相互转化失控等尖锐矛盾的基础，为促进三生空间优化调整与消解相互胁迫关系提供基本依据。[5][6] 于是，基于自然生态系统提供的本底功

① 方创琳、贾克敬、李广东等：《市县土地生态—生产—生活承载力测度指标体系及核算模型解析》，《生态学报》2017年第15期。
② 葛全胜、方创琳、江东：《美丽中国建设的地理学使命与人地系统耦合路径》，《地理学报》2020年第6期。
③ 江曼琦、刘勇：《"三生"空间内涵与空间范围的辨析》，《城市发展研究》2020年第4期。
④ 江东、林刚、付晶莹：《"三生空间"统筹的科学基础与优化途径探析》，《自然资源学报》2021年第5期。
⑤ 李广东、方创琳：《城市生态—生产—生活空间功能定量识别与分析》，《地理学报》2016年第1期。
⑥ Huang A, Xu Y Q, Liu C, et al., "Simulated Town Expansion Under Ecological Constraints: A Case Study of Zhangbei County, Heibei Province, China," *Habitat International*, 91 (2019): 1-12.

能与人类社会经济活动的需求功能双重复合的生产空间、生活空间、生态空间构成的三生空间地域功能识别及构成机理研究，成为面向国土空间优化和空间规划体系构建的重要研究领域。

三生空间研究的理论价值在于：一是拓展现有地域功能理论的外延，以三生空间为核心的国土空间优化配置研究探讨三生空间的组成与区域自然禀赋条件、社会经济发展阶段等的对应关系，一方面可为"点—轴"理论中面状空间组织结构的补充优化提供理论源泉，[①] 另一方面通过三生空间的比例关系合理刻画区域发展的时空演进规律，构建"点—线—面"的空间序列相互支撑的国土空间认知工具；[②③] 二是促进学科间方法融合创新，三生空间研究需要多学科知识的综合，具有学科交叉融合创新的重要价值。通过吸收相关交叉学科知识成果，构建三生空间功能价值定量测度函数群，有助于识别区域发展格局、判定区域发展问题、优化区域发展模式。[④⑤]

三生空间研究的实践价值在于：一是为"多规合一"的空间规划体系构建提供科学依据，试图通过单一、集成、综合的阈值参量判断国土空间发展现状与规划优化的合理性，三生空间划分为城镇空间分区规划、产业布局规划和重大基础设施规划提供了崭新的理论框架体系，开展三生空间的实证研究不仅为国土空间规划编制与管理提供科学依据，也为国土空间优化的政

---

① 王成、唐宁：《重庆市乡村三生空间功能耦合协调的时空特征与格局演化》，《地理研究》2018 年第 6 期。

② 张雄、王芳、张俊峰等：《长江中游城市群三生功能的空间关联性》，《中国人口·资源与环境》2021 年第 11 期。

③ Liu G Y, Yang Z F, Chen B, et al. , "Ecological Network Determination of Sectoral Linkages, Utility Relations and Structural Characteristics on Urban Ecological Economic System," *Ecological Modelling* 15 （2011）：2825-2834.

④ 曹根榕、顾朝林、张乔扬：《基于 POI 数据的中心城区"三生空间"识别及格局分析——以上海市中心城区为例》，《城市规划学刊》2019 年第 2 期。

⑤ Yang X D, Chen X P, Qiao F W, et al. , "Layout Optimization and Multi-Scenarios for Land Use：An Empirical Study of Production-Living Ecological Space in the Lanzhou-Xining City Cluster, China," *Ecological Indicators* 2022：109577.

策体系与体制机制构建提供参考；①② 二是为国土空间格局优化提供依据，我国现行的空间规划种类繁多、互相重叠、体系不清，共同进行经济、社会、生态等政策的地理表达，三生空间立足于且高于传统单一的功能区划，即分别从主体功能和综合功能的角度对多源异构要素进行集成，实现国土空间的综合功能表达，进而为优化国土空间格局提供基础和依据。③④

（二）科学意义

国土空间是宝贵资源，是我们赖以生存和发展的家园，从自然生态系统提供的本底功能与人类社会经济活动的需求功能出发，国土空间可分为生产、生活和生态三种不可替代的基本功能空间，涵盖生物物理过程、直接和间接生产以及精神、文化、休闲、美学的需求满足等，是自然系统和社会经济系统协同耦合的产物。⑤⑥ 一般来说，生产、生活和生态空间各自具有不同的目标导向和发展效应。生产空间的服务对象主要是物，追求用地集约和产出高效，具有产业集聚效应；生活空间的服务对象主要是人，追求服务方便和宜居程度，具有邻里文化效应；生态空间的服务对象既有人也有物，追求山清水秀和尊重自然，具有规模尺度效应。⑦⑧

---

① Zhou D, Xu J C, Lin Z L., "Conflict or Coordination? Assessing Land Use Multi-Functionalization Using Production-Living-Ecology Analysis," *Science of the Total Environment* 2017：136-147.

② 翟端强：《"空间冲突"到"空间融合"——"人地耦合"视角下国土空间管控优化与规划应对》，《城市规划》2022年第8期。

③ Liu X, Liang X, Li X, et al., "A future Land Use Simulation Model（FLUS）for Simulating Multiple Land Use Scenarios by Coupling Human and Natural Effects," *Landscape and Urban Planning* 2017：94-116.

④ 孔冬艳、陈会广、吴孔森：《中国"三生空间"演变特征、生态环境效应及其影响因素》，《自然资源学报》2021年第5期。

⑤ 扈万泰、王力国、舒沐晖：《城乡规划编制中的"三生空间"划定思考》，《城市规划》2016年第5期。

⑥ 戴文远、江方奇、黄万里等：《基于"三生空间"的土地利用功能转型及生态服务价值研究：以福州新区为例》，《自然资源学报》2018年第12期。

⑦ 黄剑锋、陈明星、陆林：《区域一体化的空间涌现逻辑及其范式探新——兼论长三角一体化的复杂性空间治理》，《自然资源学报》2022年第6期。

⑧ Liu Xiaoyang, Ming Wei, Li Zhigang, et al., "Multi-Scenario Simulation of Urban Growth Boundaries with an ESP-FLUS Model：A Case Study of the Min Delta Region, China," *Ecological Indicators* 2022：108538.

同时，三生空间相互之间追求合适比例和空间优化，具有共生融合效应。①②

三生空间研究的理论意义关键科学问题在于三生空间具有尺度性和复合性（多功能性）。所谓尺度性是指三生空间的具体划分和研究对象的区域尺度大小有关系，同一地块，在不同尺度上，功能侧重或许有所不同③④；所谓复合性（多功能性）是指同一用地可能是两种乃至三种功能兼有，很难简单归并。对于不同尺度的研究区域，三生空间的数量比例究竟是多少最为合适？三生空间究竟应该如何布局最为合理？数量比例（配比）和空间布局（配置）是研究三生空间的科学问题，也是三生空间研究的重点和难点。⑤⑥

遴选城市群为研究对象，主要原因在于三生空间有一定的尺度依赖性，不同研究尺度下体现出截然不同的特点。城市群是人类活动与自然环境矛盾冲突最集中爆发的地域空间。同时，城市群尺度对生产、生活、生态功能的要求完备，而且相互之间不可替代，属于多功能相互耦合的综合地域系统。⑦⑧⑨ 作为三大国家级城市群之一，京津冀协同发展的核心目标是在有序

① 黄安、许月卿、郝晋珉等：《土地利用多功能性评价研究进展与展望》，《中国土地科学》2017 年第 4 期。
② 黄晶、薛东前、董朝阳等：《干旱绿洲农业区土地利用转型生态环境效应及分异机制：基于三生空间主导功能判别视角》，《地理科学进展》2022 年第 11 期。
③ 田健、曾穗平：《基于韧性理念的生态功能区乡村"三生"脆弱性治理与空间规划响应》，《规划师》2023 年第 7 期。
④ 陕永杰、魏绍康、原卫利等：《长江三角洲城市群"三生"功能耦合协调时空分异及其影响因素》，《生态学报》2022 年第 16 期。
⑤ 廖李红、戴文远、陈娟等：《平潭岛快速城市化进程中三生空间冲突分析》，《资源科学》2017 年第 10 期。
⑥ 杨清可、段学军、王磊等：《基于"三生空间"的土地利用转型与生态环境效应——以长江三角洲核心区为例》，《地理科学》2018 年第 1 期。
⑦ Huang A, Xu Y, Sun P, et al., "Land Use/Land Cover Changes and Its Impact on Ecosystem Services in Ecologically Fragile Zone: A Case Study of Zhangjiakou City, Hebei Province, China," *Ecological Indicators* 2019: 604-614.
⑧ 黄安、许月卿、卢龙辉等：《"生产—生活—生态"空间识别与优化研究进展》，《地理科学进展》2020 年第 3 期。
⑨ 梁浩源、李晶、殷守强等：《辽中南—哈长城市群"三生"功能耦合协调时空演变及影响因素分析》，《中国农业大学学报》2023 年第 9 期。

疏解人口产业的前提下探索超大、特大城市等人口经济密集区域的优化开发路径,推动产业发展与生态环境相协调,在产业转型"腾笼换鸟"的过程中自觉谱就生态资源协同保护的"前奏曲",产生"因产业转型得到生态改善的果"的"一石二鸟"之效。《京津冀协同发展规划纲要》提出,要将京津冀打造成为以首都为核心的世界级城市群,空间结构呈现出由"点轴"结构向"点线面"结构转变的特征,空间关系呈现出由集聚向集散转变的特征,城市化发展呈现出由单独城市化向区域城市化转变的特征,中心城区的空间结构呈现"单中心"向"多中心"演化的特征。在快速城镇化进程中,京津冀城市群的经济社会与生态环境产生了激烈矛盾,存在人口分布与产业分布不协调、城市扩张方式与集约用地的可持续发展要求不协调、等级结构体系与城市群发展要求不协调、城市综合实力与区域功能不协调等问题。在"十四五"规划全面实施和国土空间体系变革重构的时代背景下,统筹城市群生产、生活、生态空间发展,提高城市群生产、生活、生态空间品质,不仅是生态文明建设的要求,也是新阶段城市高质量发展的应有之义。

(三)研究进展

开展三生空间研究是落实"多规合一"改革、构建国土空间开发保护新格局的客观需求,需要从多空间尺度、广维度视角和全局利益角度出发,从横向的维度优化经济、社会、空间等各类要素的配置,从纵向的维度优化历史、现状与未来要素的配置,实现人口资源环境相均衡及经济社会生态效益相统一。方创琳基于宏、中、微观三个层面提出了包含三生空间优组理论在内的六大科学理论作为优化中国城市发展格局的理论基础,对基于三生空间的国土格局优化具有理论指导作用。[①] 樊杰等在《广东省国土规划(2006—2020年)》的编制中,将三生空间要素与结构作为核心主线,基于空间结构理论的综合集成分析,将三生空间的数量比例和空间结构作为国土

---

① 方创琳:《中国城市发展格局优化的科学基础与框架体系》,《经济地理》2013年第12期。

空间优化的关键抓手；① 李秋颖等以三生空间利用质量为考核指标，评价各省的生产空间、生活空间和生态空间利用质量指数，以协调建设"人口—土地—产业"用地机制为目标导向，从产业用地结构等方面提出优化建设用地格局的对策。②

紧紧围绕三生空间的数量配比和空间配置两个科学问题，以优化产业布局、统筹区域发展、引导人口集聚、优化矿产能源开发利用、推进生态文明建设为抓手，三生空间研究逐渐吸收综合国内外已有的功能分类研究成果，识别理论与方法体系日益丰富，从单纯基于第二次土地利用调查数据进行划分逐步发展到多尺度、广区域，遥感解译、空间分析等多技术手段，土地利用数据、遥感影像数据、GIS 专题数据等多数据融合的综合性研究。③④ 如前所述，三生空间研究虽然起步较晚，但已取得丰硕成果，同时依旧存在薄弱之处。有见及此，应从如下方面深化三生空间的相关研究。

一是尝试多尺度集成研究。研究不同尺度下三生空间的相互作用规律，解析地域功能空间格局的镶嵌特征；研究适宜性的多尺度评价方法，研制不同层级三生空间的分类体系、指标体系和计算方法，解决小尺度与大尺度三生空间区划相互转换的技术方法。⑤⑥

二是挖掘三生空间演化机制。提炼区域发展过程中影响三生空间生长发育、空间格局的关键因素，探究关键因素之间的相互关系和联系途径，建立三生空间生长发育动力机制的综合分析框架，对三生空间生长发育驱动机制

---

① 樊杰、郭锐、陈东：《基于五个新发展理念对"十三五"空间规划重点取向的探讨》，《城市规划学刊》2016 年第 2 期。

② 李秋颖、方创琳、王少剑：《中国省级国土空间利用质量评价：基于"三生"空间视角》，《地域研究与开发》2016 年第 5 期。

③ 苑韶峰、黄洁雨、朱从谋等：《都市圈"三生"功能空间关联网络特征与形成机制分析——以杭州都市圈为例》，《中国土地科学》2024 年第 5 期。

④ 张令达、侯全华、段亚琼：《生态文明背景下三生空间研究：内涵、进展与对策》，《生态学报》2024 年第 1 期。

⑤ 邹利林、王建英、胡学东：《中国县级"三生用地"分类体系的理论构建与实证分析》，《中国土地科学》2018 年第 4 期。

⑥ 朱建平、张学茹、黄中杰等：《基于三生空间生态服务供给和需求的国土空间规划效益评价研究》，《中国环境管理》2024 年第 2 期。

进行集成分析，为完善地域功能理论奠定基础。①

三是立足多学科加强基础理论研究。加强对三生空间概念和内涵的探讨，充分挖掘其理论依据，对资源环境承载力、地域功能、城市化与生态环境耦合理论等在三生空间研究中的价值进行探索。尝试从不同尺度国土空间规划、土地利用与管理等实践需求出发，构建一个涵盖多尺度多维度的三生研究体系。②

四是构建完善研究框架和技术流程。从"人—地—资源"和谐的角度出发，吸收借鉴土地优化配置理论与方法，对评价指标体系的构建进行尺度集成与维度综合，注重对资源环境承载能力的科学评估，深入把握我国现行空间规划体系与多规合一技术方法，衔接统筹各项规划，指导三生空间的优化研究。③

二 京津冀城市群生产、生活、生态空间的格局分布特征

（一）研究背景与研究思路

传统的经济社会数据通常是以行政区为单元，通过普查或抽样调查等方法，逐级统计、汇总得到，反映了行政区经济社会指标的总体情况。此类数据具有权威、系统、规范的特点，广泛用于各领域社会科学研究，但是当应用这些数据进行空间格局分析时，会出现以下问题：（1）传统统计数据仅反映行政区总体情况，经济社会指标在行政单元内呈现均匀分布，没有精细的空间属性，不能体现在行政区内的空间分布特征；（2）范围界线不一，

---

① 袁雪松、周俊、胡蓓蓓等：《基于 FLUS 模型粤港澳大湾区"三生空间"多情景模拟预测》，《地理科学》2023 年第 3 期。
② 杨朔、郑晓峥、赵国平：《关中平原城市群"三生"空间生态环境效应及影响因素研究》，《干旱区资源与环境》2023 年第 9 期。
③ 杨浩、卢新海：《基于"三生空间"演化模拟的村庄类型识别研究——以湖南省常宁市为例》，《中国土地科学》2020 年第 6 期。

研究区域往往不与行政区划界线一致，以行政区为统计单元的数据难以分割、变更统计范围，增加了数据分析的工作量和难度；（3）空间分辨率不同，自然资源环境数据主要基于流域、地形等自然单元汇总收集，道路、公共服务设施等经济社会实体数据多以具有明确空间属性的矢量数据格式呈现，基于行政单元的统计数据与这些空间数据存在尺度差异，不利于与自然、社会空间数据叠加融合分析；（4）时间分辨率有限，传统的社会经济数据更新周期固定，如中国的经济普查每5年进行一次，人口普查每10年进行一次，一般的年鉴也只有年际数据。当前，区域发展影响因素越来越细化，空间属性在区域研究中的重要性空前提高，各方对数据的时空分辨率提出了更高的要求，传统统计数据逐渐难以满足研究需求。而随着地理信息科学的发展，RS（Remote Sensing）、GPS（Global Positioning System）、GIS（Geographic Information System）等技术得到广泛应用，遥感数据、定位数据、网络大数据等多源数据陆续进入研究人员的视野，快速准确、尺度精细的空间分析案例大量涌现。离散化数据特别突出研究对象的地理位置信息等特征，并且具有样本量大、动态实时、尺度可变、类别详细、客观全面等优势，为区域空间格局分析提供了全新的数据驱动力。①② 本研究基于POI大数据、腾讯位置大数据、土地利用数据等，围绕"现状数据—空间分析—内因机理"的研究思路，识别2020年京津冀城市群生产活动、生活活动，生态保护重点范围，并运用空间计量分析方法对三生空间格局进行深入细致的分析。

（二）生产空间格局分布特征

识别结果显示，京津冀城市群的生产空间（含第一、第二、第三产业）总面积约为107145 km²（见表1）。京津冀城市群生产空间面积较大的是张家口市、沧州市和保定市，面积分别为17060 km²、11470 km²、10281 km²；

---

① 刘愿理、廖和平、李靖等：《生态脆弱区土地利用多功能空间格局特征及影响因素分析》，《中国土地科学》2020年第2期。

② 万江琴、费腾：《基于街景图像的"三生空间"识别方法研究》，《地球信息科学学报》2023年第4期。

生产空间中面积最大的是第一产业用地（耕地为主），总面积为 97507 km^2，占京津冀总面积的 45.1%，也达到生产空间面积的 91%。生产空间中耕地占比最高的是承德市和张家口市两个城市，均在 98% 以上。就面积而言，最多的是天津市 564 km^2，其次为北京市 481 km^2；占比上，北京市和天津市、廊坊市分列前三位，分别为 8.6%、7.8%、5.8%。京津冀城市群第三产业用地及第二、第三产业兼容面积为 5345 km^2，约占生产空间面积的 5.0%，面积和占比最高的都是北京市，为 1583 km^2、占比为 28.3%；天津市面积为 918 km^2，占比为 12.6%；石家庄市，达到其生产空间面积的 6.3%。总的来看，京津冀城市群产业经济层次断层比较明显，北京市已经迈入了以第三产业为主导的后工业阶段，天津市处在工业化成熟阶段。河北省普遍处于工业化中期，第一、第二产业发展还处在工业化前期。

表1　京津冀城市群生产空间面积统计

单位：km^2

地区	一产面积	二产面积	三产面积	一二产兼容面积	一三产兼容面积	二三产兼容面积	一二三产兼容面积	其他面积
京津冀	97507	1990	1500	1480	450	3845	373	109220
北京市	3369	337	412	144	98	1171	57	10793
天津市	5658	414	196	150	70	722	55	4351
石家庄市	6642	179	99	166	36	374	42	6496
保定市	9377	149	127	194	57	307	70	11801
沧州市	10711	168	91	247	33	192	28	2552
承德市	7733	35	44	3	11	61	1	31207
邯郸市	7521	106	79	76	31	168	15	3995
衡水市	7121	91	55	67	16	117	10	1358
廊坊市	4533	153	71	143	26	177	36	1194
秦皇岛市	2634	40	50	33	7	93	6	4833
唐山市	7015	130	147	81	32	213	23	5925
邢台市	8072	131	62	154	26	154	25	3786
张家口市	16811	55	65	22	7	95	5	19467

　　从行业门类来看，基于各类产业的POI点集聚程度通过前四城市企业数量占比、四城市指数、最近邻指数综合判断，采矿业受资源约束，分布最为分散。农副食品及酒、饮料制造业，日用品制造业，化工冶金业这些行业的城市层次和企业层次上都相对分散。纺织服装业与之相反，在城市层次上十分集中，但是企业层次比较分散，原因是纺织服装业在销售上交通需求强，在生产上劳动力需求强，主要布局在京广沿线交通便利的城市。机械电子设备制造业，医药制造业，建筑及房地产业，商业贸易业，商务服务业这些行业的城市层次和企业层次都比较集中。信息传输、软件和信息技术服务业企业数量前20位的县区全部在北京市、天津市和石家庄市。金融业，商务服务业以及文化、体育和娱乐业分布格局类似，企业数量统计比较突出的只有北京一个城市。

　　从空间分布来说，第二产业空间占京津冀城市群总面积的4.7%，高值热点区企业数量占比达到了67.6%。北京市以行政优势集聚了总部和技术部门；制造业企业的交通指向性比较显著，整体格局体现出较强的网络性，沿"北京—保定—石家庄—邢台—邯郸"京广干线形成了制造业集聚发展轴；建筑及房地产业整体格局节点性较强，与城市规模正向相关。第三产业空间占京津冀城市群总面积的2.6%，高值热点区企业数量占比达到了65.5%。文化、体育和娱乐业企业数据多是文化创意产业，对人才需求较强，对市场风向比较敏感，主要集中在北京、天津、石家庄这三个核心城市。商业贸易业与信息传输、软件和信息技术服务业突出的是市、县节点，在"北京—保定—石家庄"一线形成了一定的网络特征；商务服务业由于包含了银行，分布更广，涉及乡镇级节点。

（三）生活空间格局分布特征

　　总体上，京津冀城市群的生活用地面积约为26171 km²，约占总面积的12.2%。生活用地面积最广的北京市、保定市和天津市，分别为4126 km²、3270 km²、2785 km²（见表2）。单一居住用地主要为农村居民点及城市周边地区，这些地区生活服务设施和公共服务设施相对薄弱。张家口市、沧州市等河北省城市单一居住用地占比尤为突出。居住、生活服务、公共服务三者兼有用地是比较成熟的城市建成区，京津冀城市群三者兼容用地的总面积是2394 km^2，约占生活空间面积的9.1%。北京市和天津市占比最高，分别为23.3%和18%。河北省占比最高的城市是石家庄市、秦皇岛市和廊坊市，分别是13.7%、11.6%和11.3%。

表2　京津冀城市群生活空间面积统计

单位：km^2

地区	居住面积	生活服务面积	公共服务面积	居住与生活兼容面积	居住与公服兼容面积	生活与公服兼容面积	居住、生活、公服兼容面积	其他面积
京津冀	18071	863	971	2740	976	156	2394	189186
北京市	2076	83	167	492	325	21	962	12254
天津市	1531	89	100	407	146	12	500	8831
石家庄市	1640	69	92	245	104	18	344	11521
保定市	2360	131	114	291	76	22	276	18811
沧州市	1618	72	52	194	37	6	173	11869
承德市	591	20	42	78	19	2	71	38272
邯郸市	1545	75	91	182	55	15	199	9829
衡水市	1161	21	42	82	21	7	110	7390
廊坊市	982	98	24	199	31	16	172	4809
秦皇岛市	556	29	23	83	14	6	94	6885
唐山市	1528	103	97	213	68	10	192	11355
邢台市	1362	58	82	162	52	18	171	10505
张家口市	1075	15	35	104	28	3	124	35142

从居住用地看，京津冀农村居民点用地主要分布在平原地区，在山地仅有零散分布。沿海地区的海港建设和沿海滩涂水域农村居民点稀少。北京市周边的农村居民点密度极高体现出其强大的人口吸引力和扩张动力。城镇居住用地方面，北京市和天津市以及京广沿线的保定、石家庄、邢台、邯郸最为集中，河北省的各地市内县区的城镇居住用地仅各自集聚，彼此相对分散，仅邢台、邯郸两市相向发展的趋势明显，城镇居住用地趋于连接。

从生活服务用地看，住宿、餐饮、市场等对人流量非常敏感，沿交通线、主要干道集聚，呈现的形态与交通路网相仿。住宿场所与城市人口规模相关，同时受旅游产业影响，北京、天津、石家庄三市总数较多，而秦皇岛、张家口、承德人均量突出。体育休闲场所的建设发展受城市等级和居民收入水平影响，北京市的优势地位极其明显，天津市和石家庄市次之。

从公共服务用地看，教育设施用地方面，北京市在高等教育及科研机构领域处于明显领先地位，天津市处于第二位，其他城市相比差距甚远。医疗设施用地方面，医疗卫生场所层级性较强，北京市位列首位，天津次之，河北各地市同样与京津差距明显，其余地市也有一定的阶梯特征，主要集中在县区级行政单元的中心城区。文化设施和公园广场用地上，北京、天津和石家庄三市文化机构比较集中，北京市和天津市的公园广场集中趋势显著，北京市在总量和人均量上均高于其他城市。

（四）生态空间格局分布特征

利用 ArcGIS 软件空间分析工具对 2020 年中国土地利用遥感监测数据进行重分类，结果显示京津冀城市群的生态用地总量为 88836 km²，约占区域总面积的 41.1%，主要的生态空间类型是林地（45763 km²）和草地（34059 km²），主要分布在西部的太行山山地、北部的燕山山地和坝上高原，分别约占区域总面积的 21.2%、15.7%。河渠湖泊、水库坑塘等水域面积为 7389 km²，约占区域总面积的 3.4%，是平原地区及沿海地区的主要生态。此外，京津冀城市群零星分布有 1625 km² 的未利用土地，包括沙地、盐地、沼泽地、裸土地、裸岩石质地等用地类型，约占区域总面积的 0.8%。从面积上看，承德市的生态用地面积为 30408 km²，占其市域面积的 77%，占京津冀生态用地总面积的 34.2%，在各维度均居城市群各城市首位；居第二、第三位的是张家口市和北京市，面积分别为 17956 km² 和 9309 km²，分别占京津冀生态用地总面积的 20.2% 和 10.5%，前三位城市合计占比达 64.9%。相比之下，京津冀中部、东南部平原和沿海地区的生态用地十分稀缺，沧州市、廊坊市和衡水市的生态用地面积分别为 870 km²、214 km²、130 km²，仅占各市域面积 6.2%、3.3% 和 1.5%（见表 3）。

表3 京津冀城市群生态空间面积及占比统计

单位：km², %

地区	林地		草地		水域		未利用土地	
	面积	占比	面积	占比	面积	占比	面积	占比
北京市	7571	46.1	1305	8.0	414	2.5	19	0.1
天津市	474	4.1	307	2.6	1580	13.5	284	2.4
石家庄市	1963	13.9	2503	17.8	380	2.7	5	0.0
保定市	3834	17.3	4765	21.5	455	2.1	149	0.7
沧州市	29	0.2	22	0.2	691	4.9	128	0.9
承德市	18893	47.8	10881	27.6	459	1.2	175	0.4
邯郸市	254	2.1	1691	14	226	1.9	10	0.1
衡水市	2	0.0	3	0.0	121	1.4	4	0.0
廊坊市	46	0.7	37	0.6	121	1.9	10	0.2
秦皇岛市	2555	32.9	1235	15.9	268	3.5	35	0.5
唐山市	1427	10.5	1054	7.8	1192	8.8	18	0.1
邢台市	832	6.7	1084	8.7	237	1.9	27	0.2
张家口市	7695	20.9	8970	24.4	549	1.5	742	2.0

三 京津冀城市群生产—生活—生态空间的耦合协调关系

（一）研究思路

由生产空间、生活空间和生态空间构成的地域系统是一个典型的、各要素相互作用的耦合系统。生产—生活—生态空间的协调性是衡量人地系统耦合状态的一种尺度，是指不同区域空间的构造、响应和适应状态。三生空间的相互作用可以描述为一种空间对另一种空间的影响，具体可以分为冲突、协同和兼容三类，研究生产、生活和生态空间之间的耦合协调关系，对于区域持续发展具有重要意义。耦合概念起源于物理科学，是指不同系统之间相互影响的动态关系；耦合度表示相互作用的强度，表示系统之间的相关程度。本研究构建了京津冀城市群生产、生活、生态空间评价指标体系，以县（区）为评价单元，进而利用耦合协调度模型（Coupling coordination degree model，CCDM）测度 2005～2020 年生产—生活—生态三大基本空间耦合与协调关系的时空演化特征。社会统计数据主要来源于《北京农业统计年鉴》、《北京统计年鉴》、《北京区域统计年鉴》、《天津统计年鉴》、《河北农业统计年鉴》和《中国县市统计年鉴》（县市卷）等；土地利用/覆被变化（分辨率 100 m）和行政边界数据来源于中国科学院资源与环境科学数据中心云平台。不同的数据有不同的量级和测量值，采用最大差分归一化方法对原始数据进行标准化。

（二）研究方法

1. 指标体系

生产空间是土地系统的主导功能，反映了土地系统提供基本物质信息和增加社会财富的能力，包括农业生产空间和非农生产空间。生活空间是指为居民提供居住环境的能力，在一定程度上决定着居民的生活水平和福利。生态空间反映了土地系统维持生态系统稳定、提供生态服务和物质信息的能力。为了探讨各子系统之间的耦合关系，遵循典型性、可得性和系统性分析原则，建立能充分反映生产、生活和生态空间最重要、最具代表性特征的评价指标体系。本报告采用熵值法根据各指标的信息量大小确定各指标的权重（见表4）。

表 4　生产—生活—生态空间评价指标与权重

类别	一级指标	二级指标	计算方法	单位	方向	权重
生产空间	农业生产空间	人均耕地面积	耕地面积/农村人口总数	亩	正	0.19
		人均粮食产量	粮食总产量/耕地面积	吨	正	0.18
		农业、林业、牧业、渔业人均总产值	农业、林业、畜牧业、渔业总产值/农村总人口	元	正	0.13
		农业劳动力比例	农业工人人数/农村雇佣人数	%	正	0.15
	非农生产空间	二、三产业结构	第二、三产业产值/区域生产总值	%	正	0.11
		非农劳动力占比	非农就业人口/年底从业人数	%	正	0.22
		人均纯收入	居民平均收入水平	%	正	0.35

类别	一级指标	二级指标	计算方法	单位	方向	权重
生活空间	基本生活保障	人均电力设施	用电量/总人口	千瓦时	正	0.17
		人均居民点用地面积	居民点面积/总人口	米²	正	0.25
	社会福利保障	中小学受教育比例	普通中小学生入学人数/总人口	%	正	0.13
		每万人医院病床数	医院、卫生中心床位数/总人口	张	正	0.08
		森林覆盖率	森林面积/总面积	%	正	0.02
生态空间	生态涵养	草原覆盖率	草原面积/总面积	%	正	0.39
		水体湿地覆盖率	水体湿地面积/总面积	%	正	0.41
		化肥投入强度	化肥使用量/总人口	千克	负	0.15

2. 耦合度与耦合协调度测算模型

在构建评价指标体系的基础上，计算了生产空间指数（P）、生活空间指数（L）和生态空间指数（E）。本研究采用耦合度和耦合协调度模型定量测度生产、生活和生态空间的相互关系。耦合度决定了关键子系统的结构和顺序，决定了系统由无序到有序的发展趋势。计算公式如下：

$$C = 3 \times \left\{ \frac{P \times L \times E}{[P \times L \times E]^3} \right\}^{1/3} \tag{1}$$

式（1）中 C 为各单元生产—生活—生态空间的耦合度，$C \in [0, 1]$；C_1 为生产—生活空间的耦合度、C_2 为生产—生态空间的耦合度、C_3 为生活生态空间的耦合度。耦合度越大，三个子系统之间的相互作用越强，反之亦然，相互作用较弱。

$$C_1 = 2 \times \left\{ \frac{P_i \times L_i}{[P_i + L_i]^2} \right\}^{1/2}$$

$$C_2 = 2 \times \left\{ \frac{L_i \times E_i}{[L_i + E_i]^2} \right\}^{1/2}$$

$$C_3 = 2 \times \left\{ \frac{P_i \times E_i}{[P_i + E_i]^2} \right\}^{1/2} \tag{2}$$

根据耦合度的变异特征，本研究将生产—生活—生态空间之间耦合关系划分为以下四种类型（见表5）：①$C \in [0, 0.25]$，低耦合阶段；②$C \in (0.25, 0.55]$，对抗阶段；③$C \in (0.55, 0.8]$，磨合阶段；④$C \in (0.8, 1.0]$，高耦合阶段。

表5　耦合度阶段分类

耦合度（C）	类型	特征
$C \in [0, 0.25]$	低耦合阶段	三生空间在低耦合时期处于博弈状态，当C=0时这三种空间之间没有联系，城乡系统发展混乱
$C \in (0.25, 0.55]$	拮抗阶段	三种空间之间的相互作用增强，不同地域的不同类型优势空间变得更加强大，甚至占据了其他空间
$C \in (0.55, 0.8]$	磨合阶段	三生空间开始平衡与合作，呈现良性耦合的特征
$C \in (0.8, 1.0]$	高耦合阶段	三生空间之间的良性耦合增强，朝着有序发展，当C=1时三生空间实现良性共振耦合，城乡系统趋向于新的有序结构

为了进一步定量探究生产—生活—生态空间之间的耦合协调关系，引入耦合协调度模型算法。

$$D = \sqrt{C \times T}, T = \alpha P + \beta L + \gamma E \tag{3}$$

D_i为耦合协调度；α，β和γ分别代表生产、生活、生态空间指标，$\alpha+\beta+\gamma=1$。本研究假设在土地系统耦合协调发展过程中生产、生活和生态空间同等重要，因此采用的系数值为：$\alpha=\beta=\gamma=1/3$。同理，$\alpha=\beta=1/2$，$\beta=\gamma=1/2$ 和 $\alpha=\gamma=1/2$ 分别用于测量生产—生活空间（T_1）、生产—生态空间（T_2）、生活—生态空间（T_3）的耦合协调度，公式如下：

$$\begin{aligned} D &= \sqrt{C \times T} \\ T_1 &= \alpha P + \beta L \\ T_2 &= \beta L + \gamma E \\ T_3 &= \alpha P + \gamma E \end{aligned} \tag{4}$$

本研究将耦合协调度分为五种类型（见表6）。

表6　耦合协调度分类

耦合协调度（D）	类型	特征
$D \in [0, 0.2]$	严重不平衡	生产空间远重要于生活、生态空间,过度开发的生产空间导致生活和生态空间受到严重挤压
$D \in (0.2, 0.4]$	适度不平衡	生产空间仍最强大、最占优势,生活空间逐渐得到改善,生态空间依然薄弱
$D \in (0.4, 0.6]$	基本协调	生产、生活、生态空间功能协调发展,城乡向集约化、高效的生产方式发展,开始重视生活、生产活动带来的生态问题
$D \in (0.6, 0.8]$	适度协调	生态修复初见成效,整体生活环境得到了极大的改善,生态服务功能不断增强
$D \in (0.8, 1.0]$	高度协调	生产、生活、生态空间与城乡地域系统呈现正相关关系,有序发展

（三）耦合协调特征

1. 耦合度时空演化模式

京津冀城市群生产—生活—生态耦合协调度在时空上存在显著差异,整体空间格局呈现"西北高、东南低"的分布特征、随时间从低到高耦合协调发展的演化规律。

京津冀城市群主要可划分为生态空间主导—生活空间滞后型和生产空间主导—生态空间滞后型。京津冀城市群的平均 P 值大于其他两个指标。2005～2020年保持增长,E 值略有下降。这说明生产空间占主导地位,并随着时间的推移不断增强。与此同时,生态问题日益突出,生态空间下降。L 值从2010年开始呈先下降后上升趋势,特别是2015～2020年。对三个空间指标的值进行排序后,研究区域分为6个类型,包括生产空间主导—生态空间滞后（$P>L>E$）,生产空间主导—生活空间滞后（$P>E>L$）,生活空间主导—生态空间滞后（$L>P>E$）,生活空间主导—生产空间滞后（$L>E>P$）,生态空间主导—生活空间滞后（$E>P>L$）和生态空间主导—生产空间滞后（$E>L>P$）。京津冀城市群主要以两种类型为主,具有空间集聚性,即生态空间主导—生活空间滞后类型主要分布在西北部,生产空间主导—生态空间滞后型主要分布在东南部。2005～2020年,生活空间主导—生态空间滞后型不断扩大，主要集中于城市快速扩张地区。生产空间主导—生态空间滞后型主要位于北部山区典型县区和生态空间主导—生活空间滞后类型与生产空间主导—生态空间滞后型之间的过渡区域。

京津冀城市群生产—生活—生态空间耦合度分为拮抗、磨合和高级耦合三类。在整个研究期间，京津冀城市群地域系统中生产、生活和生态空间之间的相互作用普遍处于磨合阶段。具体而言，85.2%以上的县区处于磨合和高度耦合发展阶段。这说明生产、生活、生态空间之间具有明显的互相驱动作用。生产—生活—生态空间的时空分化特征明显，耦合度呈"西北高、东南低"的空间格局，评价为 S 形曲线。在空间上，耦合度在 0.80 以上的县区主要分布在研究区西北部，耦合度低的县区主要集中在石家庄和邯郸。磨合阶段和高度耦合阶段区域在空间上具有明显的集聚特征，区域差异显著。

京津冀城市群生产—生活—生态空间在时间维度上的整体耦合度变化不大。磨合阶段和高度耦合阶段的部分县区已转为拮抗阶段，2005～2020 年，处于拮抗阶段的县区占比由 5.56%上升到 13.46%。此外，三种空间之间的耦合关系在一些县区呈现出明显的波动性，在高耦合阶段和磨合阶段之间存在流动性变化。例如，2010 年张家口赤城县耦合度略有下降，在研究期间整体呈增长趋势。从高耦合阶段到磨合阶段的演变表明，在社会经济发展和区域发展转型过程中，生产、生活和生态空间之间的耦合互动略有减弱，呈优势空间增强而其他空间日益弱化。

2. 耦合协调度时空演化模式

耦合协调度表现为明显的波浪状演化曲线，曲线峰值不断向前移动，耦合协调度逐渐演化为良好的协调度，表明区域体系有序和可持续发展。生产—生活—生态空间耦合协调度总体呈现上升趋势，并随着时间的推移从中度失衡走向中度协调。自 2005 年以来，中度失衡的比例逐渐减少（56.98%、53.95%、51.91%、45.04%），基本协调的比例先增加然后减少（24.89%、32.10%、32.45%、23.34%），适度失衡在 2010 年略有下降后（14.67%、13.21%、17.57%、33.63%）平稳上升。耦合协调度的动态不同于 2005~2020 年的耦合度，但具有类似的空间格局特征。处于中度协调状态的区域由"东北—西南"带向西北逐渐扩展。与此同时，生产—生活—生态空间耦合协调度随时间呈现出从中度失衡到中度协调的整体递增趋势，耦合协调度的演化曲线呈波状趋势。耦合协调度高的区域与其他耦合协调度高的区域接近，而耦合协调度低的区域与其他耦合度低的区域接近。三大空间的耦合度呈现出由东南向西北逐渐增大的空间格局，表现为"西北高东南低"的空间特征。适度协调区域在 2010 年呈现"东北—西南"带，之后逐渐向西北扩展，2020 年形成适度协调区域。东南部地区主要为中度失衡状态，周边为中度失衡区。2005年生产—生活空间的适度协调区域主要集中在北京和石家庄。随着对外扩张，2020 年达到适度协调的县区占 85.12%，北部和西部部分县区将成为基本协调区。生产—生态空间耦合协调度的空间格局与其耦合度是一致的，西北地区生产空间与生态空间协调同步发展。在生活—生态空间耦合协调方面，适度协调带逐渐向西北扩展，形成适度协调区域。2005~2020 年京津冀城市群生活—生态空间平均耦合协调度总是低于生产—生活空间，这说明了提高生活空间和生态空间的耦合协调关系应该在空间优化中引起关注。此外，该区生产—生活空间、生产—生态空间和生活—生态空间的耦合协调度还将不断增加，并相互影响，最终实现高度协调和有序。

四　京津冀城市群生产—生活—生态空间的优化治理策略

（一）促进生产—生活—生态空间总体耦合协调与可持续发展

以一体化的功能体系构建为目标，以一体化的城镇空间组织和城乡发展为重点，建设一流品质的世界级城市群。全面贯彻落实"四个全面"战略和"五化"协同发展总体要求，大力推进生态文明建设，大力推进"双向开放"战略格局建设，以一体化的资源环境本底认识为前提，将解决北京大城市病问题与京津冀区域协同发展相结合，切实落实疏解北京非首都功能的核心任务，稳步实现建设世界级城市群的各项目标，强化京津冀城市群在推进国家新型城镇化和城市群建设中的引领作用，探索人口经济高密集地区的优化发展模式。积极探索空间规划管理新机制、实现治理现代化，有力破除行政区划障碍和利益藩篱，协调推进跨区域生态环境治理、交通协同布局、产业创新联动、公共服务均等化，探索特大城市地区现代化治理模式、强化城乡发展治理转型等。①②

因地制宜、因城施策、一事一议，根据京津冀城市群生产、生活、生态空间之间的耦合和协调关系实施差异化发展战略。在深入理解功能空间耦合协调的格局分化和演化特征的基础上，抓住优化机遇和重建生产—生活—生态空间，培育新产业、构建村庄和城镇体系的新模式，创建治理制度和重塑形象，最终实现耦合和"人—地—产"可持续发展。积极探索西北生态空间优势区域生态优先的绿色增长路径，逐步恢复生态平衡。对于东南农业生产区而言，必须在强化农业生产空间的同时，促进生活空间与生态空间的协调发展。此外，京津冀城市群的生产、生活空间相互交织，主要分布在城市化地区。北京、天津等经济快速发展的大城市需要优化产业结构和布局，加快传统技术升级，改善人居环境，不断提升生态空间质量。对于唐山等目前规模较小、未来将承接京津人口产业等城市，加快基础设施建设，有效遏制生态环境恶化，改善人居空间和生态空间工作已迫在眉睫。③④

---

① 王威、胡业翠、张宇龙：《三生空间结构认知与转化管控框架》，《中国土地科学》2020年第12期。
② 黄天能、张云兰：《基于"三生空间"的土地利用功能演变及生态环境响应——以桂西资源富集区为例》，《生态学报》2021年第1期。
③ 李欣、方斌、殷如梦、许昕、陈添悦：《村域尺度"三生"功能与生活质量感知空间格局及其关联——以江苏省扬中市为例》，《地理科学》2020年第4期。
④ Deng C, Peng Y, Li K, et al., "Simulation of Watershed Land Use Transition and Eco-Environmental Effects Under Multiple Scenarios Based on Production-Ecological-Living Space," *Chinese Journal of Ecology* 2021: 2506.

（二）生产空间提质增效，推动多元要素重点发力

生产空间优化配置要注重宏、中、微观不同层次的着力点。宏观上看，沿中心外围产业价值链由高到低梯度分工布局，缩小北京与津冀之间落差，切实解决津冀承接北京产业转移接不住、留不下的问题，将京津冀打造成为产业协同发展示范区，重点要形成"双城引领，两翼齐飞，三圈联动"的空间布局，推进京津冀产业协同发展和世界级城市群建设；中观上看，依托区域内龙头企业和优势产业，加强产业链上下游企业之间的合作与协同，形成优势互补、分工合作的产业格局，支持京津冀地区共建产业园区、合作示范区等合作平台；微观上看，注重比较优势的发挥，衔接地域特色与资源要素禀赋，优化不同类型产业落地的规划设计方案，充分发挥呈现多元产业的空间优势。[1][2]

打造多元化产业集群空间，优化重点产业功能区布局。根据产业集群的空间布局指向，以"城镇—产业—创新"联动为导向，结合城镇功能体系一体化的需要，建设综合产业平台与特色产业聚集区。突出北京的产业引领作用，重点培育北京中关村、天津滨海新区为创新型产业集群的综合产业平台，各地省级以上高新区、经开区为创新成果转化的综合产业平台，曹妃甸、沧州渤海新区、石家庄正定新区为潜力的综合产业平台，京津的部分新城、河北的专业化产业集群县（市）为特色产业聚集区。

培育灵活、自由、多元的网络众创街区或众筹社区。鼓励远程教育网、公共实验室、数字图书馆等新兴教育模式发展，以中关村创业大街等为典范，通过线上线下相结合的新型模式，推动创业公共服务体系向区域延伸，打造以社区和街区为基础的多样化众创空间。健全基础网络系统，鼓励传统园区转型，充分利用存量用地和低效用地建设多元化的城镇创新空间。在北

---

① 刘继来、刘彦随、李裕瑞：《中国"三生空间"分类评价与时空格局分析》，《地理学报》2017 年第 7 期。
② 林佳、宋戈、张莹：《国土空间系统"三生"功能协同演化机制研究——以阜新市为例》，《中国土地科学》2019 年第 4 期。

京、天津、石家庄、唐山、邯郸和一批工业园区规模较大的县（市）开展试点，推动现有工业园区的功能置换，鼓励合理的土地混合使用，对文化创意、科技研发、展览艺术等创新性功能提供多种鼓励政策，实现旧区改建与调整优化产业结构的有机结合。

（三）生活空间均好共享，提升居民幸福感获得感

有序疏解京津富集的医疗、教育、文化等公共服务资源，着力补齐各层级城市公共服务设施、市政公用设施等短板弱项，打造配套完善一刻钟便民生活圈，提升公共服务硬件设施建设与软件运维管理水平，围绕教育、医疗、养老等形成城乡一体协同化公共服务网络。顶层设计上，围绕就业、社保、人才等三地持续签署多份协同发展协议，同频共振畅通三地"通行证"、同建共享服务群众"零距离"、同引共育构筑人才"新高地"、同心共谋划好发展"同心圆"；实践落实上，建立京津冀公共服务协同发展基金，打造京津冀公共服务智慧平台，建立多个次区域的公共服务协同发展微中心和示范区，形成多点面布局、辐射周边、带动整体、波浪式推进、阶梯式提升的公共服务协同发展格局，切实增强老百姓的幸福感和获得感。[1][2]

健全"设施均好、覆盖城乡"的生活网络。结合区位条件和比较优势，以具有地域特色、服务水平突出、功能供给显著的"公共服务微中心"建设为抓手，聚焦教育、医疗等重点公共服务领域，推动中小城市公共服务强长项、补短板，增强承接地基本公共服务自身"造血"功能。打造城市15分钟生活圈。建立健全城乡基本公共服务均等化的体制机制，推动公共服务向农村延伸、社会事业向农村覆盖，加强县市域单元的镇、中心村公共服务设施建设，同时，结合农村社区建设试点工作推进农村社区服务设施建设。

推动京津冀文化协同发展，构建文旅融合发展新格局。三地交通便捷、

---

① 武子豪、祖健、史云扬等：《城市职能视角下"三生"空间的识别与评价——以京津冀城市群为例》，《资源科学》2022 年第 11 期。
② 耿慧、焦华富、叶雷：《都市圈一体化共生网络系统的理论框架与研究重点》，《地理研究》2023 年第 2 期。

资源产品互补，持续推进京津冀文旅产业融合高质量发展，构建互为客源地
和目的地的"文旅共同体"，通过共建演艺联盟、共办艺术展演展览、共创
文艺作品、共育文旅项目、共享文化消费季等举措，打造"和而不同"的
区域"旅游圈"。体制机制上，着力构建文旅融合区域协调机制，打通文旅
生产要素流通通道，设立文旅协同发展基金，健全三地文旅标准体系，强化
市场监管和执法合作；模式路径上，成立三地文旅市场主体联盟，通过产业
互通、项目互促、人才互动等方式，推动形成京津冀文旅资源共享、文旅服
务协同、平台渠道共用、精品线路共推的发展路径，提升文旅产业集群的整
体竞争力。

（四）生态空间联合共治，促进人与自然和谐共生

通过拓展生态空间容量、缩小生态质量梯度、共同筑牢生态安全屏障，
共绘天蓝、水清、地绿的生态美好画卷。牢固树立和践行绿水青山就是金山
银山理念，坚持山水林田湖草沙一体化保护和系统治理，以重点生态功能区
为支撑，有效提升生态系统的多样性、稳定性、持续性。坚持生态优先，围
绕生态协同发展，扎实开展疏解整治促提升专项行动、实施京冀生态水源林
经营抚育项目、打造天津滨海新区与中心城区中间地带的双城绿色生态屏障
区、协同构建环首都生态屏障和京津冀湿地保护带、推进京津冀森林草原防
火联防联控、开展京津冀有害生物联防联治、开创京津冀林业和草原行政执
法协同协作新模式等，共同筑牢生态安全屏障，实现生态环境质量持续
改善。①②

营造多样化的区域绿地，各级城镇实现"出门见绿"。环绕北京、天
津和其他大城市建成生态绿环，中小城市和小城镇建设高品质的绿色空
间。推进三类区域绿色化工程，实施重点生态保护、重点生态恢复和重点

---

① 席建超、王首琨、张瑞英：《旅游乡村聚落"生产—生活—生态"空间重构与优化——河北野三坡旅游区苟各庄村的案例实证》，《自然资源学报》2016年第3期。
② 魏国恩、刘耀彬、李汝资等：《近40年鄱阳湖区"三生空间"格局转型与空间异质机制》，《生态学报》2024年第6期。

生态建设工程，推进城镇绿色化发展，提升生态服务价值，保障区域生态安全。建立环京津生态绿环，严控城镇无序蔓延，以保护优先、自然恢复为方针，积极推动退耕还林还草、退耕还湿，建设环京津区域生态绿环。建设"城市群—中心城市—社区"三个层次的绿道系统，健全生态服务功能，建设串联城乡重大生态功能区和历史文化遗址的绿道系统，发展郊区休闲经济和都市休闲农业。以城市、镇所在区域的公共绿地、郊野公园和开敞绿色空间为载体，建设社区绿道，配置体育、休闲等公共服务设施。发挥耕地的农业生态作用，建设区域绿地，严格保护耕地特别是基本农田，充分发挥耕地的生态功能，形成"田成方、林成网、渠相连、路相通"的农业生态网络体系，将农田防护林、绿色田园、良田沃土作为生态网络的基础支撑。

加强区域生态环境修复，推进跨区域生态环境的治理工程。建成融自然山水、风景名胜、文化遗产、农田风光为一体的环首都国家公园体系和生态绿楔。引导城市群通风廊道的合理布局，在京津保过渡带，实施退耕还林、还草、还湿工程，恢复永定河、大清河流域的湿地水系，增强白洋淀、东淀、文安洼等洼淀地区的水生态调节作用。推进河流的环境治理和生态修复，开展滦河、大清河、滏阳河等敏感河流及现状排污严重河流入河排污口综合整治，进行北运河、南运河等河流生态清淤，缓解水体污染。实施控源截污、垃圾清理、清淤疏浚、生态修复等"碧水"工程解决城市黑臭水体问题。加强水源涵养区生态建设与保护，在太行山区、燕山山区设立永定河、潮白河密云水库、滦河潘家口水库、滹沱河、漳卫河等五片上游水土保持区，加强区域水源涵养地保护。保护海洋环境与滨海自然岸线，建立陆海统筹污染防治体系，恢复和扩建滨海湿地，重点保护滨海湿地、盐田生物多样性。

B.5
京津冀协同发展的创新驱动
新格局路径探索

董亚宁　顾芸*

摘　要： 创新在我国现代化建设全局中居于核心地位。在区域经济一体化和新一轮技术革命背景下，塑造京津冀协同发展的创新驱动新格局至关重要。党的十八大以来，京津冀协同创新成效显著，形成了注重以创新要素集聚提升创新效率、以创新基础设施建设缩短创新交往距离、以体制机制完善打破创新制度分割、以区域创新分工彰显不同城市特色、以共建共享优化城市群内创新空间品质和积极借智乘数探索数智创新城市群建设的宝贵经验。与此同时，京津冀协同创新仍然面临创新链产业链协同性、科技成果转化能力、创新要素分布密集性、企业创新活力和智慧治理水平有待提高等挑战难题。为此，本报告从创新要素、基础设施、治理体系、空间布局、空间品质和智慧升级等方面提出京津冀塑造创新驱动新格局的对策建议。

关键词： 京津冀　创新驱动　协同创新　科技创新

京津冀协同发展战略是以习近平同志为核心的党中央在新的历史条件下审时度势、高瞻远瞩作出的重大决策部署，是贯彻新发展理念、引领高质量发展、构建新发展格局的重大国家战略。党的二十大报告指出要"坚持创新在我国现代化建设全局中的核心地位"，京津冀地区拥有众多高校、科研

---

* 董亚宁，中国社会科学院生态文明研究所副研究员，主要研究方向为空间经济学、新型城镇化与区域协调发展、生态文明建设；顾芸，首都经济贸易大学博士后，主要研究方向为区域经济、教育经济等。

机构和创新型企业，是我国科技创新的重要区域，也是制度创新的重要策源地。适应党的二十大提出以中国式现代化全面推进中华民族伟大复兴战略新要求，总结京津冀协同创新发展推进情况，识别当前协同创新发展面临主要问题、突出制约因素，提出以更高站位、更大视野、更扎实行动、更高效率全面推动京津冀地区塑造创新驱动新格局具有重要意义。

一 塑造京津冀协同发展创新驱动新格局的重要意义

党的十八大以来，我国加快实施创新驱动发展战略，经济结构不断优化升级，创新已成为驱动高质量发展的核心要素。京津冀协同发展作为重大国家战略，其创新驱动发展与全球科技竞争和国内经济发展密切相关。一方面，新一轮科技革命和产业变革加速演进，对传统的区域发展模式形成了挑战；另一方面，京津冀地区作为中国北方的重要增长极，旨在成为平衡南北经济、链接"东北振兴"与"中部崛起"两大国家战略的核心枢纽，以京津冀协同创新发展打造全国创新驱动经济发展新引擎，不仅有助于深入实施京津冀协同发展战略、加快培育新质生产力，也有利于服务北京建设科技创新中心、助推京津冀城市群扎实迈向世界级城市群。

（一）深入实施京津冀协同发展战略的重要任务

2015 年 6 月，中共中央、国务院印发《京津冀协同发展规划纲要》（以下简称《纲要》），标志着京津冀协同发展上升为国家战略。《纲要》强调要"强化创新驱动，以科技创新为核心，建立健全区域创新体系，整合区域创新资源，形成京津冀协同创新共同体"。京津冀地区塑造创新驱动新格局正是突出了国家战略需求，深入实施京津冀协同发展战略。京津冀协同发展强调创新，且依赖于京津冀协同创新，这不仅体现在科技创新上，还体现在制度创新上。从这个意义上来讲，京津冀协同发展战略实施的十年也是京津冀地区塑造创新驱动新格局的十年，京津冀协同发展战略实施的成绩也就是京津冀地区塑造创新驱动新格局的成绩。京津冀地区生产总值从 2013 年的不足 6 万亿元增长至 2023 年的超过 10 万亿元，面对新形势新任务新要求，推动京津冀地区塑造创新驱动新格局的任务更加迫切。

（二）加快培育新质生产力的有效途径

2023 年中央经济工作会议明确提出发展新质生产力。京津冀作为引领全国高质量发展的三大重要动力源之一，是培育新质生产力的主战场，塑造创新驱动新格局则是加快培育新质生产力的有效途径。一是京津冀协同创新有利于人才的集聚和培养，为培育新质生产力提供人才支撑。京津冀需要通过营造开放包容的创新创业环境，构建舒适宜居的空间品质，吸引和培养更多创新型人才，从而保障创新驱动新格局塑造的人才支撑。二是京津冀协同创新有利于促进人才的自由流动，加强技术交流与合作，从而激发更多的创新活力，为培育新质生产力提供动力。京津冀需要通过建立更加紧密的合作机制，加快科技资源开放共享，促进创新要素流动和整合，培育新质生产力。三是京津冀协同创新以科技创新和产业协同为重点，为培育新质生产力提速增效。京津冀需要通过搭建科技创新合作平台，提高创新链和产业链协同性，以更高效的方式推进前沿技术、颠覆性技术研发应用，而这些技术革命性突破则能催生出新质生产力。

（三）服务北京建设国际科技创新中心的内在要求

2014 年，"科技创新中心"首次成为北京的核心功能。2024 年 3 月 1 日，《北京国际科技创新中心建设条例》正式施行，以法律形式推进北京国际科技创新中心建设，也为北京国际科技创新中心建设提出了明确的战略规划和建设布局。一般而言，基础前沿技术和关键核心技术的发现、研发、转化和产业化都离不开实体产业的支撑。北京作为京津冀城市群的核心城市，要建设成为国际科技创新中心离不开津冀，津冀可以弥补北京创新链短、产业链与创新链协同作用弱、土地资源约束等短板。例如，中关村国家自主创新示范区、中关村科学城、怀柔科学城、未来科学城、创新型产业集群示范区等主要平台都需要津冀实施科技成果转化和产业化。京津冀三地只有相互促进、联动发展，共同塑造创新驱动新格局，才能更高效地服务支撑北京国际科技创新中心建设。可见，京津冀地区塑造创新驱动新格局是服务北京建设国际科技创新中心的内在要求。

（四）扎实迈向世界级城市群的必经之路

京津冀国土面积共计 21.6 万平方公里，人口超过 1 个亿，具有建设成为世界级城市群的天然优势。《纲要》提出，优化提升首都功能，发挥一核作用，打造世界级城市群。一方面，世界级城市群的建设必然要求将核心节点城市构建为全球科技创新中心，京津冀打造世界级城市群应遵循这一发展规律，打造北京成为全球科技创新中心，以更好地完成京津冀协同发展国家战略目标。北京市"十四五"规划明确了以建设国际科技创新中心为新引擎推动京津冀协同发展。另一方面，北京的科技创新能力强，天津的制造业基础雄厚，河北则自然资源丰富、人力资源充足，京津冀三地可以通过优势互补，促进区域内科技资源的优化配置，共同构建区域创新体系，提高创新能力，打造具有国际影响力的科技创新高地，进而成为具有全球创新力、竞争力和辐射力的城市群，这也是京津冀打造世界级城市群的必经之路。

二 京津冀地区塑造创新发展新格局的实践探索与成效

党的十八大以来，京津冀协同发展从谋思路、打基础、寻突破，到滚石上山、爬坡过坎、攻坚克难，不断取得新进展、新突破，特别是京津冀协同创新深入推进，协同发展的"障碍壁垒"持续破除，在塑造创新发展新格局上取得了显著成效。

（一）注重以创新要素集聚提升创新效率

京津冀地区持续加大创新要素投入，致力于确保资金、人力等要素的充足且有效投入，不断提升创新效率。一是京津冀不断加大创新经费投入科技创新，保障京津冀持续协同创新。2022 年，京津冀地区共投入研究与试验发展（R&D）经费内部支出 4260.9 亿元，是 2010 年的 3.5 倍，占全国为13.84%（见图 1）。其中，京津冀三地分别为 2843.3 亿元、568.7 亿元和848.9 亿元，分别为 2010 年的 3.5 倍、2.5 倍和 5.5 倍。2022 年，京津冀地区 R&D 经费投入强度达到 4.28%，较 2010 年提高 1.25 个百分点，持续高于全国平均水平 1 个百分点以上。其中，京津冀三地分别为 6.84%、3.52%和 2.02%，分别为 2010 年的 1.25 倍、1.05 倍和 2.34 倍。2023 年，"京津冀协同创新推动专项"支持课题 95 项，累计投入科研经费近 2.4 亿元。[1]2024 年，中关村金服发布"专精特新企业创新融资"三年行动计划（2024—2026 年），提出将在京津冀打造 5 个"专精特新企业培育服务示范基地"，每年融资支持专精特新企业 1000 家以上。[2]

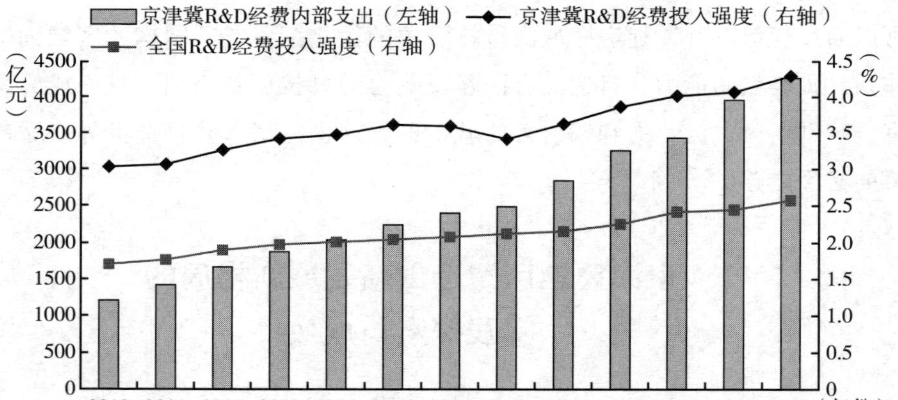

图 1 2010~2022 年京津冀及全国研究与试验发展经费支出及占 GDP 比重

资料来源：历年《中国科技统计年鉴》。

---

[1] 《京津冀经济回升向好 协同发展开创新局面》，北京市统计局网站，2024 年 5 月 23 日，https：//tjj. beijing. gov. cn/tjsj_31433/sjjd_31444/202405/t20240523_3691745. html。

[2] 《京津冀将造 5 个服务示范基地》，北京市科学技术委员会、中关村科技园区管理委员会网站，2024 年 6 月 28 日，https：//kw. beijing. gov. cn/art/2024/6/28/art_1132_678200. html。

二是京津冀不断加强创新型人才队伍建设，持续为京津冀协同创新提供创新型人力资本支撑。2022 年，京津冀地区共投入 R&D 人员全时当量635447 人年，是 2010 年的 2 倍多，占全国比重为 10%（见图 2）。其中，京津冀三地分别为 373235 人年、103499 人年和 158713 人年，分别为 2010 年的 1.93 倍、1.76 倍和 2.55 倍。2023 年 8 月，京津冀三地政府人力资源社会保障部门签署《京津冀人社部门人才工作协同发展合作框架协议》，将通过协商会、研讨会、互访交流、现场观摩等形式，在深化产业园交流、加强人力资源市场合作、共享优质专家资源等 7 方面加强人才工作协同发展。2023 年 10 月，京津冀三地政府教育部门签署《京津冀教育协同发展行动计划（2023 年—2025 年）》，推进京津冀教育、科技、人才一体化发展，将协同引进和培育具有战略科学家潜质的顶尖人才、科技领军人才和一流创新团队，联合京津冀高校和企业举办"校企紧握手"系列对接活动，聚焦重点发展的共同产业领域开展技术联合攻关。

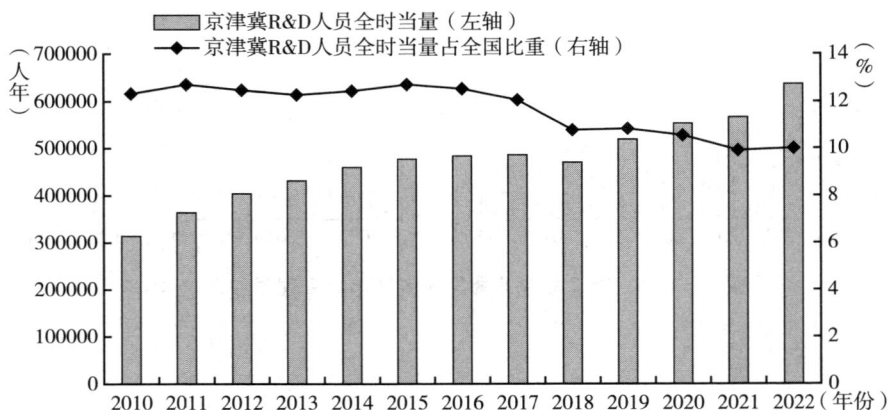

图 2　2010~2022 年京津冀研究与试验发展人员全时当量数及占全国比重

资料来源：历年《中国科技统计年鉴》。

京津冀创新成果产出大幅增加，不断培育出强创新能力企业。2022 年，京津冀国内专利申请受理量为 528947 项，是 2010 年的 5.5 倍，占全国比重为 10.24%（见图 3）。其中，京津冀三地分别为 307175 项、84335 项和 137437

项，分别为 2010 年的 5.4 倍、3.2 倍和 11.2 倍。2022 年，京津冀国内专利申请授权量为 389581 项，是 2010 年的 7.1 倍，占全国比重为 9.3%（见图3）。其中，国内发明专利申请授权量占 28.7%、国内实用新型专利申请授权量占 59.8%、国内外观设计专利申请授权量占 11.5%，并且国内发明专利申请授权量占比较之 2010 年提高了 2.9 个百分点；京津冀三地分别为 202722 项、71545 项和 115314 项，分别为 2010 年的 6 倍、6.5 倍和 11.5倍。2023 年 7 月底，工信部发布第五批专精特新"小巨人"企业公示名单，京津冀上榜 365 家，占全国的 9.9%，三地分别为 243 家、59 家和 63 家；京津冀专精特新"小巨人"企业主要分布在制造业，科学研究和技术服务业，信息传输、软件和信息技术服务业。[①]

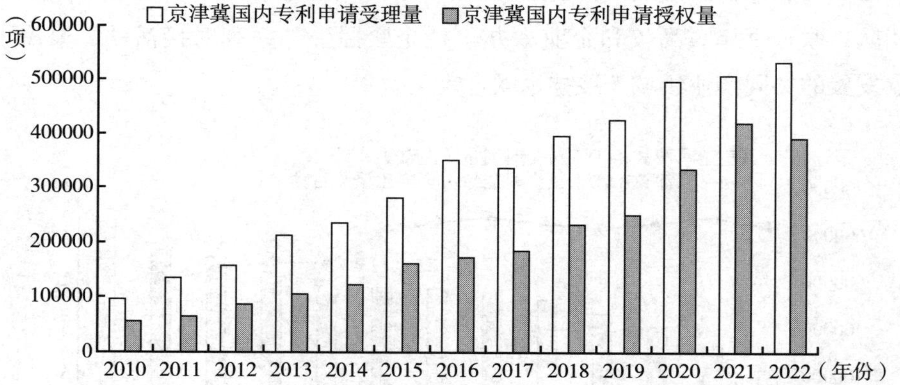

图 3　2010~2022 年京津冀国内专利申请受理量和授权量

资料来源：国家统计局。

（二）注重以创新基础设施建设缩短创新交往距离

京津冀包括新型基础设施在内的基础设施一体化建设显著缩短了三地的

---

① 《协同发展十年路 京畿大地启新章——数说京津冀协同发展十年成效系列之综合篇（二）》，北京市人民政府网站，2024 年 2 月 19 日，https://www.beijing.gov.cn/gongkai/shuju/shudu/202402/t20240219_3565163.html。

时空距离，不断促进人才、资金、信息等关键要素的自由流动，为区域内的创新合作提供便利条件。目前，京津冀加快构建交通一体化网络，全覆盖的公路网络已构筑，"轨道上的京津冀"主骨架已形成，京津雄核心区半小时通达，环京 1 小时通勤圈、京津冀主要城市 1～1.5 小时交通圈加速形成，促使创新要素便捷流通、互补、共享。截至 2022 年底，京津冀高速公路总里程达 1.09 万公里，较 2010 年末增长 75.8%，是全国平均水平的 1.9 倍。例如，2023 年，京雄高速全线通车运营，全线 5G 覆盖，实现了高可靠的"人车路云"信息交互等。京津冀以乘客需求为导向，协同合作打造环京通勤定制快巴网络，实行"线上预约、灵活开线、就近上车、快速通行、便捷换乘"的运营模式，大大提升了京津和京冀通勤效率。截至 2023 年底，京津冀定制快巴已从最初的 16 辆车，发展至 72 辆车，共有 7 条主线、33 条支线。① 截至 2022 年底，京津冀铁路营业总里程达 1.11 万公里，较 2010 年末增长 60.9%，是全国平均水平的 2.2 倍。截至 2023 年底，京津冀高铁总里程达到 2576 公里，实现了对区域内所有地级市的全覆盖。② 其中，2023 年，津兴城际铁路开通运营。2023 年，石家庄正定国际机场承接京津等地旅客联程运输 160 万人次，同比增长 25%，区域航空枢纽功能持续增强。③ 京津冀机场群布局持续优化，实现一体运营、错位发展。津冀港口群加速崛起，做到分工合理、高效协同。2021 年，天津港的全球首个"智慧零碳"码头正式运营，这也将开启津冀港口群的智慧绿色建设新篇章。

（三）注重以体制机制完善打破创新制度分割

京津冀强调协同推进科技创新与制度创新，以制度创新助推科技创新，

---

① 《十年十记·瓣瓣同心——京津冀协同发展的一线视角② ｜ 一辆定制快巴，便捷环京通勤》，河北省人民政府网站，2024 年 2 月 28 日，https://www.hebei.gov.cn/columns/580d0301-2e0b-4152-9dd1-7d7f4e0f4980/202402/28/eaf03531-8df9-4faa-8a3f-3d1bcc1774dc.html。

② 《协同发展十年路 京畿大地启新章——数说京津冀协同发展十年成效系列之综合篇》，北京市统计局网站，2024 年 2 月 18 日，https://tjj.beijing.gov.cn/bwtt_31461/202402/t20240218_3564334.html。

③ 李如意：《多节点网格状全覆盖区域综合网络基本形成》，《北京日报》2024 年 2 月 21 日。

持续增强区域政策统一性、规则一致性和执行协同性，不断打破制度分割，激发创新要素跨区域流动活力。京津冀为全面提升区域协同创新能力，以科技创新引领京津冀区域高质量发展，深化建设京津冀协同创新共同体。2023年，京津冀三地人大常委会同步作出《关于推进京津冀协同创新共同体建设的决定》，共二十条，对京津冀协同创新共同体建设作出制度安排（见表1）。此外，京津冀以知识产权赋能区域协同创新。2024年，京津冀三地5家知识产权保护中心共同签署了《京津冀知识产权快速协同保护合作备忘录2.0》和《联学共建协议书》；4家海外知识产权纠纷应对指导分中心共同签署了《京津冀海外知识产权纠纷应对指导合作备忘录》，发起成立京津冀海外知识产权保护联盟[①]，为创新活动提供了知识产权的保护，激发了企业的创新动力。

表1　2023年京津冀协同创新相关文件

时间	文件名	主要内容
2023年5月	《京津冀产业协同发展实施方案》	到2025年，京津冀产业分工定位更加清晰，产业链创新链深度融合，现代化产业体系不断完善，培育形成一批竞争力强的先进制造业集群和优势产业链，产业协同发展水平显著提升，对京津冀高质量发展的支撑作用更加凸显。增强区域产业创新体系整体效能是重点任务之一
2023年11月	《北京市人民代表大会常务委员会关于推进京津冀协同创新共同体建设的决定》	坚持将本市科技创新优势和天津市先进制造研发优势相结合，拓展合作广度和深度，共同打造区域发展高地，在建设京津冀世界级城市群中发挥辐射带动和高端引领作用。坚持将本市科技创新优势和河北省环京地缘优势相结合，促进与河北省区域中心城市、重要节点城市等建立紧密的分工协作和产业配套格局，推动在现代化首都都市圈中发挥产业联动作用；加强通州区与河北省三河、大厂、香河三县市的创新合作，推动一体化高质量发展

---

① 《2024京津冀知识产权保护活动在雄安新区举办》，河北省市场监督管理局（知识产权局）网站，2024年4月28日，http://scjg.hebei.gov.cn/info/104530。

续表

时间	文件名	主要内容
2023年11月	《河北省人民代表大会常务委员会关于推进京津冀协同创新共同体建设的决定》	坚持将本省环京地缘优势和北京市科技创新优势相结合,促进本省区域中心城市、重要节点城市等与北京市建立紧密的分工协作和产业配套格局,推动在现代化首都都市圈中发挥产业联动作用;加强三河、大厂、香河三县市与北京市通州区的创新合作,推动一体化高质量发展。本省与天津市围绕化工产业、生物制药、临港经济等加强创新合作
2023年11月	《天津市人民代表大会常务委员会关于推进京津冀协同创新共同体建设的决定》	坚持将本市先进制造研发优势和北京市科技创新优势相结合,拓展合作广度和深度,共同打造区域发展高地,在建设京津冀世界级城市群中发挥辐射带动和高端引领作用。本市与河北省围绕化工产业、生物制药、临港经济等加强创新合作

资料来源:作者根据相关文件整理所得。

京津冀共建创新平台,推动产学研合作,不断加强资源共享,为人才流动和技术交流提供便利,加速了科技成果的转化应用。一是中关村多点布局合作园区的建设成效显著,推动打造"类中关村"创新生态系统。截至2023年底,中关村京津冀创新合作园区累计注册企业7165家,2431家北京中关村企业在河北设立分支机构5163家,天津滨海—中关村科技园企业总数已超5000家,为千余项北京科技成果提供应用场景支持。[1] 2023年,雄安新区中关村科技园揭牌,以空天信息、人工智能、智能硬件、科技服务为产业主导,超前布局新技术、新产品先行先试应用场景,将充分发挥桥梁作用,打造"千企雄安行"产业组织活动平台,已累计对接企业3239家。[2]二是利用大型科研机构和高校密集的优势,联合高校创新资源搭建创新平台,促进了科研机构和企业之间的交流合作。2023年,天开高教科创园加

① 《京津冀经济回升向好 协同发展开创新局面》,北京市统计局网站,2024年5月23日,https://tjj.beijing.gov.cn/tjsj_31433/sjjd_31444/202405/t20240523_3691745.html。
② 《"聚焦北京国际科技创新中心建设"主题采访活动——走进天津滨海—中关村科技园、雄安新区中关村科技园》,北京市科学技术委员会、中关村科技园区管理委员会网站,2024年4月17日,https://kw.beijing.gov.cn/art/2024/4/17/art_6382_728722.html。

强与北京创新资源对接，累计注册企业超1200家，天津大学、南开大学等与清华大学、河北英利集团等联合建设6家全国重点实验室，京津冀国家技术创新中心与南开大学、清华大学天津高端装备研究院等共建7个创新平台。① 三是搭建云上创新服务平台，不断优化配置创新资源。2024年，"京津冀科技创新服务平台地图"启动上线，集中呈现京津冀范围内的成果转化平台、创业孵化平台、产业创新平台、科技服务平台、产业空间载体等五大类337个创新资源。②

（四）注重以区域创新分工彰显不同城市特色

京津冀协同创新体系始终以优势互补、分工协作为特点，现已形成"北京创新研发、津冀验证转化"的协同创新模式，并初步形成"京津研发、河北转化"的协同创新模式，正持续提升科技创新和产业融合发展水平。中关村企业在津冀设立分支机构由2013年的3528家增加到2024年1月的10615家。③ 2023年，京津冀三地技术合同成交额1.2万亿元，比上年增长10.8%，技术合同成交额互流增速均在两位数以上。④ 以北京为例，2023年，北京技术合同成交额8536.9亿元，其中流向津冀技术合同成交额748.7亿元，分别是2015年的2.47倍和6.71倍。流向津冀技术合同主要集中在城市建设与社会发展、新能源与高效节能以及现代交通领域，为推动京津冀区域形成更为完整的产业链、创新链提供创新动力。⑤ 京津冀深入推进

① 《2023年天津市国民经济和社会发展统计公报》，天津市统计局网站，2024年3月18日，https：//stats.tj.gov.cn/tjsj_52032/tjgb/202403/t20240318_6563697.html。
② 《共建创新共同体 赋能美好京津冀——2024京津冀协同创新与高质量发展论坛在京成功举办》，河北省科学技术厅网站，2024年4月29日，https：//kjt.hebei.gov.cn/www/xwzx15/hbkjdt64/305115/index.html。
③ 《"聚焦北京国际科技创新中心建设"主题采访活动——走进天津滨海—中关村科技园、雄安新区中关村科技园》，北京市科学技术委员会、中关村科技园区管理委员会网站，2024年4月17日，https：//kw.beijing.gov.cn/art/2024/4/17/art_6382_728722.html。
④ 《京津冀经济回升向好 协同发展开创新局面》，北京市统计局网站，2024年5月23日，https：//tjj.beijing.gov.cn/tjsj_31433/sjjd_31444/202405/t20240523_3691745.html。
⑤ 《合同量破10万项，成交额破8000亿元，北京技术市场实现"双突破"》，国际科技创新中心网站，2024年1月20日，https：//www.ncsti.gov.cn/kjdt/xwjj/202403/t20240304_150248.html。

专利转化合作，目前已有 5300 余项专利开放许可技术在京津冀三地共享。[①] 2021 年设立的京津冀科技成果转化基金总规模已超过 40 亿元，旨在畅通京津冀科技成果转化渠道，促进京津冀科技成果转移转化。2023 年，京津冀国家技术创新中心、河北清华发展研究院（京津冀国家技术创新中心河北研究院）分别与石家庄高新区、保定高新区、唐山高新区、沧州高新区签约，标志着"京津研发、河北转化"体系建设向纵深推进。[②]

京津冀注重差异化平台打造，三地的创新平台发挥各自优势、合作共赢，能够促进三地技术供需双方高效对接，降低交易成本，提高创新效率。一是北京创新平台充分发挥促进科技成果转化的引领作用。例如，在 2024 年中关村论坛上，针对北京优质科技成果和天津、河北的技术需求，形成《京津冀科技成果供给及需求清单》，内容涵盖新一代信息技术、智能装备、新材料、医药健康、节能环保等前沿领域；签约 34 个协同创新项目，合作范围覆盖氢能、生物医药、工业互联网与网络安全等未来产业。[③] 二是津冀重点平台发挥承接作用。例如，天津加快建设滨海—中关村科技园、宝坻京津中关村科技城等重点承接平台，截至 2023 年底，滨海—中关村科技园累计注册企业近 5000 家，累计为 1009 家北京来津企业提供科技创新服务；2023 年，天津吸引京、冀投资额 2305.6 亿元，占全部引进内资的 57.4%，较 2017 年提高 12.0 个百分点，2017 年以来累计突破 1 万亿元（11899.6 亿元），占全部引进内资的一半；河北集中打造"1+5+4+33"重点承接平台体系，积极吸引京津产业转移，2014 年以来承接京津转入基本单位中北京占比近八成，廊坊、石家庄和保定承接北京转入基本单位最多，合计占比超四成。[④] 三是共同发挥综合类国家技术创新中心的枢纽作用。作为我国第一

---

① 张晓华：《知识产权助力京津冀协同发展》，《光明日报》2023 年 12 月 19 日。
② 田瑞颖：《京津冀国家高新区联盟成立》，《中国科学报》2023 年 12 月 5 日。
③ 《京津冀经济回升向好 协同发展开创新局面》，北京市统计局网站，2024 年 5 月 23 日，https：//tjj.beijing.gov.cn/tjsj_31433/sjjd_31444/202405/t20240523_3691745.html。
④ 《协同发展十年路 京畿大地启新章——数说京津冀协同发展十年成效系列之综合篇》，北京市统计局网站，2024 年 2 月 18 日，https：//tjj.beijing.gov.cn/bwtt_31461/202402/t20240218_3564334.html。

个综合类国家技术创新中心，京津冀国家技术创新中心正加快布局，也是京津冀协同创新发展的战略枢纽。

（五）注重以共建共享优化城市群内创新空间品质

京津冀注重共建营商环境，共创优质营商环境，为企业创造有利的创新环境，也为人才提供便利的创业环境。京津冀三地在区域商事制度、监管执法、政务服务、跨境贸易、知识产权保护等 5 大重点领域加快推进改革，已经推动 179 项政务服务事项"同事同标"，234 项实现"跨省通办"，200 余项"京津冀+雄安"政务服务事项实现"移动办"，改革成效初步显现。①

京津冀注重推进共建共享公共服务，不断强化三地在医疗、教育、社保、养老、生态等公共服务方面的政策协同，努力保障人才在区域内享有同等优质的基本公共服务。2023 年 4 月起，京津冀三地全面取消异地就医备案，实现三地异地就医"一卡通行"。② 2023 年，为进一步推进京津冀教育资源共享，京津冀三地政府教育部门签署《京津冀教育协同发展行动计划（2023 年—2025 年）》。2023 年，京津冀三地签署《京津冀社会保障卡居民服务"一卡通"合作框架协议》，加快实现三地社保卡跨省通用、一卡多用、线上线下场景融合发展。③ 2024 年，《京津冀社会保险公共服务"同事同标"事项清单（第一批）》发布，社会保险个人权益记录查询打印等 15 项社保服务事项实现"同事项名称、同受理标准、同申请材料、同办理时限"。京津冀三地参保职工办理养老保险关系跨省转移，只需在国家社会保险公共服务平台提交申请即可实现。与此同时，京津冀还持续推进绿色低碳发展，共同营造宜居宜业的环境，从而提升区域整体的吸引力和竞争力。例如，京津冀持续推进三北防护林等重大生态工程建设，持续加大环保联防联

---

① 《〈北京市人民代表大会常务委员会关于推进京津冀协同创新共同体建设的决定〉解读》，《北京日报》2023 年 12 月 12 日。

② 万秀斌、邵玉姿：《河北深入推进京津冀医疗卫生协同发展》，《人民日报》2024 年 1 月 8 日。

③ 《京津冀签署〈社会保障卡居民服务"一卡通"合作框架协议〉》，中华人民共和国人力资源和社会保障部网站，2023 年 12 月 26 日，https：//www.mohrss.gov.cn/SYrlzyhshbzb/dongtaixinwen/buneiyaowen/hyhd/202312/t20231226_511162.html。

控联治力度，空气质量大幅度改善。

京津冀注重共同创建优质文旅生活，构筑惬意生活场景，这有助于吸引人才和人才流动。截至 2023 年底，京津冀共同推出全域旅游精品线路 4 条、文旅科普体验线路 10 条，周末度假游线路 14 条，"欢乐京津冀 一起过大年"旅游线路 10 条。[①] 中国旅游研究院（文化和旅游部数据中心）大数据客流监测显示，2023 年，京津冀三地已互为重要且热门客源地——河北和天津为北京游客第一和第三位目的地，河北和北京是天津游客的前两位目的地。[②]

（六）注重积极借智乘数探索数智创新城市群建设

京津冀始终坚持"科技引领、布局未来"，积极探索基于新一代信息技术的数字智慧城市群建设，不断提升城市群智慧治理水平，赋能科技创新增长。一是京津冀加快形成信息技术和人工智能产业链，以高科技支撑建设数字智慧城市群。例如，《2022 年北京人工智能产业发展白皮书》显示北京拥有人工智能核心企业 1048 家，占我国人工智能企业总量的 29%，位列全国第一。武清高村科技创新园建设京津冀大数据产业新高地。2024 年，中国移动算力中心北京节点投入使用，北京移动正布局"以北京为核心，辐射京津冀蒙区域"的超大智算集群。[③]

二是京津冀将数智化融入园区、新城等建设，较早布局数字智慧城市群建设，助力于提高城市群治理效能，进而加快推动京津冀地区塑造创新发展新格局。例如，2024 年，中关村综保区成为全国首个以研发创新为特色的数智化综保区。再例如，雄安城市计算中心、块数据平台、雄安城市信息模型平台、物联网平台和视频一张网平台"一中心四平台"建设基本成型，

① 陈璠：《10 年成绩单　满满获得感》，《天津日报》2024 年 2 月 23 日。
② 《瓣瓣同心京津冀 文旅花开更动人》，中华人民共和国文化和旅游部网站，2024 年 3 月 18 日，https://www.mct.gov.cn/whzx/qgwhxxlb/bj/202403/t20240318_951728.htm。
③ 《北京建成首个大规模训推一体智算中心，郭旗：算力是 AI 发展核心》，新京报客户端，2024 年 6 月 25 日，http://m.bjnews.com.cn/detail/1719308892169469.html。

初步构建了雄安"云上一座城"，① 实现数据资源的汇聚、处理和共享，为智慧交通、智慧教育、智慧医疗、智慧社区和智慧政务等提供技术支撑。截至 2024 年初，新区累计完成综合管廊数字孪生模型超过 130 公里，数字道路建设总扩展到 500 公里。②

三　京津冀地区塑造创新驱动新格局面临的突出问题

随着京津冀协同创新实践的推进，京津冀在区域创新分工、科技成果转化、创新要素分布、企业创新活力和智慧治理等方面也凸显出一些亟待关注的"协同难题"，面临着一些制约与挑战。

（一）创新分工水平有待提高，创新链产业链协同性有待提升

2023 年，习近平总书记再次强调京津冀协同发展"要强化协同创新和产业协作"。目前，京津冀三地虽然已经形成区域创新分工特色，但是创新分工水平仍有待提高，创新链和产业链的有效衔接还没有实现根本改善，创新链产业链协同性也有待提升。

北京各创新主体针对河北传统产业转型升级的研发相对不够，科学研究和技术服务业、制造业、软件和信息技术服务业等北京创新成果供给突出行业与制造业、批发和零售业、建筑业等河北创新需求突出行业匹配度不够，加之缺乏有效的创新成果转化与对接机制，导致北京对于河北重点产业的研发储备不足。③

① 《"一中心四平台"建设基本成型"云上雄安"初步建成》，中华人民共和国国家发展和改革委员会网站，2023 年 3 月 29 日，https://www.ndrc.gov.cn/xwdt/ztzl/jjyxtfz/202303/t20230329_1352465.html。
② 《一座雄安，三座"城"》，中国雄安官网，2024 年 4 月 23 日，http://www.xiongan.gov.cn/2024-04/23/c_1212355749.htm。
③ 《京津冀协同发展系列专题四：凝聚优势创新资源合力，构筑京津冀协同创新共同体》，"北咨研究院"微信公众号，2024 年 2 月 27 日，https://mp.weixin.qq.com/s/5s6F2mqq-sgll7WMbOJyjA。

（二）科技转化效益有待加强，京津冀创新协同机制有待强化

津冀创新承载力不足，科技转化效益有待加强。一方面津冀支撑科技成果转化的科技服务业整体水平偏弱，另一方面北京优势科技服务业中介机构在津冀落地发展还处于起步阶段。2023年，北京流向津冀技术合同成交额仅占流向外省市区的15.1%，虽然较2022年以前有大幅度提高（见表2），但仍具有较大的区内转化空间。京津冀地区在协同创新方面仍存在体制机制障碍，制约了创新资源的有效整合。具体来看，京津冀在市场准入标准、安全管理与监督等影响创新要素跨区域流动的体制机制障碍仍待破除，跨区域科技成果转化税收产值利益分配机制尚待建立，三地创新协同机制有待进一步强化。例如，中关村自主创新示范区的先行先试政策受行政区界线的限制较大，在津冀地区尚无法同时适用，限制了科技要素向津冀地区的流动。

表2　2015~2023年北京技术合同成交额及其流向

单位：亿元，%

年份	北京技术合同成交额	北京流向津冀合同额	北京流向津冀占流向外省市区比重	北京流向津冀合同额增长率
2015	3452.6	111.5	5.9	—
2016	3940.8	154.7	7.7	38.7
2017	4485.3	203.5	8.7	31.5
2018	4957.8	227.4	7.5	11.7
2019	5695.3	282.8	9.9	24.4
2020	6316.2	347.0	9.3	22.7
2021	7005.7	350.4	8.1	1.0
2022	7947.5	356.9	7.8	1.9
2023	8536.9	748.7	15.1	109.8

资料来源：北京市科学技术委员会、中关村科技园区管理委员会和《北京统计年鉴2023》。

（三）创新要素分布疏密交织，京津冀空间品质差异仍需缩小

京津冀创新要素分布疏密交织，主要集中分布于北京，影响了区域创新

能力的整体提升。以研究与试验发展投入为例，2022 年北京 R&D 经费内部
支出分别是天津和河北的 5 倍和 3.35 倍，北京 R&D 经费投入强度分别是天
津和河北的 1.94 倍和 3.39 倍，北京 R&D 人员全时当量分别是天津和河北
的 3.61 倍和 2.35 倍，这种差距较 2010 年和 2014 年皆未改变，甚至有所扩
大的趋势（见表 3）。

表 3　京津冀创新要素情况

年份	省（市）	R&D 经费内部支出 （万元）	R&D 经费投入强度 （%）	R&D 人员全时当量 （人年）
2010	北京市	8218234	5.49	193718
	天津市	2295644	3.36	58771
	河北省	1554488	0.86	62302
2014	北京市	12687953	5.53	245384
	天津市	4646868	4.37	113335
	河北省	3130881	1.24	101434
2022	北京市	28433394	6.84	373235
	天津市	5686565	3.52	103499
	河北省	8489080	2.02	158713

资料来源：历年《中国科技统计年鉴》。

京津冀三地的医疗、教育等空间品质分布不均衡，特别是河北相对缺乏
优质医疗、教育等公共服务资源，直接造成吸引创新型人才的现实困难。以
医疗和教育为例，2022 年，北京、天津和河北每万人卫生机构床位分别为
61.24 张、50.07 张和 65.33 张，每万人卫生技术人员分别为 135.15 人、
90.94 人和 78.48 人，可见北京的卫生技术人员配备明显高于天津和河北；
北京、天津和河北小学生师比（教师人数 = 1）分别为 14.13、15.59 和
16.25，普通高中生师比（教师人数 = 1）分别为 8.73、11.64 和 13.07，可
见北京的小学和普通高中教师配备优于天津和河北；再较之 2010 年和 2014
年来看，京津冀三地空间品质在数量上的差距逐步在缩小，在质量上则始终
存在较大差距（见表 4）。京津冀不仅面临公共服务资源供给质量不平衡不
充分问题，还面临跨区可及性不佳的问题。

表4 京津冀教育和医疗发展情况

年份	省（市）	每万人卫生机构床位数（张）	每万人卫生技术人员数（人）	小学生师比（教师人数＝1）	普通高中生师比（教师人数＝1）
2010	北京市	48.56	89.64	13.2	10.11
	天津市	38.62	55.79	13.56	12.49
	河北省	35.10	41.08	16.04	15.37
2014	北京市	51.12	99.26	14.44	8.41
	天津市	42.90	59.81	14.71	10.62
	河北省	44.20	48.11	16.92	13.23
2022	北京市	61.24	135.15	14.13	8.73
	天津市	50.07	90.94	15.59	11.64
	河北省	65.33	78.48	16.25	13.07

资料来源：国家统计局。

（四）企业创新活力有待提升，京津冀智慧治理系统有待构建

京津冀企业研发强度总体上处于中游水平，这直接导致京津冀协同创新的动力不足，因此京津冀企业创新活力仍有待提升。2022年，京津冀地区规模以上工业企业R&D经费投入强度为1.27%，低于全国1.62%的平均水平，远低于长三角地区2.19%的水平，并且自2011年以来始终低于全国平均和长三角地区水平（见图4）。全国500强企业中北京企业研发强度仅2.1%，低于上海的3.2%、深圳的3.6%。[①] 京津冀三地有待为企业这一创新主体营造更优良的创新生态，如高新技术企业跨区域迁移资质资格互认、大型科研仪器开放共享机制建立等。

面对数字智能技术可能带来的治理革命，京津冀治理势必需要做出快速、有效的响应予以应对。虽然基于新一代信息技术建设京津冀智慧城市群是京津冀协同创新发展的重要方向，人工智能科技创新和产业发展也多集聚

---

① 《京津冀协同发展系列专题四：凝聚优势创新资源合力，构筑京津冀协同创新共同体》，"北咨研究院"微信公众号，2024年2月27日，https://mp.weixin.qq.com/s/5s6F2mqq-sgll7WMbOJyjA。

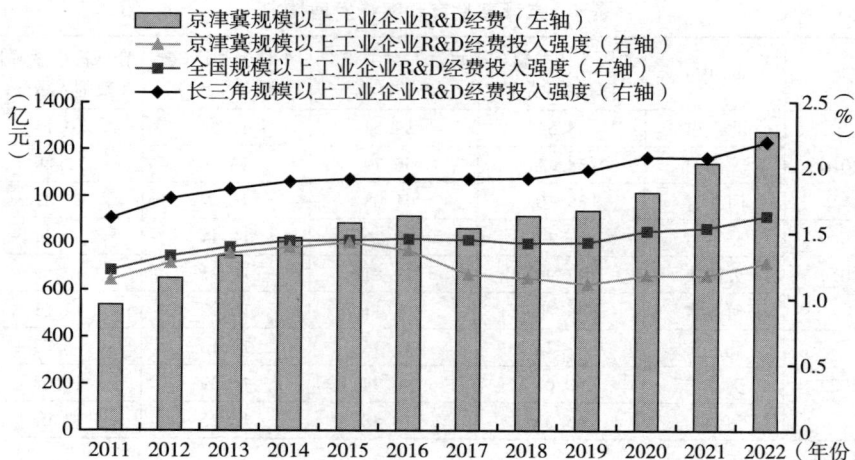

图4　2011~2022年京津冀、长三角及全国规模以上工业企业 R&D 经费及占 GDP 比重

资料来源：国家统计局。

于京津冀，但是京津冀智慧城市群建设仍处于初步探索阶段。目前更多的是在城市内部建设智慧城市，例如"智慧雄安"的建设。而在城市之间构建智慧治理系统不仅要在技术和基建层面努力，还需要突破更多、更为复杂的制度障碍，可以说硬件和软件缺一不可。就目前来看，京津冀智慧治理系统仍有待进一步构建。

四　京津冀地区塑造创新驱动新格局的战略重点

京津冀地区塑造创新驱动新格局是一个系统工程，也是一个重大战略任务，需要从创新要素、基础设施、治理体系、空间布局、空间品质和智慧升级等六个重要方面着力。

（一）优化创新要素一体化布局，塑造紧凑型创新格局

京津冀地区塑造创新驱动新格局的战略重点之一是优化创新要素一体化布局，塑造紧凑型创新格局。京津冀优化创新要素一体化布局至少需要从以

下几个方面入手。一是在加快建设全国统一大市场的重大部署下，京津冀三地协同优化创新要素一体化布局。京津冀可以共同制定和实施统一的市场准入标准、安全管理与监督等影响创新要素跨区域流动的体制机制，进一步推动人才、资本、技术和数据等重要创新要素一体化配置，减少地方保护和市场分割现象，引领加快全国统一大市场建设。二是聚焦河北雄安新区和北京城市副中心"两翼"联动发展，推动共建共享创新平台，综合提升北京创新引领能力和河北承载能力。三是唱好京津"双城记"中的创新协同篇章，合力提升创新要素集聚能力，吸引一批高端创新资源。

（二）推进基础设施共建共享，塑造设施融通型创新格局

京津冀地区塑造创新驱动新格局也当以基础设施建设先行，以推进基础设施共建共享，推动塑造设施融通型创新格局。一是进一步织密京津冀轨道交通网络，加快城际铁路建设，不断完善区域公路网络，促进区域空港、陆港、海港口岸互联互通，不断提升区域交通运输服务一体化水平，提高交通便捷性和通达性，畅通人流和物流。二是联合制定并实施重大新型基础设施建设方案，明确发展目标、重点任务、协作机制、保障措施和评估方法，提供绿色转型、智能升级、融合创新服务的现代化基础设施体系。三是引导社会资本参与，形成多元化的投融资机制，通过优化人才政策、搭建人才平台、开展人才交流等方式，吸引更多资金和优秀人才参与京津冀新型基础设施建设。

（三）优化创新治理体系，塑造制度协作型创新格局

优化创新治理体系，塑造制度协作型创新格局是京津冀地区塑造创新驱动新格局的又一战略重点。一是在中央层面进一步制定和实施精准政策规划，为京津冀地区的协同创新指明方向，也是为了确保政策的连贯性和执行力度，有效避免资源的重复投入和无序竞争。例如，设立京津冀创新驱动试验区，调整创新补贴的分配结构，增强创新补贴的直接激励效果。二是京津冀地区需要进一步加强创新政策协同，打破各地区创新发展的路径依赖和空间锁定桎梏，形成创新生态系统的空间合理分工，优化创新资源配置，提升

创新效率。三是利用好"互联网+"技术带来的信息赋能优势,构建平等互惠、成本共担、利益共享的创新协作交流平台,识别各主体间、学科间具有融合潜力的创新资源,实现统一组织和再配置,形成产学研一体化发展、知识体系集成创新的新模式,为创新驱动提供新增长点。四是推动京津冀创新平台与国际研究机构的交流与合作,集中力量打造具有国际影响力的科技创新高地,增强京津冀在国际科技竞争中的话语权,为全球的创新驱动发展贡献智慧和力量。

(四)优化生产力空间布局,塑造创产协同型创新格局

结合京津冀"五群六链五廊"① 产业布局,深入推进创新链产业链协同,共同塑造创产协同型创新格局。一是根据京津冀产业布局现状,锚定"五群六链五廊"产业布局要求,制定调整生产力空间布局方案,有序、有效、快速优化京津冀生产力空间布局,避免区域内部产业同质化竞争,共同形成一个差异化竞争、协同发展的产业生态。二是围绕各重点产业链中基础科学问题、前沿技术问题和应用场景问题,制定"一链一策",搭建平台或利用现有平台联合科研机构、高校、企业等重要创新主体组建联合攻关工作小组,强化企业牵头的以创新成果转化为宗旨的创新共同体建设,用好商协会、联盟等市场化力量,压紧压实责任,发挥优势、集中力量攻坚克难,推动一批科技成果从"实验室"走向"生产线"。

(五)提升城市群空间品质,塑造人才会聚型创新格局

京津冀地区可以通过提升城市群空间品质,塑造人才会聚型创新格局。一是通过优化京津冀公共服务供给空间结构和质量,建立健全基本公共服务

---

① "五群六链五廊":"五群"就是五大产业集群,分别为集成电路、网络安全、生物医药、电力装备、安全应急装备产业集群;"六链"指氢能、新能源和智能网联汽车、网络安全、高端工业母机、生物医药、机器人产业链;"五廊"分别为京津新一代信息技术产业廊道、京保石新能源装备产业廊道、京唐秦机器人产业廊道、京张承绿色算力和绿色能源产业廊道、京雄空天信息产业廊道。

互联互通机制，进而调节创新资源空间配置效率，最终形成公共服务均等化与创新一体化协作相容格局。例如促进北京优质教育、医疗等公共服务资源能够在京津冀更大范围内共享，为吸引创新型人才提供基础生活保障。二是提高发明人专利转化收益占比，优化创新链激励结构，抑制"为职称而创新""为利益而创新"等无效、低效创新，避免针对某一环节开展的创新激励造成创新资源错配、创新效率结构性损失。例如，调整创新补贴政策重心由"补贴企业"向"直补人才"靠拢，形成以直接降低人才创新成本为核心的创新补贴体系。三是降低创新维权成本，改革创新侵权赔偿体制，提高创新侵权赔偿金额，以抬升模仿创新门槛、激励实质性创新，保护和提升创新型人才开展创新活动的积极性。四是京津冀地区还将注重创新型人才培养，打造高水平创新团队，为创新驱动发展提供有力支撑。

（六）以数字赋能城市群建设，打造数字智慧型创新格局

京津冀地区亟须打造一个具有高效、便捷、智能、可持续等特点的数字智慧型城市群，为塑造创新驱动新格局注入新力量。一是合理规划布局 5G 基站、大数据中心等基础设施，在硬件上保障智慧城市群建设。二是充分发挥京津冀的信息技术和人工智能产业集聚优势，搭建结构合理、智能集约的"云网一体"技术支撑体系，推进智慧交通、智慧安防、智慧物流、智慧社区、智慧水利等建设，全方位提升京津冀管理科学化、精细化、智能化水平。三是依托各"城市大脑"串联起数字智慧型城市群，以点带面，构建城市群智能化治理体系，强化数字技术在城市群规划、建设、治理和服务等领域的应用。特别是发挥智慧北京的辐射带动作用，推动京津冀多个城市间的信息共享、互联互通。

参考文献

董亚宁、吕鹏、王菡：《基于 6D 的中国城市群空间格局优化：经验、问题与路径》，

《发展研究》2023 年第 11 期。

王双、施美程：《京津冀区域生产力布局：协同约束与优化路径》，《城市问题》2024 年第 2 期。

杨开忠、董亚宁：《中国城镇地域治理体系现代化转型研究》，《经济纵横》2022 年第 10 期。

杨开忠、范博凯、董亚宁：《空间品质、创新活力与中国城市生产率》，《经济管理》2022 年第 1 期。

协 同 篇

B.6
京津冀跨域创新网络协同治理对策

李晨光*

摘　要：　"十四五"期间，我国将发挥城市群多重效应，打破五大壁垒，推动一体化、深融合和高质量发展。本报告系统性总结了京津冀跨域创新网络的特征，剖析了演化趋势，立足京津冀电子信息、生物医药跨域创新网络发展现状，分析了协同治理的创新资源分布不均、制度政策差异、合作壁垒、信息共享不足及统筹升级的多重挑战，从优化资源配置、强化政策协调、打破合作壁垒、完善信息共享机制和提升创新网络韧性等方面提出了建设举措，旨在促进京津冀高质量协同发展，推动创新资源共享与整合，为三地跨域创新网络协同治理提供借鉴。

关键词：　跨域创新网络　协同治理　京津冀

---

* 李晨光，北方工业大学经济管理学院党委委员、管理系教工书记，副教授，主要研究方向为城市治理与区域创新管理。

作为中国经济发展的重要引擎，京津冀协同发展是面向未来构建新型首都经济圈、推动区域发展体制机制创新的关键需求。在京津冀协同十年发展的机遇与挑战中，京津冀地区通过"四链融合"，即创新链、产业链、资金链和政策链的有机结合，逐渐形成跨域创新网络。① 首先，通过创新链的整合，有助于打破地域和行业壁垒，促进技术和知识的高效流动。其次，通过产业链的延伸和优化，能够促进区域内不同城市的产业优势得到充分发挥和互补，从而有效提升整体产业竞争力。再次，资金链的畅通则为创新活动提供充足的资本支持，通过吸引大量创业投资机构的参与，有助于持续推动创新成果的产业化进程。最后，政策链的协调和优化，为跨域创新提供坚实的制度保障，能够减少政策不一致带来的阻碍，有利于进一步提升区域协同创新的效率。

京津冀跨域创新网络的主体包括北京、天津、河北的企业、高校、科研院所、中介服务机构、创投金融机构和政府机构等。跨域性强调的不是局限于传统地域集群、科技园或创新基地的局部多主体协作，而是基于技术先进性、需求匹配性、壁垒脆弱性和合作易得性等的地域间创新主体的广泛合作。因此，京津冀跨域创新网络是为了满足知识溢出和技术研发合作的实际需求，通过跨域性的多主体合作创新行为（关联）而形成的集合。这个概念特别强调了知识溢出和技术研发的动机，区别于传统供应关系下的产品组件关联，即由于零部件或半成品组装而形成的合作关联。跨域创新网络的形成旨在寻求地域间的优势互补和协同发展。要实现这一核心目标，必须剥离非核心创新组件及其提供主体，选择与资源禀赋丰富、研发实力强的合作伙伴，共同寻求关键技术的突破。

通过跨域创新网络，京津冀地区不仅实现了资源的优化配置和协同发展，还构建了一个高效、开放的创新生态系统。京津冀跨域创新网络不仅为京津冀地区的高质量发展提供了强有力的支撑，也为国家在全球科技竞争中占据有利位置奠定了坚实基础。在未来，随着跨域创新网络的不断深化和完

---

① 李晨光：《京津冀跨域创新网络：生成、演化与协同》，经济管理出版社，2021。

善，京津冀地区必将在中国式现代化和经济高质量发展的道路上，发挥更加重要的引领作用。

一　京津冀跨域创新网络的特征

（一）京津冀跨域创新网络的系统边界

京津冀跨域创新网络的系统边界可以划分为物理边界和非物理边界。物理边界主要包括北京、天津和河北三地的地理范围。这个区域涵盖了北京市、天津市，以及河北省的 11 个地级市——保定市、廊坊市、石家庄市、唐山市、邯郸市、秦皇岛市、张家口市、承德市、沧州市、邢台市和衡水市。此外，还包括河北省直辖的定州市和辛集市，以及河南省的安阳市。[①]

这种地域划分不仅仅是地理上的界定，更是资源、人才和政策的界定地。通过明确物理边界，京津冀创新网络能够有效整合区域内的科研资源和创新要素，推动区域的合作与协同发展。

深入来看，京津冀跨域创新网络的基础在于北京、天津和河北地区创新主体之间的互动合作和协同发展。创新主体的孕育和协同交互活动主要集中在经济开发区和创新聚集区，因此有必要对京津冀区域内国家级和省级经济开发区的影响范围进行明确界定。依据中国政府网最新发布的《中国开发区审核公告目录》[②] 数据，对京津冀区域内的 187 个经济开发区进行了拓扑分析。

非物理边界指的是北京、天津和河北在京津冀协同发展规划中的城市职能范围，它涵盖了实现这些职能所涉及的社会、经济、政治、生态等要素集合构成的各个子系统边界。京津冀三地的职能定位明确，实现了功能互补、

---

① 《京津冀城市群市域 城际铁路大盘点》，北京市重点站区管理委员会网站，2021 年 9 月 3 日，https://zdzqgw.beijing.gov.cn/ztzl/jjjhxqtlsjztgh/202109/t20210903_2483937.html。
② 《中国开发区审核公告目录》（2018 年版），中国政府网，2018 年 12 月 31 日，https://www.gov.cn/zhengce/zhengceku/2018-12/31/content_5434045.htm。

产业协同、生态共建和合作共赢的基本目标。

《京津冀协同发展规划纲要》和《北京城市总体规划（2016—2035年）》规划了北京"四大中心"（政治中心、文化中心、国际交往中心、科技创新中心）的城市职能。《北京加强全国科技创新中心建设总体方案》同时指出，要根据京津冀协同发展的总体要求，以中关村国家自主创新示范区为主要载体，以构建科技创新为核心的全面创新体系为强大支撑，增强原始创新能力，推动科技和经济结合，构建区域协同创新共同体，加强科技创新合作，在京津冀协同发展中发挥引领示范和核心支撑作用。

《京津冀协同发展规划纲要》明确天津市职能定位为全国先进制造研发基地、北方国际航运核心区、金融创新运营示范区、改革开放先行区（一基地三区域）。《天津市城市总体规划（2017—2035年）》提出立足京津冀世界级城市群建设，面向空间协同治理，明确天津市"一基地三区"定位的目标内涵、战略框架与发展策略。同时指出，科学划定"三区三线"（即城镇空间、生态空间、农业空间和城镇开发边界、永久基本农田、生态保护红线）空间格局落实京津冀区域生态格局要求，构建城市生态保护空间体系。建设我国国际航空物流中心，促进京津冀世界级机场群协调发展。

《京津冀协同发展规划纲要》也明确了河北省的职能定位是全国现代商贸物流重要基地、产业转型升级试验区、新型城镇化与城乡统筹示范区、京津冀生态环境支撑区。《河北省战略性新兴产业发展三年行动计划》（2018—2020年）。以全球视野统筹产业链、创新链、资金链、服务链，强化平台载体支撑和要素、政策保障，培育新一代信息技术、新能源汽车、节能环保等产业发展新高地，打造高端装备、生物、新能源、新材料产业竞争新优势，为构建河北现代化经济体系提供有力支撑。以制造业高质量发展带动深度产业融合。

（二）京津冀跨域创新网络的子系统

1.京津冀跨域创新网络角色子系统

京津冀跨域创新网络的节点由企业、大学、科研院所、金融投资服务机构、科技中介服务机构和政府机构等创新主体构成。这些创新主体之间的联系可以通过跨域创新合作的专利产出、新产品设计合作、共同在建的研发和设计项目，以及科技人员的讨论交流等来进行评价。根据这些联系的性质和多主体特征，京津冀跨域创新网络可以划分为产业、学研和中介子系统（亦称子网络、子网）。

产业子系统主要是京津冀企业间的研发合作联系组成的创新网络。企业研发一直是区域创新的重要主体。企业研发往往受到资源禀赋差异和资源互补性的影响，也因为市场竞争恶化阻碍研发收益，企业间相互合作愈加成为区域创新的重要形式。区别于传统供应关系的合作，产业子系统中的企业技术研发合作建立在剥离非技术核心组件（研发新产品或新技术的部门或项目）基础上，从事"理性人"、技术溢出、资源协同等有利于区域创新发展的活动。在合作创新过程中，企业之间共同占有市场份额，攫取研发利润，加强技术创新能力。

学研子系统是京津冀高校和科研院所研发合作的创新网络。学研子系统中的高校和科研院所的研发人员，受聘于科研单位从事研发活动。因高校和科研院所的科研人员进行科学实验或项目研究时，往往会借助其他高校、科研院所研究人员的能力，以联合项目组的形式从事技术研发活动，研发成果、专利等一般为参研的科研单位共有，现有大多研究证明了高校、科研院所研发人员之间的合作具有复杂网络小世界特性。科研人员之间通过研讨、学术会议、讲座报告等活动频繁从事显性和隐性知识传播，加速区域技术创新的知识溢出。

中介子系统是京津冀协同创新发展相关的政府职能部门、科技中介服务机构、金融投资服务机构、科技孵化器机构等协作服务的中介网络。中介子系统是京津冀跨域创新网络运行发展的"活性酶"，是整个跨域创新网络的重要组成部分，服务技术研发、资源配置、管理咨询、成果转化、市场评估、技术溢出全过程。中介子系统内部各个机构之间的相互配合促进着京津冀跨域创新网络的发展和演化。特别是中介子系统还关联着嵌入性的耦合机制。中介服务机构通过直接参与技术研发、信息支持和技术导向、科技成果商业化等形式支撑京津冀跨域创新网络创新主体技术创新和获取创新收益。

三个子系统内部合作研发、子系统之间创新主体合作研发，以及子系统内外间接技术溢出关联效应，共同构建了京津冀跨域创新网络。围绕子系统内部核心创新主体多次外部合作所形成的稳定的创新联盟是京津冀跨域创新网络嵌入式发展演化的内在动力。

2.京津冀跨域创新网络地域子系统

京津冀跨域创新网络的地域子系统是按地理区域划分的空间创新要素集合。北京市、天津市和河北省在社会环境、自然环境、人文环境等方面存在差异，城市职能和资源配置也各具特色，这导致了京津冀三地创新主体在数量、类型和特征上的不同。然而，从国家创新系统和资源基础理论来看，这些差异恰恰为京津冀跨域合作形成创新网络提供了契机。资源互补性推动了创新主体跨京津冀地域的合作，例如，装备制造业可以在北京设立研发设计中心，在河北进行加工生产，在天津负责组装和运输。充分利用三地的资源优势，消除地方保护壁垒，打造跨域创新网络，是实现区域高质量发展和建设世界级城市群的必然要求。

京津冀创新主体在三个地域内的分布呈现京津密集、河北相对稀疏。除去区域面积影响因素外，区域创新嵌入位也是这一状态的重要影响因素。从跨域创新网络地域子系统来看，区域创新嵌入位与不同省市的发展规划和区位资源禀赋有直接关联。

截至2023年10月，北京市下辖16个区，总面积16410.54平方千米，2023年底，常住人口2185.8万人，城镇人口1919.8万人，城镇化率87.83%。[①] 国家级高新技术企业累计已达2.83万家，国家级专精特新"小巨人"企业795家，独角兽企业114家，市场总估值5215亿美元。党和国家的诸多决策和调控部门坐落于此，这就为科技创新等相关决策提供了便利。北京地区高校和科研院所数量较多，技术研发氛围较好，战略性新兴产业、"十

---

① 《北京市2023年国民经济和社会发展统计公报》，北京市人民政府网站，2024年3月21日，https://www.beijing.gov.cn/zhengce/zhengcefagui/202403/t20240321_3596451.html。

大高精尖产业"、未来产业布局和发展为多方位研发创新嵌入提供契机。全国科技创新中心的定位会聚了大批创新人才和"双创"企业，以及配套的科技中介服务机构，有力支撑着首都科技创新的需求满足、需求衍生和需求外溢。北京市产业和学研主体在区域内的合作联系紧密，也逐步向外拓展低成本创新组件和互补资源创新组件。因此，北京域内合作需求旺盛，合作收益较高，通过研发创新组件合作（嵌入位）的供给，可实现技术辐射津冀。

直辖市天津是国家中心城市、超大城市，国务院批复确定的环渤海地区的经济中心，截至2023年10月，全市下辖16个区，总面积11966.45平方千米，2023年底，常住人口1364万人，城镇人口1166万人，城镇化率85.49%。① 国家级高新技术企业累计超5000家，国家级专精特新"小巨人"企业253家。2023年签订技术合同15107项，合同成交额1957.72亿元。在"一带一路"建设、京津冀协同发展、滨海新区开发开放、天津自贸区建设、国家自主创新示范区建设五大战略的带动下，天津正在逐步凝聚先进制造业的研发优势，通过创新要素聚合、众创空间打造和国家自主创新示范区建设，吸引优秀人才、企业、金融投资和其他科创服务机构。天津通过构建科研平台，加速与北京、河北的合作，特别是国际开放合作发展平台，为结构和功能性嵌入式创新网络的发展提供了重要基石。天津以先进制造业为代表的设计、加工和生产为京津冀跨域创新组件升级提供合作嵌入位。因此，天津打造制造优势，承接北京创新辐射资源，强化与河北的互动合作，功能型特色突出。

河北省环抱首都北京，东与天津毗连并紧傍渤海，下辖11个地级市，共有49个市辖区、21个县级市、91个县、6个自治县。截至2023年底，河北省常住人口7393万人，城镇常住人口4641.6万人，城镇化率62.77%。② 拥有省级及以上企业技术中心887家、技术创新中心（工程技术研究中心）

---

① 《2023年天津市国民经济和社会发展统计公报》，天津市人民政府网站，2024年3月19日，https://www.tj.gov.cn/sq/tjgb/202403/t20240319_6564208.html。

② 《河北省2023年国民经济和社会发展统计公报》，河北省人民政府网站，2024年3月1日，https://www.hebei.gov.cn/columns/3bbf017c-0e27-4cac-88c0-c5cac90ecd73/202403/06/c5cd8698-2ec9-40d5-9a4b-5f4128266b0d.html。

1113家、重点实验室367家。国家级高新技术企业累计超1.2万家，省级专精特新中小企业4916家、国家级专精特新"小巨人"企业383家。依托京津冀协同创新、京津冀一体化发展机遇，河北省与京津高校、科研单位等累计共建省级以上创新平台165家，共建京津冀钢铁行业节能减排等产业技术创新联盟95家，实现京津冀高新技术企业整体搬迁资质互认、科技创新券互认互通和大型科研仪器开放共享。2023年，全省新增专利授权91976件，共签订技术合同22613项，技术合同成交金额1789.9亿元。通过政策引导、完善平台建设、加强创新资源开放共享等措施，河北正在构建全链条科技创新合作模式，对接京津科技创新。京南科技成果转移转化示范区、科技冬奥绿色廊道、环首都现代农业科技示范带也在为京津冀跨域创新网络的地域间子网连接消除壁垒。从低端加工、制造到高水平科研成果和尖端技术与市场的锚定，河北区位嵌入的门槛逐渐降低，跨域技术溢出效应也逐步得以展现。因此，"京津研发、河北转化"的跨域合作模式有利于京津冀协同创新发展。此外，河北也应该注重绿色创新和研发结构型嵌入策略。

京津冀地域子系统，既是区位功能和特色的属性集合，也是跨域嵌入的创新整合平台。通过与某一地域创新主体合作研发，吸纳该主体周边资源，并带动其创新链上下游多主体参与合作，能够整合地域优势资源。综上所述，京津冀跨域创新网络地域子系统是基于结构和功能嵌入的，区域资源产生、消耗、交互、转化的动态系统。

3.京津冀跨域创新网络功能子系统

（1）制度子系统

京津冀跨域创新网络的发展受到京津冀协同发展的影响。京津冀协同发展离不开制度的保障，制度建设是保障京津冀协同发展的重要内在驱动力。党和国家对京津冀协同发展、一体化建设给予高度重视，国务院于2014年8月成立了京津冀协同发展领导小组，为京津冀一体化国家战略实施，提供了制度协同的平台。京津冀财政制度、科技制度、交通制度、产业制度、生态制度、公共服务制度等还需要进一步挖掘融合互惠机制，增强体制机制创新能力。上述这些制度在三地的融合、创新、实施，所涉及的创新主体和创新资源流动构成了交互影响的制度协调网络，网络主体、要素、关联、行为、制度保障作用和创新机制是京津冀跨域创新网络制度子系统的核心范畴。

（2）文化子系统

京津冀跨域创新网络的协同发展基础与文化互融息息相关。北京是六朝古都，"皇城"文化的影响下，使得北京城市具有特别强的包容能力。多元化、融合力、政治性赋予北京城市人才聚集度高、科研配套完备、价值链主导力强等特色。北京的文化特色令北京在京津冀协同发展过程中处于主导地位。天津是拱卫北京的卫城，凭借漕运文化发展起来，商业气息浓重，也是比较早开放的中国对外贸易窗口。租界历史也赋予天津的坚强韧性和国际视野。天津环渤海资源也为京津冀协同提供重要支撑，是对外贸易的重要窗口。河北省东临渤海，是中华民族的发祥地之一。河北省内的国家重点文物保护单位数量众多，也是红色文化蓬勃发展的地域。质朴民风和勤俭文化令河北成为京津冀协同发展的重要配套支撑，是生产制造的重要基地。地域文化异同赋予京津冀文化子系统的多元、包容、开放和内敛，是世界级城市群发展的重要保障。

（3）创新子系统

京津冀跨域创新网络的创新子系统是新技术和新知识创造，相互合作、彼此学习的子系统，亦是一个多创新主体围绕技术研发创新的区域创新系统。依据国家创新系统理论，京津冀跨域创新网络也是一个由经济和科技主体构成的创新网络[1]。企业、高校、科研机构、金融投资机构、中介服务机构和政府机构在网络中发挥自身资源和功能优势，在互补性和技术溢出效应的作用下，实现区域创新能力的提升。在创新子系统内，多主体在空间内助推创新要素集聚，形成了诸多创新区和创新集群。京津冀省级以上开发区周边聚集着绝对数量的创新主体，其网络聚集系数较高、平均路径长度较短，有利于多主体合作和技术溢出。北京结合中关村国家自主示范区建设经验，建设国家技术创新中心，打造"三城一区"即中关村科学城、怀柔科学城、

---

[1] 李晨光、赵继新：《产学研合作创新网络随机交互连通性研究——角色和地域多网络视角》，《管理评论》2019 年第 8 期。

未来科学城的创新格局。天津也在自由贸易试验区和京津冀协同发展契机下，大力发展区域创新聚集区，加快建设"一基地三区"（全国先进制造研发基地、国际航运核心区、金融创新示范区、改革开放先行区），推进智能科技产业"1+10"行动计划。天津国家自主创新示范区建设也被纳入国家创新驱动发展战略，正式确立了"一区二十一园"的发展格局。河北省也在京津冀协同发展和战略性新兴产业发展规划下，努力实施高质量发展，培育高技术产业化、创新百强等六大工程，建设 30 个新兴产业示范基地。特别是"雄安新区"建设，推动河北承接京津创新溢出和对接创新需求的能力。京津冀跨域创新网络创新子系统的形成，定向规划了创新要素聚合、优化创新环境，打造京津冀众创空间，吸引创新型高层次人才，通过京津冀协同规划招募天使投资等各类资本嵌入跨域合作创新关联，为嵌入式发展创造了有利条件。

（4）生态子系统

京津冀跨域创新网络生态子系统描述了京津冀协同相依发展演化的经济共同体，是一个创新主体的资本、人力、技术、信息等创新要素在创新网络子网络内和网络间交互、相依关联的，具有角色和地域特征的多网络系统。[①] 多网络体系内，充斥着多主体复杂交互和依赖关联。交互关联有利于单一主体通过直接和间接合作，加入某一行业创新组团；依赖关联有利于明确主体创新生态位，剥离核心价值的合作伙伴，明确创新依赖主体性质，维护创新稳定。京津冀创新主体通过合作实现优势资源互补，发挥资源异质性功能，共建协同创新价值链。京津冀跨域创新网络生态子系统通过创新主体合作筛选机制和协同演化机制来保障内部主体的优胜劣汰，在焦点企业创新网络和政产学研用多方合作创新网络基础上，提供生态创新嵌入位，赋予整个创新网络嵌入演化发展的活力。

（5）协作子系统

京津冀跨域创新网络协作子系统是京津冀三地城市功能和协同定位的互

---

① 李晨光、赵继新：《产学研合作创新网络随机交互连通性研究——角色和地域多网络视角》，《管理评论》2019 年第 8 期。

助发展系统。从城市功能来看，北京是科技创新中心，是技术研发集中地和技术溢出扩散地。天津是先进制造研发基地，也是对外口岸贸易城市，突出比较优势，承接北京技术溢出，与河北实现商贸互动。河北是商贸物流重要基地，为京津冀协同创新提供配套支撑，并寻求战略性新兴产业的技术优势突破，承接京津技术溢出，打造先进制造组件。京津冀多产业跨域合作和研发合作，保障了京津冀协同创新一体化战略实施，推动着京津冀协同创新共同体建设，促进了京津冀城市群多城联动、协同发展。从协同定位来看，北京是全球科技创新引领者、高端经济增长极、创新人才首选地、文化创新先行区和生态建设示范城，定位是全国科技创新中心，创新主体高度重视高质量发展和关键技术突破，对外合作需求旺盛，提供跨域创新嵌入位数量较多，有助于打造多行业合作创新价值链，是京津冀跨域协作子系统的重要发展引擎。北京高校和科研院所的数量较多，对津、冀技术研发有跨域支撑作用。高校数量较少的河北，承接京、津科技成果转化，三者能够形成稳定的协同关联。天津致力于建立与北京、河北及环渤海周边腹地的创新发展合作机制，建成京津冀先进制造关键创新组件的协同创新平台，保障跨域创新网络子网互通和研发设计依赖。由于协同定位的不同，京津冀跨域创新网络所涉及的城市，是参与创新功能建设的组件单元的集中地。河北创新生态牵引和商贸物流定位，对京、津技术创新组件的分布式研发、跨域依赖和成果转化具有保障作用，特别是生物医药、先进制造等行业的嵌入式发展已经突出了河北的地缘优势，雄安新区对首都功能的疏解也保障了京津冀协同发展，有利于实现京津冀跨域创新网络互补优势、协同发展、合作共赢。

二　当前京津冀跨域创新网络演化趋势与协同治理挑战

（一）当前京津冀跨域创新网络演化趋势

通过沪深证券交易所公布的生物医药企业以及电子信息企业的年度报

告、新三板企业年度报告、国家知识产权局专利检索与服务系统，检索了
2003~2023 年 149 家生物医药以及 833 家电子信息企业和大学、科研院所之
间的合作统计呈现以下发展趋势。

1. 2008年以前的早期孕育阶段

在 2008 年以前，京津冀跨域创新网络尚未形成，主要呈现出地域内
合作的区域创新网络趋势。在这一时期，企业、科研机构和高校主要集
中在各自所在城市开展合作，例如，北京的高等院校和科研机构主要与
本地企业进行联合研发、技术转让、人才交流和共同申请科研项目等合
作活动，天津和河北的创新主体也大多在本地内建立类似的合作关系。
这种地域内合作的趋势受到多重因素的影响。第一，行政区划和政策限
制导致各地政府在政策制定和资源分配上更加注重本地发展，欠缺跨区
域合作的激励机制，地方保护主义现象普遍存在，各地政府更倾向于支
持本地企业和科研机构，形成了封闭式发展的格局。第二，资源配置上
的差异使得各地的创新主体更倾向于利用本地资源进行合作，北京拥有
丰富的科研资源和高等教育资源，天津具有雄厚的工业基础，河北则以
传统制造业为主，这种资源的不均衡使得跨地域整合资源的动力不足。
此外，早期阶段的市场需求主要集中在本地市场，企业和科研机构更多
地选择本地合作伙伴以满足市场需求。第三，交通和通信条件相对不完
善，跨地域合作需要克服较高的物流和通信成本，使得企业和科研机构
更倾向于选择本地的合作伙伴。总体来看，这一阶段的京津冀创新网络
相对封闭，跨区域的交流和合作较少，各地的创新主体主要在本地内寻
找合作伙伴，形成了相对独立的创新体系。由于缺乏跨区域的资源整合
和合作，创新效率受到一定限制，部分创新资源未能得到充分利用，导
致创新成果的转化和应用受到影响。区域发展也因此不均衡，北京的创
新能力明显强于天津和河北，三地的创新资源和能力未能实现有效互补
和协同发展。尽管这种地域内合作形式在早期阶段有其合理性，但也限
制了区域创新网络的整体效率和协同发展能力。

2. 2008~2013年的跨域探索阶段

2008~2013 年京津冀跨域创新网络呈现分散跨域合作的趋势。在这一时期，尽管各地创新主体开始跨越行政区划进行合作，但合作形式依然较为分散和初步。2008 年北京奥运会不仅是一次体育盛会，更是推动京津冀跨域创新网络发展的重要契机，通过基础设施建设、国际资源引入和高效协调机制的建立，有力地促进了区域内的分散跨域合作。加之政策层面逐步推动区域协同发展，通过一系列政策激励和支持，鼓励企业、高校和科研机构跨区域合作。然而，由于政策实施的初期阶段，各地在具体执行和资源配置上还存在一定差异，导致合作不够紧密和系统化。其次，经济和市场需求的驱动也促使企业和科研机构探寻跨区域合作的机会，特别是一些大型企业和研究机构在寻找更广泛的市场和资源时，逐渐意识到跨区域合作的重要性。由于缺乏稳定的合作机制和平台，合作效果往往依赖于个别项目和临时性合作，未能形成长期稳定的合作关系。同时，交通和通信基础设施的改善为跨域合作提供了便利条件，但由于基础设施升级需要时间，特别是网络基础条件仍然制约着合作的深度和广度。此外，区域内各地创新资源和能力的不均衡也使得合作更多地集中在资源相对丰富的北京，天津和河北在合作中处于相对弱势地位，资源和能力的互补性未能充分发挥。总体来看，这一阶段的跨域合作虽然在一定程度上打破了地域限制，促进了资源的流动和共享，但由于合作机制尚未成熟，合作形式较为分散，京津冀跨域创新网络的整体协同性和效率仍需进一步提高。

3. 2014~2019年的融合协同阶段

此期间，京津冀内的创新联系变得愈加紧密，逐步构建起以产学研合作创新为基础的跨域网络。在这一时期，各类创新主体之间的互动显著增加，企业、高校和科研机构之间的合作更加频繁，形成了一个多层次、多维度的创新生态系统。首先，政策引导和政府支持起到了关键作用。国家和地方政府相继出台了一系列政策和措施，鼓励和支持跨区域合作，如设立专项基金、提供税收优惠、建立产业联盟和科技园区等，极大地推动了区域内创新资源的流动和共享。其次，市场需求的驱动和产业升级的需要也促使企业寻求跨区域合作，以实现资源互补和技术突破。随着互联网、大数据、人工智能等新兴技术的快速发展，传统产业面临转型升级的压力，而这些新技术的应用和推广需要依赖广泛的跨区域合作和协同创新。再次，交通和通信基础设施的不断完善进一步促进了区域内的创新合作。高速铁路、城际轨道交通和5G网络的建设，不仅缩短了区域内的时空距离，也为信息和知识的高效传递提供了保障。最后，京津冀地区高校和科研院所资源丰富，特别是北京作为全国科技和教育中心，拥有大量的优质创新资源，这些资源通过跨区域合作得以更加充分地发挥作用，带动了整个区域的创新能力提升。总体而言，这一时期，京津冀跨域创新网络逐渐呈现出合作模式多样化、创新主体多元化、合作领域广泛化的特征，创新子网不断扩大，企业之间的创新活力显著增强，创新网络在不断地扩展和完善中展现出强大的生命力和发展潜力。

4. 2020年至今的深融提质阶段

2020年至今，京津冀跨域创新网络进入了一个深度融合、破壁提质、培核攻关、抢领未来的阶段。在这一阶段，京津冀跨域创新网络体量饱和，逐渐形成了相对稳定且高度一体化的创新生态系统。产学研之间的联系变得愈发紧密，互动频率加快，合作深度加深。随着网络的成熟，企业间的平均距离却在不断增加，这意味着创新资源在地理上和产业链上的分布更加广泛，合作的复杂性和专业化程度也在提升。然而，跨域创新网络内出现了子网合作壁垒，新入网企业面临较高的进入门槛，难以融入现有的创新网络。这种现象的产生主要归因于现有网络内的企业已经建立了高度信任和紧密的合作关系，新企业需要较长时间和显著资源投入才能打破这种壁垒。此外，创新资源的高度集中和利用效率的提升，使得现有企业具备了较强的竞争优势和市场话语权，进一步加大了新企业的进入难度。为了应对未来产业发展的挑战，京津冀跨域创新网络需进一步把握未来产业发展趋势，加大对前沿科技和新兴产业的投入，加强跨区域、跨产业链的协同创新，推动技术突破和商业模式创新，保持跨域创新网络的活力和竞争力，锁定关键核心技术，加速形成新质生产力，塑造未来产业的战略性能力。

（二）当前京津冀跨域创新网络协同治理挑战

在京津冀跨域创新网络不断发展壮大的过程中，协同治理面临着一系列复杂的挑战。这些挑战不仅源自区域内部的多样化需求和不同发展水平，还受到外部环境变化和科技进步的深刻影响。

第一，创新资源的不均衡分布依然是一个突出问题。尽管近年来京津冀一体化协同发展在创新资源分配方面取得了一定进展，但北京作为全国政治中心、科技创新中心和文化中心，依然在创新资源集聚方面占据绝对优势。天津和河北在创新资源的获取和利用上相对滞后，这导致区域内各地发展不平衡，创新能力参差不齐，制约了跨域协同创新的整体效能。

第二，跨区域的制度和政策差异对协同治理构成了显著阻碍。尽管京津冀三地在政策协调和制度对接方面做出了诸多努力，但各地在具体实施层面仍存在不少差异。例如，税收优惠、产业政策和人才引进等方面的不同标准，导致产学研在跨区域合作时面临诸多不确定性，增加了合作成本和风险。

第三，网络内部的合作壁垒也一定程度对新技术融入形成制约。随着跨域创新网络中创新子网的形成和成熟，现有企业等创新主体之间的紧密联系和高度信任使得新进入者难以融入。这种合作壁垒不仅限制了新企业的进入和发展，也可能导致创新网络的封闭性和排他性，削弱了网络的动态更新和活力。

第四，信息和知识的共享机制不完善也是一个亟待解决的问题。虽然京津冀交通和通信基础设施得到了极大改善，但在信息和知识共享方面仍存在障碍，信息查询需要登录三地各自系统平台，特别是在技术合作和知识产权保护方面。缺乏高效的共享机制和保障措施，容易导致信息孤岛和重复研发，浪费宝贵的创新资源。

第五，面对全球科技竞争和产业变革的压力，京津冀跨域创新网络需要在前沿科技和新兴产业上加大投入，锁定关键核心技术。然而，如何在区域内形成统一的战略目标和行动计划，实现协同发展，仍是一个巨大挑战。区域内各地在发展重点和方向上的差异，网络深度融合和体系协同机制仍显僵化，不能一味寻求更高层次的战略规划和政策协同来弥合。

三　推动京津冀跨域创新网络协同治理的对策建议

（一）优化创新资源配置，促进区域均衡发展

加强京津冀地区创新资源的统筹协调，推动资源合理配置。针对资源共享给予奖励，如政府可以通过设立专项基金和创新券等方式，支持天津和河北的科技企业和科研机构，提高它们获取创新资源的能力。通过整合实验设备、科研数据和技术专利，实现信息互通和资源共享，也能够大幅提升资源利用效率，降低重复投资的成本。还要推动"平台—企业"双向赋能、双向选择。通过构建开放共享的跨域创新平台（共建实验室、协同创新中心等），促进企业与平台之间的深度合作。平台为企业提供先进的技术支持、市场信息和资源整合服务，帮助企业降低成本、提升研发效率和市场竞争力。企业将自身（行业）的实际需求和创新成果反馈给平台，推动平台不断优化服务内容和提升服务质量。此外，引导平台筛选优质创新力的企业，并发掘更多企业参与到平台建设中来，形成良性循环；同时，简化企业入驻和退出平台的流程，减少烦琐的手续和审批环节，提供更为便捷的在线申请和管理系统，使企业能够快速加入和离开平台，从而优胜劣汰现有平台。

（二）强化政策对接和制度协调，降低合作成本

充分发挥三地各自功能优势，协同制定跨域合作创新政策，构建以"四链融合"和产学研深度融合为核心的韧性体系建设。首先，北京作为全国科技创新中心，重点承担基础研究和高端创新研发任务；天津作为先进制造研发基地，致力于技术应用和产业化；河北作为产业承载地和生态涵养区，负责传统产业升级和生态经济发展。在此基础上，三地在京津冀协同发展领导小组领导下，制定统一的财政补贴、税收优惠、人才引进和知识产权

保护等激励条文，确保政策一致性。同时，推动创新链、产业链、资金链、人才链的深度融合，支持高校、科研院所与企业协同攻关，以及研发团队跨域合作工作量认定，国家重点研发实验室共享等制度形成，并建立区域共享的科技资源平台，通过跨区域共建实验室、产业联盟和金融服务体系，提升整体创新能力和产业竞争力，形成互补互促、优势互补的京津冀创新生态系统。

（三）打破合作壁垒，培育开放包容的创新生态

建立跨域关键技术发布平台，实现跨域创新主体融通，通过整合京津冀三地的技术需求和供给信息，构建统一的技术发包和承接平台，提供在线项目对接服务，减少地域限制，促进技术合作。同时，建立第三方信用评估机制，确保合作各方的诚信；研发资金监管体系，保障资金使用的透明和高效；奖励申报评估和市场预期评价体系，增强政策激励的精准性和可预测性。此外，积极推进学研子网嵌入，通过高校和科研机构的深度参与，高校和科研机构合作与孵化的创新潜力巨大小微企业推介，破解现有壁垒，推动产学研深度融合，形成稳固的跨域创新网络，提升京津冀整体创新能力和竞争力。

（四）完善信息和知识共享机制，提升协同效能

建立京津冀统一的科技信息共享平台，整合各地科研成果、专利信息、技术需求和市场动态，提供实时更新和数据分析服务，促进信息互通。此外，构建区域知识共享网络，通过云计算、大数据等先进技术手段，支持跨区域的在线协作、资源共享和远程科研。设立定期的跨域学术交流和技术对接活动，搭建产学研互动平台，促进知识流动和技术转移。推动各地科研机构和企业开放实验室和设备资源，实现资源共享和最大化利用。通过政策激励和制度保障，鼓励创新主体积极参与信息和知识共享，打破信息孤岛，形成跨域协同创新的良好生态，提升整体创新效能和竞争力。

（五）提升跨域创新网络韧性，锚定未来产业战略性能力

构建京津冀跨域创新协同治理网络，通过政策引导和资金支持，推动区域内各创新主体之间的紧密合作，打造多层次、多维度的创新生态圈。加强基础设施建设，尤其是信息通信技术（ICT）和交通运输网络的互联互通，确保创新资源和人员的高效流动。同时，建立区域应急响应机制，提高网络应对突发事件和风险的能力。支持跨域联合研发和技术攻关，特别是在人工智能、新材料、生物医药等未来战略性产业领域，设立专项基金和联合实验室，推动关键技术突破。制定灵活的政策框架，鼓励企业、科研机构、高校和政府部门形成长期稳定的合作关系，增强创新网络的韧性和适应性。设立联合人才引进计划，制定统一的引才标准和激励政策，吸引国内外顶尖人才在区域内流动和合作。建立三地共同的人才培养和培训基地。同时，完善跨域的科研人员交流机制，鼓励和资助短期交流、长期挂职和合作研究，增强人才的跨域流动性和合作深度。通过政策引导和财政支持，鼓励企业和科研机构共享人才资源，特别是在重大科技项目和关键技术攻关中实现人才的共引共用。

B.7
京津冀公共数字文化服务产业
协同发展与治理对策

周　驰*

摘　要： 京津冀协同发展作为重大国家战略，京津冀公共数字文化服务产
业协同发展对于优化资源配置、满足民众文化需求、推动文化服务创新发展、
促进生态文明建设以及加强区域间合作与交流等方面都具有重要意义。报告
通过分析京津冀公共数字文化服务产业发展的现状，探讨产业协同发展状况，
进而指出地区内公共数字文化服务产业在协同发展中存在协同发展机制不完
善、数字化平台建设不完善、产业发展不协调等问题，最后从加快推进京津
冀公共数字文化服务产业协同发展的体制机制建设、促进京津冀公共数字文
化服务产业平台一体化建设、促进京津冀公共数字文化服务产业协调发展等
方面提出京津冀公共数字文化服务产业协同发展与治理的具体对策与建议。

关键词： 京津冀　城市治理　公共文化服务产业　数字化平台　协同发展

一　京津冀公共数字文化服务产业
协同发展与治理的现状

（一）京津冀公共数字文化服务产业发展现状

文化作为国家和民族的精神支柱和灵魂所在，是驱动国家发展和民族振

---

* 周驰，博士，天津理工大学管理学院教授，硕士生导师，教师发展中心主任，大数据管理与
应用系主任，香港岭南大学研究员，主要研究方向为平台经济与运营管理、商务智能与决策
分析等。

兴不可或缺的力量。为了满足人民日益增长的精神文化需求，并推动社会进步，我国将加快公共数字文化服务体系建设作为"十四五"时期的重要任务。2019年8月，科技部、文化和旅游部等六部门印发的《关于促进文化和科技深度融合的指导意见》提出了需利用数字新技术对公共文化服务和文化产业进行全方位、全链条的改造。① 2022年5月，中共中央办公厅、国务院办公厅印发的《关于推进实施国家文化数字化战略的意见》提出了文化数字化建设的8项重点任务。同时，京津冀协同发展也是习近平总书记亲自谋划、亲自部署、亲自推动的区域重大战略。因此，京津冀公共数字文化服务产业的建设在京津冀协同发展中占据重要位置。

数字文化产业以文化创意内容为核心，依托数字技术进行创作、生产、传播和服务，呈现技术更迭快、生产数字化、传播网络化、消费个性化等特点，有利于培育新供给、促进新消费。② 公共文化有别于私人文化，它是由政府发挥主导作用，同时广泛吸纳社会参与而共同构建的公益性文化体系。公共文化的特点是以文化站、群众艺术馆等公共文化空间场所为依托，充分利用公共图书馆、公共博物馆等公共文化资源，发展群众参与性高、资源共享性强的文化，③ 为人民群众提供丰富的精神食粮。因此，公共数字文化服务产业是一个以数字技术为基础，旨在满足民众基本数字文化需求的综合性产业，它强调公共性、数字性以及文化产业特性，涵盖了数字图书馆、数字博物馆、数字文化馆、非遗技艺数字化保护、数字文化旅游等多个领域。

京津冀地区在公共数字文化服务产业发展方面具有得天独厚的优势和坚实的基础。京津冀地区汇聚了丰富的文化资源，三地文化各具特色，交相辉映，形成了独特的文化魅力。同时，京津冀协同发展战略的实施，为公共数字文化服务产业的协同发展提供了广阔的空间和有力的支持。政策上，2022

---

① 《科技部等六部门印发〈关于促进文化和科技深度融合的指导意见〉的通知》，中国政府网，2019年8月27日，https：//www.gov.cn/xinwen/2019-08/27/content_5424912.htm。

② 《文化部关于推动数字文化产业创新发展的指导意见》，《中华人民共和国国务院公报》2017年第28期。

③ 李少惠、尤佳：《公共文化服务治理图景：理念、模式与运行机制》，《图书馆建设》，网络首发时间为2024年6月17日。

年，中共中央办公厅、国务院印发了《关于推进实施国家文化数字化战略的意见》，要求各地区各部门结合实际认真贯彻落实。该意见明确到"十四五"时期末，基本建成文化数字化基础设施和服务平台，形成线上线下融合互动、立体覆盖的文化服务供给体系。到2035年，建成物理分布、逻辑关联、快速链接、高效搜索、全面共享、重点集成的国家文化大数据体系，使得中华文化全景呈现，中华文化数字化成果全民共享。经济上，京津冀地区在数字经济发展方面展现出了显著的活力和优势，其发展趋势强劲且前景广阔。截至2022年，北京市数字经济规模达到17330.2亿元，河北省数字经济规模为1.5万亿元，天津市的数字经济规模已达到8700亿元。2023年，北京市的数字经济规模占地区生产总值的比重为42.9%，河北省数字经济规模占本地生产总值比重为36%，天津市数字经济规模占本地生产总值比重已经超过50%。从增长趋势来看，河北省的数字经济增速超过10%。此外，从产业数字化的视角来看，北京、天津和河北三地在推动传统产业数字化转型方面均取得了显著成效，这三地的产业数字化在GDP中的比重均超过30%。① 接下来，报告将分析北京市、天津市以及河北省在公共数字文化服务产业方面的发展现状。

1. 北京市公共数字文化服务产业发展现状

北京市在公共数字文化服务产业发展上超前谋划、先行先试、高标准建设，是全球数字经济资源最充裕、发展条件最优越的城市之一。北京市经济和信息化局原副局长朱西安在2023中关村论坛"数智·重塑未来"科技合作主题交流推介会上致辞表示，全球数字经济标杆城市建设是新时代首都发展的重要驱动力量，对加强"四个中心"功能建设、提升城市治理水平具有关键支撑作用。近年来，北京一直大力实施"互联网+文化"战略，这一布局不仅促进了文化产业与互联网的深度融合，而且积极培育出了一系列文化新业态和新模式。这种跨界融合不仅拓宽了文化产业的边界，还极大地激

① 郑婷婷、李浩东：《数字经济时代京津冀文化产业协同发展的机遇、问题与对策》，《市场周刊》2022年第3期。

发了文化市场的消费潜能，有效推动了文化产业发展核心动能的转换。例如，抖音旗下中长视频应用——抖音精选，提供了海量优质的中长视频内容，与抖音短视频相比，抖音中长视频能够承载更丰富的内容，其视频内容质量也更加优质，涵盖纪录片、科普片、潮流运动、文化艺术等各类题材，能为用户提供不同领域的科普知识，充分满足用户对知识的需求。故宫与腾讯等数字平台携手共同打造了"数字文物库""故宫多宝阁""故宫名画记"以及"全景故宫"等文物展示平台，同时推出了微信导览小程序"玩转故宫"。"互联网+文化"模式正促进文化与科技、金融、旅游、体育、教育等产业深度融合，为产业发展注入强劲新动力。[①] 2023 年，北京抢占数字新赛道，加快算力基础设施建设，目前已形成 1.2 万 P 的算力供给规模。其中通用算力 8672P，智能算力 3402P，超算算力 340P。截至 2023 年第三季度，北京累计建设 5G 基站 10.4 万个，当年新建 2.7 万个，实现五环内全覆盖、五环外重点区域和典型场景精准覆盖。[②]

政策上，《北京市"十四五"时期文化产业发展规划》提出，至 2025 年，不仅要确保文化产业规模得到显著扩大，而且文化产业增加值占地区生产总值的比重保持在 10% 以上的目标，以此彰显文化产业在北京市经济发展中的重要地位。2022 年 9 月出台的《北京市公共文化服务保障条例》，通过加强公共文化服务体系建设、提高基本公共文化服务的覆盖面和适用性、加强社会参与和合作以及完善保障措施和监督机制等措施，为北京市的公共文化服务提供了强有力的法律保障和支持。

北京市公共数字文化企业的数量也在持续增长，2021 年北京市规模以上核心数字文化企业的数量达到 1708 家，并还在继续增长，实现营业收入11409.8 亿元，同比增长 23.5%，显示出强劲的增长势头。[③] 在全市规模以

---

① 王关义、佟东：《北京文化产业发展现状、问题及对策》，《中国发展观察》2024 年第 4 期。
② 《北京 1.2 万 P 算力"供给"数字经济》，新华网，2023 年 12 月 2 日，https：//www. news. cn/local/2023-12/02/c_1130005208. htm。
③ 《2021 年北京市文化产业收入合计 17563.8 亿元 同比增长 17.5%》，央广网，2022 年 7 月 26 日，https：//news. cctv. com/2022/07/26/ARTIPMcxxH0fMUpjab4Q99S1220726. shtml。

上文化企业中，数字文化企业营业收入占比较大。其中，"互联网+文化"领域营业收入占比尤为突出，达到87.8%，体现了数字技术在文化产业中的广泛应用和深度融合。

2. 天津市公共数字文化服务产业发展现状

天津市是中国北方地区重要的沿海城市，拥有多所知名高校和科研机构。同时，天津作为历史文化名城，被称为"万国建筑博览会"，其文化历史悠久，种类丰富，并一直致力于推动公共数字文化产业的发展。天津市建设了包括天津民俗博物馆、天津曲艺博物馆、文化讲座馆、滨海图书馆、天津地方志馆等5个资源库，并且利用图文和音视频资源，打造了涵盖民俗文化、民俗美术、民乐、舞蹈、建筑、历史人物以及曲艺等多个领域的内容。在数字图书馆资源建设中，数字资源包括电子图书数据库、电子报纸数据库、电子期刊数据库、多媒体数据库、事实数据库和其他资源。自建资源和特色馆藏包括天津地方戏曲、历史文献、古籍文献、天津非物质文化遗产系列故事片等26种资源，以及374种微型文献影像资料、87种居民群体史料、25卷《天津地方志》、17种《天津地方民俗志》、59种革命文献图片、60种古籍图册珍贵资料。在数字文化中心（数字非遗）资源建设中，天津市开通了在线视频教学、网上展厅、馆办刊物等栏目，通过这些栏目，用户不仅可以在网上看到文艺骨干培训、公共文化服务发展动态等视频资料，还可以在网上浏览阅读和下载《社会文化》和《海河文化》等电子刊物。此外，天津市还建立了非遗文献资料库。

在天津市公共数字文化服务产业的发展过程中，政府给予了大量的政策支持与资金投入。天津市政府出台了《天津市文化产业发展项目和专项资金管理办法》等相关文件，明确了项目的申报条件、申报程序、支持方式，为公共数字文化服务产业的发展提供了明确的指导。根据《天津市文化产业发展项目和专项资金管理办法》规定，天津市为符合条件的文化产业发展项目提供专项资金支持。天津市财政局已下达2024年中央补助资金预算，专项用于提升公共文化服务水平和完善地方公共文化服务体系。2020~2024年，天津市政府在公共数字文化服务领域的投入总额超过10亿元。

3. 河北省公共数字文化服务发展现状

河北省文化底蕴深厚，独具魅力，既有农耕文化，又融合了游牧文化。民间绘画与歌舞、武术、燕赵文化和各种非物质文化遗产共同构成了河北省丰富多彩的文化景观。河北省也在加速数字文化发展的进程，其中在地方特色资源建设方面，已建成"河北古镇""河北戏曲""千年古县""红色太行"等一大批具有地域特色的文化资源库，涉及地域文化、红色文化、手工艺、戏曲、古代建筑、爱国主义等多个领域，资源总量共计约 300 G。同时，建设完成地方特色资源建设项目 17 个并已向国家共享中心申报。在数字图书馆的资源建设中，馆藏数字资源包括：3 种电子图书数据库，6 种电子期刊数据库，5 种音视频数据库，2 种少儿数据库，5 种考试类数据库，4 种试用资源库。在数字文化中心（数字化非遗）资源建设中，河北省已建立了非遗资料库，并在其网页上开设了"创作辅导""馆办刊物"等栏目。

河北省政府出台了一系列政策措施，如优惠税收政策、贷款支持等，以鼓励资本进入数字文化产业，推动文化产业的数字化转型。2021 年 12 月 31 日，河北省人民政府办公厅发布了《关于推动公共文化服务高质量发展的实施意见》，明确了公共数字文化服务体系的建设和完善方向。2023 年河北省人民政府办公厅发布《加快建设数字河北行动方案（2023—2027 年）》，旨在加快推动中国式现代化数字河北篇章建设，明确推进数字河北建设的六个重点任务，并提出未来五年的行动目标。

（二）京津冀公共数字文化服务产业协同发展与治理的现状

京津冀地区是中国重要的经济区域，公共数字文化服务产业也得到了高质量发展。为了加强公共数字文化服务的协同发展，推动区域一体化进程，京津冀地区近年来在公共数字文化服务领域积极展开了一系列协同合作。例如，通过签署《京津冀三地文化领域协同发展战略框架协议》《京津冀三地文化人才交流与合作框架协议》以及实施《京津冀文化和旅游产业协同发展行动计划（2024—2026 年）》等举措，不仅发挥了政府引导作用，也确立了企业在合作中主体的地位，从而为以高层次、深层次、全方位的形式开展文化产业合作奠定了坚实的基础。此外，三地还组建了"京津冀文化产业联盟""京津冀文化产业协同发展中心"等民间组织，促进三地之间文化产业的协调与配合。不仅如此，三地也分别制定了相应的政策，以推动数字时代的文化产业融合发展，深化文化产业的数字化转型，支持文化创意企业的发展。

京津冀区域内的企业通过产业链上、下游的紧密协作，达到资源共享、互惠互利的目的。到 2024 年，北京共有 4658 家文化服务企业，天津有 611 家，河北有 560 家；北京有 82 家博物馆，天津有 72 家，河北有 185 家；北京有公共图书馆 20 座，天津有 20 座，河北有 180 座；北京的公共图书馆电子阅览室的终端数达 1841 次，天津为 2775 次，河北为 5951 次。坚实的数字经济基础以及蓬勃发展的产业数字化发展态势，为京津冀城市公共数字文化服务发展及平台建设提供了强有力的支撑。

综上所述，京津冀地区公共数字文化产业发展虽然取得了一定的成果，但也面临着一些挑战，如京津冀公共数字文化服务产业协同发展的政策机制不完善、京津冀公共数字文化服务产业发展不协调、京津冀公共数字文化服务产业缺乏协同统一的平台体系等问题。京津冀地区的政府和企业需要进一步加强协同合作，提高技术创新能力，培养更多高端人才，以推动公共数字文化产业健康、可持续高质量地发展，满足人民日益增长的物质文化需要。

二 京津冀公共数字文化服务产业协同发展与治理的主要问题

（一）京津冀公共数字文化服务产业协同发展的政策机制不完善

在数字化浪潮的推动下，京津冀地区作为我国经济文化发展的重要引擎，其公共数字文化服务产业的协同发展显得尤为关键。然而，面对日新月异的科技变革和文化需求，当前京津冀城市公共数字文化服务产业协同发展的政策机制尚不完善，这在一定程度上制约了该地区的文化创新和服务效率。当前京津冀公共数字文化服务产业协同发展面临着众多亟须解决的政策机制障碍，例如京津冀地区政策协调与规划不足、缺乏有效的合作机制与信息共享机制、公共数字文化服务人才队伍建设与培养机制不完善等，这些都需要通过完善相关政策机制来解决。[①]

1. 政策协调与规划不足

在政策制定和实施的过程中，规划与政策协调是两个至关重要的环节。它们不仅决定了政策能否顺利推进，还关系到政策目标的最终实现。然而，在实际操作中，政策协调与规划存在不足之处，这些不足往往成为制约政策推进效果的关键因素。京津冀三地在公共数字文化服务产业的发展政策上存在差异，导致在推进协同发展时缺乏统一的标准和指导。同时尚未形成全面、系统的公共数字文化服务产业协同发展规划，导致京津冀在资源配置、产业布局等方面缺乏明确的方向和目标。[②] 京津冀地区需加强政策协同，制定统一的公共数字文化服务产业发展规划和政策措施，推动三地产业的协同发展。

2. 缺乏有效的合作机制与信息共享机制

京津冀地区拥有丰富的文化资源，但这些资源往往分散在各地，缺乏统一的规划和整合。这导致资源利用效率低下，难以形成合力推动公共数字文化服务产业的协同发展。京津冀地区由于地域差异和行政壁垒的存在，文化资源整合面临一定的困难。不同地区之间的文化资源差异较大，需要更多的沟通和协调才能实现资源的有效整合。同时，行政壁垒也可能导致各地之间的合作受阻，影响资源整合的推进。尽管京津冀三地政府间存在联席会议制度，但在公共数字文化服务产业协同发展方面的合作机制尚不完善，缺乏定期沟通和协商机制。同时京津冀三地之间的文化、科技、经济等部门在推进公共数字文化服务产业协同发展时，缺乏有效的跨部门合作机制，这导致政

---

① 张耀军、陈芸：《京津冀高质量协同：发展历程、取得成效与未来展望》，《北京联合大学学报》（人文社会科学版）2024 年第 3 期。

② 杨风云、马中红：《区域一体化背景下我国公共文化服务协同发展研究》，《图书与情报》2023 年第 5 期。

策制定、项目实施、资源整合等方面存在障碍，难以形成合力。在信息资源共享方面，京津冀三地尚未建立有效的信息共享机制，导致"信息孤岛"现象普遍存在，制约了公共数字文化服务产业的协同发展。

3. 公共数字文化服务人才队伍建设与培养机制不完善

京津冀地区在公共数字文化服务产业的人才队伍建设方面亟待加强，高素质、专业化技术人才和管理人才的不足，已成为制约产业创新和区域协同发展的关键因素。在人才培养方面，京津冀三地尚未形成有效的培养机制，缺乏针对公共数字文化服务产业的专业培训和人才交流机制。京津冀地区虽然人才储量较大，但在公共数字文化服务领域，高质量、专业化的人才资源相对匮乏。尤其是在数字技术应用、数据分析、项目管理等关键领域，缺乏具备深厚专业知识和实践经验的人才。同时，当前公共数字文化服务产业对人才的需求日益多元化和专业化，现有的人才培养方案往往滞后于产业发展，培养出的人才难以满足实际需求。

现如今，将大数据、人工智能、云计算、区块链等智能化技术与政府治理体系相结合，加速了政府公共服务由传统向现代化的转型，重塑了公共文化服务的运行方式和场景，为公共文化服务供给模式的创新提供新的选择，并对公共文化服务的数字认知与能力运用"载荷"发出了全新挑战。在公共数字文化资源服务中，数字环境下京津冀区域各个公共文化服务主体机构在开展联盟信息服务时需要引入现代化的 RSS 技术、3D 技术、SIG 通信技术等先进技术，但是大部分公共文化服务人员不具备良好的数字素养，不懂数字化专业设备的使用，对于平台信息数据检索、收集、分类、加工、存储等功能的掌握不够熟练，难以保证服务质量。并且京津冀区域目前对服务人员的培养不够重视，没有形成专门进行服务意识、服务技能及服务能力培养的途径和机制，不能够持续为公共数字文化服务提供后续人才保障。

4. 缺乏支持品牌建设的相关政策

京津冀地区在公共数字文化服务产业中，尚未形成针对品牌建设的系统性、指导性的政策文件，这导致各城市在品牌建设过程中缺乏明确的方向和目标，难以形成有效的品牌效应。尽管京津冀地区在推进数字化建设方面取得了一定成果，但在品牌建设方面的政策支持力度仍然不足。政策对品牌建设的投入、扶持和奖励等方面缺乏具体的规定和措施，使得品牌建设难以得到充分的支持和保障。同时京津冀地区在公共数字文化服务产业协同发展中，缺乏完善的跨区域合作机制，这导致在品牌建设过程中，各城市之间难以形成有效的合作和联动，无法实现资源共享和优势互补。此外，京津冀地区在公共数字文化服务产品方面创新不足，难以满足市场需求，这导致产品同质化严重，缺乏竞争力，难以形成有影响力的品牌。

（二）京津冀公共数字文化服务产业的发展不协调

当前京津冀城市公共数字文化服务产业的发展存在明显的不协调现象，这在一定程度上制约了该区域文化产业的整体发展。近年来京津冀三地在公共文化资源整合与服务的实施方面均有了一定的进展，但由于区域文化、政治、经济发展及历史底蕴、文化环境的差异，三地之间仍然存在区域内数字经济规模不均衡、数字化建设进度存在差距、地区发展不平衡、容易对人才造成"虹吸效应"等诸多问题，难以像长三角、珠三角地区那样形成属于区域的文化产业品牌，不能有效发挥公共文化对区域政治、经济、文化经济增长的促进作用，甚至会给京津冀协同发展带来负担。[①]

1. 区域内数字经济规模不均衡

北京市统计局数据显示，2022 年北京市数字经济规模为 17330.2 亿元，数字经济规模占三地总规模的比重达 42%；天津市统计局数据显示 2022 年天津市的数字经济规模为 8700 亿元，数字经济规模占三地总规模的比重已经超过 21%；河北省统计局数据显示，2022 年河北省数字经济规模为 1.5 万亿元，河北省数字经济占三地总规模比重达到 37%（见图 1、图 2）。

---

① 吴卫华、何小凤、崔继方等：《京津冀公共数字文化资源整合及服务研究》，《华北理工大学学报》（社会科学版）2018 年第 6 期。

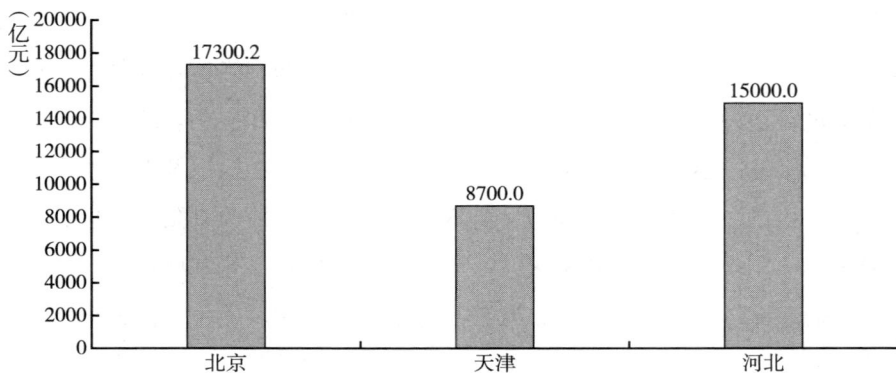

图 1　2022 年京津冀三地数字经济规模

资料来源：北京市统计局、天津市统计局、河北省统计局。

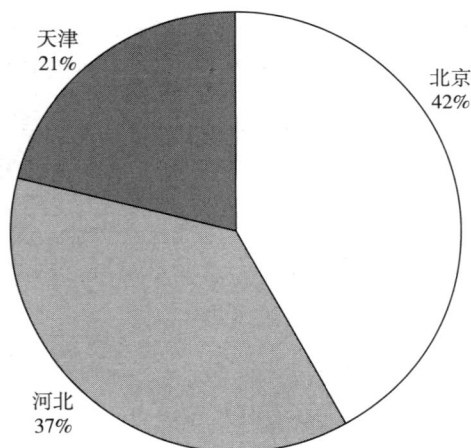

图 2　2022 年京津冀三地数字经济规模占三地总规模比重

资料来源：北京市统计局、天津市统计局、河北省统计局。

在"互联网+"创新驱动的背景下，京津冀三地虽然都在努力推进公共数字文化服务的建设，但由于资金投入的差距，河北省在整体的发展中处于弱势。这种投入的不均衡可能导致河北省在数字化建设上难以与北京和天津保持同步，从而影响了京津冀公共数字文化服务的协同发展。

2. 数字化建设进度存在差距

从京津冀主要城市的数字经济竞争力来看，北京远远领先于津冀两地，河北各城市在数字技术应用方面相对滞后。[①] 北京市作为首都，拥有较为完善的网络基础设施，而天津市和河北省在部分地区的网络覆盖和带宽上可能存在不足。这种差异影响了公共数字文化服务的普及和应用。北京市的公共数字文化服务内容丰富，涵盖了数字图书馆、数字博物馆以及在线教育等多个领域。相比之下，天津市和河北省的服务内容可能较为有限，无法满足用户的多样化需求。在京津冀地区，不同城市之间的数字化基础设施建设也存在明显的差异。北京作为首都，其数字化基础设施相对完善，而天津和河北的部分地区则相对滞后。这种不均衡导致了数字化服务在覆盖范围和服务质量上的差异，影响了公共数字文化服务的普及和效率。

3. 地区发展不平衡，容易对人才造成"虹吸效应"

北京作为中国的首都和重要的国际化大都市，具有独特的政治、经济、文化、科技、教育等优势资源，这吸引了全国各地以及国际上大量人才集聚。天津作为四大直辖市之一，同时又紧邻北京，拥有较为发达的经济和良好的产业基础，其配套设施以及各种待遇接近北京，也吸引了人才的加入。而河北省虽紧邻北京，但是其各种发展远远不如北京天津两市，河北省的各类人才因距离北京较近，所以更倾向于去北京发展，因此河北省人才流失较为严重，在一定程度上限制了本地的发展。

在高等教育资源方面，北京市"双一流"高校个数为 34 所，天津市"双一流"高校个数为 5 所，而整个河北省仅有一所"双一流"高校，且位于天津市。河北省相对稀缺的教育资源，与北京和天津两地丰富的文化资源形成鲜明对比，这种差异导致了文化领域人才分布的不均衡，"虹吸效应"明显。在政治方面，北京作为首都，具有独特的政治地位和资源优势，在政策制定、资源分配等方面往往具有更强的影响力，吸引大量相关领域的人才聚集，较多年轻人都以"北漂"为职业发展目标。在经济方面，北京与天津以其更为成熟与发达的经济体系、数量众多的大型企业以及尖端产业的集聚，为人才提供了更广阔的职业发展空间和更具竞争力的薪酬待遇，从而展

[①] 叶堂林、刘佳：《京津冀与珠三角产业协同发展比较研究》，《河北学刊》2024 年第 4 期。

现出了对人才的强大吸引力。国家统计局数据显示，2022年京津冀三地人均GDP分别为19.00万元、11.88万元和5.70万元，2023年京津冀三地人均GDP为20.00万元、12.28万元和5.93万元（见图3）。相比之下，河北在经济发展水平和产业结构上，与京津两地确实存在一定的差距，这在一定程度上限制了其在就业机会和发展前景上的表现，使得人才较难留驻或难以充分吸引。

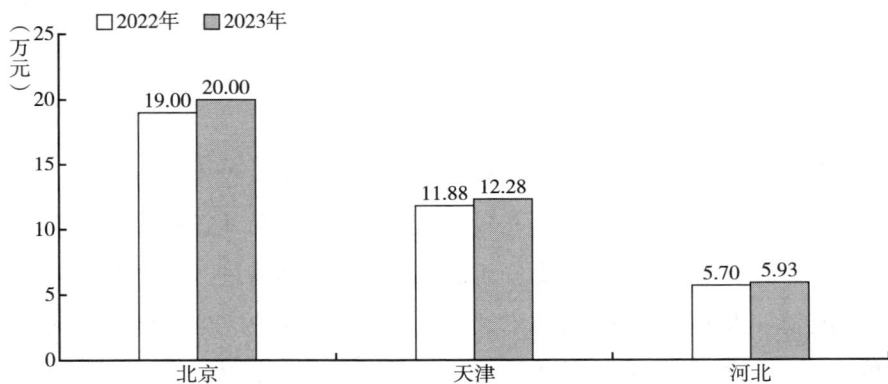

图3　2022~2023年京津冀三地人均GDP

资料来源：国家统计局。

（三）京津冀公共数字文化服务产业缺乏协同统一的平台体系

京津冀公共数字文化服务产业协同发展的平台体系建设，旨在构建一个集资源整合、信息共享、服务创新于一体的综合性平台。该平台将充分发挥数字技术的优势，推动文化资源的优化配置和高效利用，为京津冀地区文化产业的繁荣发展提供有力支撑。近年来，京津冀三地政府部门陆续出台推进公共文化数字化的政策，各公共文化服务机构也加强了对公共文化和资源的数字化建设。然而大多公共数字文化平台仅仅是"建成"，而总体体系建设还存在问题。

1.利用平台进行资源整合不够深入

京津冀地区在公共数字文化服务领域存在信息共享不畅的问题，各部门、各机构之间的数据无法有效共享，形成了"数据孤岛"。[①] 这导致在资源整合过程中，信息流通受阻，难以实现资源的优化配置和高效利用。虽然京津冀地区已经开始建设公共数字文化服务平台，但整体而言，这些平台的建设与发展仍然比较滞后。平台的功能不够完善，服务内容不够丰富，导致其在资源整合方面的作用未能得到充分发挥。另外，现有的公共数字文化服务平台在功能设计上可能较为局限，未能充分考虑到资源整合的需求。平台往往只提供了基本的资源展示和查询功能，缺乏深入的资源整合和共享机制。

2. 技术创新和应用能力不足

京津冀地区在公共数字文化服务产业上的技术研发投入相对有限，导致新技术的产生和应用速度较慢。相较于长三角和珠三角地区，京津冀的创新环境和氛围还有待加强，创新激励机制和人才政策尚需进一步完善。在大数据、云计算、人工智能等关键技术领域，京津冀地区缺乏具有自主知识产权的核心技术。这使得产业在技术创新和应用上受到一定限制，难以形成核心竞争力。同时，京津冀地区在新型基础设施建设方面尚未形成联动格局，如5G 网络、大数据中心、云计算平台等建设还有待加强。另外，在国际合作与竞争中，由于技术标准和规范的不统一，京津冀地区可能面临一定的限制和挑战。

3. 平台运营管理政策有待规范

随着信息技术的迅猛发展，公共数字文化服务已成为满足人民群众精神文化需求的重要途径。然而，在三地协同发展与治理过程中，平台运营管理不够规范成为制约该产业进一步发展的主要问题。一些平台体系在运营过程中缺乏完善的管理机制，包括用户管理、安全管理、服务管理等，导致服务质量参差不齐，用户体验不佳。另外，在平台运营过程中，数据安全和隐私保护是重要的一环。然而，一些平台可能存在数据泄露、非法获取用户信息等安全隐患，给用户带来损失和风险。

---

① 孙久文、邢晓旭：《京津冀产业协同发展的成效、挑战和展望》，《天津社会科学》2024 年第 1 期。

三 京津冀公共数字文化服务协同
发展与治理的对策建议

（一）加快推进京津冀公共数字文化服务产业协同发展的政策机制建设

1. 完善政策协调、明确规划

通过建立政策协调机构、制定统一政策标准、加强规划衔接和执行监督等措施可以完善政策协调机制，推动京津冀地区公共数字文化服务的协同发展和治理。确保京津冀地区公共数字文化服务发展规划与国家相关规划、区域发展规划等相衔接，形成相互支持、协同发展格局的同时，根据京津冀地区的实际情况和发展需求，制定公共数字文化服务发展规划，明确发展目标、重点任务、实施步骤等。另外，还要建立规划执行和监督机制，定期对规划执行情况进行评估和调整，确保规划的有效实施。

2. 建立有效的平台合作机制与信息共享机制

京津冀三地政府应加强对公共数字文化服务协同发展与治理的引导和支持，制定相关政策措施，推动合作机制与信息共享机制的建立和实施。同时，建立定期的政策沟通与信息共享机制，确保三地政府能够及时了解彼此的政策动态，并在政策制定过程中进行充分的沟通与协商。还要鼓励社会力量参与公共数字文化服务的建设和管理，形成政府引导、市场运作、社会参与的多元共治格局。另外，在信息共享的过程中，应建立信息安全保障机制，加强数据的安全管理和防护，确保数据的完整性和安全性。

3. 加强公共数字文化服务人才队伍建设与培养

确定公共数字文化服务人才队伍建设的中长期目标，包括人才数量、结构、质量等方面的具体指标。结合京津冀地区的发展实际和公共数字文化服务的需求，制定符合区域特点的人才队伍建设规划。建立完善的人才引进机制，通过政策引导、项目合作等方式，积极引进国内外优秀的公共数字文化服务人才。同时还可以加大对在职人员的培训力度，通过定期举办培训班、研讨会等方式，提高现有人才的数字化技能和文化素养。另外，还可以建立科学的公共数字文化服务人才评价体系，从专业能力、工作绩效、社会贡献等方面对人才进行全面评价。将人才评价结果作为选拔任用、奖励激励等的重要依据，激发人才的工作积极性和创新精神。

4. 完善公共数字文化服务品牌建设相关政策

首先，京津冀三地政府应联合制定公共数字文化服务品牌发展规划，明确品牌建设的目标、定位、路径和步骤。规划应充分考虑三地的文化资源特色、市场需求和发展潜力，确保品牌建设的科学性和可行性。通过制定统一的品牌宣传策略，利用新媒体、传统媒体等多种渠道，加强京津冀公共数字文化服务品牌的宣传与推广。同时，可以举办品牌活动、文化展览等，提高品牌的知名度和美誉度。另外，还要建立完善的品牌管理制度，明确品牌管理的职责和流程，确保品牌建设的顺利进行，加强品牌保护意识，打击侵权盗版行为，维护文化市场的良好秩序。通过完善品牌建设相关政策，可以促进京津冀城市公共数字文化服务的协同发展，提高服务质量，满足人民群众日益增长的精神文化需求。同时，也有助于提升京津冀地区的文化软实力和品牌影响力。

（二）促进京津冀公共数字文化服务产业协调发展

1. 均衡在公共数字文化服务资源建设上资金投入

京津冀地区在公共数字文化服务资源建设上，由于历史、地理、经济等多方面的差异，导致三地之间存在一定的资源分布不均现象。这种不均衡不仅影响了公共文化服务的普及和效率，也制约了京津冀协同发展的整体进程。均衡在公共数字文化服务资源建设上的资金投入是京津冀城市公共数字文化服务协同发展与治理的重要保障。通过加大财政投入、优化投入结构、建立多元投入机制、加强资金监管和促进区域合作等措施，可以逐步缩小京津冀地区在公共数字文化服务资源建设上的差距，推动三地公共数字文化服务的均衡发展。

2. 协调统一公共文化服务数字化建设进度

协调统一数字化建设进度是京津冀城市公共数字文化服务协同发展与治

理的重要一环。协调统一数字化建设进度首先需要明确协同发展目标，统一数字化建设规划。通过制定统一规划、加强区域合作、优化资源配置、强化技术支持等措施，可以确保数字化建设的顺利进行和高效完成。同时，加强人才培养与引进、建立多元化投入机制等也是推动数字化建设的重要保障。

3. 提升数字经济人才政策保障体系协同性

京津冀三地应建立数字经济人才互认机制，明确互认标准和范围，这包括人才的学历、工作经验、技能等方面的要求，按照互认标准和范围，由政府部门或相关行业协会建立和管理一个共享的人才信息数据库，降低人才流动的壁垒。北京具有首都和全国科技创新中心的双重身份，但工作竞争激烈、生活成本高、政策限制，因此可以从住房保障、税收优惠等多方面发力，降低数字人才留京、入京的生活成本。与北京相比，河北和天津发展相对滞后，一方面通过改善医疗、教育、文化等城市基础设施建设，满足人才对高品质生活的需求，增强区域对人才的吸引力，另一方面，津冀两地应出台更具吸引力的人才激励制度，如提高薪资待遇、放宽落户标准等，并对急需的高层次人才和团队设立专项基金，吸引更多优秀人才加入津冀两地的公共文化服务数字化建设工作当中来，不断解决地方数字化建设队伍人力资源不足的问题。

京津冀各级地方政府应结合地方实际及公共文化服务数字化建设的发展目标、工作岗位能力要求等，制定科学合理的数字人才培养方案；建立在线学习平台或资源中心，为公共文化服务人员提供丰富的学习资源和交流机会，帮助他们自主学习和持续更新数字技能；企业和政府可以与公共文化服务机构合作，为公共文化服务人员提供实践机会，创造真实具体的业务场景，帮助服务人员更好提升数字技术应用能力，并积极组织相关从业人员开展教育培训活动，使其具备良好的大数据意识和数字理念，培训内容要注重公共文化服务人员数字技术实操技能的培训；京津冀各高校要在相关专业的课程设置中增加数据分析、网络安全等理论和实操课程，为社会持续提供后续人才保障。同时，要加强与其他科研机构、企业的合作与交流，通过交流经验与知识，帮助了解最新的数字技术趋势，促进各部门内部提升。

（三）促进京津冀公共数字文化服务产业平台一体化建设

1. 提升平台资源整合水平

为提升平台资源整合水平，首先要对京津冀地区的文化资源进行全面梳理，包括图书馆、博物馆、文化遗产、艺术团体等，明确各类资源的数量、分布、特色等。对文化资源的价值进行评估，确定其开发潜力和市场价值，为后续的整合与品牌建设提供基础。还可以利用大数据、云计算等现代信息技术手段，推动文化资源的数字化、网络化、智能化；建设统一的数字文化资源库，实现京津冀地区文化资源的集中存储、统一管理和共享利用；开发数字化服务平台，提供便捷、高效、个性化的文化服务，方便公众获取和利用文化资源。

2. 加强技术创新，推进数字化基础设施建设

加强技术创新首先要积极引入大数据、云计算、人工智能等前沿技术，为公共数字文化服务提供技术支撑，提高服务效率和质量。鼓励和支持相关机构和企业研发适用于公共数字文化服务的新技术、新产品，如虚拟现实（VR）、增强现实（AR）等，丰富服务形式和内容。另外还要加强京津冀地区的信息通信网络基础设施建设，提高网络覆盖率和传输速度，确保公共数字文化服务的顺畅进行。同时还要建设数据中心、优化终端设备。

3. 规范运营管理体系构建策略

首先要明确平台定位与目标，京津冀公共数字文化平台应定位为服务三地居民、推动文化交流与融合的重要载体。平台的目标是实现文化资源的共享互通，提供高品质、个性化的数字文化服务，满足公众多样化的文化需求。其次，要建立跨区域合作机制，京津冀三地政府应建立紧密的合作机制，共同推动公共数字文化平台的建设与发展。同时通过签署合作协议、成立联合工作组等方式，明确各方职责，确保平台建设的顺利进行。为完善功能设计首先要深入了解客户需求，整合文化资源、丰富服务内容，还要简化操作流程，提高易用性。其次还应利用大数据分析用户行

为，为用户推荐符合其兴趣和需求的文化内容。为其提供定制化服务，满足用户个性化需求。同时还要增设用户评论、分享、点赞等交互功能，鼓励用户参与互动。提供网页端、移动端、自助终端等多种服务渠道，方便用户随时随地获取服务。此外，还可以举办线上线下活动，增强用户黏性，提高用户满意度。

B.8
京津冀区域医疗卫生协同治理研究[*]

吕晨　肖齐扬　刘　跃　王光滨[**]

摘　要：　京津冀协同发展是国家重大战略，医疗卫生服务协同发展是其中的重要组成部分。本报告分析了京津冀医疗卫生协同发展的成效、进展以及现状特征，探讨了当前存在的问题并提出相应的对策。研究发现，京津冀医疗卫生协同发展政策不断完善，医疗机构合作与服务水平全面提升，高质量医疗资源共享机制逐步完善，异地医疗服务便利性显著增强。然而，区域公共医疗资源配置失衡、医疗卫生管理体制不顺畅、区域内信息平台建设滞后以及医养结合服务发展不足等问题依然存在。为解决这些问题，本报告提出了推进医疗卫生规划协同、加强医联体建设与医疗资源利用协同、促进医疗保障协同、强化医疗卫生信息化共享平台建设以及推动医养结合产业联盟建设等对策。

关键词：　京津冀　医疗卫生服务　协同治理　医联体　医疗保障

京津冀地区是我国的重要经济区域，京津冀协同发展是国家重大发展战略，然而目前区域内医疗卫生领域存在发展不平衡、资源配置不合理等问题。随着人口老龄化和疾病谱的变化，居民对高质量医疗卫生服务的需求日益增长，京津冀地区现有的医疗服务难以满足居民的需求。京津冀区域医疗

　＊　本研究为 2024 年北京城市治理研究基地开放课题"公平与效率视角下北京市公共医疗服务配置优化研究"（编号：2024CSZL12）的阶段性成果。

＊＊　吕晨，博士，中国科学院大学公共政策与管理学院副教授，主要研究方向为区域发展与规划、环境治理、居民福祉及公共政策研究；肖齐扬，中国科学院大学公共政策与管理学院硕士研究生；刘跃，中国科学院大学公共政策与管理学院硕士研究生；王光滨，中国科学院大学中丹学院硕士研究生。

卫生协同治理研究有助于优化医疗卫生资源配置，提高医疗卫生服务水平，满足居民的医疗卫生需求。通过区域协同治理，可以打破地区之间的壁垒，实现医疗卫生资源的优化配置和共享，提高医疗服务的效率和质量。京津冀区域医疗卫生协同治理研究对于推动京津冀协同发展战略的实施、促进区域经济社会协调发展具有重要意义。

一　京津冀医疗卫生协同发展的成效与进展

京津冀三地医疗卫生领域的合作始于 2010 年，2015 年《京津冀协同发展规划纲要》出台后，三地在医疗机构合作共建、医疗资源共享、医疗产业协同发展等方面展开了深度合作，在医疗卫生领域协同发展方面取得了显著成效。

（一）医疗卫生协同发展政策不断完善

京津冀地区在医疗卫生协同发展方面采取了一系列政策措施，例如 2019 年 6 月，河北省人民政府与北京市人民政府、天津市人民政府共同签署《京津冀医疗保障协同发展合作协议》。2023 年 3 月，京津冀三地医保部门联合印发了《关于开展京津冀区域内就医视同备案工作的通知》。2024 年 3 月京津冀三地医保部门在 2024 年京津冀医疗保障协同发展座谈会上审议了《京津冀医疗保障协同发展工作领导小组及其办公室运行规则（试行）》。整体来说，通过建立区域医疗联合体等医疗卫生协同发展政策，实现医疗资源的共享和互补，推动了三地医疗资源的整合。通过建立医疗服务互通机制，允许居民在三地之间自由选择医疗服务，提升医疗服务的便利性。在医疗人才流动方面，鼓励医疗人才在京津冀地区内流动，通过人才交流和培训，提升医疗服务的专业水平。在远程医疗服务方面，发展远程医疗服务，利用信息技术手段，实现医疗资源的远程共享和医疗服务的远程提供。

（二）医疗机构合作与服务水平全面提升

京津冀地区建立了多个医联体和专科联盟，通过合作提升了医疗机构的服务水平。北京、天津、河北三地的医疗机构通过整体托管、合作建院、专科共建、科室合作等模式以及专科联盟、远程医疗协作网等形式开展了广泛合作。自 2023 年京津冀医联体建设工作启动以来，河北各地根据本区域医疗机构专业水平、当地疾病谱特点、既往合作基础等因素，统筹开展与京津高水平医院的沟通对接，大力推进京津冀医联体建设。第一批京津冀医联体建设名单共 40 个，代表性医院包括首都医科大学附属安贞医院与沧州市中心医院、北京大学肿瘤医院与沧州市人民医院、首都医科大学附属北京天坛医院与张家口市第一医院、天津医科大学第二医院与邢台市人民医院等。第二批京津冀医联体建设名单共 30 个，包括中国医学科学院北京协和医院、天津医科大学朱宪彝纪念医院与沧州市中心医院、天津市肿瘤医院与保定市清苑区人民医院、中国康复研究中心与保定市中医院、北京航天总医院与高碑店市医院等。截至 2024 年 5 月，京津冀医联体已经开展建设了两批，共计 70 个，覆盖河北省 11 个设区市、62 家医疗机构。① 通过京津冀医联体建设，促进了医学科研的区域合作，通过联合攻关，推动了医疗技术的创新和医疗水平的提升。此外，京津冀三地已陆续签订医政、疾病防控、采供血、卫生应急、综合监督、药品医用耗材集中采购等方面的工作合作协议，在建立信息共享平台、突发事件协调联动、血液应急调剂等方面取得了积极进展；建成京津冀药品信息数据库，完成了三地药品编码的比对，实现了定期交换药品资质信息及药品价格信息的共享机制。②

（三）高质量医疗资源共享机制逐步完善

京津冀建立了多个医联体和专科联盟，通过建设京津冀医联体，推动优质医疗资源下沉，实现了医疗资源的优化配置。截至目前，已组建的医联体

---

① 《京津冀医联体数量增至 70 个》，新华网，2024 年 5 月 18 日，http：//www.he. xinhuanet. com/20240518/f2b577629b3a45ada963893628359081/c. html。

② 《京津冀医疗发展成果——中国共产党北京市第二十次代表大会新闻发布会材料》，北京市卫生健康委员会网站，2017 年 6 月 21 日，https：//wjw. beijing. gov. cn/xwzx_20031/wnxw/201912/t20191214_1170822. html。

涵盖了心血管、肿瘤、儿科等多个重点专科。例如，首都医科大学附属北京儿童医院托管保定市儿童医院，是京津冀协同发展中首家"跨省托管"的公立医疗机构。两家医院通过资源共享、病人共治、病区共建等措施推进深度融合发展，开展多层级合作。北京专家定期赴保定出诊、会诊、查房、手术，并且开展学术讲座、临床带教，负责保定科室的指导工作，将北京的专业科室整体下沉保定，在保定开设病区接诊全国患儿。通过多年的融合发展，首都医科大学附属北京儿童医院保定医院已发展成为集医疗、教学、科研、预防保健、社区服务为一体的三级儿童专科医院。保定市儿童医院年门诊量由托管前的 25 万人次增长到 2023 年的 72 万人次，医疗收入由托管前的 1.53 亿元增长到 2023 年的 5.54 亿元，三四级手术量从托管前零起步到每年完成 4800 多例，三四级手术占比超过 70%。目前，医院开设专业门诊 92 个、专业病区 16 个，开展新技术项目 246 项。[1] 许多患者不必进京，在保定就能享受到高水平医疗服务。

同时，远程医疗服务平台广泛应用。在京津冀地区，河北许多医院都积极开展了远程医疗服务项目，并与北京、天津的大型知名医院建立了远程医疗合作平台。目前已经开展的远程医疗服务形式多样，包括远程会诊、远程诊断等。通过远程会诊系统，专家可以与患者和当地医生进行"面对面"交流，共同查阅病历、影像资料等，确定治疗方案。多家医院实现了远程会诊，打破了时间、空间、地域上的限制，更合理有效地发挥了京津优质医疗资源。开展远程医疗服务项目不仅免去了患者异地就医之苦，减轻了就医负担，还提高了医疗服务的可及性和效率，同时也有助于提升基层医疗机构的诊疗能力。

（四）异地医疗服务便利性显著增强

京津冀协同发展战略实施以来，临床医学检查检验结果跨区域、跨机构

---

[1] 《新时代中国调研行 | 两家医院"起死回生"背后——京津冀医疗卫生服务共建共享观察》，中国政府网，2024 年 2 月 4 日，https://www.gov.cn/lianbo/difang/202402/content_6930715.htm。

互认和医学影像检查资料共享机制不断推进。截至 2023 年底，河北省 312 家医疗机构与京津 373 家医疗机构实现 50 项检验结果互认，295 家医疗机构与京津 208 家医疗机构实现 30 项影像检查资料共享。[①] 医疗机构之间检查检验结果互认，无须做重复的化验检查，不仅为患者节省了时间成本，也大大减轻了患者的经济负担。

京津冀地区在异地就医"一卡通行"、医保联网结算方面取得了显著进展。自 2023 年 4 月 1 日起，北京市、天津市和河北省的各统筹区参保人员，持社会保障卡或医保电子凭证，在京津冀区域内所有定点医药机构住院、普通门诊就医、购药等，均视同办理了异地就医备案手续，可直接享受医保报销待遇。[②] 截至 2023 年 4 月，北京、天津、河北分别有 766 家、438 家、3736 家医疗机构开通异地就医住院费用直接结算业务，分别有 3310 家、1162 家和 2068 家医疗机构开通普通门诊直接结算业务，分别有 72 家、279 家、653 家医疗机构开通高血压、糖尿病、恶性肿瘤门诊放化疗、尿毒症透析、器官移植术后抗排异治疗 5 个门诊慢特病直接结算业务。[③] 这些工作大大方便了三地群众异地工作、养老和就医，提高了医疗服务的便捷性，体现了京津冀地区在医疗保障领域的协同发展。

二　京津冀医疗卫生协同发展现状

（一）京津冀医疗卫生协同的政策特点

1. 协同政策涵盖规划、物资、技术、应急、评估和防治六个方面

政策主要来源于"北大法宝"数据库、国务院官网、国家卫健委官网、

---

① 《新时代中国调研行丨两家医院"起死回生"背后——京津冀医疗卫生服务共建共享观察》，中国政府网，2024 年 2 月 4 日，https：//www.gov.cn/lianbo/difang/202402/content_6930715.htm。
② 《就医购药更方便快捷 医疗资源共享不断推进——京津冀三地异地就医新举措观察》，中国政府网，2023 年 4 月 1 日，https：//www.gov.cn/lianbo/2023-04/01/content_5749684.htm。
③ 《京津冀就医"一码通行"全面实现》，澎湃新闻，2024 年 4 月 2 日，https：//www.thepaper.cn/newsDetail_forward_22550026。

京津冀三地政府官网和卫健委官网。在搜集政策的过程中，为保证数据的准确性，遵循了以下标准。（1）政策发布的权威性。发布单位是京津冀三地政府与卫健委（卫计委）等省级及以上单位；（2）政策领域聚焦。相关政策与载体聚焦在京津冀医疗卫生协同领域，以"医疗""卫生""健康""医疗卫生服务"与"协同"等构成检索关键词对2014~2023年的政策进行搜索与整理；（3）政策针对性。由于政策包含多种类型，以下分析的政策类型包括"规划""公告""法律法规"等，"批复""信函"等不包括在该范围内。

根据上述几点，搜集到多件医疗卫生协同政策，进一步整理后删除重复信息，形成了有效的京津冀医疗卫生协同发展的政策共45个（见表1）。这些数据为分析京津冀地区医疗卫生协同政策的变化情况提供了坚实的基础。

表1　京津冀医疗卫生协同政策

协同类型	发布时间	发布机构	政策
防治协同	2014年9月	京津冀三地毗邻23个地区县（区、市）疾控部门	《京津冀毗邻地区疾病预防控制工作合作协议》
	2017年5月	京津冀三地卫计委	《京津冀精神卫生合作协议》《京津冀口腔公共卫生合作协议》
	2017年7月	京津冀三地卫计委	成立京津冀精神卫生防治和口腔卫生保健协作中心
	2017年12月	北京妇产医院、天津中心妇产医院、石家庄市妇产医院	成立京津冀妇女与儿童保健专科联盟
	2019年3月	北京回龙观医院、北京大学第六医院、首都医科大学附属北京安定医院、天津市安定医院、河北省精神卫生中心	成立京津冀精神康复专科联盟和京津冀心理援助专科联盟

协同类型	发布时间	发布机构	政策
规划协同	2015 年 9 月	京津冀三地卫计委	《京津冀卫生计生事业协同发展合作协议》
	2015 年 12 月	北京市卫计委	《北京市卫生和计划生育委员会关于印发京津冀卫生计生事业协同发展工作计划（2015—2016 年）分工方案的通知》
	2016 年 1 月	河北省人民政府办公厅	《河北省医疗卫生服务体系规划（2016—2020 年）》
	2016 年 11 月	天津市人民政府办公厅	《天津市医疗卫生服务体系建设规划（2015—2020 年）》
	2017 年 2 月	北京市卫计委	《北京市医疗卫生服务体系规划（2016—2020 年）》
	2019 年 4 月	京津冀三地卫健委	《贯彻落实京津冀医疗卫生协同发展实施方案（2019—2022）》
	2019 年 6 月	京津冀三地卫健委	《京津冀医疗保障协同发展合作协议》
	2021 年 4 月	天津市卫健委	《市卫生健康委关于印发天津市卫生健康事业发展“十四五”规划的通知》
	2021 年 9 月	北京市卫健委、北京市规划和自然资源委员会	《北京市医疗卫生设施专项规划（2020 年—2035 年）》
	2021 年 12 月	北京市人民政府	《北京市人民政府关于印发〈“十四五”时期健康北京建设规划〉的通知》
	2022 年 2 月	河北省人民政府办公厅	《河北省人民政府办公厅关于印发河北省“十四五”医疗卫生服务体系规划的通知》
	2022 年 7 月	京津冀三地医保局	《京津冀医保协同发展 2022 年工作要点》
	2023 年 11 月	天津市卫生健康委员会、北京市中医管理局、河北省中医药管理局	《深入推进京津冀协同发展中医药合作协议》
	2023 年 12 月	京津冀三地卫健委	《京津冀基层卫生健康协同发展框架协议》
技术协同	2016 年 8 月	京津冀三地卫计委	《关于开展京津冀地区医疗机构临床检验结果互认试点工作的通知》
	2016 年 8 月	京津冀三地卫计委	《京津冀区域互认实验室质量与技术要求（试行）》
	2016 年 12 月	京津冀三地卫计委	《关于开展京津冀医疗机构医学影像检查资料共享试点工作的通知》

协同类型	发布时间	发布机构	政策
技术协同	2018 年 3 月	京津冀三地卫计委	《关于京津冀地区医疗机构临床检验结果互认工作的通知》
	2018 年 8 月	京津冀三地卫计委	《河北省卫生计生委 北京市卫生计生委 天津市卫生计生委关于开展 2018 年度京津冀地区医疗机构医学影像检查资料共享工作的通知》
	2019 年 9 月	京津冀三地卫健委	《河北省卫生健康委员会 北京市卫生健康委员会 天津市卫生健康委员会关于公布 2019 年度京津冀地区医疗机构医学影像检查资料共享结果的通知》
	2021 年 1 月	国家医疗保障局办公室	《国家医疗保障局办公室关于联通京津冀、长三角、西南五省普通门诊费用跨省直接结算服务的通知》
	2021 年 3 月	京津冀三地卫健委	《河北省卫生健康委员会 北京市卫生健康委员会 天津市卫生健康委员会关于公布 2020 年度京津冀地区医疗机构医学影像检查资料共享结果的通知》
	2022 年 7 月	京津冀三地卫健委	《河北省卫生健康委员会 北京市卫生健康委员会 天津市卫生健康委员会关于公布第五批京津冀地区医疗机构医学影像检查资料共享结果的通知》
	2023 年 7 月	京津冀三地卫健委	《关于加快推进京津冀医联体建设工作的通知》
	2023 年 12 月	京津冀三地卫健委	《关于实施京津冀医学伦理审查结果互认工作的通知》
物资协同	2016 年 12 月	京津冀三地卫计委	《京津冀公立医院医用耗材联合采购框架协议》
	2017 年 8 月	京津冀三地卫计委	《关于印发京津冀公立医院第一批医用耗材联合采购实施方案的通知》
	2017 年 11 月	天津市卫计委	《关于印发 2017 年京津冀公立医院止血类（Ⅲ类）、防粘连类（Ⅲ类）医用耗材联合采购工作方案的通知》
	2018 年 1 月	北京市卫计委	《关于印发 2017 年京津冀公立医院心内血管支架类和心脏节律管理类医用耗材联合采购实施细则的通知》

续表

协同类型	发布时间	发布机构	政策及措施
物资协同	2018 年 1 月	河北省卫计委	《京津冀公立医院髋关节、膝关节、吻合器联合采购实施细则》
	2019 年 12 月	京津冀三地医疗保障局	《京津冀药品医用耗材集中采购合作框架协议》
应急协同	2014 年 6 月	京津冀三地卫计委	《京津冀突发事件卫生应急合作协议》
	2015 年 6 月	京津冀三地 37 个毗邻地区的疾控中心	《京津冀毗邻县（市、区）卫生应急合作协议》
	2016 年 8 月	京津冀三地卫健委	《关于开展 2016 年京津冀卫生应急综合演练的通知》
	2021 年 7 月	北京市卫健委	《北京市卫生健康委员会机关京津冀联合演练等项目公开遴选公告》
	2022 年 1 月	京津冀三地卫健委	《京津冀三地建立新冠肺炎疫情联防联控工作机制》
	2022 年 11 月	北京市卫健委	《北京市卫生健康委员会 2022 年京津冀联合卫生应急演练项目遴选公告》
	2023 年 9 月	京津冀三地卫健委	《2023 年京津冀卫生应急综合演练》
评估协同	2022 年 6 月	北京市卫健委	《关于京津冀医疗卫生协同发展评估项目的遴选公告》（2022 年）
	2023 年 2 月	北京市卫健委	《关于京津冀医疗卫生协同发展评估项目的遴选公告》（2023 年）

资料来源：根据公开资料整理。

2. 政策数量在每个五年计划初期呈现出突增的特点

通过对政策的统计分析，可以看到，京津冀地区在不同年份的政策发布量存在明显的波动（见图 1）。从 2014 年起，政策处于起步初期，发布量逐步上升，在 2016 年达到第一个高峰。2016 年至 2019 年，政策发布处于平稳期，每年均有稳定数量的政策发布。2020 年当年该领域政策发布量为 0。2021 年相关政策发布量突然激增，与 2016 年的政策发布量持平。2022～2023 年政策发布量重新恢复稳定，两年均有 6 条相关政策发布。2015 年京津冀三地卫计委签订的《京津冀卫生计生事业协同发展合作协议》，较为全面地提及了 10 个方面的合作内容，增强了各地政府、卫健委信心，提高了积极性，从而促使 2016 年相关政策出台数量达到高峰。2021 年的政策发布量再次达到高峰，显示了政府对医疗协同的持续关注和进一步推动。主要可能有两方面因素，一是国家"十四五"规划的出台，对京津冀医疗卫生服务协同发展有了新的要求，北京市与天津市均根据"十四五"规划，制定了新的关于医疗卫生的规划，其中"推动京津冀健康事业协同发展""落实京津冀协同发展战略"分别作为其中的关键要点被提及；二是面对新冠疫情的冲击，为检验并完善京津冀医疗卫生应急协同能力，仅在当年发布的 7 条政策里，就有 2 条协同政策是关于疫情防控与疫情间物资采购的。

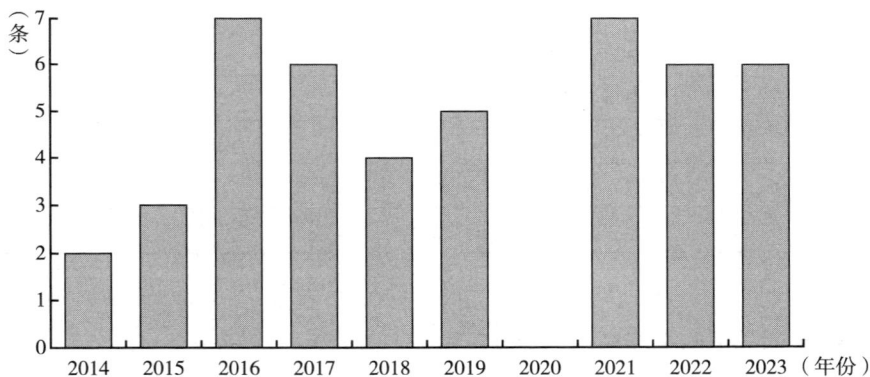

图 1　京津冀医疗卫生服务协同发展政策发布量

资料来源："北大法宝"数据库、国务院官网、国家卫健委官网、京津冀三地政府官网和卫健委官网。

3. 政策发布主体以京津冀医疗管理机构联合为主

从发布主体看，大部分京津冀医疗卫生服务协同政策为京津冀联合发布，京津冀三地卫健委联合发布共计 24 个，占总数约 53%。国家医疗保障局发布 1 个，主要是从顶层设计上完善协同框架，指导京津冀医疗普通门诊费用跨省结算工作。省地级的发布数量与联合发布数量相比较少，其中北京市包括北京市人民政府、北京市卫健委发布总数在省地级发布中最多，总发布量 9 个,天津市与河北省发布量较为一致,数量不多,均为 3 个,具体发布机构数量如表 2 所示。

表 2　京津冀医疗协同发展的相关政策发布主体及数量

单位:个

发布主体	签约/发布机构	数量
联合发文	京津冀三地毗邻地区	2
	京津冀三地卫健委(原卫计委)	24
	京津冀三地医疗保障局	1
	京津冀三地医疗机构	2
国家级	国家医疗保障局	1
北京市	北京市人民政府	1
	北京市卫健委(原卫计委)	8
天津市	天津市卫健委(原卫计委)	1
	天津市人民政府	2
河北省	河北省人民政府	2
	河北省卫健委(原卫计委)	1

4. 不同类型政策的高频词和政策重点差异较大

在搜集到 45 份政策的基础上,对能够通过公开渠道获取原文的 26 条政策文本进行分析,分别得到 5 个协同分类内的政策文件的词云图(其中"防治规划"政策均未能找到政策原文)。

(1)规划协同:主要关注整体体系的规划和发展,高频词语较为宽泛

在规划协同的词云图中(见图 2a),高频词包括"服务""医院""机构""卫生""发展""规划"等。这些词反映了规划协同政策主要关注以下几个方面:一是服务和医院方面,强调医疗服务体系的规划与建设,提高医院的服务能力和水平;二是机构和卫生方面,关注医疗卫生机构的管理和发展,推进公共卫生服务体系的建设;三是发展和规划方面,制定和实施医疗卫生发展规划,确保医疗资源的合理分配和利用。

（2）技术协同：高频词包括"医疗机构""医学影像""检查""检验""结果""认证"等

在技术协同的词云图中（见图2b），这些词反映了技术协同政策主要关注以下几个方面：一是医疗机构和医学影像方面，强调推动医疗机构之间在医学影像技术和设备方面的合作与共享，提高诊断能力和效率；二是在检查和检验方面，强调实验室检查和检验技术的协同发展，确保检验结果的准确性和一致性；三是在结果和认证方面，关注检验结果的认证和标准化，确保医疗技术和服务的质量。

（3）物资协同：高频词包括"采购""联合""耗材""医疗""企业""物品"等

在物资协同的词云图中（见图2c），这些词反映了物资协同政策主要关注以下几个方面：一是采购和联合方面，强调医疗物资的联合采购，以降低成本和提高采购效率；二是耗材和物品方面，关注医疗耗材和物品的供应链管理，确保医疗物资的充足供应；三是企业和医疗方面，强调推动医疗机构与企业之间的合作，促进医疗物资的生产并保障供应。

（4）应急协同：高频词包括"演练""遴选""文件""项目""应急""评审"等

在应急协同的词云图中（见图2d），这些词反映了应急协同政策主要关注以下几个方面：一是演练和遴选方面，强调应急演练项目和人员遴选的工作，确保在突发事件中有足够的准备和应对能力；二是文件和项目方面，要求制定和发布相关政策文件和应急项目，以指导和规范应急协同工作；三是应急和评审方面，重视应急响应机制和评审标准的建立与完善，确保应急措施的及时性和有效性。

（5）评估协同：高频包括"发展""协同""评估""单位"等

在评估协同的词云图中（见图2e），这些词反映了评估协同政策主要关注以下几个方面：一是发展和协同方面，关注医疗卫生事业的发展与协同合作，推动区域间的协同发展；二是评估和单位方面，建立和完善医疗卫生单位的评估机制，推进京津冀医疗卫生协同领域的各项评估工作，确保评估的全面性和科学性，对协同工作的实施情况进行评估和反馈。

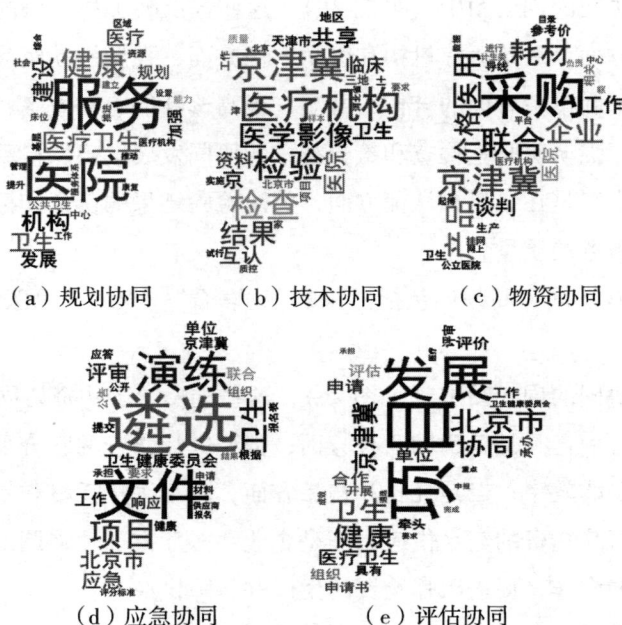

（a）规划协同　　　（b）技术协同　　　（c）物资协同

（d）应急协同　　　　　（e）评估协同

图 2　不同类型政策文本的高频词分析

资料来源：根据公开资料整理。

（二）医疗资源空间分布与演变特征

1. 京津两市的医疗机构数量与质量远高于河北省内各个城市

2023 年京津冀三地统计年鉴数据显示，北京拥有的医院数量位居全国前列，而天津也以其医疗水平和服务质量著称。相比之下，河北省内的一些城市，尽管近年来医疗条件有所改善，但与京津两市相比，无论是在医疗设施的完善程度还是在专业医疗人才的集中度上，都存在一定差距。例如，河北省的省会石家庄，虽然是省内的医疗中心，但其三甲医院数量只有约 10 家，这与京津两市相比，医疗机构服务质量的差距显而易见。此外，京津两市的医疗机构在科研和技术创新方面也具有明显优势。北京和天津的医疗机构经常参与国家级的医疗科研项目，并且与国内外的顶尖医疗机构有着广泛交流与合作，这进一步提升了其医疗服务的质量和水平。而河北省内的医疗机构虽然也在努力提高自身的科研能力，但与京津两市相比，其科研投入和成果产出还有较大的提升空间。三地的医疗机构数量分布如表3所示。

表3 京津冀医疗机构数量

单位：家

城　　市	2014 年	2022 年
北　京　市	672	765
天　津　市	631	459
石家庄市	386	302
唐　山　市	355	272
秦皇岛市	138	85
邯　郸　市	391	316
邢　台　市	315	192
保　定　市	448	450
张家口市	286	147
承　德　市	251	89
沧　州　市	307	221
廊　坊　市	211	187
衡　水　市	297	139

资料来源：2015 年和 2023 年《北京统计年鉴》《天津统计年鉴》《河北统计年鉴》。

2. 人均医疗资源较高的地区集中在京津冀中部和北部城市

京津冀区域内各城市人均医疗资源的空间分布存在较大的差异性，并且2014~2022 年城市间人均医疗资源的变动较大（见表4）。从每千人口卫生技术人员数据看，2014 年京津冀区域每千人口卫生技术人员数最多的前三位城市分别是北京市、秦皇岛市、石家庄市，发展至 2022 年京津冀区域内每千人口卫生技术人员数最多的前三位城市分别是秦皇岛市、张家口市、北京市。2014 年京津冀区域内各城市每千人口床位数的最大值是最小值的

2.487 倍，到 2022 年最大值是最小值的 7.983 倍。从每千人口床位数据看，2014 年京津冀区域内每千人口床位数最多的前三位城市分别是秦皇岛市、唐山市、北京市，发展至 2022 年京津冀区域内每千人口床位数最高的前三位分别是张家口市、廊坊市、承德市。2014 年京津冀区域内各城市每千人口床位数据的最大值是最小值的 1.673 倍，到 2022 年城市间最大值是最小值的 4.602 倍。数据变动趋势说明城市之间人均医疗资源的发展差距进一步扩大。

表 4　京津冀人均医疗卫生资源分布

城　　市	2014 年每千人口床位数（张）	2014 年每千人口卫生技术人员数（人）	2022 年每千人口床位数（张）	2022 年每千人口卫生技术人员数（人）
北 京 市	4.74	4.13	5.98	6.12
天 津 市	4.16	2.33	4.86	4.12
石家庄市	4.31	2.40	5.34	4.04
唐 山 市	4.75	2.28	5.99	5.64
秦皇岛市	5.39	2.68	5.25	9.50
邯 郸 市	4.10	1.80	5.18	1.19
邢 台 市	4.04	2.04	4.79	4.18
保 定 市	3.22	1.85	4.72	2.21
张家口市	4.30	1.66	11.46	8.58
承 德 市	4.70	2.26	7.30	3.85
沧 州 市	4.02	2.17	2.49	1.62
廊 坊 市	3.97	1.97	7.94	4.05
衡 水 市	3.78	2.03	5.26	4.15

资料来源：2015 年和 2023 年《北京统计年鉴》《天津统计年鉴》《河北统计年鉴》。

3. 河北省人均医疗资源的增长速度略高于京津地区

京津冀地区每千人口床位数的统计数据表明，2014~2022 年该指标均有所增长，其中北京市 2022 年每千人口的床位数是 2014 年的 1.26 倍，天津市 2022 年每千人口的床位数是 2014 年的 1.17 倍，河北省 2022 年每千人口的床位数是 2014 年的 1.49 倍。京津冀医疗机构每千人口的床位数量变化的情况如图 3 所示。

图3 京津冀医疗机构每千人口床位数量变化情况

资料来源：2015~2023 年《北京统计年鉴》《天津统计年鉴》《河北统计年鉴》。

京津冀地区每千人口卫生技术人员数的统计数据表明，2014~2022 年该指标均有所增长，其中北京市 2022 年每千人口的卫生技术人员数是 2014 年的 1.48 倍，天津市 2022 年每千人口的卫生技术人员数是 2014 年的 1.77 倍，河北省 2022 年每千人口的卫生技术人员数是 2014 年的 1.64 倍。京津冀医疗机构每千人口的卫生技术人员数量变化情况如图 4 所示。

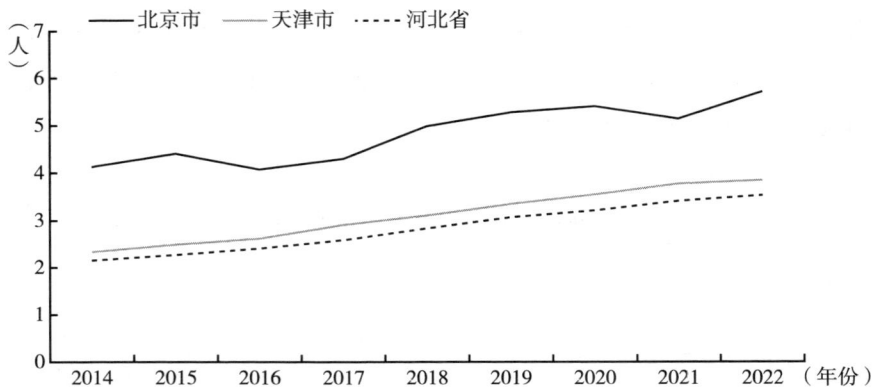

图4 京津冀医疗机构每千人口卫生技术人员数量变化情况

资料来源：2015~2023 年《北京统计年鉴》《天津统计年鉴》《河北统计年鉴》。

（三）医疗系统内部资源配置与利用的协同度

考虑数据的科学性和可得性，在参考大量文献的基础上，本研究以京津冀医疗卫生协同作为整体系统，以医疗卫生资源配置和医疗卫生服务利用情况作为两个子系统，评估两个子系统之间的协同程度。

1. 指标的选取

医疗卫生资源配置子系统选取 4 个指标。（1）医疗卫生机构数：指从卫生健康行政部门取得医疗机构执业许可证的为社会提供医疗保健、疾病控制等工作的单位数量，包括医院、基层医疗卫生机构、专业公共卫生机构及其他医疗卫生机构的数量。（2）医疗机构卫生人员数：指在医院、基层医疗卫生机构、专业公共卫生机构及其他医疗卫生机构工作的职工数量，包括卫生技术人员、乡村医生和卫生员、其他技术人员、管理人员和工勤人员的数量。（3）医疗卫生机构床位数：指年底固定实有的医疗床位。（4）卫生总费用：指地区在一年内，为开展卫生服务活动从全社会筹集的卫生资源的货币总额。

医疗卫生服务利用情况子系统选取 3 个指标。（1）诊疗人次：指所有诊疗工作的总人次数，不仅包括门诊、急诊、出诊，还包括预约诊疗、单项健康检查以及健康咨询指导人次。（2）入院人次：指报告期内所有住院的人数。（3）出院人次：指报告期内所有住院后出院的人数。2014～2022 年京津冀地区医疗资源配置与利用情况如表 5 所示。

表 5　2014～2022 年京津冀地区医疗资源配置与利用数据

年份	医疗卫生资源配置				医疗卫生利用情况		
	医疗卫生床位数（张）	医疗卫生人员数（人）	医疗卫生机构数（家）	卫生总费用（亿元）	诊疗人次（万人）	入院人次（万人）	出院人次（万人）
2014	485285	280735	2644	3891.31	70617.67	1399.45	1379.79
2015	509416	299184	2909	4449.09	75795.54	1417.23	1396.88
2016	532423	304645	2902	4881.14	79537.6	1594.04	1572.71
2017	569499	327441	2929	5255.64	77743.09	1659.85	1640.96

年份	医疗卫生资源配置				医疗卫生利用情况		
	医疗卫生床位数（张）	医疗卫生人员数（人）	医疗卫生机构数（家）	卫生总费用（亿元）	诊疗人次（万人）	入院人次（万人）	出院人次（万人）
2018	598413	363424	3261	6080.36	78607.59	1731.27	1714.67
2019	610256	390857	3301	6878.25	80155.23	1746.47	1735.65
2020	623449	407883	3400	7004.95	66548.20	1450.06	1443.77
2021	639598	418675	3547	7732.92	73476.30	1588.98	1577.96
2022	678150	439803	3599	8366.66	71821.90	1544.11	1528.10

资料来源：2015~2023 年《北京统计年鉴》《天津统计年鉴》《河北统计年鉴》。

2. 耦合协调度的计算方法

由于数据变量之间的计量单位存在差别，为了去除量纲，对各变量进行标准化处理：

$$X_{ij}^{'} = (X_{ij} - \overline{X}_j) / S_j \tag{1}$$

其中，$X_{ij}^{'}$ 表示标准化数据，$\overline{X}_j$ 表示平均数，S_j 表示标准差。

计算第 f 年的第 i 个省份第 j 项指标的比重 P_{fij}：

$$P_{fij} = X_{fij}^{'} / \sum_{f=1}^{h} \sum_{i=1}^{m} X_{ij}^{'} \tag{2}$$

其中，f 为评价年数，i 表示省份数。

计算指标信息的熵值 e_j：

$$e_j = -k \sum_{f=1}^{h} \sum_{i=1}^{m} (P_{fij} ln P_{fij}) \tag{3}$$

其中，$k = 1/\ln(hm)$。

计算冗余度 d_j：

$$d_j = 1 - e_j \tag{4}$$

计算权重 w_j：

$$w_j = d_j \Big/ \sum_{j=1}^{n} d_j \qquad (5)$$

采用熵值法对 2014~2022 年我国京津冀地区数据进行赋权并在获得各指标的权重基础上，采用以下公式计算得到医疗卫生资源配置和医疗卫生利用情况的综合得分。

$$C_{fi} = \sum_{j=1}^{n} (w_j P_{fij}) \qquad (6)$$

医疗卫生资源配置和医疗卫生利用情况是相互作用的两个系统，为研究二者的耦合发展水平，引入耦合度 C 和耦合协调度 D 进行测算：

$$C = 2 * \left[(U_1 U_2) / (U_1 + U_2)^2 \right]^{\frac{1}{2}} \qquad (7)$$

$$T = a U_1 + \beta U_2 \qquad (8)$$

$$D = (CT)^{\frac{1}{2}} \qquad (9)$$

其中，U_1、U_2 分别为医疗卫生资源配置和医疗卫生利用的综合评价得分，T 为医疗卫生资源配置和医疗卫生利用的综合评价指数，其中 a、β 取相同权重为 0.5。D 为反映医疗卫生资源配置和医疗卫生利用的耦合协调度的协调指数，其值越接近 1 则表示医疗卫生资源配置和医疗卫生利用情况之间协调发展程度越高，反之亦然。

3. 医疗系统内部耦合协同结果分析

2014~2022 年京津冀地区医疗资源配置与利用的协调度趋势如图 5 所示。自京津冀协同发展战略上升为国家重点战略以来，京津冀地区医疗系统内部资源配置与利用的协同度呈现了总体上升的趋势，但自 2019 年突发公共卫生事件之后，京津冀区域内的医疗资源配置与利用协同度出现了明显下降。直至 2022 年，京津冀地区医疗资源配置与利用的协同度又呈现了总体回升的趋势。整体上医疗系统内部的耦合协调度呈先上升后下降再上升的"N"形发展趋势。从数值看，2022 年系统的耦合协调度值为 0.11，说明京津冀医疗系统内部医疗资源配置与利用两者的协同度仍处于低度耦合协调的发展状态。

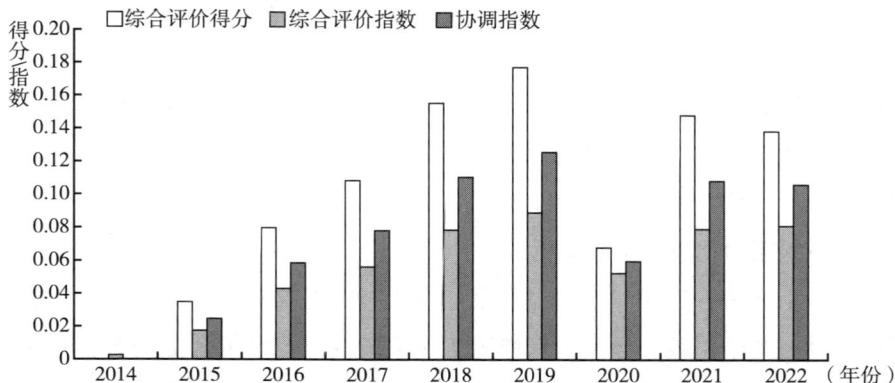

图 5　2014~2022 年京津冀地区医疗资源配置与利用的协同趋势

（四）区域之间医疗卫生发展的协同度

1. 地区之间耦合协调度模型

为研究北京、天津以及河北三个地区的医疗卫生资源配置的相互影响状态，利用耦合协调度模型，定量分析北京、天津以及河北三个地区的医疗卫生资源配置的相互作用程度。其中反映京津、京冀、津冀两两系统间的协调水平和发展层次，具体算法如下：

$$C = 2 \times \left\{ \frac{f(x) \times g(x)}{[f(x) + g(x)]^2} \right\}^{\frac{1}{2}} \tag{10}$$

$$T = \alpha \times f(x) + \beta \times g(x) \tag{11}$$

如果反映京津冀三个系统间的协调水平和发展层次，具体算法如下：

$$C = 3 \times \left\{ \frac{f(x) \times g(x) \times h(x)}{[f(x) + g(x) + h(x)]^3} \right\}^{\frac{1}{3}} \tag{12}$$

$$T = \alpha \times f(x) + \beta \times g(x) + \chi h(x) \tag{13}$$

$$D = \sqrt{C \times T} \tag{14}$$

算法公式中：C 为耦合度；T 为综合协调指数；D 为耦合协调度；f

(x)、$g(x)$以及$h(x)$分别表示京津冀三个地区医疗卫生服务子系统得分，数值越大表明对应的地区医疗卫生服务资源配置越丰富；α、β是待定权数，反映各地区医疗卫生服务子系统的影响系数，假定京津、京冀、津冀两两地区医疗卫生服务子系统同等重要，故令$\alpha = \beta = 0.5$，同理如果是京津冀三个系统，则令$\alpha = \beta = \chi = 1/3$。

2. 区域耦合协调度结果分析

基于上述耦合协调模型，本报告计算出2000~2022年京津冀三个地区两两以及三个子系统整体间的医疗卫生服务资源配置的耦合协调度。参考已有关于系统耦合协调度的评价标准，将京津冀医疗卫生服务资源配置系统耦合协调类型划分为低度协同（0<D≤0.3）、中度协同（0.3<D≤0.5）、良好协同（0.5<D≤0.8）、优质协同（0.8<D≤1）四个类型。

数据显示，2000~2022年京津、京冀、津冀三个子系统间的耦合协调度整体上呈现显著的上升趋势，表明随着时间的推移，京津冀地区在医疗卫生服务资源配置方面的协同性逐渐增强。具体来看，京津冀两两系统耦合协调度在2000~2006年大体都处于低度协同水平，2014年各系统迈入良好协同水平，2015~2022年各个系统间逐渐跃升至优质协同水平（见表6）。

表6 2000~2022年京津冀三地区各系统间医疗卫生服务资源配置的耦合协调度

年份	京津系统	京冀系统	津冀系统	京津冀系统
2000	0.252	0.216	0.209	0.225
2001	0.250	0.221	0.214	0.228
2002	0.155	0.153	0.150	0.153
2003	0.176	0.133	0.128	0.144
2004	0.194	0.160	0.150	0.167
2005	0.211	0.196	0.172	0.192
2006	0.266	0.239	0.215	0.239
2007	0.349	0.342	0.285	0.324
2008	0.426	0.379	0.346	0.383
2009	0.568	0.617	0.569	0.584

年份	京津系统	京冀系统	津冀系统	京津冀系统
2010	0.608	0.643	0.621	0.624
2011	0.640	0.672	0.650	0.654
2012	0.690	0.701	0.689	0.694
2013	0.732	0.729	0.734	0.732
2014	0.782	0.762	0.784	0.776
2015	0.828	0.793	0.831	0.817
2016	0.858	0.816	0.856	0.843
2017	0.880	0.851	0.884	0.872
2018	0.904	0.888	0.915	0.902
2019	0.934	0.910	0.932	0.925
2020	0.940	0.940	0.945	0.942
2021	0.966	0.962	0.972	0.967
2022	0.991	1.000	0.991	0.994

对于京津冀三者系统整体而言，耦合协调度从 2000 年的 0.225 上升到 2022 年的 0.994，这显示出京津冀三地在医疗卫生服务资源配置方面的整体协调性有了极大的提升，并且在 2022 年接近于优质协调（见图 6）。这充分证明 2014 年实施的京津冀协同发展的区域一体化政策积极促进了京津冀地区医疗卫生服务资源的有效整合和优化配置，提高了区域医疗卫生服务的整

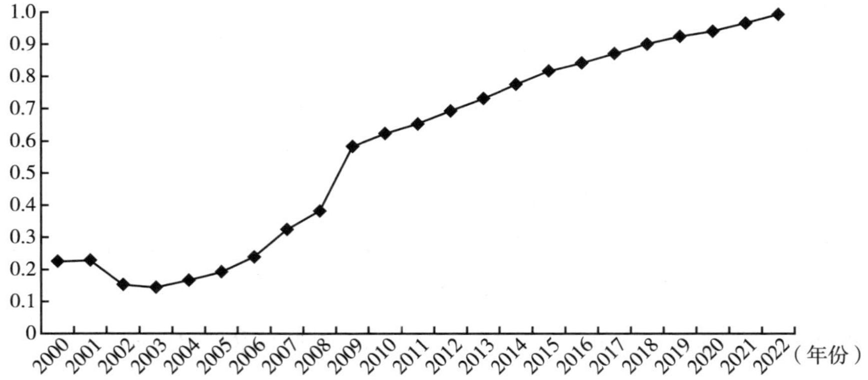

图 6 2000~2022 年京津冀区域医疗卫生服务资源配置耦合协调度

体效率和质量，实现了京津冀医疗卫生服务资源配置从低度协同到良好协同再到优质协同水平的快速跨越。

三　京津冀医疗卫生服务协同发展的问题

（一）区域公共医疗资源配置失衡

京津冀地区经济发展水平和产业结构差异较大，造成了不同地区之间的医疗资源配置失衡。

首先，高质量医疗资源在三地的空间分布不均衡。《2022 中国卫生健康统计年鉴》数据表明，在公立医院的构成中，2021 年北京市三级医院数量占公立医院总数的 45.313%，天津市三级医院数量占公立医院总数的 35.606%，河北省三级医院占公立医院总数的比例仅为 12.160%。三甲医院统计数据表明，北京市的三甲医院为 56 家，天津为 33 家，河北为 51 家。河北省人口数量是北京市的 3.382 倍，但是三甲医院数量少于北京市。京津冀区域内不同城市享有的高质量医疗资源差距巨大。

其次，人均医疗资源和资源利用效率在区域间存在较大差距。《2022 中国卫生健康统计年鉴》数据表明，从每千人口卫生技术人员数看，2021 年北京市最高为 13.20 人，天津市为 8.87 人，河北省为 7.51 人，北京是河北的 1.758 倍。医疗资源的使用效率存在差距，以病床使用率数据为例，北京市的病床使用率为 73.2%，天津为 68.4%，河北省为 68.9%。三地医院医师日均担负工作量差距较大，北京市和天津市日均负担诊疗人次数分别为 8.0 人次和 8.1 人次，河北省仅 5.0 人次。

最后，京津冀地区医疗卫生投入水平和信息化基础资源在地区之间发展差距较大。北京市、天津市、河北省卫生健康委员会预算公报显示，2022 年北京市卫生总费用 3649.37 亿元，天津市为 1110.2 亿元，河北省为 3607.09 亿元。考虑到京津冀地区的人口分布，从人均医疗卫生经费投入结果可以清晰地看出，北京市人均医疗卫生经费投入是天津市的 2.051 倍，天津市人均医疗卫生经费投入是河北省的 1.676 倍。2022 年京津冀三地医疗卫生总费用的方差是 2014 年三地医疗卫生总费用方差的 6.736 倍，这说明区域之间医疗卫生经费投入力度不均衡的趋势在恶化，区域差距呈现出扩大的趋势。从信息化基础资源服务器 CPU 核数机构分布构成比的数据来看，北京市 200 个及以上的占 52.3%，天津为 39.2%，河北省仅为 15.3%。已使用存储容量 40T 及以上的机构分布构成比重看，北京市为 53.3%，天津市为 39.2，河北省仅为 24.9%。北京市医院的信息化水平显著高于河北省医院。①

（二）医疗卫生管理体制不顺畅

京津冀三地医疗卫生行政管理体制不同，导致了在京津冀地区医疗卫生行政管理与协同管理方面面临挑战。

首先，京津冀三地的医保政策存在差异。虽然河北省从 2023 年 2 月 10 日起取消了参保群众赴京津异地就医备案手续，但是由于三地医保报销比例、报销范围、报销流程等方面存在差异，患者异地就医仍然面临诸多不便，也影响了医疗资源的合理利用。以在职职工为例，在北京，社区医院的报销比例为 90%，其他医院为 70%；在天津，一级、二级、三级及药店的报销比例分别为 75%、65%、55% 和 65%；在河北，起付线为 100 元，45 岁以下的报销比例为 50%，最高限额为 2000 元，45 岁以上的报销比例为 60%，最高限额为 3500 元。在医保报销范围上，北京的医保药品目录可能与天津和河北有所不同，导致在不同地区使用医保报销时，某些药品或诊疗项目的报销情况存在差异。此外，在医保报销流程上，需要提供的报销材料、审核时间等三地也有一些差别。

其次，京津冀三地的医院管理体制存在差异。在隶属关系上，京津冀三地的医院隶属于不同的行政部门或机构。北京的医院隶属于北京市卫生健康委员会，而天津和河北的医院可能隶属于当地的卫生健康部门或其他相关机构。这种隶属关系的差异导致管理政策、资金来源和资源配置等方面不同。

---

① 资料来源于《全国及 31 个省、自治区、直辖市医疗卫生机构统计报告》。

在医院的管理模式上，一些医院可能采用传统的行政管理模式，而另一些医院可能采用更加灵活的管理模式，注重医疗质量、患者安全和服务效率。此外，医院内部的管理结构、决策流程、管理制度和运行机制也可能因地区而异。不同医院之间管理体制和运行机制的差异给医院之间的合作和交流带来了不便，也影响了医疗资源的优化配置。

最后，京津冀三地医疗标准存在差异并且医疗人才流动不畅。在医疗标准方面，以医疗技术水平为例，北京作为医疗资源高度集中的地区，拥有众多顶尖的医疗专家和先进的治疗技术，一些疑难杂症的治疗水平在国内乃至国际上都处于领先地位。相比之下，河北和天津在某些领域的医疗技术相对滞后。在医疗设备设施方面，北京的大型医疗机构配备了最先进的医疗设备，如高精度的影像诊断设备、微创手术器械等，而河北和天津的部分医疗机构，尤其是基层医疗机构，设备更新换代较慢，难以满足复杂疾病的诊断和治疗需求。在医疗人才流动方面，情况同样不容乐观。由于户籍、编制、薪酬待遇以及职称评定等诸多因素的限制，人才的跨区域、跨单位流动遭遇阻碍。由于缺乏有效的人才交流机制和合作平台，医生个人的职业发展受到限制，落后地区医院的技术进步相对缓慢。医疗人才流动不畅进一步加剧了医疗人才短缺的问题。北京的医疗人才相对集中，而河北和天津的医疗人才相对不足。这种不平衡的人才分布给医疗服务的质量和水平带来了直接影响，制约了京津冀地区医疗事业的整体发展。

（三）区域内信息平台建设滞后于现实需求

由于区域内公共医疗服务协同治理涉及多个部门和多个领域的海量数据，因而在三地协同发展的信息平台建设时面临较大挑战。

首先，数据共享机制不完善影响了三地之间医疗协同的效率。京津冀三地医疗机构各自拥有独立的信息系统，彼此之间缺乏有效的沟通和衔接，这导致患者在跨区域就医时，病历信息、检查报告等无法及时共享，医生难以全面了解患者的病史和治疗情况。这不仅增加了重复检查的可能性，也耽误了最佳的治疗时机。另外，由于缺乏统一的信息传输标准和高效的信息传输渠道，医疗机构之间的信息传递往往存在延迟和误差。例如，转诊信息的传达可能会出现延误，使得患者在转诊过程中面临诸多不确定性，影响了医疗服务的连续性和质量。

其次，技术标准不统一也是制约信息平台建设的重要因素。京津冀三地在信息化建设方面采用了不同的技术标准和规范，导致数据格式不一致，难以实现有效对接和整合。这使得在构建协同信息平台时，需要耗费大量的时间和精力来解决技术兼容问题。例如，在病历书写和存储方面，北京的医疗机构按照特定的格式和编码规则记录患者的病情、诊断和治疗方案，并且能够实现病历的结构化存储和检索。而河北的部分医院病历格式和编码规则与北京的医疗机构大不相同。在药品编码和管理方面，三地的医疗机构使用不同的药品编码系统，导致当患者异地就医时，医生和药师可能难以迅速准确地识别和处理。医疗影像数据的传输和共享方面，不同医院的图像分辨率和文件格式存在差异，这就导致在京津冀之间传输医疗影像时，可能会出现图像失真、无法读取或加载缓慢等问题。

最后，资金投入的不足也是导致信息平台建设滞后的关键原因。建设完善的医疗卫生协同信息平台需要大量的资金支持，包括硬件设备购置、软件研发、人员培训等方面。但由于资金分配不均或投入有限，信息平台的建设无法满足现实需求的快速发展。

（四）医养结合服务发展不充分

目前京津冀地区医养结合服务发展不均衡，需要进一步整合资源，提升服务能力。

首先，医养产业发展利益协调和医疗养老资源的流动问题。一是京津冀三地在财政投入、税收优惠、医保政策等方面存在差异，导致在医养结合项目的扶持和补贴上难以达成一致，影响协同发展的推进。二是由于各地经济发展水平和财政状况不同，对于医养结合产业的投入能力和重点有所不同，可能引发资源分配不均和利益冲突。三是医疗资源跨区域流动存在障碍，医生的多点执业政策在三地的落实程度和具体规定上存在差异，影响了医疗人才的自由流动和优化配置。此外，医疗设备的调配和共享面临着审批流程复杂、管理体制不一等问题，制约了优质医疗资源的跨区域整合。

其次，医养服务标准、规范以及文化观念在地区间存在较大差异。京津冀三地在养老机构的建设标准、服务质量评估、安全管理等方面缺乏统一的规范，导致医养结合服务质量参差不齐。不同地区对老年人的护理等级划分、服务内容要求不一致，给跨区域的医养服务衔接带来困难。另外，三地在养老文化、消费观念、对医养结合的认知和接受程度上存在差异，导致市场需求和服务供给的不匹配。不同地区的管理理念和工作方式也可能影响协同合作的效率和效果。

最后，区域间的信息共享以及资金回报机制不健全导致产业难以发展壮大。目前三地的医疗信息系统、养老服务平台各自独立，数据格式和标准不统一，难以实现信息的有效共享和协同管理。患者的医疗档案、健康数据在跨区域医养结合服务中无法顺畅流转，影响了医疗服务的连续性和精准性。此外，医养结合产业前期投入大，回收期长，社会资本参与的积极性受到影响，尤其在缺乏有效的风险分担和利益共享机制时，跨区域的合作项目在资金筹集和运营方面面临较大挑战。

四　京津冀医疗卫生服务协同治理对策

（一）推进医疗卫生规划协同

一是成立京津冀医疗卫生规划协同领导小组，制定统一的规划目标和策略。京津冀医疗卫生规划领导小组应由三地医疗卫生领域的权威专家、政府官员等组成。由不同区域多个工作背景和身份的领导共同商讨并制定统一的规划目标和策略。通过明确协同发展的方向和重点，如共同提升医疗服务质量、推进医疗技术创新等，避免各自为政。同时，制定科学合理的策略，包括资源整合、人才培养与引进等，为京津冀医疗卫生协同发展提供有力的指导和保障。

二是综合考虑三地人口规模、疾病谱、医疗需求等因素，优化医疗资源布局。随着人口流动和老龄化加剧，三地的医疗需求不断变化。比如，北京人口密集，慢性病和疑难杂症的诊治需求较大；河北农村人口多，基层医疗服务需求突出。因此，要根据实际情况，合理分配医疗机构的类型和数量，在人口密集区增设大型综合医院，在农村和偏远地区加强基层医疗设施建设，以满足不同地区、不同人群的多样化医疗需求。

三是加大对河北和天津医疗资源相对薄弱地区的资金投入，提高医疗资源的均衡性。医疗资源相对薄弱地区在医疗设施、医技人才等方面均相对滞后，应增加财政拨款，用于购置先进的医疗设备，改善医院的硬件条件。同时，通过优惠政策吸引优秀医疗人才，加强人才培养和交流。还可以鼓励社会资本参与，建设更多优质医疗机构。通过多方参与共建逐步缩小与北京的差距，让三地居民都能享受到公平、优质的医疗服务。

（二）扩大医联体建设并加强医疗资源协同利用

一是扩大区域医联体的规模，促进优质医疗资源下沉。通过整合京津冀三地的医疗资源，构建跨区域医联体，使得医疗资源打破地域限制，促进优质医疗资源的流动。推动北京的高水平医疗团队定期到河北、天津的医疗机构进行技术指导和帮扶，将先进的医疗技术和管理经验带到基层，提高欠发达地区医疗技术水平。同时，推动医联体内部开展远程医疗服务，让患者在当地就能获得北京专家的诊断和治疗建议。

二是制定医联体内部的转诊标准和流程，提高转诊效率。明确医联体内部转诊的适应病症、患者病情评估标准以及转诊的具体操作流程，规定何种病情需要向上转诊至更高级别的医院，何种情况可以下转至基层医院进行康复治疗，避免转诊过程中的混乱和延误。同时，建立转诊的信息化平台，实现转诊信息的快速传递和共享，让医疗机构之间能够及时了解患者的情况，提前做好准备，从而缩短患者的等待时间，提高治疗效果。

三是加强医联体成员单位之间的人员培训和交流，提升整体医疗水平。定期组织欠发达地区的医务人员到北京、天津的大医院进修学习，让基层医务人员接触最新的医疗技术和理念。同时，邀请专家到基层医院进行授课和现场指导，开展学术交流活动，分享临床经验和研究成果。此外，还可以建立人员轮岗制度，促进不同地区医务人员之间的相互了解和合作，共同提高业务能力，从而提升医联体的整体医疗服务水平。

（三）强化医疗卫生信息化共享平台建设

一是制定统一的数据共享标准和技术规范，确保信息的准确和有效传递。建立一套涵盖患者基本信息、诊断结果、治疗方案等方面的统一标准，明确数据的采集、存储、传输和使用规则。同时，采用先进的技术规范，如加密技术、数据验证机制等，确保数据的完整性和准确性，为三地医疗协同提供坚实的数据支撑。

二是加大对信息平台建设的资金投入，提升硬件设施和软件系统。一方面购置高性能的服务器、存储设备等硬件设施，以保障数据的存储和处理能力。另一方面，还需要开发功能强大、用户友好的软件系统，实现医疗数据的高效管理和分析。资金投入可以用于引进先进的信息技术，如云计算、大数据分析等，提升信息平台的智能化水平。此外，还能够支持系统的维护和升级，确保其持续稳定运行，为医疗卫生服务提供可靠的技术保障。

三是加强信息平台的运维管理，建立信息安全保障机制。一方面建立运维管理团队，实时监控信息平台的运行状态，及时发现并解决可能出现的硬件故障、软件漏洞等问题。定期对系统进行优化和升级，以适应不断增长的数据量和业务需求。另一方面采用严格的访问控制策略，只有授权人员能够获取和使用相关数据。运用加密技术对数据进行加密处理，保护患者隐私和医疗数据安全。此外，建立应急响应机制，及时发现和处理数据安全事件，为患者和医疗机构之间的协同营造安全可靠的信息环境。通过专业的运维管理，保障信息平台的稳定高效运行，为医疗卫生协同发展提供有力支持。

（四）推动医养结合产业联盟建设

一是制定医养结合产业的统一标准和规范。在服务质量方面，应明确规定医疗护理、生活照料、康复保健等服务的内容和标准，确保老年人得到全面、优质的服务。在安全管理上，制定严格的设施设备安全、食品安全、消防安全等标准，保障老年人的生命和财产安全。同时，建立监督评估机制，对医养结合机构进行定期检查和评估，促进其不断提升服务水平和安全管理能力，为老年人创造一个安心、舒适的医养环境。

二是建立三地医养资源的统筹调配机制，优化资源配置。京津冀三地在医养资源方面存在差异，通过建立统筹调配机制，可以实现资源的合理流动和高效利用。例如，根据各地的需求和供给情况，将医疗设备、专业人才等从资源丰富的地区调配到相对薄弱的地区。同时，建立资源共享平台，使三地的医养机构能够及时了解资源分布情况，方便进行调配申请和协调。这样能够避免资源闲置和浪费，提高资源的整体利用效率，更好地满足老年人的医养需求。

三是搭建医养结合信息共享平台，促进医疗和养老数据的互联互通。通过医养数据平台，可以整合三地医疗机构和养老机构的信息资源，实现老年人健康档案、医疗记录、养老服务记录等数据的共享。医护人员能够及时获取全面准确的信息，为老年人提供个性化的医养服务。同时，信息共享平台还可以为政府部门的决策提供数据支持，优化医养资源配置和政策制定。此外，家属也能通过平台了解老年人的健康和生活状况，提高对医养服务的信任和满意度，促进医疗和养老产业的发展。

四是出台相关政策鼓励社会资本参与医养结合产业，完善资金回报机制。政府可以出台税收优惠、财政补贴、贷款支持等政策，降低社会资本的投资风险和运营成本，激发其参与的积极性。同时，建立合理的资金回报机制，如通过服务收费、政府购买服务、与医保结合等方式，确保社会资本能够获得稳定的收益。此外，还可以设立专项基金，引导社会资本投向医养结合的重点领域和薄弱环节，促进产业的均衡发展和整体提升。

参考文献

焦翠红、王龙芝、张驰：《创新价值链视角下长三角创新系统协同性研究》，《华东经济管理》2024 年第 7 期。

李长松、周霞、周玉玺：《中国粮食主产区农业水贫困与粮食生产脆弱性的时空耦合研究》，《农业资源与环境学报》2023 年第 4 期。

彭程：《京津冀医疗卫生协同发展效果评价与对策优化研究》，硕士学位论文，天津商业大学，2022。

韩霞、于秋漫：《推进京津冀医疗资源均等化发展分析》，《北京航空航天大学学报》（社会科学版）2021 年第 2 期。

宋永志：《京津冀医疗卫生资源配置的协同研究》，《产业与科技论坛》2022 年第 20 期。

B.9
政策网络治理视角下京津冀区域
养老服务协同治理路径探索

耿云　杨艳　李明社　李文慧*

摘　要： 随着我国老龄化进程的加快，养老问题成为国家发展的重要关切。京津冀区域作为京畿重地，老龄化程度较高，其养老服务的协同发展，既是实现区域养老服务高质量发展的关键所在，也是构筑"中国式现代化建设的先行区、示范区"的重要环节。京津冀地区的老龄化特征总体表现为老年人口绝对数量大、发展态势猛、高龄化趋势加剧以及独居和空巢老人数量增速加快、比重增大，但三地老龄人口在户籍、高龄、城乡等方面的比例存在具体差异。通过分析京津冀三地养老服务协同的必要性、可行性以及现有做法，针对该区域养老服务协同治理中存在的政策支持不足、供需失衡以及主体互动不充分等问题，本报告提出了加强规划指导、优化养老资源配置和深化多方主体互动等策略，以期进一步完善京津冀地区的养老服务协同机制。

关键词： 政策网络　京津冀　养老服务　协同治理

京津冀区域作为引领全国高质量发展的三大重要动力源之一，其养老服务协同政策的研究、创制和贯彻落实，既是实现区域养老服务高质量发展的关键所在，也是构筑"中国式现代化建设的先行区、示范区"的重要环节。

---

* 耿云，中央财经大学政府管理学院副教授，主要研究方向为基层治理、公益慈善；杨艳、李明社，中央财经大学政府管理学院硕士研究生；李文慧，中央财经大学政府管理学院本科生。

京津冀协同治理模式不仅涉及中央与地方、地方政府间的纵向指导与横向协同，还广泛纳入了专家团队、社会组织、企业以及公众等多方力量，通过跨领域、多层次的合作与互动，构建一个多元化、开放化、互动化的协同治理网络。当前，在老龄化进程加速的背景下，如何通过政策网络的构建和优化，充分发挥三地资源禀赋优势，促进多元主体良性互动，形成养老服务协调联动机制，提升京津冀一体化公共服务水平，实现"一核两翼"的城市群战略布局，成为亟待解决的重要问题。

一　政策网络治理的内涵及分析视角

政策网络理论是西方发达国家研究后现代政策过程的主流话语和新的分析范式，它主要研究在政策过程中相互依赖的行动者的稳定社会关系模式对公共政策的影响。[①] 政策网络理论的集大成者罗茨强调政府网络概念可以灵活应用于多个层面和场景，包括微观层面的人际关系、中观层面利益集团和政府间的关系，以及宏观层面国家与公民社会之间的关系。同时，他根据政策网络成员参与资格、相互依赖关系和资源分配差异提出了一个从高度聚合到松散组合的网络结构模型，这一模型将政策网络细分为五个层级，依次为政策社群、专业网络、府际网络、生产者网络和问题网络（见表1）。[②]

表1　政策网络的特征

政策网络类型	网络特点	相关主体
政策社群	关系稳定，连续高度受限的成员资格，基于公共服务供给责任的纵向相互依赖，横向联系有限	以中央政府为代表的权力机关,政府内部或政府自身的主要功能性利益是其联结基础
专业网络	关系稳定，严格限制成员的资格，纵向相互依赖关系，横向联系有限，为专业利益服务	从事特定行业的专业人士组成的网络

---

① 蒋硕亮：《政策网络路径：西方公共政策分析的新范式》，《政治学研究》2010 年第 6 期。

② Rhodes R. A. W. , *The National World of Local Government* (London Allen & Unwin, 1986), p. 45.

续表

政策网络类型	网络特点	相关主体
府际网络	有限的成员资格,纵向相互依赖有限,横向联系广泛	以地方政府为代表的组织联结
生产者网络	波动的成员资格,纵向相互依赖有限,为生产者利益服务	经济利益集团等生产者的组织联结
问题网络	成员众多且不稳定,纵向相互依赖有限	利益相关者

资料来源:〔英〕R. A. W. 罗茨:《理解治理:政策网络、治理反思与问责》,丁煌、丁方达译,中国人民大学出版社,2020,第37~40页。

西方学者对政策网络的研究主要分为以英美学者为主的利益协调学派和以德国、荷兰为代表的治理学派。前者强调政策网络是反映特定利益集团在某一政策领域的相对地位或者权力,政策网络影响政策后果;后者强调政策网络治理的过程就是异质多元的参与主体基于利益的依赖与交换,通过结盟和资源互换的方式,不断相互学习、影响,逐渐凝聚成共同的价值取向,进而在行动上达成共识,并形成一致行动的过程。[①] 政策网络治理意味着一种与传统政府制度不同的治理模式,具有以下特征。(1)政府在政策网络中起主导作用,成功治理的关键在于政府对其他主体的有效整合以及对政策网络的有效管理。(2)更加依赖具有激励性、沟通性、契约性和自愿性的工具。(3)治理主体通过集体选择和集体行动建立共同解决公共问题的纵向、横向或两者相结合的组织网络,形成资源共享、彼此依赖、互惠互利和相互合作的机制与组织结构。(4)政策网络有效运转的基础是相互依赖的网络主体通过集体行为的互动形成一套有效的治理机制(信任、协商、学习机制),进而实现共同结果。这一过程反映出政府与社会多元化、利益格局变化以及对公共政策制定过程新视角的需求。[②][③] 本报告结合政策网络中的行

① 汪泳、刘桂华:《政策网络治理视域下我国政府养老服务政策内容分析及优化》,《理论探讨》2019年第4期。
② Rhodes R. A. W. , Marsh D. , "New Directions in the Study of Policy Networks," *European Journal of Political Research* 21 (1992)。
③ 孙柏瑛、李卓青:《政策网络治理:公共治理的新途径》,《中国行政管理》2008年第5期。

动者互动格局和政策联盟框架,① 从网络结构、行动者位置及功能、资源依赖状况、关系类型及紧密度等多重维度对行动者进行梳理，构建了京津冀区域养老服务协同治理的政策网络系统（见图1）。

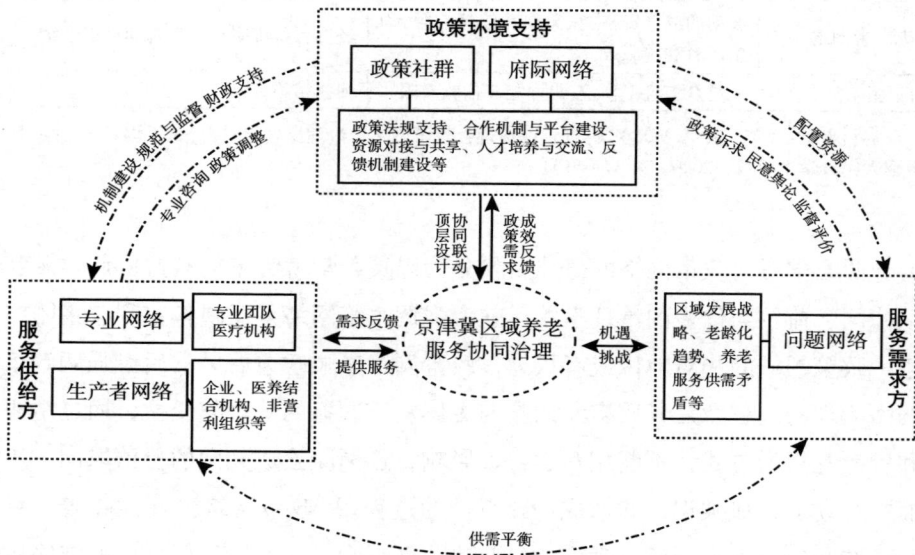

图1　京津冀区域养老服务协同治理的政策网络系统

二　京津冀人口老龄化的趋势与特征

截至 2019 年底，中国大陆总人口为 140005 万人，其中 60 周岁及以上人口 25388 万人，占比 18.1%。② 截至 2023 年底，全国人口 140967 万人，其中 60 周岁及以上人口 29697 万人，占比 21.1%。③ 仅四年时间，我国 60 周岁及以上人口占比增加了 3 个百分点，中国人口呈现基数大、老年人口

①　刘亚娜：《我国医养结合养老服务政策网络与耦合协同》，《中国行政管理》2018 年第 8 期。
②　《中华人民共和国 2019 年国民经济和社会发展统计公报》，《中国统计》2020 年第 3 期。
③　《中华人民共和国 2023 年国民经济和社会发展统计公报》，《中国统计》2024 年第 3 期。

多、人口老龄化进程不断加快等特点。现有研究表明，人口老龄化对经济社会发展有显著的负面影响，且这种影响存在显著的区域差异和空间效应。[①]

（一）京津冀人口老龄化的总体趋势

从京津冀地区老年人口数量增长趋势、老年人口结构变化等方面来看，京津冀人口老龄化的发展趋势呈现出以下特点。

1. 人口老龄化绝对数量大

2021年5月11日，国家统计局发布的《第七次全国人口普查公报》（第二号、第五号）[②]数据显示，全国人口总数为1443497378人，60岁及以上人口为264018766人，占18.70%，其中65岁及以上人口为190635280人，占13.50%。同月，北京市、天津市、河北省统计局分别发布了地方《第七次全国人口普查公报》。[③]数据汇总可知，京津冀常住人口总数为110369339人，占全国总人口的7.65%；60岁及以上人口为22113326人，占京津冀常住人口的20.04%；65岁及以上人口为15345689人，占京津冀常住人口的13.90%（见图2、图3），绝对数量较大。通过上述数据可以看出，京津冀60岁及以上人口数占地区人口总数比率与65岁及以上人口数占地区人口总数比率均高于全国水平，已接近中度老龄化社会水平。[④]

2. 人口老龄化发展态势猛

与2010年的第六次全国人口普查数据相比，第七次全国人口普查全国60岁及以上人口的比重上升5.44个百分点，65岁及以上人口的比重上升4.63个

---

① 鄢奋、李秋烟、潘娜：《人口老龄化对经济增长影响的区域差异和空间效应研究》，《经济纵横》2023年第12期。

② 《第七次全国人口普查公报》（第二号、第五号），国家统计局网站，2021年5月11日，https：//www.stats.gov.cn/sj/tjgb/rkpcgb/qgrkpcgb/。

③ 《北京市第七次全国人口普查公报》，北京市统计局网站，2021年5月19日，https：//tjj.beijing.gov.cn/tjsj_31433/tjgb_31445/rpgb_31449/；《天津市2020年第七次全国人口普查主要数据公报》，天津市统计局网站，2021年5月21日，https：//stats.tj.gov.cn/tjsj_52032/tjgb/；《河北省第七次全国人口普查公报》，河北省统计局网站，2021年5月19日，http：//tjj.hebei.gov.cn/hbstjj/sj/tjgb/。

④ 按照国际划分标准，当一个国家或地区60岁以上老年人口占人口总数的10%，或65岁以上老年人口占人口总数的7%，即意味着这个国家或地区的人口处于老龄化社会。

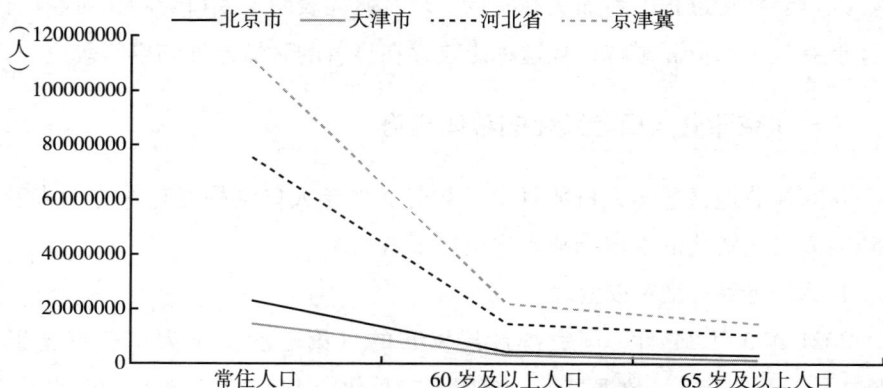

图2 京津冀第七次全国人口普查数据汇总

资料来源：北京市、天津市、河北省《第七次全国人口普查公报》。

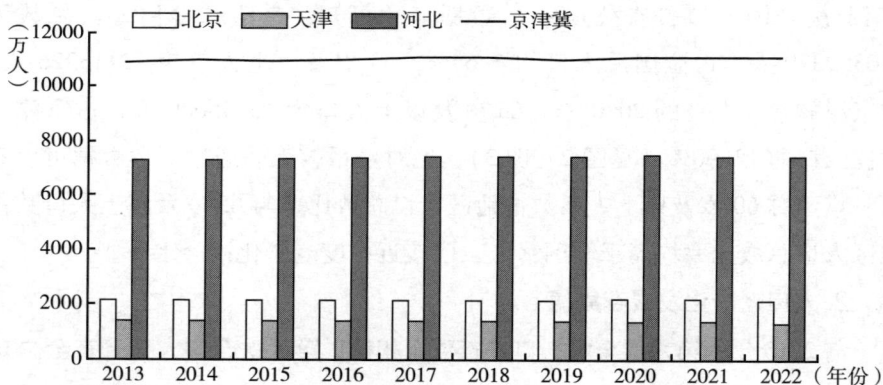

图3 京津冀地区近十年年末常住人口数

资料来源：北京市、天津市、河北省《国民经济和社会发展统计公报》（2013~2022年）。

百分点；北京市60岁及以上人口的比重上升7.1个百分点，65岁及以上人口的比重上升4.6个百分点；天津市60岁及以上人口的比重上升8.64个百分点，65岁及以上人口的比重上升6.23个百分点；河北省60岁及以上人口的比重上升6.85个百分点，65岁及以上人口的比重上升5.68个百分点（见表2）。由此可见，京津冀老年人口增长率与全国平均水平相比明显偏高，仅北京市65岁及以上人口增长率低于全国平均水平0.03%，人口老龄化发展态势迅猛。

表 2　京津冀老年人口数相比第六次人口普查的增长率

单位：%

省份	北京	天津	河北	全国
60 岁及以上人口增长率	7.10	8.64	6.85	5.44
65 岁及以上人口增长率	4.60	6.23	5.68	4.63

资料来源：北京市、天津市、河北省《第七次全国人口普查公报》。

3. 人口高龄化趋势加剧

随着经济社会的发展，医疗卫生、营养水平不断提高，老年人口死亡率呈下降趋势并且人均预期寿命越来越高，高龄化趋势加剧在京津冀地区表现格外明显。[①] 以北京市为例，2013 年至 2022 年，北京市 80 岁及以上户籍人口由 47.4 万人增加至 69.9 万人，十年间增长 22.5 万人，增幅达 47.5%。[②]

第六次全国人口普查结果显示，2010 年全国人均预期寿命为 74.83 岁，分省市来看，北京市为 80.18 岁，天津市为 78.89 岁，河北省为 74.97 岁。2020 年全国人均预期寿命为 77.93 岁。[③] 2023 年，我国人均预期寿命达到 78.6 岁。[④]《"健康北京 2030"规划纲要》指出，2030 年首都市民人均期望寿命超过 83.4 岁。[⑤] 人口老龄化背景下，人均预期寿命持续上升，使得人口结构呈现出高龄化趋势，并随着时间推移不断加剧。

4. 独居和空巢老人数量增速加快、比重增高

2022 年 10 月 26 日，民政部养老服务司副司长李邦华在例行发布会上

---

① 人口高龄化指的是年龄在 80 岁以上的老人群体占全体老人（大于 60 岁或 65 岁）的比例趋于上升的过程。

② 《北京市 2022 年度老龄事业发展报告》，北京市卫生健康委员会网站，2023 年 10 月 23 日，https：//wjw.beijing.gov.cn/wjwh/ztzl/lnr/lljkzc/lllnfzbg/202310/P020231023507927451629.pdf。

③ 《我国人均预期寿命提高到 77.93 岁，主要健康指标居于中高收入国家前列》，百家号，2022 年 7 月 5 日，https：//baijiahao.baidu.com/s? id=1737479246143272887&wfr=spider&for=pc。

④ 《2023 年我国卫生健康事业发展统计公报》，中国政府网，2024 年 8 月 29 日，https：//www.gov.cn/lianbo/bumen/202408/content_6971241.htm。

⑤ 《中共北京市委 北京市人民政府关于印发〈"健康北京 2030"规划纲要〉的通知》，北京市人民政府网站，2017 年 9 月 19 日，https：//www.beijing.gov.cn/zhengce/zhengcefagui/201905/t20190522_60543.html。

表示，我国老年人口中空巢老人占比目前已超过一半，部分大城市和农村地区空巢老年人比例甚至超过70%。① 第七次全国人口普查结果显示，单身老人（单独居住的老人）为3729万户，占"有老年人家庭户"的21.38%。② 而这一数据较之2010年第六次全国人口普查增长了约6.5%。随着老龄化和医疗技术的不断发展，生活节奏加快，包括上班族、农民工、学生等在内的中青年远离家庭，北京、天津等大城市以及河北省农村地区的空巢老年人比例不断升高，且呈现不断加剧态势，严重影响老年人的生活水平和心理健康。

（二）京津冀区域人口老龄化特征比较

1. 北京市户籍老年人口与高龄老年人口比例高

《第七次全国人口普查公报》数据显示，京津冀三地60岁及以上人口占比分别为19.6%、21.66%、19.85%。北京市60岁及以上人口占常住人口比例低于天津、河北。不过，北京市户籍老年人口比例较高。2022年，北京市常住老年人口465.1万人，占常住人口的21.3%；户籍老年人口414万人，占总户籍人口的29%。③ 截至2023年底，北京市常住老年人共有494.8万人，占常住人口的22.6%，比2022年底增加29.7万人，平均每天净增800人。④ 北京户籍老年人口较常住老年人口比例高的原因在于北京外来人口占总人口的1/3左右，其中年轻人比重大。按现有人口结构推算，预计到"十五五"初期，常住老年人口比例将超过25%；到"十六五"初期，这一比例将超过30%，老年人口突破700万人，进入重度老龄化社会。2024年6月20日发布的《北京市养老机构行业发展报告》数据

---

① 《我国将进入中度老龄化 民政部：养老服务是应对老龄化的重要内容》，央视网，2022年10月26日，https://news.cctv.com/2022/10/26/ARTIo7nNiKtyEFyhBpwIIfAB221026.shtml。

② 《第七次全国人口普查公报》（第二号、第五号），国家统计局网站，2021年5月11日，https://www.stats.gov.cn/sj/tjgb/rkpcgb/qgrkpcgb/。

③ 《本市常住老年人达465.1万人 2022年增幅为5年来最高》，北京市人民政府网站，2023年6月30日，https://www.beijing.gov.cn/gongkai/shuju/sjjd/202306/t20230630_3150637.html。

④ 《〈2023年北京市老龄事业发展报告〉发布 户籍人口中老人占比首破30%》，北京市人民政府网站，2024年10月12日，https://www.beijing.gov.cn/ywdt/gzdt/202410/t20241012_3917392.html。

显示，北京市养老机构共收住老年人近4.5万名，其中80岁以上或失能失智老年人占绝大多数。

2. 天津市60岁以上人口比例最高，老龄化发展速度最快

根据《第七次全国人口普查公报》数据，天津市60岁以上的人口已达到300万，占全市常住人口的21.66%。其中，65岁以上的人口约为205万，占比14.75%。全国范围内，60岁以上的人口约为26402万，占比为18.7%，65岁以上的人口约为19064万，占比为13.5%。与全国平均水平、北京、河北相比，天津市的人口老龄化现象更为严重。同时，与其他城市相比，天津市人口的老龄化速度非常之快。2000~2023年，天津市60岁以上的老年人口数量增加了两倍左右，且常住人口呈现稳中下降趋势，这导致天津市人口老龄化率急剧上升。天津市在经济发展和人口结构转型的过程中，面临着更为严峻的挑战。

3. 河北乡村老龄化程度高于城镇

老龄化程度在城乡之间也存在一定的差异。北京与天津作为国家直辖市，受辖区内城市社会保障体系更加完备，医疗条件更加先进，养老服务设施更加健全等因素影响，城市的老龄化程度高于农村。作为京津冀区域相对欠发达的地区，河北省乡村老龄化程度高于城镇。《河北省第七次全国人口普查公报》数据显示，河北省乡村老年人口占全部乡村人口的比重为24.47%，城镇老年人口占城镇人口的比重为16.78%，低于乡村7.69个百分点。城镇化水平低是河北省乡村老龄化程度明显高于城镇的重要影响因素。目前，北京、天津已处于城镇化后期阶段，河北城镇化率增长较快，逐渐接近全国平均水平。2023年，河北省常住人口城镇化率为62.77%，[①] 距离全国城镇化率平均水平66.16%[②]还有一定差距。

---

① 《河北省2023年国民经济和社会发展统计公报》，河北省人民政府网站，2024年3月1日，http：//www.hebei.gov.cn/columns/3bbf017c－0e27－4cac－88c0－c5cac90ecd73/202403/06/c5cd8698－2ec9－40d5－9a4b－5f4128266b0d.html。

② 《2023年国民经济回升向好 高质量发展扎实推进》，国家统计局网站，2024年1月17日，https：//www.stats.gov.cn/sj/zxfb/202401/t20240117_1946624.html。

三 京津冀养老服务协同治理的
必要性与可行性

（一）京津冀养老服务协同治理的必要性

1. 老龄化进程加快，养老挑战不断

随着老龄化的不断发展，预计到"十四五"末期，北京市、天津市和河北省 60 岁以上人口占比将达到 24%[①]、24.66%[②] 和 19.1%[③]。如前所述，京津冀具有老龄人口基数大、高龄化趋势加剧、独居与空巢老人比重大等特征，养老服务面临挑战，养老服务需求的增加使得单一地区内的养老资源无法满足区域内老年人的生活养老需求。京津冀三地区应协同治理，发挥各地区之间的优势，缓解老龄化所带来的压力与挑战。

2. 京津地区养老供需矛盾突出

京津冀地区中心城区养老压力不断增大，2022 年京津冀区域养老机构数量达 2822 个，供给养老床位 40.9 万张，养老床位缺口 28.9 万张。[④] 北京地区养老供需矛盾尤为突出，老龄化产生的巨大养老服务需求使得市中心养老机构"一床难求"，而郊区养老机构却呈现出"无人入住"的情况。相关数据显示，截至 2024 年 6 月，北京市共有 578 家养老机构，床位总数 10.9

① 《北京市老龄工作委员会关于印发〈北京市"十四五"时期老龄事业发展规划〉的通知》，北京市人民政府网站，2021 年 1 月 11 日，https：//www.beijing.gov.cn/zhengce/zhengcefagui/202111/t20211126_2545746.html。
② 《〈天津市人口发展"十四五"规划〉政策解读》，天津市人民政府网站，2021 年 12 月 1 日，https：//www.tj.gov.cn/zwgk/szfgb/qk/2021/16site/202112/t20211201_5738584.html。
③ 《河北省人民政府关于印发〈河北省人口发展规划（2018—2035 年）〉的通知》，河北省人民政府网站，2018 年 9 月 13 日，https：//www.hebei.gov.cn/columns/ebafb49e-2094-4c8e-b7c9-8e5cbe6fe478/202309/05/2c423de3-8d7c-41aa-955a-067b3e071825.html。
④ 《京津冀 & 长三角养老市场的"增量"转"提质"》，百家号，2024 年 1 月 31 日，https：//baijiahao.baidu.com/s？id=1789598852627034123。

万张，收住老年人 44938 名，全市养老机构平均入住率约为 45%。^① 对于超大型城市，老年人口分布状况呈现由中心城区向外围递减的特征，北京市三分之二的老年人口集中分布于城六区，^② 城六区位置优越、设施完备的中高端养老项目入住率高达 90%，许多公立养老院甚至出现排队等候的现象，^③ 而城六区之外的大多数养老机构由于入住率低，仍处于亏损状态。天津市情况类似，市级国办养老机构受到大多数老年人的青睐，国办养老机构床位饱和，^④ 而民办养老院门可罗雀。为了满足北京、天津中心城区不断增长的养老需求与缓解养老压力，使异地养老成为可能的选择，京津冀养老协同一体化发展为京津籍老人到城郊地区或河北地区居住提供可能性，在一定程度上能够缓解中心城区的养老压力。

3. 京津冀一体化发展的必然要求

为疏解北京非首都功能，2015 年出台《京津冀协同发展规划纲要》，标志着京津冀协同发展上升为国家战略。养老服务作为民生服务的重要组成部分，京津冀养老服务协同发展是京津冀协同发展工作中不可回避的问题，是促进京津冀城市群人口区域协调发展的重要内容，^⑤ 有助于区域内公共服务均等化的发展，对京津冀地区之间养老资源的优化配置、养老资源利用效率的提高具有重要意义。通过京津冀养老服务协同治理，推动京津冀地区养老政策与标准的统一，从服务质量上做到"同质同标"，助力京津冀一体化发展，更好地应对区域内的老龄化压力，打造养老服务现代化建设区域协同的先行区与示范区。

---

① 《〈北京市养老机构行业发展报告〉发布 住养老机构的九成为"老老人"》，北京市人民政府网站，2024 年 6 月 21 日，https://www.beijing.gov.cn/ywdt/gzdt/202406/t20240621_3722885.html。

② 康越、惠永强：《北京中心城区养老瓶颈及完善策略》，《城市问题》2020 年第 9 期。

③ 张菡：《京津冀一体化背景下京籍老年人异地养老的现状与展望》，《北京政法职业学院学报》2017 年第 2 期。

④ 杜娟：《加大机构建设提高服务水平——天津破解养老机构"一床难求"难题》，《社会福利》2012 年第 12 期。

⑤ 胡宏伟、王静茹：《京津冀养老服务协同中的政府驱动治理研究——基于组织多重制度逻辑的视角》，《北京联合大学学报》（人文社会科学版）2022 年第 1 期。

（二）京津冀养老服务协同治理的可行性

1. 养老服务政策支持

为推动京津冀协同发展，我国出台相关战略性国家政策，三地相关部门积极贯彻落实关于"推动京津养老项目向河北具备条件的地区延伸布局"的重要指示精神，持续加强交流合作。自京津冀协同发展重大国家战略实施发展以来，三地联合发布《京津冀区域养老服务协同发展实施方案》《京津冀区域养老服务协同发展实施方案》《京津冀民政事业协同发展三年行动计划（2021—2023 年）》《关于进一步深化京津冀养老服务协同发展的实施方案》等有关方案，不仅为京津冀养老服务的协同发展提供了明确的指导，也为三地的养老事业注入了新的活力。

除了战略性政策支持外，京津冀地区还在社会保障政策统筹协同方面采取了多种措施，促进人员在三地间的流动，推动公共服务标准三地间统一，达到养老服务协同发展的目标。医疗保险政策与养老保险政策是京津冀人才流动、跨区域养老推动工作中人们最为关注的社会保障政策。在医疗保险方面，2023 年京津冀三地医保部门联合印发《关于开展京津冀区域内就医视同备案工作的通知》，旨在推行医疗机构检查结果互认、医保异地报销等政策，不断推动医疗资源共享。在社会保险方面，2023 年三地社会保险经办服务部门签署了《京津冀社会保险经办服务协同合作协议（2023—2025年）》，共享社保数据信息，允许社会保险的"跨省通办"。

为了增强北京籍老年人异地养老意愿、激发养老机构的积极性，根据《京津冀区域养老工作协同发展实施方案》，实行床位补贴跟随老人到异地养老试点机构，同时津冀地区养老试点机构给予这些京籍老人每人每月 100元的交通补贴费，财政补贴的跟进与落实加速了京津冀养老服务协同的进程。

2. 养老服务资源互补

京津冀三地遵循优势互补、资源共享的原则，扬长避短，共建养老服务产业，在经济发展互补、成本优势与地理环境三方面具有可行性。

（1）经济发展互补。京津冀养老协同发展利用北京强大的经济实力与优质的医疗资源，为天津、河北养老产业的发展提供支撑。北京的养老服务需求向天津、河北延伸，带动津冀养老产业的进步，促进产业结构优化，进而缩小三地之间的发展差距。

（2）成本优势显著。北京作为首都，不仅面临着地价高昂和土地资源紧缺的双重压力，人力成本与运营成本也较高。[①] 相比较而言，津冀两地的土地成本、人力成本与运营成本更具有比较优势，养老产业向津冀尤其是河北扩散，不仅能够有效纾解北京土地紧缺的压力，同时在成本相同的条件下形成更加具有竞争优势的高质量养老服务。

（3）地理环境优越。京津冀地缘相近，交通便捷。由7条首都放射线、2条纵线和3条横线构成的国家高速公路主干网，以及以北京、天津为核心枢纽，贯通河北各地市的全国性高速铁路网，[②] 为区域间的快速通达创造了条件，并形成了京津冀核心区1小时交通圈以及相邻城市间1.5小时交通圈，[③] 时空距离的缩短有利于异地养老的发展，为京津冀养老服务的协同提供强有力的支撑。

3. 养老服务产业协作

养老服务产业先发展，才能够吸引京津老年人来冀养老。现阶段京津冀养老服务产业协作呈现蓬勃发展态势，《京津冀养老工作协调发展合作协议（2016—2020年）》明确指出要加强三地养老产业间的合作。2023年河北提出构建"一区一圈三带"康养产业发展格局［分别指环京24县（市、区）养老核心区；高铁1小时养老服务圈；燕山、太行山、沿海康养休闲产业带］，河北省环京6市主动承接北京、天津养老服务需求，其中廊坊北三县与北京市开展合作，签订《北京市养老产业向"北三县"延伸的实施

---

① 王雯、张菲：《京津冀协同发展背景下北京老年人异地养老服务研究》，《经济与管理》2018年第6期。

② 《今年底北京将迎来"八站两场"枢纽新格局》，《北京日报》2024年2月27日。

③ 《京津冀核心区1小时交通圈基本形成》，中国政府网，2020年12月10日，https：//www.gov.cn/xinwen/2020-12/10/content_5568768.htm。

方案》，加速河北省康养产业布局形成，拓宽发展空间。截至 2024 年 3 月，河北环京津 24 个县（市、区）为京津参保人提供养老就医直接结算服务的定点医疗机构、零售药店已分别达到 620 家、2169 家。[①]

四　京津冀养老服务协同治理现状

（一）京津冀养老服务协同治理的发展过程

在京津冀协同治理政策提出前，北京、天津和河北三地尚未形成明确的区域养老服务协同体系，但各地重视养老服务的发展，因地制宜部署养老工作。北京市在 2013 年出台《北京市人民政府关于加快推进养老服务业发展的意见》，加快推动北京市养老服务业的发展。天津市于 2008 年出台《加快养老服务业发展的具体实施意见》，2011 年出台《进一步发展天津市居家养老服务的意见》，为养老服务提供财政补贴与支持，促进养老服务体系的建立。河北省的相关政策有《河北省老龄事业发展"十二五"规划》等。2015 年，京津冀协同治理正式提出，养老服务协同也随之拉开帷幕。京津冀养老服务协同治理主要分为项目协同、人才协同、医养协同、区域协同与行业协同。京津冀养老服务协同相关政策文件如表 3 所示。

表 3　京津冀养老服务协同相关的部分政策文件

发布时间	文件名称
2015 年 4 月	《京津冀协同发展规划纲要》
2015 年 11 月	《京津冀民政事业协同发展合作框架协议》
2016 年 6 月	《京津冀养老工作协同发展合作协议（2016 年—2020 年）》
2016 年 11 月	《京津冀养老服务协同发展试点方案》

[①]　张原、李宁馨、高新国等：《京津冀协同养老，托起幸福"夕阳红"》，《人民政协报》2024 年 4 月 22 日。

续表

发布时间	文件名称
2017 年 11 月	《关于增设京津冀养老服务协同发展试点机构的通知》
2017 年 12 月	《京津冀区域养老服务协同发展实施方案》
2018 年 12 月	《通武廊养老工作协同发展合作协议(2017—2020 年)》
2021 年 2 月	《关于推进京津冀蒙协同发展区域养老机构等级评定等相关标准互认工作的通知》
2021 年 7 月	《京津冀民政事业协同发展三年行动计划(2021—2023 年)》
2023 年 8 月	《京津冀养老协同专题工作组工作机制运行规则》《京津冀养老协同专题工作组办公室组建方案及工作规则》《京津冀养老服务人才培训协同工作方案》
2024 年 3 月	《关于推进京津冀养老政策协同的若干措施》《关于进一步深化京津冀养老服务协同发展的实施方案》

资料来源：作者根据三地政府部门官网整理。

第一，京津冀养老服务项目协同。2015 年三地民政部门签署《京津冀民政事业协同发展合作框架协议》，为京津冀三地养老服务合作事宜搭建框架，将"天津武清养老护理中心"、"中标集团河北高碑店养老项目"和"河北三河燕达国际健康城"划为"京津冀养老协同发展试点单位"。2017 年《关于增设京津冀养老服务协同发展试点机构的通知》出台，在 2015 年设定的 3 个京津冀养老协同发展试点单位基础上增加张家口九鼎老年公寓、泊头市福星园老年公寓、三河市五福托老院等 6 家养老机构作为试点单位。在京津冀区域的大框架下，2018 年京津冀三地民政部门签署了《通武廊养老工作协同发展合作协议（2017—2020 年）》，形成大框架下的小协同。"通武廊"在京津冀协同发展中发挥着"桥头堡"和"主力军"作用，[1] 2019 年至 2021 年 6 月，廊坊市北三县累计入住通州区户籍符合补贴老年人 2168 人次，通州区累计拨付外省养老机构运营补贴 96.795 万元。[2] 截至

---

① 《"通武廊"签署试点示范合作协议》，天津市人民政府网站，2023 年 5 月 31 日，https://www. tj. gov. cn/sy/tjxw/202305/t20230531_6254054. html。

② 《"通武廊"深度融合推进养老服务协同发展》，北京市通州区人民政府网站，2023 年 3 月 13 日，https://www. bjtzh. gov. cn/bjtz/xxfb/202303/1642666. shtml。

2023 年 4 月底，河北省环京协同养老项目共 112 个，总投资 1336 亿元。①

第二，京津冀养老服务人才协同。2023 年，三地民政部门制定出台《京津冀养老协同专题工作组工作机制运行规则》、《京津冀养老协同专题工作组办公室组建方案及工作规则》和《京津冀养老服务人才培训协同工作方案》，这些文件不仅关注了政府层面部门协同机制的规范化建设，还涉及了养老服务人才的流动与培养。护理人才的培育对养老服务高质量发展具有重要意义，截至 2024 年 5 月，已累计培训三地从事养老服务工作人员共计1.1 万余人，三地的 16 个县级以上地区建立了常态化的养老护理院输入对接关系。②

第三，京津冀养老服务医养协同。2021 年北京市出台《北京市深入推进医养结合发展的实施方案》，指出要探索三地医养结合资源共享和协调机制，推动养老院、护理院、安宁疗护机构对接；开展京津冀医养结合学术、经验交流；健全三地工作协商机制，推动三地医养结合机构远程协同发展。

第四，京津冀养老服务区域协同。2016 年，京津冀民政部门共同签署《京津冀养老工作协同发展合作协议（2016 年—2020 年）》，重点解决跨区域老年福利和养老服务方面的身份、户籍壁垒，积极开展跨区域养老优惠政策，助力异地养老的实现。2017 年《京津冀区域养老服务协同发展实施方案》将内蒙古自治区赤峰市、乌兰察布市也纳入京津冀区域内，提出养老机构床位运营补贴、承接政府购买养老服务项目、金融服务扶持、医养结合扶持、人才培养扶持和养老机构服务入住老年人的配套举措六项主要内容，不断增强区域内部力量，丰富区域资源，让发展成果惠及更多人。

第五，京津冀养老服务行业协同。2021 年《北京市深入推进医养结合发展的实施方案》中提及推动京津冀范围内医师执业资质互认，推动三地

---

① 《加快推进环京协同养老项目建设 截至 4 月底河北环京协同养老项目达 112 个》，百家号，2023 年 6 月 3 日，https：//baijiahao.baidu.com/s？id＝1767632306871410270&wfr＝spider&for＝pc。

② 《京津冀三地建立校企合作对接机制 35 家养老企业牵手 25 家职校》，北京市人民政府网站，2024 年 5 月 22 日，https：//www.beijing.gov.cn/ywdt/gzdt/202405/t20240522_3690819.html。

医院实现医保直接结算。同年《关于推进京津冀蒙协同发展区域养老机构等级评定等相关标准互认工作的通知》发布，加快建立区域统一的养老服务质量标准和评价体系。2024 年《关于推进京津冀养老政策协同的若干措施》也指出，建立京津冀养老机构等级评定结果、京津冀老年人能力评估结果互认机制。这些政策的实施为养老服务行业的高质量发展奠定了坚实的基础。

2024 年，《关于进一步深化京津冀养老服务协同发展的实施方案》（以下简称《实施方案》）出台，预示着京津冀养老服务协同发展进入了深化协同阶段，《实施方案》分别从建立完善养老服务协同工作机制以及推进项目、政策、人才、医养、区域、行业协同对未来京津冀养老服务的发展作出指示。京津冀协同十年的发展，累计 7300 余名老年人在环京周边地区养老，在院老年人数达 4799 人。①

（二）京津冀养老服务协同治理的典型模式

京津冀养老服务协同发展过程中，不局限于传统的机构养老，顺应社会需求，整合各方优势资源，发展多种形式的养老模式，如兼顾养老需求与医疗服务的医养结合养老，利用资源优势开发休闲旅居养老，创新"养老+"模式的联盟社区养老以及积极探索老老互助型时间银行养老等模式。

1. 医养结合养老

医养结合养老是指在提供仅仅满足基本生活需求的传统养老服务基础之上，为老年人提供所需的医疗服务，满足更加多样化的需求。② 老龄化背景下，老年人的照料和护理需求日益增加，医养结合养老在满足老年人养老需求的同时，能够降低健康风险，顺应社会发展的需要。③ 国内医养结合养老共包括三种模式：在养老机构内开设医疗机构、在医疗机构内开设养老机构

---

① 徐志军：《携手共绘京津冀养老服务协同发展蓝图》，《共产党员（河北）》2024 年第 4 期。
② 黄佳豪、孟昉：《"医养结合"养老模式的必要性、困境与对策》，《中国卫生政策研究》2014 年第 6 期。
③ 耿爱生：《养老模式的变革取向："医养结合"及其实现》，《贵州社会科学》2015 年第 9 期。

以及养老机构与医疗机构合作。①

河北燕达国际健康城位于河北省三河市燕郊镇，距离北京中心城区30公里，是包括燕达国际医院、燕达金色年华健康养护中心、燕达国际医学研究院、燕达医护培训学院、燕达国宾大酒店、燕达国际医学院六部分的医养综合体。其中燕达金色年华健康养护中心作为"京津冀养老服务协同发展试点项目"之一，② 是京津冀养老协同发展的医养结合型养老模式的典范。在自身拥有的医疗资源之外，燕达金色年华健康养护中心与北京朝阳医院、北京协和医院甚至韩国医院展开合作，拥有丰富的医疗资源，加之良好居住环境吸引了大量老年人入住。数据显示，截至2023年9月，养护中心已有5000余名老人入住，大约有95%的老人来自北京。③

北京颐乐之家是典型的养老机构与医疗机构合作的医养结合养老机构，位于北京康泰医院内部，由丰台区长辛店街道办事处与北京康泰医院合作建立，康泰医院的医疗设施和医护人员的专业技能为颐乐之家养老院提供了医疗资源支撑。

河北保定东篱颐养社区配套东篱医院打造高品质医养结合社区，保定市第一中心医院与东篱医院多方面合作，提供医疗资源支持。西长安街道养老服务联合体与东篱颐养社区签订康养服务发展合作协议，加强京津冀之间的合作交流。④

2. 旅居养老

旅居养老是将旅游产业与老年服务产业融合，同时满足老年人养老和旅游的需求，是"候鸟式养老"与"度假式养老"的结合，促进老年人身心

① 赵晓芳：《健康老龄化背景下"医养结合"养老服务模式研究》，《兰州学刊》2014年第9期。
② 方紫薇：《河北燕达金色年华健康养护中心：京津冀协同发展探索医养结合养老新模式》，《中国城市报》2022年12月12日。
③ 《"跨城养老"正流行 京津老人河北安享晚年》，中国新闻网，2023年9月6日，https://www.heb.chinanews.com.cn/jjjjj/20230906438906.shtml。
④ 《北京市西城区与市民政局竞秀区签约 东篱颐养社区同日正式运营》，保定市人民政府网站，2024年3月29日，https://baoding.gov.cn/content-173-417072.html。

健康的同时享受高质量生活环境。① 京津冀三地旅游资源丰富，尤其是河北省地貌种类繁多，为旅居养老的发展提供了天然条件。

作为中国著名的旅游城市，北戴河拥有优美的海滨风光，森林、海洋、湿地多种生态资源集聚，是旅居养老的优选之地。北京市西城区民政局、北戴河区人民政府和中国健康养老集团有限公司三方共同签订战略协议，共同打造京津冀一体化北戴河养老服务基地。② 中国康养恒颐汇燕山院位于秦皇岛市北戴河区，于 2023 年 6 月投入运营，依托北戴河的资源禀赋与政策优势，推出康养旅居服务，吸引京籍老年人来冀养老，运营不到一年，接待老人近千人次，其中 80% 以上都是来自京津两地。③

3. 联盟社区养老

联盟社区养老是指以房地产商或养老企业投资建设，以养老服务为核心，设有医院、家政中心、休闲娱乐设施等一系列养老生活配套系统的社区养老模式。④

泰康之家·燕园养老社区位于北京市昌平新城，是泰康保险集团探索保险与地产相结合的首个保险养老实体，将养老与保险、医疗与健康险、资产管理与退休金相结合，购买泰康的保险产品可以优先享受泰康的养老、医疗、资产管理资源。⑤ 泰康之家秉持"一个社区、一家医院"的理念，燕园周边配建有北京泰康燕园康复医院，实行医养结合模式。

国寿嘉园·天津乐境是中国人寿旗下的医养结合综合养老服务体，位于天津空港经济区，被天津民政局评为"五级达标养老机构"。该社区建立了

---

① 袁亚杰：《积极老龄化视野下我国旅居养老发展机遇与挑战》，《教育教学论坛》2019 年第 32 期。
② 《推动养老服务和老年旅游休闲产业协同发展 西城区委社会工委区民政局、北戴河区人民政府、中国健康养老集团有限公司签署〈战略合作协议〉》，北京市西城区人民政府网站，2024 年 1 月 26 日，https://www.bjxch.gov.cn/xcdt/xxxq/pnidpv941616.html。
③ 《秦皇岛：康养旅居结合让京津老人"跨城养老"》，搜狐网，2024 年 4 月 13 日，https://www.sohu.com/a/771277651_120333600。
④ 刘亚娜：《京津冀协同发展背景下养老模式整合与创新》，《中国行政管理》2017 年第 7 期。
⑤ 洪静：《泰康之家十年探路 定义中国式"保险+养老"》，《中国房地产金融》2018 年第 8 期。

涵盖医疗养护、失能照护、康复护理、精神颐养、文化娱乐等为一体的综合养老服务体系，全面辐射京津冀老年人高品质养老需求。在京津冀养老服务协同发展背景下，国寿嘉园·天津乐境养老社区与北京市西城区业务主管部门深入对接，纾解北京中心养老压力。①

4. 时间银行互助养老

时间银行主要广泛应用于社区实践，是通过招募低龄老人担任志愿者，将志愿服务时长"存入银行"，等到高龄时可以用存入的时间进行相应养老服务兑换的一种创新养老模式。②

2022年，北京市政府工作报告首次提及"时间银行"互助养老模式，同年6月开始实施《北京市养老服务时间银行实施方案（试行）》。河北省在2022年同样提出《关于进一步推广"时间银行"互助养老服务模式的意见（试行）》，鼓励和引导志愿者为老年人提供养老服务。时间银行互助养老模式在一定程度上能够缓解养老服务人员不足、养老资源紧缺的压力，有利于京津冀地区养老服务的可持续发展。

五　京津冀养老服务协同治理存在的主要问题

当前，京津冀养老服务协同治理模式进入了深化协同阶段，养老模式不断创新，养老协同水平持续提升，区域养老服务体系日趋完善。然而，在制度构建与实践推进的过程中仍面临一些问题与挑战。如何有效化解政策环境支持困境，实现科学决策；如何突破政策网络供需均衡瓶颈，满足老龄人口的多元需求；以及如何促进政策网络多元主体良性互动，打破地域文化差异与信息壁垒等问题，是京津冀养老服务协同治理中不可忽视的因素。因此，

---

① 《看病就医更便捷 异地养老新模式 国寿嘉园·天津乐境掀起养老新风潮》，百家号，2024年4月29日，https：//baijiahao.baidu.com/s？id=1797651826467133872&wfr=spider&for=pc。
② 陈际华：《"时间银行"互助养老模式发展难点及应对策略——基于积极老龄化的理论视角》，《江苏社会科学》2020年第1期。

在探索京津冀养老服务协同治理路径时，须对这些因素进行全面系统地考量，以确保协同治理模式的持续优化和进步。

（一）政策环境支持困境

政策社群形成对京津冀地区发展问题的政治理念与政策环境，基于实用主义与府际网络形成问题回应与政策选择。[①] 在政策环境中，政策社群以中央政府为代表，掌握大量的资金与政策资源，在资金或者政策输出时将会不同程度地影响京津冀地方政府的行为选择，主要表现在中央政府有关区域政策、转移支付政策等多方面政策对三地政府行为的影响。[②] 随着京津冀区域养老服务协同发展的需求日益迫切，现有政策资源呈现出供给不足的态势。具体而言，主要表现在养老服务协同政策精细化不足、养老保险和医疗保险政策的府际差异化与协同要求的异质性以及监督机制分散化与协同标准化的矛盾等。如何推动政策环境的开放与协同，完善政策协同机制，成为京津冀养老服务协同治理中亟待解决的问题。

1. 京津冀协同治理政策精细化程度不足

现有的政策文本主要聚焦于宏观层面的指导原则和方针，对于具体行动方案的量化标准却鲜有提及。尽管这种宏观指导为津冀两地的养老服务协同治理指明了方向，但在实际操作中，由于缺乏明确的量化标准，政策执行时往往会出现偏差，进而削弱协同治理的成效。在当前京津冀养老服务协同治理的政策中，对于诸如资金投入比例、服务设施建设标准、人员配置要求等关键性指标，往往只给出了一个大致的范围或方向，而未能细化到具体的数值或标准。这种模糊性不仅增加了政策执行的不确定性，也容易导致各地在执行过程中出现解读和执行上的差异，从而影响协同治理的整体效果。

[①] 刘亚娜、谭晓婷、杨艳丽：《协同视角下京津冀人才政策网络研究——基于政策文本内容分析》，《中共宁波市委党校学报》2021 年第 3 期。

[②] 汪建昌：《政策网络视角下的区域行政协议运行研究》，《南京师大学报》（社会科学版）2016 年第 4 期。

2. 养老保险和医疗保险政策的府际差异化与协同要求的异质性

2024 年 4 月 3 日，京津冀三地民政局联合印发了《关于进一步深化京津冀养老服务协同发展的实施方案》①的通知。通知对进一步深化京津冀地区养老服务协同发展，推动北京养老项目向河北省等环京周边地区延伸布局作出重要部署，强调应坚持"同质同标"要求，加快推进三地养老政策、医养、区域、行业等方向的全面协同。尽管目前京津冀三地通过实施医疗机构检查结果互认、医保异地报销、社会保险的"跨省通办"等多项措施，提升了区域社保服务的整体效能。但由于地域发展差异和行政体制壁垒，三地的养老保险和医疗保险政策在实践中还是呈现出差异化特征，与政策要求的统一标准产生了明显偏离。主要体现在以下几个方面。

首先，养老保险的地方统筹范围不同。北京和天津已实现全国性统筹，意味着其养老金的筹集、管理和使用都遵循国家统一的政策和标准。而河北仍然采用省级统筹的方式，导致其在养老保险政策的制定和执行上存在一定的自主性和差异性。

其次，养老基金的制度结构存在差异。天津已经做实养老金个人账户的资金积累，这意味着其养老金支付能力更加稳健，能够更好地保障参保人的权益，为老龄化对养老保险事业的冲击提供基金保障。而北京和河北两地尚未完全弥补基金缺口，养老金个人账户"空账运转"的现象仍然存在，给两地养老基金的可持续运行带来了一定风险。

再次，养老金征缴体制和管理方式不同。北京与天津两地由社保机构统一负责保费征缴与基金管理，这种一体化的管理方式有利于提高征缴效率和管理水平。而河北的保费管理和征缴工作分别由社保机构和属地税务部门负责，这种分散的管理方式可能导致信息不畅、协调困难等问题。

最后，医保报销标准存在显著差异。北京的报销待遇较好，天津次之，但也明显优于河北。以三地退休职工门（急）诊报销限额为例，北京无报

---

① 《关于印发〈关于进一步深化京津冀养老服务协同发展的实施方案〉的通知》，北京市民政局网站，2024 年 4 月 3 日，https://mzj.beijing.gov.cn/art/2024/4/3/art_9366_30534.html。

销上限，天津为 10000 元，而河北的报销上限尚未达到天津的二分之一（见表 4）。这种差异不仅影响了参保人的实际报销待遇，也反映了三地医疗资源分配和医疗技术水平的差异。

表 4　退休职工门（急）诊待遇标准

单位：元，%

省（市）	起付线	最高支付限额	报销比例
北京市	1300	无限额	80、85、90
天津市	650、700	10000	55、65、75、80
河北省	100	3500	60

资料来源：作者根据三地政府部门最新公布数据整理。

3. 监督机制分散化与协同标准化的矛盾

2024 年 3 月 13 日，京津冀三地民政局联合发布了《关于推进京津冀养老政策协同的若干措施》（以下简称《措施》），其中提到关于强化京津冀养老服务质量协同监管机制的举措，主要涉及建立京津冀养老机构等级（星级）评定协同监管机制、建立京津冀老年人能力评估结果协同监管机制、加强京津冀养老服务质量日常协同监管三项内容。[①]《措施》的提出，为养老服务协同监督的内容、方式和工作机制定下"四梁八柱"，通过实施"同质同标"的监管策略，确保京津冀三地养老服务质量的均质性和高标准，进而加快推动三地养老政策的协同共享，全面助力京津冀协同发展战略的深入推进。

尽管京津冀三地在此方面做出了积极努力，但由于协同监督机制的构建相对较晚，目前三地的监督体系仍呈现出分散化与碎片化特征，尚未形成成熟、高效的跨区域协同监督系统。其一，执行力度不一致。京津冀三地在执

[①] 《北京市民政局关于印发〈关于推进京津冀养老政策协同的若干措施〉的通知》，北京市人民政府网站，2024 年 3 月 13 日，https://www.beijing.gov.cn/zhengce/zhengcefagui/202406/t20240624_3725255.html。

法能力建设、政策执行环境等方面存在差异，导致其在养老服务监督过程中的执行效力不统一，难以确保监管措施的一致性和有效性；其二，监督标准不统一。尽管《措施》要求统一标准，但鉴于京津冀三地在经济发展、政策标准、市场情况等方面存在差异，三地在行业准入、产品和护理的标准化、服务职业化等多方面的养老服务难以形成统一标准，增加了协同监管的难度；其三，监督主体不明确，导致责任分散，难以形成合力。当前，京津冀三地在养老服务监督上缺乏明确的责任划分，导致各监督主体在履行职责时存在重叠或空白，难以形成有效的监管网络；其四，监督手段单一。过度依赖权力机关的传统监督方式，养老服务机构的内部监督机制不完善，自我约束能力较为薄弱，难以实现对养老服务质量的全面、持续监控；其五，信息反馈不畅通，导致监督过程中关键信息的流通受阻，难以及时、准确地反映养老服务项目的实施状况与成效，影响公众对养老服务建设的信任度；其六，评价机制不完善，缺乏独立的第三方评估，可能削弱评估结果的客观性，对养老服务的持续优化与改进构成阻碍。

（二）政策网络供需均衡瓶颈

在分析当前京津冀协同养老服务体系的发展现状时，医养结合养老、旅居养老、联盟社区养老以及时间银行互助养老等新型养老模式无疑成了满足社会多元化养老需求、促进三地养老资源均衡配置的重要探索与实践。这些模式通过融合医疗资源、拓宽养老空间、强化社区支持以及激发社会互助潜力，为老年群体提供了更加全面、灵活且个性化的养老服务选择。然而，在京津冀区域养老服务协同发展的进程中，尽管上述新型养老模式展现出积极的成效与潜力，但供需错配的问题依然存在。养老领域专业人才的匮乏、养老资源在区域内的非均衡分布，正逐渐成为制约京津冀养老服务网络实现高效供需对接的关键因素。

1. 专业网络中专业人才匮乏

人才协同是京津冀养老服务协同的重要内容。近年来受家庭规模变化、生活方式和社会文化变迁等多种因素影响，家庭内部的传统照护力量逐渐减弱。与此同时，对护理人员的社会化、市场化供给需求逐渐增长，特别是对失能、高龄、空巢老年人的照护需求更为迫切。有学者研究发现，目前京津老年人"长期多重维度健康贫困"[1]问题日益严重，呈现明显"集中"趋势，形势非常严峻。其中生活自理能力受损对京津冀高龄老年人总体健康贫困的发生影响最高（80.18%），其次是负面情绪（平均贡献率为74.35%）。[2] 因此，找到专业的养老照护人才成为许多家庭面临的急需问题。

虽然京津冀是全国人才高地，但域内人才分布与流动并不平衡。长期以来，首都效应所导致的人才"极化现象"十分突出，津冀处在引才留才的"下风口"，域内人才冗余与人才短缺并存。[3] 特别是专业化养老服务人才紧缺，养老人才的输送远无法满足三地的养老需求。以北京市为例，截至2023年底，北京常住老年人口达到465.1万人次，持证在岗的养老护理员却只有1.8万名，[4] 专业人才严重匮乏成为制约养老事业协同发展的瓶颈。

2. 区域养老资源分布不均衡

区域养老资源配置失衡是制约京津冀三地协同发展的又一重要因素。数据表明，养老服务总量供给不足、地区间和城乡区域的不均衡现象尤为突出。

首先，养老机构数量与床位总量供给不足。数据显示，2022年京津冀区域养老机构数量达2822个，供给养老床位40.9万张，养老床位缺口仍有28.9万张。与2020年相比，尽管养老机构数量增加了120个，养老床位增加了0.3万张，但养老床位缺口同时增加了3.2万张，[5] 反映出京津冀地区

---

① 注："长期多维度健康贫困"指个体在生理、心理、精神行动、认知、社交等方面能力丧失而陷入病残状态。
② 娄方丽、田维毅、石国凤等：《社会养老保障服务对京津冀长期多重维度健康贫困的影响机制及地区协同发展路径研究》，《护理研究》2023年第8期。
③ 李晟、贾思言：《打好"侨"牌，筑牢人才高地》，《人力资源》2023年第15期。
④ 《北京养老服务人才缺口有多大？怎么解决？一图读懂》，北京市人民政府网站，2023年12月14日，https：//www.beijing.gov.cn/zhengce/zcjd/202312/t20231222_3508547.html。
⑤ 《京津冀&长三角养老市场开始由"增量"向"提质"转变》，百家号，2024年1月31日，https：//baijiahao.baidu.com/s? id＝1789598852627034123。

的养老需求增速远超养老床位的供给增速，且缺口呈现增长态势，区域养老服务供需矛盾进一步凸显。

其次，地区间养老资源配置失衡。一方面，京津冀三地间资源配置不均。从 2022 年京津冀区域老龄人口与养老机构床位统计数据来看，北京、天津和河北的老龄人口分别为 465.1 万人、303.9 万人和 1559.2 万人，而相对应的养老机构床位数量则分别只有 11.3 万张、6.4 万张和 23.2 万张（见表5）。通过对比分析，北京和天津每千老龄人口所拥有的床位数明显高于河北省，河北省的养老资源供给显著滞后。另一方面，三地辖内资源分布也不均衡。前文提到，北京市城六区，凭借其优越的地理位置与完善的设施条件，吸引了大量中高端养老项目的集聚，老人入住率与城六区外机构形成鲜明对比；天津市公办养老机构凭借其公信力、规范性及较高的服务质量，赢得了广大老年人的信赖与选择，床位使用率长期处于高位饱和状态。反观民办养老院，尽管在增加养老服务供给、促进市场竞争方面发挥了积极作用，但受限于品牌影响力、硬件设施及市场认知度等因素，往往面临客户基础薄弱、入住率低的挑战；河北省的环京四市 14 县养老核心区，依托紧邻首都的区位优势，吸引了大量养老资源与投资的汇聚，实现了较为良好的发展态势，但非环京地区的养老资源则显得相对匮乏，发展步伐明显滞后，服务水平和设施条件都亟待改善。这些区域内部的资源分异制约着三地区域养老协同发展的整体步伐。

表5　2022 年京津冀区域老龄人口与养老机构床位统计

省（市）	60 岁及以上老龄人口统计（万人）	养老机构床位数量（万张）	每千人口床位数（张）
北京市	465.1	11.3	24.30
天津市	303.9	6.4	21.06
河北省	1559.2	23.2	14.88

资料来源：国家统计局、CRIC 康养产业数据库。

最后，城乡区域养老服务配置不均也是一大问题。其一，财政投入差异。城市地区由于经济发展较快，财政收入较高，因此有更多的资金用于养老服务的投入。而农村地区由于经济发展相对滞后，财政投入有限，导致养老服务资源相对匮乏。其二，设施建设差距。城市地区的养老服务设施较为完善，包括养老院、日间照料中心、社区养老服务中心等，而农村地区的养老服务设施则相对简陋，针对失能、高龄、留守、空巢老人的养老服务更为短缺，甚至部分地区缺乏基本的养老服务设施。其三，专业团队和服务内容差异。城市地区的养老机构通常拥有专业的服务团队，能够提供多样化、个性化的养老服务，如医疗保健、心理慰藉、文化娱乐等。而农村地区的养老服务往往由非专业人员提供，服务内容相对单一，难以满足老年人多样化的需求。其四，城乡养老保险制度差异。与城市的养老保险制度相比，农村养老保险的保障标准偏低，这种制度性的差异不仅限制了农村老人在养老服务方面的选择与消费能力，也进一步加剧了城乡区域间养老服务的差距。

（三）政策网络主体互动困境

政策网络理论将社会资源分为权威、资金、合法性、信息与组织五大类，这些资源分散且相互依赖存在于社会各主体中，推动了政策制定和社会治理模式从传统的政府主导型向多元参与的网络状平面交叉型转变。[①] 当前，政策网络能够有效运作的前提就在于多元主体在网络中建立起共识、信任结构与价值共享体系。[②] 然而，在京津冀区域养老服务协同治理的探索过程中，主体间文化理念差异与认知障碍、信息交流不畅与共享不足等问题成为构建价值共同体的阻力，政策网络主体陷入互动困境，难以形成有效合力，削弱养老服务协同政策的整体效力。

1. 文化理念差异与认知障碍

在政策网络主体的互动过程中，主体之间的文化理念差异和认知障碍成为制约政策制定、执行和评估的重要因素。首先，老年人的机构养老意愿受到多方面因素的影响，包括教育程度、自理能力、经济条件、子女数量以及

---

① 黄亮、于海峰：《西方国家社会管理理论的脉络与话语分析》，《当代世界与社会主义》2012 年第 4 期。

② 石凯：《政策结果的多面向：寻访新政策网络理论》，《社会科学研究》2008 年第 5 期。

养老观念等。① 当前京津冀地区家庭养老观念根深蒂固，许多老年人更倾向于选择家庭养老而非机构养老，这在一定程度上影响了诸如异地养老等养老服务政策的推广和实施。其次，不同地区养老服务机构在服务理念、服务方式等方面的建设水平不一致，具体表现为服务标准的不统一和服务内容的差异化等。由于某些养老服务机构建设相对滞后，其服务质量呈现出参差不齐的状况。在跨地区合作的过程中，这些差异和不统一性极易引发误解和冲突，从而影响各主体间的合作意愿和合作效果。最后，三地政府相关部门管理人员的观念存在差异，对于养老服务协同体系的构建与完善具有显著的制约作用。比如在非本地资本兴建养老机构，非本地籍老年人是否应该得到补贴等具体问题上，三地部分相关部门工作人员仍然存在认识偏差，包括对养老服务多元化、市场化发展趋势的忽视，以及对养老服务公平性和普惠性原则的误解。而这些认识差异也必然会影响到试点政策在更大范围内的复制和推广，② 进而限制了养老服务的创新与协同。

2. 信息交流不畅与共享不足

在京津冀地区的养老服务政策网络中，各主体之间的信息共享程度仍然较低。关键的数据和信息尚未得到有效整合与利用，这一现象直接影响了政策制定与决策的科学性，进而削弱了政策执行的实际效果。其原因主要有两点。其一，数据资源的"碎片化"与"孤岛化"。《养老服务数据治理体系的模式和机制研究报告》明确指出了当前养老服务数据管理的现状：数据资源分散于不同部门和组织，全国范围内的养老数据资源共享程度低，尚未形成统一的体系。③ 这种"碎片化"与"孤岛化"的状态表现为数据的不集成、不统一以及不均衡，导致了数据利用效率的不高，未能充分释放数据的潜在价值。在此背景下，京津冀三地养老服务主体间的信息交流与合作受到极大

---

① 张栋：《北京市老年人机构养老意愿及影响因素研究》，《调研世界》2017 年第 10 期。

② 李玉玲、胡宏伟：《京津冀养老服务协同发展研究——基于 SWOT 框架的分析》，《人口与发展》2019 年第 5 期。

③ 《专家：应推动养老服务数据协同治理》，中国科技网，2024 年 6 月 5 日，http://www.stdaily.com/index/kejixinwen/202406/93200367cfc247bab629e14acfe6daee.shtml。

限制。其二，隐私与安全保护的顾虑。在推进信息共享的过程中，隐私和安全问题始终是重要的考量因素。出于对信息泄露和滥用的担忧，部分机构和组织在养老服务信息的共享上表现出明显的犹豫和保留，这无形中构筑了信息共享的壁垒，使得养老信息共享的广度和深度均难以达到预期水平。

六　京津冀养老服务协同治理的完善路径

网络治理是协同治理的理想形态与结构安排。[①] 在政策的导向作用下，多元主体良性互动的政策网络治理结构能够更加高效地整合资源，实现三地禀赋优势共享与互补，进而提高治理决策及其实施过程的科学性和有效性。为进一步强化京津冀养老服务的协同治理效能，三地政府应针对上述制度与实践中遇到的主要问题，综合考虑政策环境的动态演变、老龄化进程的快速发展、老龄人口需求的多元化转变以及供需关系的错位发展等关键因素，从政策的协同优化、供需双方的动态平衡、网络主体的深化合作等方面综合施策，力争建立健全跨区域的养老服务体系，推进京津冀公共服务一体化进程，为实现京津冀区域发展战略贡献强大动力。

（一）政策协同：加强规划引领

首先，针对当前政策精细化程度不足的问题，应明确具体政策的量化标准。一方面，重新梳理、评估和完善现有的政策文件，对其中比较笼统、含糊的条款进行细化，制定配套的政策实施办法。另一方面，在政策制定与实施过程中，准确评估不同健康状况、生活自理能力、收入水平老年人的养老服务需求，把握不同地区之间需求与能力的差异性，制定分类指导的政策条款，精准施策。

其次，鉴于府际政策存在的异质性，需加强三地政策间的有效衔接和互

---

① Provan K G, Kenis P, "Modes of Network Governance: Structure, Management, and Effectiveness," *Journal of Public Administration Research and Theory* 2 (2008): 229-252.

认。京津冀三地政府应进一步加强沟通，加快进行与养老相关的医疗、低保、救助、慈善和相关扶持政策的对接研究，重点加强在财政支持、医疗服务、人才培养、金融扶持等方面的统筹和合作，探索形成完整有效的政策扶持体系，建立长期稳定的合作机制。注重三地养老事业发展的衔接、互补和联动，努力做到协同发展、优势互补，形成政策合力，促进三地养老基本服务均衡化。

最后，对政策网络进行及时有效的监督管理，是解决在应用政策网络治理时遇到的治理失灵困境的有效举措。① 针对当前监督机制分散化与协同标准化的矛盾问题，需进一步强化评估协同，持续改进监督方式，积极探索并构建一套兼具灵活性与"刚性"约束力的监督评估协同机制。其一，实现监督标准的弹性统一，即在确保基本规范一致性的基础上，允许根据具体情况进行适度调整，以适应不同地区、不同类型养老服务机构的差异化需求；其二，明确各级监督责任主体，通过责任清单和问责机制，确保监督责任的有效落实，形成权责清晰、协同高效的监督体系；其三，统一规范社会资本进入养老服务市场的行为，加大协同监督与惩罚力度，健全养老服务机构评级、升级、降级机制以及黑名单管理制度；其四，加强行业自律管理，由政府相关部门与龙头企业牵头成立行业协会组织，实现政府监督与行业内部自我管理、自我约束、自我监督的协同配合；其五，拓宽社会监督渠道与保障老年消费者权益，加快建设养老服务企业信用体系，通过公开透明的信用评价机制，引导社会公众参与监督。同时建立健全老年人及家属对养老服务的反馈机制，通过设立老年人维权绿色通道和消费公益热线等方式，为老年人提供便捷、高效的维权途径，切实保护老年消费者权益。

（二）供需均衡：养老资源优化配置

多样化、多层次的人力资源领域以及专业化、差异化的人力资源建设职

---

① 汪勇杰：《社会力量参与公共文化服务的合作涌现与政府引导》，博士学位论文，天津大学，2017。

能部门极大地丰富了人力资源可持续发展的供给，是网络治理的重要推动力。[1] 针对京津冀地区当前面临的养老服务专业化人才严重短缺的现状，应坚持"同质同标"原则，通过拓宽渠道、资源共享、政策协同、培训互通等方式，推动三地养老服务专业人才队伍协同发展。首先，拓宽人才来源渠道。依托院校培养专业人才，提升队伍专业化水平。支持跨行业跨领域人才流动，鼓励退休医疗专业人员参与养老服务。其次，加强培训基地建设，强化职业技能培训，培训合格颁发三地互认的合格证书，建立京津冀养老人才跨区域交流常态化机制，定期开展养老服务从业人员异地挂职、技能大赛等交流活动。再次，规范从业人员考核评价标准，加强继续教育培训，稳步提升从业人员专业素养。最后，建立健全人才培养与激励机制，通过建立奖励制度、提供晋升机会、加强职业发展规划等方式，激发养老服务人才的积极性和创造力，助力三地养老服务业实现高质量协同发展。

另外，针对区域养老服务资源配置失衡的问题，应统筹区域养老服务资源，加强地区和城乡之间养老资源跨地区流动与共享，促进区域间资源优化配置。结合三地产业优势和老年人多元需求，统筹规划三地城乡养老服务设施布局，实现三地养老服务及周边产业优势互补、错位发展。充分利用河北独特的区位优势、生态优势和成本优势，主动承接京津养老需求，全面谋划养老项目建设与布局，充分发挥财政资金的杠杆作用，引导社会资本积极参与，形成政府引导、市场运作、社会参与的多元化投入格局，为养老项目的建设与发展提供坚实的资金保障。同时，注重加强三地农村养老服务建设，逐步弥合城乡之间在服务质量与可及性方面的差距。强化顶层设计，不断优化完善农村养老保险政策机制，加大对农村养老服务政策的补贴力度，合理制定补贴内容和补贴方式，提高农村老年人的生活保障水平。此外，根据农村人口数量、地理分布、经济发展程度与区位优势，科学规划并布局养老机

---

① 刘亚娜、谭晓婷、杨艳丽：《协同视角下京津冀人才政策网络研究——基于政策文本内容分析》，《中共宁波市委党校学报》2021年第3期。

构与网点建设，以高效、优质的服务辐射带动周边乡镇与村庄，形成覆盖广泛、功能完善的农村养老服务网络。

（三）文化与信息协同：深化主体互动

面对京津冀养老服务协同治理过程中的主体互动困境，文化协同与信息协同是建立起共识、信任结构与价值共享体系的有效路径。

文化协同是一种基于文化理解与认同的协作模式，其核心在于促进不同文化背景下主体间的相互理解和尊重，从而达成共同的价值取向与行动目标。在京津冀养老服务领域，文化协同不仅要求各主体在养老观念、服务理念上实现融合与统一，更需通过文化交流与教育活动，提升老年人对新型养老模式的认知与接受度，同时增强政府部门和服务机构对老年人文化需求的敏感性与响应能力。首先，加强三地老年人养老观念的革新与引导。开展广泛的宣传教育活动，普及机构养老、异地养老的优势和必要性，同时借助电视、广播、网络等多种渠道，传播先进的养老理念，逐步改变京津冀地区根深蒂固的家庭养老观念，提升三地老年人对新型养老方式的认可度。其次，加强政策宣传和试点政策推广。加大政策宣传力度，提高社会各界对养老服务政策重要性的认识，并鼓励在区域内实施养老服务试点项目，通过实践探索，形成具有区域特色的养老服务模式和经验，为政策的广泛复制与推广提供有力支撑。再次，提升三地养老服务机构的服务水平和标准化建设水平。加强对养老机构的培训与指导，推动其在服务理念、服务方式、服务内容等方面实现协同发展，提高养老服务的质量和效率。最后，加强三地政府相关部门管理人员之间的交流与合作，通过分享经验和做法，破除认识偏差，共同推动养老服务体系的建设与完善。

信息协同作为现代治理体系中的重要一环，其在京津冀养老服务协同治理中的作用尤为凸显，通过构建高效的信息共享平台与机制，整合政府、企业、社会等主体的多方资源，确保政策信息、服务需求、资源配置等多维度信息的实时流通与精准对接，实现养老服务信息的共享与高效利用。首先，建立健全信息交流平台，实现三地养老服务信息的集中展示和查询。其次，推动养老服务信息标准化建设。制定统一的养老服务信息数据标准，确保信息的一致性和可比性。再次，提升信息处理能力。充分利用大数据、人工智能等先进技术，对养老服务信息进行深度挖掘和分析，提高信息利用效率，为政策制定和服务优化提供数据支持。最后，完善信息安全保障措施。建立健全养老服务信息安全管理制度，确保信息的安全性和保密性。加强信息安全技术防范和应急处理能力，及时发现和应对信息安全风险。

B.10
中国式现代化视域下的京津冀
健康协同治理的逻辑及路径*

武占云　王旭阳　于冰蕾**

摘　要： 保障人民健康是以中国式现代化推进中华民族伟大复兴的基础性工程。随着京津冀协同发展战略的深入实施，京津冀三地围绕公共卫生、医疗保障、养老服务、智慧医疗等领域，持续深化卫生健康领域合作共建共享，健康协同治理取得积极进展。然而，京津冀地区健康发展不平衡不充分问题依然突出，健康协同治理面临多种影响因素交织叠加的复杂局面与挑战。未来，应强化顶层设计，推进健康促进政策协同；秉持健康公平，推动健康资源均衡配置；注重多元参与，健全健康协同治理体制机制；坚持系统观念，筑牢中国式现代化健康根基。

关键词： 中国式现代化　京津冀　协同发展　健康治理

　　保障人民健康是基本实现社会主义现代化、全面建成社会主义现代化强国的内在目标和重要保障。党的十八大以来，党和国家始终把人民健康与国家利益相结合，将保障人民生命安全和促进身心健康置于社会发展全局之中。京津冀协同发展战略实施十年来，京津冀三地持续深化卫生健康领域的

　　＊ 本报告是国家自然科学基金青年项目（批准号：41801115）的阶段性成果。
　＊＊ 武占云，中国社会科学院生态文明研究所副研究员，国土空间与生态安全研究室副主任，主要研究方向为城市与区域可持续发展；王旭阳，中国社会科学院大学应用经济学院博士研究生，主要研究方向为城市与区域经济发展；于冰蕾，昆士兰大学商业、经济与法律学院研究生，主要研究方向为经济与公共政策。

合作共享，健康协同治理取得积极进展，重点人群健康服务不断完善、医疗保障协同发展深入推进、健康扶贫任务全面完成，人民群众健康福祉显著提升。但京津冀健康协同治理机制不健全、健康风险应对能力不足、健康服务供给不平衡不充分问题等依然突出，并面临多种影响因素交织叠加的复杂局面与挑战，健康治理在京津冀现代化建设中的基础性地位进一步凸显。如何提升京津冀健康治理能力建设的系统性、均衡性、协同性，为人民群众提供更加优质高效、系统连续、公平可及的卫生健康服务，成为京津冀现代化建设的优先目标与高质量发展的重要基础。

有鉴于此，本报告遵循理论逻辑—历史逻辑—现实逻辑—未来进路的分析框架，厘清健康治理之于中国式现代化的重要意义，梳理京津冀健康协同治理的历程与成效，研判京津冀面临的健康风险与挑战，提出京津冀健康协同治理的路径与建议，以期为京津冀建设成为中国式现代化建设先行区、示范区夯实健康根基。

一 理论逻辑：健康治理具有鲜明的中国式现代化特征

（一）健康治理是助力人口规模巨大现代化的积极实践

人口规模巨大的现代化是中国式现代化的首要特征。与"人为物质"的西方现代化存在本质区别，人的现代化是中国式现代化的逻辑起点与实践主线。[1] 实现"人的现代化"，实质上也就是实现人的自由全面发展，其中，增进人民健康福祉是促进和实现人的全面发展的基石。[2] 截至 2023 年底，京津冀城市群常住人口总量达到 1.1 亿人，1 亿多人口的健康福祉问题必须置于中国式现代化的框架体系下加以阐释和实现。首先，健康治理作为现代

---

[1]　徐坤：《中国式现代化道路的科学内涵、基本特征与时代价值》，《求索》2022 年第 1 期。

[2]　洪银兴：《论中国现代化的经济学维度》，《管理世界》2022 年第 4 期。

化建设的重要内容，是推进中国式现代化的出发点和关键内容。人口规模巨大也是健康治理面临的重要约束和挑战，[①] 即如何在现代化水平相对较低、健康服务资源相对有限的条件下，实现十几亿人口健康水平的优先改善，[②] 让广大人民群众享有公平可及、系统连续的健康服务，国际上并没有先例可循，亟须用中国式现代化实践去解答，这也决定了中国特色健康治理的重要性和独特性，亦对广大发展中国家具有重要借鉴意义。其次，健康作为一种特殊的人力资本，是解放和发展社会生产力的重要前提，劳动者健康水平直接影响劳动生产率，更是决定了全社会的价值创造能力，[③][④] 最终影响社会总资本的扩大再生产规模。因此，作为拥有 1 亿多人口的京津冀城市群，发展健康生产力会产生巨大的规模效应和较高总体收益，[⑤] 助力中国式现代化的实现。

（二）健康治理是实现全体人民共同富裕现代化的内在要求

共同富裕是社会主义的本质要求和中国式现代化的重要特征，促进共同富裕的首要目标在于消除贫困。其中，疾病风险是家庭陷入贫困的重要风险因素，个人健康水平的降低及其带来的收入减少会导致贫困或贫困程度加剧，我国脱贫攻坚战提出的"两不愁三保障"之一就是"基本医疗有保障"。经过持续努力，我国近 1 亿农村贫困人口全部脱贫，区域性整体贫困得到解决，完成了消除绝对贫困的艰巨任务，在此基础上还推动了贫困人口健康指标的显著改善。[⑥] 进入后脱贫攻坚时代，健康治理已深度嵌入共同富

---

① 韩保江、李志斌：《中国式现代化：特征、挑战与路径》，《管理世界》2022 年第 11 期。

② 胡鞍钢、王洪川：《习近平健康思想与优先发展健康生产力研究》，《北京师范大学学报》（社会科学版）2018 年第 2 期。

③ 范从来：《建设中国式现代化的新使命：健康优先》，《经济学家》2022 年第 12 期。

④ 谢地、武晓岚：《健康中国建设的政治经济学解析》，《山东大学学报》（哲学社会科学版）2024 年第 3 期。

⑤ 《习近平在福建考察时强调在服务和融入新发展格局上展现更大作为 奋力谱写全面建设社会主义现代化国家福建篇章》，求是网，2021 年 3 月 25 日，http://www.qstheory.cn/yaowen/2021-03/25/c_1127254816.htm。

⑥ 李实、杨一心：《面向共同富裕的基本公共服务均等化：行动逻辑与路径选择》，《中国工业经济》2022 年第 2 期。

裕的整体框架和目标体系中，二者在社会主义现代化进程中互融共进，健康治理通过疾病预防和健康服务提升人民健康和人力资本水平，为共同富裕的实现提供重要支撑；共同富裕为满足人民群众日益增长的健康需求提供更完善的医疗保障和更充足的健康资源。

京津冀地区的河北省是全国脱贫攻坚任务比较重的省份之一。近年来，河北省持续推进健康扶贫工程，目前已累计帮助138.4万因病致贫人口全部脱贫，全面实行乡镇卫生院与村卫生室一体化管理，全省90%以上基层医疗卫生机构实现标准化建设。[①] 然而，目前京津冀仍有不少人口处于低收入状态，仍面临缓解相对贫困的繁重任务，尤其是因病返贫、因病致贫的风险依然存在。2023年，河北省居民人均可支配收入为3.29万元，不仅远远低于北京市（8.18万元）和天津市（5.13万元），亦低于全国平均水平（3.92万元）；最低生活保障标准方面，河北省石家庄市为850元/人·月，也远低于北京市（1395元/人·月）和天津市（1010元/人·月）。截至2021年12月，河北省共有防贫监测对象4.56万户10.73万人，其中脱贫不稳定户1.91万户4.53万人、边缘易致贫户2.44万户5.65万人、突发严重困难户0.21万户0.54万人。[②] 2017年3月4日，习近平总书记在全国政协十二届五次会议的相关联会中回应委员关切问题时提出，因病返贫、因病致贫现在是扶贫硬骨头的主攻方向，这个事情是一个长期化的、不随着2020年我们宣布消灭绝对贫困以后就会消失的。[③] 因此，在推进共同富裕的进程中，如何持续巩固拓展健康扶贫政策成果，增进人民健康福祉、促进人的健康发展、实现全民健康的目标，仍是京津冀城市群健康治理的重要任务。

---

① 《河北省村卫生室和村医"空白点"全部消除》，河北新闻网，2021年3月19日，https://hebei.hebnews.cn/2021-03/19/content_8424178.htm。

② 《我省完善落实防止返贫监测和帮扶机制》，河北日报网站，2022年2月12日，https://hbrb.hebnews.cn/pad/paper/c/202202/12/content_121713.html。

③ 《习近平总书记在全国政协十二届五次会议的相关联组会中回应委员关切问题讲话，习近平：对因病致贫"靶向治疗"》，搜狐网，2017年3月5日，https://www.sohu.com/a/127926781_120967。

（三）健康治理是推动物质文明和精神文明相协调现代化的必由之路

物质文明和精神文明相协调是中国式现代化的重要特征之一，这一特征充分体现了以人民为中心的发展思想，并强调在现代化进程中实现人的全面发展和社会全面进步。物质富足需要健康的身体作为基础，精神富有需要健康的心理作为前提，因此，促进人的全面发展必须优先促进人的健康发展。人民健康也是马克思主义政治经济学高度关切的重大问题。马克思认为，资本主义的异化劳动使工人精神痛苦、贫病交加，只有消灭异化劳动特别是私人占有制，广大人民才能获得身体和精神上的健康。①② 恩格斯也明确指出，我们的目的是要建立社会主义制度，这种制度将给所有的人提供健康而有益的工作，给所有的人提供充裕的物质生活和闲暇的时间，给所有的人提供真正的充分的自由。③ 可见，健康是人们获得物质和精神双重自由的重要前提。随着中国特色社会主义进入新时代，我国社会主要矛盾发生历史性变化，人民群众对健康的需求不仅包括身体健康，还包括心理健康、精神健康和社会适应等多方面，以"人的全面健康"为核心的大健康理念成为中国特色健康治理的重要遵循。在大健康理念的引领下，党和国家在全社会倡导健康文明的生活方式、发展健康生产力、建设健康环境，推动健康和经济社会良性协调发展，这些都为京津冀实现物质文明和精神文明相协调现代化奠定了基础。

（四）健康治理是促进人与自然和谐共生现代化的重要途径

促进人与自然和谐共生是中国式现代化在生态文明建设中的本质要求。马克思深刻指出，人的本质是自然性与社会性的统一，④ 资本主义私有制是

① 谢地、武晓岚：《健康中国建设的政治经济学解析》，《山东大学学报》（哲学社会科学版）2024 年第 3 期。
② 〔德〕卡尔·马克思：《资本论》第一卷，人民出版社，2004。
③ 〔德〕卡尔·马克思、弗里德里希·恩格斯：《马克思恩格斯全集》第二十一卷，人民出版社，2003。
④ 〔德〕卡尔·马克思、弗里德里希·恩格斯：《马克思恩格斯选集》第一卷，人民出版社，1995。

导致人与自然关系异化的根源，并提出要通过扬弃异化劳动、消除资本主义制度、建立共产主义，以实现人与自然和谐统一。① 习近平总书记指出，自然界是人产生生命的基础和前提，是人健康生存的根本条件和基本保证。良好的生态环境是最公平的公共产品和最普惠的民生福祉。② 因此，健康的本质不只在于健康自身，更在于健康与人、自然和社会的关系，对这一本质特征的认识是把握健康含义及其实现路径的重要前提。党的十八大以来，健康中国战略弘扬的大健康观准确把握了健康与人、自然和社会的辩证统一关系，提出了涵盖人口、社会、经济、生态等方面的健康促进策略，在"五位一体"总体布局协同下增进人民健康福祉。《"健康中国 2030"规划纲要》明确了"建设健康环境"的重点任务，《健康中国行动（2019—2030年）》将"健康环境促进行动"纳入 15 项重大行动中，《健康北京行动（2020—2030 年）》《健康天津行动实施方案》《健康河北建设行动方案（2023—2027 年）》均明确提出要"形成有利于健康的生活方式、生态环境和社会环境"。由此可见，"人与自然和谐共生"的理念已内化于健康中国战略，③ 生态环境保护与人民健康保障相互融合促进的"人与自然和谐共生"实践亦成为中国特色健康治理的鲜明特征。

（五）健康治理是实现和平发展道路现代化的主动战略选择

中国式现代化主张各国人民共同享受发展成果，在谋求本国自身发展的同时，为世界和平稳定和共同繁荣积极贡献中国智慧。在当前全球经济政治高度社会化的背景下，一国范围突发的流行病、传染病等公共卫生安全事件极易演变为全球公共卫生危机，加之全球健康治理体系的碎片化、复杂性和脆弱性等局限性，④ 全球公共卫生危机甚至会威胁全球稳定和安全，不利于

---

① 韦巧荷：《马克思关于人与自然关系思想的研究》，《今古文创》2024 年第 25 期。
② 中共中央文献研究室编《习近平关于全面建成小康社会论述摘编》，中央文献出版社，2016。
③ 谢地、武晓岚：《健康中国建设的政治经济学解析》，《山东大学学报》（哲学社会科学版）2024 年第 3 期。
④ 庄琦：《始终把人民健康放在优先发展的战略地位——党的十八大以来健康中国行动的成就与经验》，《管理世界》2022 年第 7 期。

和平发展。全球新冠疫情的暴发，模糊了卫生与安全这两个议题的边界，印证了各国在公共健康问题上越来越成为利益相关方，深刻揭示了全球健康治理不仅是技术层面的问题，更是需要共同政治承诺的合作议题。① 习近平总书记在第七十三届世界卫生大会上明确提出构建人类卫生健康共同体的倡议，这一倡议是人类命运共同体在卫生健康领域的生动阐释。近年来，中国积极参与全球卫生健康合作，同 160 多个国家和国际组织签署卫生合作协议，建成"一带一路"公共卫生合作网络，持续为全球卫生治理提供疫病防治、医疗保健、环境卫生等公共产品，不断推动构建人类卫生健康共同体。

在京津冀协同发展的战略框架下，京津冀各地持续推进卫生健康领域合作，并积极参与到全球健康治理进程中。例如，北京市充分发挥优质医疗资源优势，紧密结合受援国需求，通过派遣卫生政策顾问、推动中非友好医院建设试点项目等方式，促进受援国医疗卫生服务能力提升。自 1968 年至今，北京市已累计向 12 个国家和地区派出 56 批援外医疗队，共计 1054 人次。② 当前，全球健康发展不平衡不充分问题依然突出，百年未有之大变局下国际秩序动荡和全球重大传染病的多发进一步加剧了全球卫生治理的挑战。作为全球健康治理体系的积极建设者和引领者，如何进一步发挥中国特色健康治理的制度优势和实践成效，加快构建人类卫生健康共同体，是中国实现和平发展道路现代化的重要举措和必然选择。

二 历史逻辑：京津冀健康协同治理历程与成效

京津冀协同发展是中国特色社会主义进入新时代以来实施的第一个区域

---

① 马婷、唐贤兴：《时空变迁与复合结构：全球卫生健康治理中的中国角色》，《南京社会科学》2022 年第 2 期。

② 《携手同心，共筑人类卫生健康共同体——北京市派遣援外医疗队 55 周年纪念会议暨援外医疗队工作总结会召开》，北京市卫生健康委员会网站，2023 年 11 月 9 日，https：//wjw. beijing. gov. cn/xwzx_20031/wnxw/202311/t20231110_3298710. html。

重大战略。2015 年印发实施的《京津冀协同发展规划纲要》正式提出推动京津冀医疗卫生协同发展，加快三地医疗卫生资源的整合与配置，京津冀健康协同治理成为京津冀协同发展的重要组成部分。十年来，京津冀三地围绕公共卫生、医疗卫生服务、养老服务、智慧医疗等领域，持续深化卫生健康合作共建共享，健康协同治理取得积极进展和明显成效。总体来看，京津冀健康协同治理大致经历了以下三个发展阶段。

（一）京津冀健康协同治理起步探索阶段（2014~2016年）

2014~2016 年，京津冀三地开始探索建立区域医疗卫生协同联动机制，围绕公共卫生、医疗卫生服务、养老服务等领域相继发布合作协议和计划，着力增强三地卫生健康服务协同效能，健康协同治理迈出重要步伐。

公共卫生体系建设方面，京津冀三地自 2014 年起相继签署《京津冀协同发展疾病预防控制工作合作框架协议》《北京市、天津市、河北省应急管理工作合作协议》《京津冀毗邻县（市、区）卫生应急合作协议》等文件，不断完善区域突发事件卫生应急协作机制，深入推进地区疾病预防控制机构联防联控协作，联合开展不同类型突发事件紧急医疗卫生救援演练，着力提升跨区域突发事件、重大疾病等联防联控水平。

医疗卫生服务方面，2015 年，京津冀三地分别成立了卫生计生共同发展推动工作领导小组，共同签署《京津冀卫生计生事业协同发展合作协议》。随后，三地进一步签订多项区域间及各类专科医疗卫生协同发展框架协议，为三地医疗卫生协同发展提供了机制保障。同时，京津冀三地积极开展医疗帮扶与合作，通过京津与河北地区之间合作办医、设立分院、医疗托管、整体搬迁、远程会诊、医师培养等形式，逐渐建立了京津冀地区间多途径、多形式、多层次的医疗帮扶和合作网络。2014~2016 年，京津、京冀达成医疗卫生合作项目超过 20 个，成立跨区域医疗研究协作中心、专科联盟等合作平台 10 余个，有效推进了优质医疗资源流动，提升了区域整体医疗服务水平。这一时期京津冀地区还积极开展医疗机构临床检验结果互认试点工作，编制实施检验结果互认的质量、技术要求和评价标准，进一步提高三地医疗同质化水平。

养老服务协同方面，2016年，京津冀三地民政部门签署了《京津冀养老工作协同发展合作协议（2016年—2020年）》，提出打造环京津健康养老产业圈，引导京津社会资本向河北养老服务领域流动，推动京津冀养老服务协同发展。同时，积极尝试在部分城市建立跨区域养老服务的合作项目，建设跨地区养老院和实施跨区管理模式等。

这一时期，京津冀关于养老服务的具体合作框架和政策体系尚未完全建立，医疗服务质量不均衡、基础设施不完善、资金不足等因素制约着京津冀养老服务协同发展水平，整体处于起步和探索阶段。

（二）京津冀健康协同治理快速发展阶段（2017~2019年）

2017年，党的十九大报告正式提出"实施健康中国战略"。2019年，国务院印发《关于实施健康中国行动的意见》，并在国家层面成立健康中国行动推进委员会。随着健康中国战略和京津冀协同发展战略的深入推进，京津冀健康协同治理进入快速发展阶段。

公共卫生体系建设方面，京津冀三地进一步完善疾病预防控制联防联控协作机制，积极开展疾病监测与信息共享，有效提升传染病和慢性病的监测与控制能力；继续加强突发公共卫生事件的医疗救援与物资保障协同，持续联合开展常态化突发事件应急演练，进一步提升跨地区的信息共享和指挥调度能力，逐步建立常态化的突发事件应急响应机制；三地还在公共卫生监督与检测方面加强合作，相继签署《京津冀食品生产领域监管联动协议》《京津冀医药品注册领域监管备忘录》《京津冀药品生产流通监管合作协议》，建立京津冀食品、药品安全区域联动协作机制，确保公众健康安全。

医疗卫生服务方面，京津冀三地持续拓宽医疗卫生合作领域，在涉及公民健康的多个专科领域建立协同机制。2017年，京津冀三地联合签署了口腔卫生和精神卫生合作协议。2018年，三地多家医疗机构联合建立京津冀妇产科医联体、京津冀医用耗材联合采购平台等，推动优质医疗资源共享，并持续扩大京津冀地区医学影像和检查结果互认范围。2019年，京津冀三地签署《京津冀医疗保障协同发展合作协议》，围绕异地就医住院、门诊直接结算、医药产品集中采购和医疗保障协同监管等方面开展深度合作，启动试行跨省异地就医门诊费用直接结算。

养老服务协同方面，京津冀地区持续加强政策协同。2017年，北京、天津、河北及内蒙古四地联合印发《京津冀区域养老服务协同发展实施方案》，将河北省、天津市和内蒙古自治区赤峰市、乌兰察布市的养老机构全部纳入养老服务协同发展政策支持范围，并鼓励各地通过购买服务、经验交流、品牌共享、标准共建、产业对接等方式，推动养老服务设施建设和服务水平提升。

全民健身事业方面，2017年，国家体育总局、国家发展改革委、国家旅游局三部门联合印发《京津冀健身休闲运动协同发展规划（2016—2025年）》，京津冀三地体育部门印发《京津冀体育产业协同发展规划》，鼓励三地联合开展各类体育赛事和健身活动，整合优化区域内体育资源，促进全民健身休闲运动的普及和发展，提高全民健康素质。

卫生健康信息共享方面，依托快速建设的信息技术协同平台和各类医疗合作项目，京津冀三地不断加强健康医疗信息共享和技术应用合作，探索建立跨区域健康信息共享平台，研究制定健康信息共享标准，健全健康数据交换机制和政策框架，三地卫计委联合制定《京津冀健康医疗大数据应用发展建设方案》。同时，积极推进健康医疗大数据应用工作，建立京津冀医用耗材采购数据中心，促进医疗耗材数据互联互通；京冀两地还率先开展通州与廊坊的健康医疗互联互通试点建设，促进健康医疗信息协同，满足居民跨区域医疗需求。

（三）京津冀健康协同治理全面深化阶段（2020年至今）

2019年底，新冠疫情的暴发深刻影响了全球公共卫生治理理念和模式，我国的公共卫生应急管理能力和体系方面也暴露出许多短板和不足，如今，省际和城市之间更加重视医疗卫生资源的共享和突发公共卫生事件的联防联控。京津冀通过持续深化区域公共卫生体系建设、深入推进医疗保障协同发展、强化养老服务协同和健康信息共享等措施，为区域疫情防控和健康服务体系的协同发展提供了重要保障。

公共卫生体系建设方面，为应对新冠疫情，京津冀三地建立了新冠疫情联防联控工作机制，在应急会商、疫情信息互通、风险管控联动、诊疗经验共享及危重病例会诊方面建立紧密沟通联系机制。此外，京津冀三地卫生健康部门定期召开公共卫生安全风险评估会议，对公共突发卫生事件、重点传染病疫情以及更多不确定情形下安全风险进行分析评估，并提出联防联控建议。同时，京津冀三地卫健委于 2024 年联合签署《京津冀卫生健康宣传思想文化领域交流合作框架协议》，协同推进公共卫生健康教育工作。

医疗卫生服务方面，京津冀三地持续推进优质医疗资源扩容和均衡布局，通过医联体建设有效推动合作医疗机构规范化建设、同质化管理、标准化服务、一体化发展。截至 2023 年底，京津冀医联体达到 70 个，河北 11 个设区市实现京津冀医联体全覆盖，三地医疗机构资源共享、互惠合作、协同发展取得显著成效。在医疗保障协同发展方面，自 2020 年至今，京津冀三地先后签署《进一步促进京津冀医保基金协同监管备忘录》《关于开展京津冀区域内就医视同备案工作的通知》等合作文件，深入推进三地医保制度对接、医保政策制定协同，跨省异地就医直接结算取得积极进展。2023 年，河北赴北京、天津异地就医门诊直接结算总人次分别达 685.55 万人次、248.59 万人次，同比增长 288.39%、332.33%，人民群众异地就医便利化水平显著提升。

养老服务协同方面，京津冀异地就医一卡通行的实现为跨区域养老就医提供了便利和保障。同时，三地签署《京津冀民政事业协同发展三年行动计划（2021—2023 年）》《关于进一步深化京津冀养老服务协同发展的实施方案》等政策文件，共同成立京津冀医养结合联盟，进一步推进养老服务政策联通、养老服务资源共享，有效增加高质量医养结合服务供给。其中，河北出台多项支持京津老人跨城养老的政策举措，包括完善养老机构基础设施、推进养老服务现代化和智能化建设、积极打造康养产业集群，以及推行景区门票减免、异地康养补贴等举措，切实提升京津冀老年人的健康养老获得感和满意度。

全民健身事业方面，京津冀地区以 2022 年冬奥会为契机，深度推进冰雪运动的普及和发展，陆续建设了多个冰雪运动场馆和设施，举办冰雪节、滑冰比赛等全民健身活动。同时，加强对冰雪文化的教育和推广工作。河北省张家口市于 2024 年印发《创新推进全民健身运动 打造京津周边优质体育旅游消费场景三年行动方案（2024—2026 年）》，积极构建面向京津冀的现代化全民健身运动的公共服务体系。

卫生健康信息共享方面，在国家卫生健康委等部门强调推进的"互联网+医疗健康"政策指导下，京津冀各地不断加强医疗健康信息支撑体系建设和卫生健康信息协同共享。例如，《"十四五"时期健康北京建设规划》提出"建立高水平的智慧医疗健康信息支撑体系"、《健康河北建设行动方案（2023—2027 年）》提出"实施加快发展'互联网+医疗健康'专项行动"等。① 同时，三地积极推动"互联网+医疗健康"协同发展，建立远程医疗会诊平台，开展京津冀三地 5G 远程会诊试点工作，通过双向转诊、远程会诊，共享优质医疗资源；依托数字化医疗技术建立辐射京津冀多家医疗机构的医学影像智能中心，通过对患者影像的大数据分析，实现快速诊断和治疗。

十年来，在健康中国战略和京津冀协同发展战略的深入推进和部署下，京津冀三地通过加强卫生健康政策制定协同、医疗保障制度对接、医疗资源共建共享、医疗信息互联互通、公共卫生联防联控联动，健康协同治理取得积极进展和明显成效（见表 1），人民群众健康福祉显著提升，为京津冀协同发展奠定了健康根基。

---

① 《河北实施加快发展"互联网+医疗健康"专项行动》，中国政府网，2023 年 4 月 25 日，https：//www.gov.cn/lianbo/2023-04/25/content_5753073.htm。

表 1 京津冀健康协同治理的政策文本

发布时间	发布部门	政策名称
2014 年 5 月	京津冀三地疾控中心	《京津冀协同发展疾病预防控制工作合作框架协议》
2014 年 6 月	京津冀三地卫生计生委	《京津冀突发事件卫生应急合作协议》
2014 年 8 月	京津冀三地应急办	《北京市、天津市、河北省应急管理工作合作协议》
2014 年 9 月	京津冀三地毗邻地区 23 个县（区、市）疾控部门	《京津冀毗邻地区疾病预防控制工作合作协议》
2015 年 6 月	京津冀三地卫生计生委	《京津冀毗邻县（市、区）卫生应急合作协议》
2015 年 9 月	京津冀三地卫生计生委	《京津冀卫生计生事业协同发展合作协议》
2016 年 6 月	京津冀三地民政部门	《京津冀养老工作协同发展合作协议（2016 年—2020 年）》
2016 年 8 月	京津冀三地卫生计生委	《关于开展京津冀地区医疗机构临床检验结果互认试点工作的通知》
2016 年 12 月	京津冀三地卫生计生委	《关于开展京津冀医疗机构医学影像检查资料共享试点工作的通知》
2016 年 12 月	京津冀三地卫生计生委	《京津冀公立医院医用耗材联合采购框架协议》
2017 年 5 月	京津冀三地卫生计生委	《京津冀精神卫生和口腔公共卫生合作协议》
2017 年 7 月	京津冀三地市场监管部门	《京津冀食品生产领域监管联动协议》《京津冀医药品注册领域监管备忘录》《京津冀药品生产流通监管合作协议》
2017 年 9 月	国家体育总局、国家发展改革委、国家旅游局	《京津冀健身休闲运动协同发展规划（2016—2025 年）》
2017 年 12 月	京津冀三地医院	开展京津冀妇女与儿童保健专科联盟二期合作
2017 年 12 月	京津冀蒙四地民政部门	《京津冀区域养老服务协同发展实施方案》
2017 年 12 月	京津冀三地卫生计生委	《京津冀协同发展卫生技术培训标准化建设与认证示范区的合作框架协议》
2018 年 9 月	雄安新区与京津冀三地卫健部门	《关于支持雄安新区医疗卫生事业发展合作框架协议》
2019 年 3 月	京津冀三地医院	成立京津冀精神康复专科联盟和京津冀心理援助专科联盟
2019 年 4 月	国家卫生健康委	《京津冀医疗卫生协同发展行动计划（2019—2022）》
2019 年 6 月	京津冀三地人民政府	《京津冀医疗保障协同发展合作协议》
2019 年 9 月	京津冀三地应急管理部门	《北京市天津市河北省应急救援协作框架协议》
2019 年 11 月	京津冀三地医保局	《京津冀药品医用耗材集中采购合作框架协议》
2020 年 12 月	京津冀三地医保局	《京津冀药品联合带量采购工作意见》
2021 年 1 月	国家医疗保障局办公室	《关于联通京津冀、长三角、西南五省普通门诊费用跨省直接结算服务的通知》
2021 年 7 月	京津冀三地民政部门	《京津冀民政事业协同发展三年行动计划（2021—2023 年）》

续表

时间	发布部门	政策名称
2022 年 7 月	京津冀三地医保局	《京津冀医保协同发展 2022 年工作要点》
2023 年 3 月	京津冀三地医保局	《关于开展京津冀区域内就医视同备案工作的通知》
2023 年 11 月	北京市中医管理局、天津市卫生健康委员会、河北省中医药管理局	《深入推进京津冀协同发展中医药合作协议》
2023 年 12 月	京津冀三地卫生健康部门	《京津冀基层卫生健康协同发展框架协议》
2024 年 2 月	京津冀三地卫健委	《京津冀卫生健康宣传思想文化领域交流合作框架协议》
2024 年 4 月	京津冀三地民政部门	《关于进一步深化京津冀养老服务协同发展的实施方案》
2024 年 5 月	京津冀三地医保局	《2024 年京津冀医保协同发展工作要点》

资料来源：作者根据相关政策文件整理。

三　现实逻辑：京津冀健康协同治理面临的问题与挑战

十年来，京津冀健康协同治理取得积极进展和成效，但京津冀地区卫生健康发展不平衡不充分问题依然突出，健康协同治理的体制机制仍有待健全，加之全球经济不确定性、极端天气事件和新冠疫情等全球公共卫生事件的出现，京津冀健康协同治理面临多种影响因素交织叠加的复杂局面与挑战。

（一）健康服务不均衡不充分问题依然显著

进入中国特色社会主义新时代，我国社会的主要矛盾转化为人民日益增长的美好生活需要和不平衡不充分的发展之间的矛盾，加之快速增长的老龄人口养老和健康支持需求持续增加，健康服务供给与人民健康需求矛盾进一步凸显。京津冀地区健康服务供给呈现不均衡态势，地区之间、城乡之间、人群之间的健康水平差异所导致的健康不公平依然存在，主要体现在卫生人力资源配置不均、高水平医疗卫生资源差距较大、财力资源投入存在差异等方面。

从人力资源配置来看，2021 年，北京人均卫生人力资源拥有量远高于天津和河北，每千人口卫生技术人员数、每千人口执业（助理）医师数拥有绝对优势（见图 1）。从高水平医疗卫生资源来看，2021 年，北京、天津、河北三甲医院占医院总数比例分别为 8.70%、7.64% 和 2.13%（见表 2），河北与京津两地的高水平医疗资源差距显著，亟须进一步优化三地优质医疗资源配置。从财力资源投入来看，京津冀三地个人卫生支出占卫生总费用比重、卫生总费用占 GDP 比重等卫生资源指标呈现较大的发展差距，河北个人卫生支出占卫生总费用比重高于北京、天津和全国平均水平（见图 2），2021 年更是高出北京 17.54 个百分点，表明河北省居民个人或家庭在医疗保健方面所承担的经济压力较大。

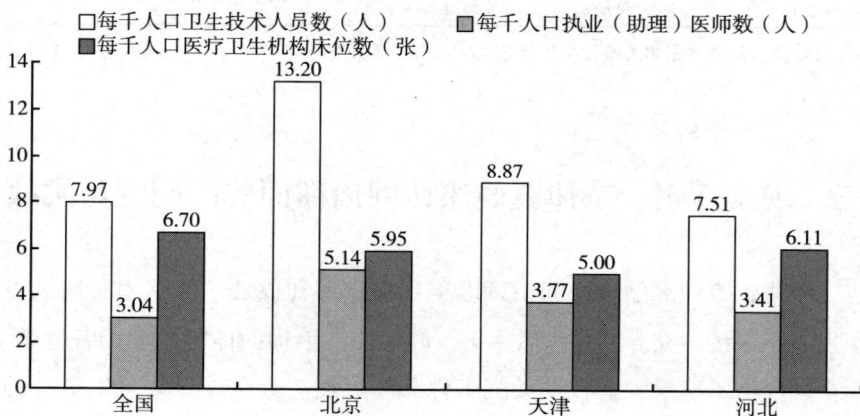

图 1　2021 年京津冀三地医疗卫生资源情况

资料来源：《中国卫生健康统计年鉴（2022）》。

表 2　2021 年京津冀三地医疗卫生资源情况

单位：家，%

地区	医院数	三级医院数（占比）	三甲医院数（占比）	二级医院数（占比）	一级医院数（占比）
北京	644	116(18.01)	56(8.70)	149(23.14)	348(54.04)
天津	432	49(11.34)	33(7.64)	87(20.14)	188(43.52)
河北	2395	100(4.18)	51(2.13)	621(25.93)	1316(54.95)

注：括号中数据为各等级医院占医院总数的百分比。

资料来源：《中国卫生健康统计年鉴（2022）》。

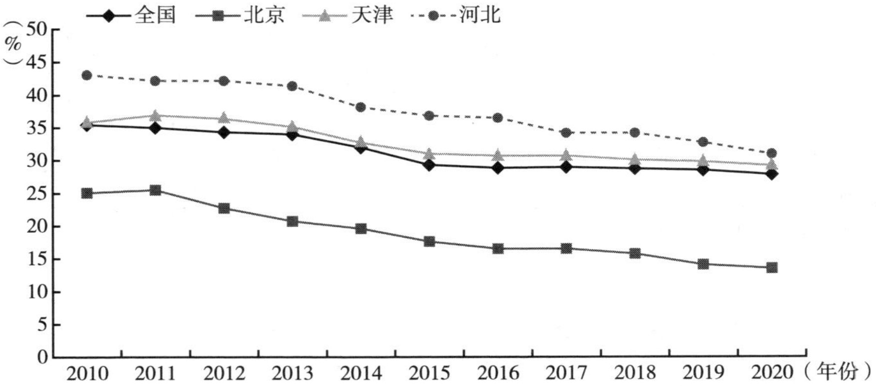

图2　2010~2020年京津冀三地个人卫生支出占卫生总费用比重

资料来源：历年《中国卫生健康统计年鉴》《中国社会统计年鉴》。

从城乡差距来看，2010~2021年，河北省城市和农村地区的每千人口卫生技术人员数、每千人口医疗卫生机构床位数差距逐渐缩小，但医疗卫生资源供给不均衡态势尚未根本扭转。2020年，每千农业人口乡镇卫生院床位数仅为城市地区的20%、农村地区的27%（见表3），乡镇基本医疗卫生服务仍存在明显短板，亟须大力推动城市医疗资源向县级医院和基层下沉，加强乡镇卫生院规范化建设。

表3　2010~2021年河北省医疗卫生资源情况

单位：人，张

年份	每千人口卫生技术人员			每千人口医疗卫生机构床位数			每千农业人口乡镇卫生院床位数
	合计	城市	农村	合计	城市	农村	
2010	4.00	9.19	2.88	3.15	6.55	2.42	1.15
2011	4.11	9.37	2.97	3.63	7.78	2.73	1.18
2012	4.32	9.71	3.06	3.90	8.26	2.88	1.19
2013	4.44	10.28	3.18	4.14	8.72	3.04	1.20
2014	4.76	10.95	3.25	4.37	9.21	3.17	1.23
2015	5.00	10.40	3.40	4.61	8.42	3.43	1.07
2016	5.30	9.80	3.60	4.83	8.04	3.61	1.14
2017	5.70	9.50	4.00	5.25	7.80	4.06	1.23
2018	6.10	9.20	4.50	5.58	7.53	4.51	1.30
2019	6.50	8.40	5.00	5.66	6.73	4.74	1.34

年份	每千人口卫生技术人员			每千人口医疗卫生机构床位数			每千农业人口乡镇卫生院床位数
	合计	城市	农村	合计	城市	农村	
2020	6.96	8.73	5.22	5.92	6.63	4.84	1.31
2021	7.51	10.5	5.88	6.11	7.82	5.18	—

资料来源：历年《中国卫生健康统计年鉴》。

（二）健康协同治理体制机制有待进一步健全

一是健康协同治理的手段较为单一。健康协同治理是一项系统工程，需要政府、市场和公众等多元主体共同参与和协作。然而，当前京津冀健康协同治理仍以政府为主体、以行政命令为手段，缺乏市场、法律等多元手段的综合应用，单一手段的执行效果与预期目标仍有较大差距。此外，随着我国社会主要矛盾的变化，人民群众对多样化、个性化、高品质的健康服务提出了新要求，需要培育和吸引更多市场主体、社会组织等提供多层次多样化的健康服务。二是健康协同治理的公共财政体制不完善。公共财政是实现医疗卫生服务均等化的重要前提，京津冀三地经济发展程度差异较大，加之缺乏有效的跨区域财政横向转移支付制度，三地提供医疗卫生服务的财政能力存在较大差异。2022年，北京人均公共财政支出分别是天津、河北的1.71倍和2.74倍，人均卫生总费用则是天津、河北的2.11倍和3.36倍（见表4）。三是健康协同治理的共享共担机制不完善。近年来，为推动医疗卫生资源共建共享和基本卫生服务均等化，京津冀三地政府和有关部门出台了多项政策文件，但三地在医疗信息数据共享、优质医疗资源跨区域流动、医联体医疗质量标准一体化建设、跨区域医疗人才互认、突发公共卫生事件共治共担等方面的制度、规范和标准建设仍有待整合和健全。

表4　2022年京津冀三地人均经济指标和人均卫生总费用比较

单位：元

指标	北京	天津	河北
人均地区生产总值	19.030	11.920	5.700

指标	北京	天津	河北
人均公共财政收入	2.610	1.350	0.540
人均公共财政支出	3.420	2.000	1.250
城镇居民人均可支配收入	8.400	5.300	4.130
农村居民人均可支配收入	3.480	2.900	1.940
人均卫生总费用	1.383	0.655	0.411

资料来源：京津冀三地统计年鉴（2023 年）。其中，人均卫生总费用为 2021 年数据，数据来源于《中国卫生健康统计年鉴（2022）》。

（三）健康发展面临多重不确定性风险和挑战

全球经济不确定性、极端天气事件和新冠疫情等全球问题的出现，给个体健康、社会稳定和经济韧性带来前所未有的挑战与压力，城市构成要素的复杂性、城市演进过程的非线性、城镇化动力机制的不确定性以及城市治理主体的多元性日趋明显，城市健康发展面临着日趋严峻的挑战。尤其需要注意的是，全球气候变化对人类健康和社会发展构成了严重威胁。柳叶刀污染和健康委员会发布的《全球疾病、伤害和风险因素负担研究》认为非适宜温度是全球十大主要死亡原因之一，每年可造成 195 万例过早死亡，[1] 尤其是极端高温容易诱发重大公共卫生事件。监测数据表明，京津冀地区近 40 年极端最高温、高温日数和闷热日数均呈上升趋势，极端高温事件强度增强，频次增加。[2] 相关实证研究表明，当北京市高温热浪（日平均气温阈值为 27.62℃）持续时间大于等于 4 天时，所致居民呼吸系统疾病和循环系统疾病死亡风险分别增加 34% 和 14%。[3] 因此，亟须加强京津冀地区气候变化健康风险评估，加快制定应对气候变化健康风险的适应策略和协同应对机制，切实保护公众健康。

---

[1] 《ARCH 旗舰报告：以健康驱动空气污染与气候变化协同治理——科学研究证据》，能源基金会官网，2024 年 1 月 30 日，https://www.efchina.org/Reports-zh/report-cemp-20240130-2-zh。

[2] 张君枝、梁雅楠、王冀等：《气候变化背景下京津冀极端高温事件变化特征研究》，《灾害学》2023 年第 4 期。

[3] 栾桂杰、李湉湉、殷鹏等：《2010 年北京市高温热浪对居民死亡的影响》，《环境卫生学杂志》2015 年第 6 期。

四 未来进路：面向中国式现代化的
京津冀健康协同治理路径

2023 年 5 月 12 日，习近平总书记在河北主持召开深入推进京津冀协同发展座谈会并发表重要讲话，明确提出"努力使京津冀成为中国式现代化建设的先行区、示范区"。人民健康是中国式现代化的应有之义，京津冀应从加强健康治理政策协同，推动健康资源均衡配置，健全健康治理体制机制，加强健康治理能力建设的系统性、均衡性、协同性等方面着手，为京津冀建设成为中国式现代化建设的先行区、示范区提供健康根基。

（一）强化顶层设计，推进健康促进政策协同

加快完善以人民为中心的健康促进政策体系是实施健康中国战略的重要内容，京津冀应将维护和促进人民健康作为现代化建设的优先目标和高质量发展的落脚点，通过加强顶层设计、完善制度建设和强化整体统筹，加快建立保障人民健康优先发展的健康促进政策体系。一是加强顶层设计。加强京津冀公共卫生、医疗卫生服务和养老服务等方面的顶层设计，通过统一政策标准、细化政策目标和规范政策执行，从供给侧完善健康促进政策体系，着力推动健康促进政策协同。二是完善制度建设。加快完善符合京津冀实际的医疗费用支付、医保异地结算、医保基金风险调控、医疗人才互认、公共卫生联防联控等制度，优化政策执行的系统环境，切实提升京津冀人民群众的幸福感、获得感。三是强化整体统筹。注重打破京津冀行政壁垒和部门壁垒，统筹考虑三地政府部门的管理模式和管理体制等差异，将经济发展、医疗卫生、生态环境、社会保障等领域融合，逐步将健康融入京津冀协同发展的重大政策、重大规划、重大项目中，优化健康促进方式和路径，在维护和保障人民健康的同时推动经济社会高质量发展。

（二）秉持健康公平，推动健康资源均衡配置

随着健康中国战略和京津冀协同发展战略的深入实施，京津冀健康发展

水平总体差异呈现逐渐缩小趋势，但三地之间、城乡之间的健康服务质量和可及性仍存在差距。京津冀应以健康公平为导向，持续均衡医疗卫生资源布局、着力完善公共财政制度、加快健全防范化解因病返贫致贫长效机制，多措并举破解健康服务不平衡不充分问题。一是持续均衡医疗卫生资源布局。坚持健康公平的基本原则，围绕常住人口规模和服务半径，持续均衡医疗卫生资源布局；加快推进京津冀医联体建设，促进优质医疗卫生资源合理扩容和下沉；着力加强县域医疗卫生综合服务能力建设，加大医疗卫生资源向基层、农村地区倾斜力度，不断缩小区域之间、城乡之间、人群之间在健康服务质量和可及性上的差异。二是完善与医疗卫生服务均等化相配套的公共财政制度。进一步厘清中央和京津冀政府事权和财权责任，加快完善财政转移支付制度设计，加大对河北公共卫生服务的财政支持力度，稳步提升基本公共卫生服务保障标准，缩小三地因财力差距而产生的健康服务质量和可及性方面的差距。三是加快健全防范化解因病返贫致贫长效机制。高度重视京津冀脱贫地区和脱贫群体的健康贫困风险，健全防范化解因病返贫致贫监测预警机制，保持基本医保、大病保险、医疗救助三重制度互补衔接和平稳运行；将健康因素融入巩固拓展脱贫攻坚成果过程中，分类建立覆盖农村低收入人口和脱贫人口的参保台账，确保医保帮扶政策应享尽享，全面促进健康公平。

（三）注重多元参与，健全健康协同治理体制机制

京津冀协同发展面临的健康风险不是单一系统的风险，而是涉及经济运行、医疗卫生、交通运输、公共服务以及应急保障等多领域的系统性风险，应该加快建立"政府—市场—社会"构成的多主体多系统协同治理架构，全方位、全周期保障人民健康。一是强调政府部门的主导性与联动性。打破行政区经济带来的地域壁垒，把国家层面的健康中国战略与京津冀地区实际情况结合起来，加大医疗卫生服务领域协同发展的改革力度，消除制约资本、技术、人才等医疗卫生资源优化配置的各种制度障碍；加快健全京津冀医疗卫生协同发展的推进机制、监测评估机制、考核评价机制、责任共担机制、利益分享机制及相关支撑保障机制，确保健康中国行动各项任务有效落

实。二是注重发挥市场主体的创造性与能动性。鼓励专业机构建立健全健康监测、调查和评估制度，鼓励各类科技创新主体开展前瞻性研究和应用研究，重点加强重大传染性疾病所需疫苗、新检验检测技术、主动健康干预技术、重大传染病和重大慢性病防治关键技术的研发，为各类市场主体参与健康服务供给提供公平机会。三是调动全社会参与的积极性和主动性。充分发挥社会组织作用，强化个人作为自己健康第一责任人的责任，构建"政府主导、部门联动、社会协同、人人参与"的多元共治格局，形成维护和促进健康的强大合力。

（四）坚持系统观念，筑牢中国式现代化健康根基

人民健康是中国式现代化的应有之义，应深刻认识健康在现代化建设中的重要地位和作用，切实把健康放在优先发展的战略位置，筑牢京津冀现代化建设的健康根基。一是建立涵盖多领域的健康促进机制。WHO《组织法》明确强调，健康促进不仅是减少疾病，更重要的是通过健康的社会、环境和经济决定因素，解决其根源问题。因此，应加快建立涵盖健康经济、健康社会、健康文化、健康环境和健康管理等多领域的健康促进机制，从提升经济韧性、提高社会保障水平、提升文化服务效能、改善环境质量、保障城市安全运行等多维度保障全民健康。二是重视气候变化对疾病和人类健康的影响。充分考虑气候适应政策和相关技术对人类健康的影响，科学开展京津冀气候影响评估、脆弱性评估和风险评估，加强对极端天气气候事件的监测预警能力建设，优先考虑具有最大健康效益、社会效益和经济效益的气候适应措施，保障居民健康和城市安全运行。三是加强全球范围内的气候应对与健康共治。依托北京市援外医疗工作队，推动京津冀进一步拓展医疗卫生国际合作交流范围，积极参与共建"一带一路"国家重大疾病防控、医学科研、健康产业等领域的合作，共同推进卫生健康共同体和人类命运共同体建设。

B.11
京津冀协同发展战略中的人大
协同立法机制探索

周睿志*

摘　要:　经过近十年的积极努力,京津冀三地人大在协同立法上取得了重要的阶段性成果。首先,三地人大建立了相对完备的协同立法制度,使协同立法有了制度支撑;其次,三地人大根据《京津冀协同发展规划纲要》,就生态环保、交通一体化、产业升级转移等出台了上百个地方性法规,并制定了包含40多个立法项目的立法协同规划。制度建设和业务推进两个层面的实践为京津冀协同发展战略的持续推进和其他区域协同发展战略实施提供了经验参考和有益启迪。着眼未来,京津冀三地人大协同立法需要进一步地解放思想,通过将治理型立法与发展型立法同时并举,探索以"京津冀"为单元的"联合立法"形式,推进人大立法与政府立法的密切联动,启动京津冀地方立法的联合评估与联合清理,深化三地立法机构骨干人员的交流等措施,使京津冀协同立法迈向更高阶段。

关键词:　京津冀　人大　协同立法

京津冀协同发展战略以疏解北京非首都功能为起点,以调整优化京津冀城市群结构、实现京津冀城市群高质量发展为目标,它本身就属于一个城市治理和城市发展的重大战略安排。在京津冀协同发展战略实施过程中,京津

---

* 周睿志,博士,北方工业大学宪法与行政法研究中心主任,讲师,主要研究方向为政府法治、纪检监察、人大制度理论与实践。

冀三地人大协同立法是一个重要的层面，它为京津冀协同发展和京津冀城市治理提供了法治保障。近十年来，京津冀三地人大积极参与战略实施，在协同立法方面开展了一系列积极有效的探索，取得了显著的成果。本文从京津冀三地人大协同立法的制度建设、主要成果、主要经验、存在的问题以及协同立法的进一步优化建议五个维度进行研究，梳理京津冀协同发展战略实施中人大协同立法在当前阶段的基本情况、存在的问题，并提出在未来阶段应当采取的主要措施。

一 京津冀三地人大协同立法的制度建设

立法是一项程序性和技术性要求都很高的工作。只有建立起了基本的协同立法制度，京津冀三地人大的协同立法才能获得足够的制度支撑与合法性，也才能保障协同立法可持续地开展。近十年，京津冀三地人大在协同立法的制度建设上进行了积极的探索，出台了《关于加强京津冀人大立法工作协同的若干意见》《京津冀人大立法项目协同办法》《京津冀人大法制工作机构联系办法》《京津冀人大立法项目协同实施细则》四个专门文件。这四个文件连同其他相关文件，为京津冀三地人大的协同立法工作奠定了扎实的制度基础。

2015年3月，京津冀人大立法协同工作机制第一次会议讨论通过了《关于加强京津冀人大立法工作协同的若干意见》（以下简称《意见》）。《意见》在结构上分为八个部分，包括加强协同立法是推动京津冀协同发展的迫切要求，加强立法沟通协商和信息共享，构建与协同发展相互适应、相互支撑、相互促进立法工作的机制，加强重大立法项目联合攻关，加强地方立法理论研究协作，加强立法工作经验和立法成果的交流与共享，建立立法干部学习培训交流机制和建立健全京津冀协同立法保障机制。该意见的通过表明京津冀在协同立法的制度建设上迈出了关键的一步。

《意见》指出了三地人大协同立法的紧迫性：加强京津冀立法工作协同，是整合区域立法资源优势、增强地方立法总体实效、推动区域协同发展的迫切要求。同时，它提出了三地人大协同立法的基本要求：京津冀地方立法工作，要认真落实中央要求，按照优势互补、互利共赢、区域一体的原则，以区域基础设施一体化和大气、水污染联防联控作为优先领域，以产业结构优化升级和实现创新驱动发展作为重点，把立法工作协同的功夫主要下在联动上，努力实现良性互动、协同发展。《意见》明确了京津冀人大协同立法的主要工作机制。它们包括三地人大加强立法沟通和信息共享，相互通报立法安排和相互传递立法信息；三地人大推进制度融合、推进立法资源整合，实现相互适应、相互支撑、相互促进的工作格局；三地人大围绕《京津冀协同发展规划纲要》加大重大立法项目联合攻关，在重点领域率先突破；三地人大加强理论研究协作、立法经验交流、干部培训协同、物质保障协同，等等。

2017 年 3 月，京津冀人大立法工作联席会议原则通过了《京津冀人大立法项目协同办法》（以下简称《协同办法》）。《协同办法》包含 17 个条款，使《关于加强京津冀人大立法工作协同的若干意见》相关内容进一步具体化。

《协同办法》在"选择什么样的立法项目"方面进行了规定：京津冀三方应当按照《京津冀协同发展规划纲要》的要求，围绕有序疏解北京非首都功能这一核心，在交通一体化、生态环保、产业升级转移等重点领域，选择关联度高的重要立法项目进行协同。《协同办法》对"如何进行立法项目协同"进行了规定：京津冀三方在拟定五年立法规划或者年度立法计划时，应当将涉及京津冀协同发展重点领域的立法项目优先安排，并且分别提出需要三方协同的立法建议项目。三方应当相互通报立法规划或者计划内容。《协同办法》明确了法案协同起草机制的三种机制：一方起草，其他两方密切配合；联合起草、协同修改；三方商定基本原则，分别起草。它同时还规定了起草中对重点、难点、焦点问题的协同处置机制：拟定协同立法项目草案，三方可以同步调研、同步论证、同步修改，对涉及的难点、重点、焦点问题进行联合攻关。协同立法项目草案中有关规范京津冀三方区域合作、联防联控、联合执法等内容，确需统一标准的，三方应当趋同。协同立法项目草案涉及因功能定位不同或者本地特色的内容，可以充分体现各自的功能定位和地方特色。除此之外，《协同办法》还规定了重大事项报请各自党委决定、分别审议过程中不同意见相互通报会商以及实施后评估、修改等机制。

2017 年 9 月，第四次京津冀协同立法工作座谈会讨论并原则通过了《京津冀人大法制工作机构联系办法》（以下简称《联系办法》）。《联系办法》包含 13 个条款，明确了协同立法工作的具体责任机构。

《联系办法》规定了协同立法的具体责任主体。首先，京津冀人大法制委员会和常委会法制工作机构（以下统称京津冀人大法制工作机构）是推进京津冀人大立法工作协同的综合部门，在本省市人大常委会主任会议领导下，协调人大各专门委员会和常委会工作机构共同做好京津冀协同立法各项工作。其次，京津冀人大法制工作机构及其负责人，要密切联系、主动协调、积极作为、抓好落实，共同推进京津冀人大立法工作协同取得更多实质性成效。同时，《联系办法》还规定了三地人大法制机构联席会议的议题范围：（一）沟通三省市立法工作的情况，提出需要提交京津冀协同立法工作座谈会讨论的重点议题；（二）总结三省市本年度立法工作协同的实施情况和协同立法项目落实情况，拟定提交京津冀协同立法工作座谈会讨论的协同立法工作报告；（三）交流下一年度立法计划的总体思路，相互通报立法计划项目的初步考虑，研究提交京津冀协同立法工作座谈会讨论的协同立法项目建议；（四）沟通交流三省市法制工作机构的立法、规范性文件审查监督等工作的经验和体会；（五）交流探讨三省市地方立法干部培训等队伍建设的经验和共同关心的有关问题；（六）其他需要协商的议题。

2018 年，第五次京津冀协同立法工作会议讨论通过了《京津冀人大立法项目协同实施细则》（以下简称《实施细则》）。《实施细则》包含 11 个条款，它对立法项目协同进行了可操作化的规定。

《实施细则》规定了三地协同和两地协同两种模式：立法项目协同实施工作，根据三地人大立法规划、年度立法计划项目安排的实际情况，可以三地协同，也可以两地协同。两地协同的，第三方可以利用自身资源优势，支持立法项目协同工作。它同时还规定：常委会主管领导、法制工作机构负责人、立法项目小组三级沟通协调机制。在立法项目共性问题选择方面，《实施细则》指出：协同立法项目共性问题可以优先从执法体制机制、社会参与、重点难点问题治理、京津冀区域协作等方面选取。另外，它也对立法项目协同实施方案内容提出了要求：立法项目协同实施方案应当包括责任分工、共同研究方式和内容、三级沟通协调机制沟通要求、各阶段工作进度安排、研究成果及运用方式等内容。

在区域协同战略实施过程中，如何进行协同立法是一个新课题。以上四份专门的文件，为京津冀三地人大协同立法工作提供了一系列制度方案。其中，它们着力回应了协同立法过程中的四个主要问题。

第一，协同立法的目标和要求问题。只有明确了协同立法的主要目标和基本要求，协同立法才能具有统一的方向，各方行动才能同向前行。根据以上文件可以看出，京津冀协同立法的主要目标是"整合区域立法资源优势、增强地方立法总体实效、推动区域协同发展"，[1] 而京津冀协同立法的基本要求是"认真落实中央要求，按照优势互补、互利共赢、区域一体的原则，以区域基础设施一体化和大气、水污染联防联控作为优先领域，以产业结构优化升级和实现创新驱动发展作为重点，把立法工作协同的功夫主要下在联动上，努力实现良性互动、协同发展"。[2] 总之，京津冀三地人大协同立法不是一种单纯的技术性工作，而是京津冀协同发展战略的一个有机组成部分。三地人大的协同立法工作不仅要遵循立法工作的一般性要求，还要讲政治、顾大局，紧紧围绕京津冀协同发展战略的安排部署去有序推进。

第二，协同立法的实施责任主体问题。京津冀三地的人大是省级层次的人大，在它的内部包含着人民代表大会、人民代表大会常务委员会、人民代表大会常委会机关三个具体层次。三个层次的主体都承担着相应的协同立法责任。在实践探索中，京津冀形成了以人大法制工作机构为主要实施责任主

①《关于加强京津冀人大立法工作协同的若干意见》。
②《关于加强京津冀人大立法工作协同的若干意见》。

体的机制，即京津冀人大法制委员会和常委会法制工作机构（以下统称京津冀人大法制工作机构）是推进京津冀人大立法工作协同的综合部门，在本省市人大常委会主任会议领导下，协调人大各专门委员会和常委会工作机构共同做好京津冀协同立法各项工作。① 三地人大的法制工作机构承担协同立法的主要业务工作，是整个协同立法活动的专责主体。在三地人大法制工作机构相互协同的基础上，其他主体层次（如三地人民代表大会、人民代表大会常务委员会等）的工作就有了推进基础。

第三，协同立法的项目议题选择方法问题。这个问题也是"立什么法"的问题。通过制度建设，京津冀三地人大首先明确了协同立法项目的主题范围，即京津冀三方应当按照《京津冀协同发展规划纲要》的要求，围绕有序疏解北京非首都功能这一核心，在交通一体化、生态环保、产业升级转移等重点领域，选择关联度高的重要立法项目进行协同。② 接着，京津冀三地人大明确了协同立法项目的主题来源，即三地人大每年从推动京津冀协同发展大局需要出发，结合立法规划、年度立法计划，认真选取主题相同或相近、进度安排基本一致的立法项目，进行立法项目协同，共同开展立法共性问题研究，共同形成解决方案。③ 项目议题选择方法确定了，就确保了三地人大能够在协同项目议题选题选择上有了共同的选题渠道，以便在协同立法过程中较为迅速地形成立法共识。

第四，协同立法的技术标准问题。具有统一性的技术标准既是协同立法顺利推进的前提，也是协同立法形成统一成果的保障。在探索协同立法制度过程中，京津冀三地人大在技术标准确立方面进行了积极努力。例如，在立法的协同实施方面，相关文件规定，协同立法项目在人大常委会审议通过确定施行日期时，应当同时考虑其他两方的施行日期。④ 在立法的协同宣传、协同解释方面，相关文件规定，京津冀三方应当加强在宣传法规、解释法规

---

① 《京津冀人大法制工作机构联系办法》。
② 《京津冀人大立法项目协同办法》。
③ 《京津冀人大法制工作机构联系办法》。
④ 《京津冀人大立法项目协同办法》。

方面的协作，实现资源共享，扩大协同立法项目实施效果。① 在立法的协同评估与修改废止方面，相关文件规定，协同立法项目施行一段时间后，京津冀三方各自组织立法后评估的，评估结果应当通报其他两方；确需废止或者修改的，三方可以共同会商研究。② 这些制度机制能够催生出对应的协同实施标准、协同宣传标准、协同解释标准、协同评估标准、协同清理标准以及统一的质量管控标准。

除此以外，在京津冀协同立法制度机制建设方面，以上的这些专门文件还解决了协同起草的方式方法问题、审议过程重大异议通报协调问题、人大法制机构协同工作机制问题、理论研究协同路径问题、经验交流和人才协同培养问题等。

二　京津冀三地人大协同立法的主要成果

通过近十年的积极努力，京津冀三地人大根据《京津冀协同发展规划纲要》的部署，聚焦生态环保、交通和产业发展三个重点领域，推动了一系列协同立法项目，形成了一批令人瞩目的协同立法成果。

生态环保尤其是大气污染治理是京津冀协同发展中面临的紧迫问题。三地人大协同立法进程开启以后，首先就在这个方面开展合作。三地互相借鉴人大立法形式，北京于 2014 年、天津于 2015 年、河北于 2016 年均在本省市的人民代表大会上审议通过了这项关系民生的重要协同法规，充分体现了三地群众同呼吸共命运、齐心协力联防共治的坚定决心。考虑到大气污染防治的区域共防共治特点，三地人大都在各自的地方性法规中以专条或者专章形式规定了协同治理大气污染的制度措施。③ 除此以外，三地人大还针对机动车尾气、露天焚烧秸秆、水体污染等领域开展了协同立法。如 2018 年 7 月，三地人大同意将环境保护条例作为协同立法项目。并且一致明确将机动

---

① 《京津冀人大立法项目协同办法》。
② 《京津冀人大立法项目协同办法》。
③ 熊菁华：《关于新时代京津冀三地协同立法的思考》，《人大理论与实践》2019 年第 3 期。

车和非道路移动机械污染防治立法，作为 2019 年协同项目，提交各自的人代会审议，为坚决打赢蓝天保卫战提供更有力的法治引领和保障。① 经过人大协同立法、政府严格执法，京津冀地区的环保工作取得了重大进展，空气质量也得到了极大改善。

交通是京津冀协同发展的另一重大主题。三地人大协同立法在交通领域开展了一系列合作，也取得重大进展。2017 年 2 月，三地商定将《河北省道路运输条例》《天津市公路管理条例》作为协同立法项目。《河北省道路运输条例》专设第四章"京津冀区域协作"。《天津市公路管理条例》专设第七章"区域公路管理协作"。② 经过协同努力，三地人大分别通过的《机动车和非道路移动机械排放污染防治条例》在法规名称、立法原则、调整对象、主要制度、生效时间等层面总体实现了一致，为机动车排污的协同治理奠定了技术层面的统一标准。通过协同立法，京津冀的交通设施建设和交通日常管理基本实现了同向前行。

产业协同发展的立法也形成系列重大成果。例如，"河北省和天津市于2016 年、2017 年通过了各自的促进科技成果转化条例，专门规定了促进京津冀协同创新发展的内容。2018 年 3 月，三地人大法制部门共同听取了北京市制定促进科技成果转化条例的立法设想，对北京立法提出建议。另外，2017 年天津市制定《中国（天津）自由贸易试验区条例》专设第六章"服务京津冀协同发展"，通过立法，促进自贸试验区带动京津冀以及北方地区科技创新。"③ 通过立法，三地产业发展朝着优势互补、深度融合的方向前行。

除了这三个重点领域的立法成果，特别值得关注的一个协同立法成果就是 2022 年北京冬奥会保障立法。2021 年 6 月，京津冀三地人大常委会立法协同工作机制第八次会议召开，通过了《京津冀三地人大常委会关于协同推进冬奥会法治保障工作的意见》。三地人大达成共识，授权各自政府可以

---

① 熊菁华：《关于新时代京津冀三地协同立法的思考》，《人大理论与实践》2019 年第 3 期。
② 熊菁华：《关于新时代京津冀三地协同立法的思考》，《人大理论与实践》2019 年第 3 期。
③ 熊菁华：《关于新时代京津冀三地协同立法的思考》，《人大理论与实践》2019 年第 3 期。

灵活、适时地作出与本省市情况相适应的决定，以支持冬奥会的举办。就北京市而言，在冬奥会筹备、举办期间及延后期限内，北京市人民政府根据需要，在不与法律、行政法规相抵触，不与本市地方性法规基本原则相违背的前提下，按照必要、适度、精准的原则，通过制定政府规章或者发布决定的形式，在环境保护、公共安全、公共卫生、道路交通等方面规定临时性行政措施并组织实施。① 同时，为保证最大限度减少对群众生产生活的影响，临时措施期限不宜过长，授权的有效期限至冬奥会闭幕之日后十五日。② 津冀两地的立法授权内容也与此类似。三地人大授权政府为重大体育赛事作出灵活决定，这一实践使京津冀人大协同立法的内涵由人大立法拓展到人大授权立法。它是京津冀协同立法过程中一个值得重视的创新点。

据统计，截至 2024 年 7 月，京津冀人大协同立法（包括制定和修订的立法）已完成 120 多件，为京津冀协同发展提供了及时、充分的法治保障。③

另外，一批协同立法项目已经列入了京津冀三地未来几年的立法规划。2023 年 9 月，京津冀人大立法协同机制第十次会议讨论并原则通过了《京津冀人大协同立法规划（2023—2027 年）》。该规划明确了在未来几年，三地人大协同推进同一文本的立法项目 5 件，协同推进三地同向的立法项目 7 件，协同推进三地互动的项目 27 件。④ 这些立法项目聚焦交通一体化、生态环境保护和产业升级转移等重点领域，注重在互联互通、生态环保、协同创新、公共服务等方面统筹安排协同立法项目。⑤ 根据该规划，将有近 40 件协同立法成果可以在 2027 年之前问世。

我们可以从三个层面来看待京津冀三地人大协同立法所取得的成果。

---

① 《关于〈北京市人民代表大会常务委员会关于授权市人民政府为保障冬奥会筹备和举办工作规定临时性行政措施的决定（草案）〉的说明》。
② 《关于〈北京市人民代表大会常务委员会关于授权市人民政府为保障冬奥会筹备和举办工作规定临时性行政措施的决定（草案）〉的说明》。
③ 张志然：《京津冀协同立法这十年》，《民主与法制》（周刊）2024 年第 21 期。
④ 《天津市人大：十年探索创新奋进 协同立法结出硕果》，天津人大网，2023 年 11 月 21 日，https：//www.tjrd.gov.cn/lfjj/system/2023/11/21/030029427.shtml。
⑤ 《天津市人大：十年探索创新奋进 协同立法结出硕果》，天津人大网，2023 年 11 月 21 日，https：//www.tjrd.gov.cn/lfjj/system/2023/11/21/030029427.shtml。

第一，三地人大通过卓有成效的协同立法，使京津冀城市治理中的一些急迫问题具有了应对方案并得到了一定程度地解决。北京的"大城市病"，尤其是大气污染、交通拥堵等问题，是摆在京津冀协同发展战略面前的急迫问题。通过三地人大在环保、交通领域的协同立法，这些急迫问题的应对具有了明确的法律支撑。如今，首都北京的"大城市病"、京津冀地区的大气污染问题得到了相当程度地缓解。可以说，三地人大的协同立法工作，为京津冀协同发展战略的顺利破局提供了切实有效的支撑。

第二，三地人大通过卓有成效的协同立法，使京津冀城市群的联动治理、联动发展、共同繁荣具有了初步的制度依托。京津冀三地的协同发展，其基础在于经济社会的协同与联动，其保障则在于上层建筑，包括政策、法律、思想观念等的协同与优化。如果上层建筑方面的要素供给跟不上，京津冀的协同发展就难以深入地展开。三地人大通过近十年的协同立法努力，在城市协同治理和联动发展方面出台了一批制度规范，使京津冀协同发展战略的顶层设计能够及时转化为稳定的、长期的行动规范，使京津冀区域内的法律上层建筑能够及时引导、规范和支撑社会治理和经济产业交流。总而言之，依托协同立法，京津冀内部的联动治理和联动发展就不是随机的，它不会因三地主要领导的变化而大幅度改变，不会因为一些偶然性因素的干扰而止步，相反，这些立法能够确保京津冀协同发展战略成为一种长效战略。

第三，三地人大通过卓有成效的协同立法，为全国范围以法治来保障区域协同发展提供了经验借鉴。区域协同发展战略是一种致力于区域内均衡发展、优势互补以及区域间缩小差距、共同繁荣的战略举措。当前，我国形成了不同层次的区域协同发展战略，如京津冀协同发展战略、长三角一体化发展战略、粤港澳大湾区建设战略，以及西部大开发战略、东北老工业基地振兴战略、促进中部地区崛起战略，甚至还包括长江经济带高质量发展战略、黄河流域生态保护和高质量发展战略，等等。在法治保障区域协同发展过程中，京津冀三地人大积极作为，在近十年中形成了上百项协同立法成果，这些立法成果本身以及它们所包含的协同立法经验，可以为其他的区域协同发展战略提供有益的借鉴。

三　京津冀三地人大协同立法的主要经验

近十年来，根据京津冀协同发展的战略框架，京津冀三地人大积极开展协同立法工作，取得了一系列成就。在协同立法制度建设方面，出台了四个专门文件，使协同立法具有了较为可靠的制度支撑；在立法业务方面，从环境保护、交通一体化、产业疏解与承接等紧迫议题入手，实现了工作的良好开局；三地人大一边推进工作，一边总结经验，依托协同立法规划，找到了一条快速推进协同立法工作的路径。截至目前，京津冀三地的人大协同立法已经卓有成效。回顾这近十年的历程，我们可以从中总结出一些经验。这些经验一方面可以继续支撑京津冀三地人大的协同立法工作，另一方面可以为其他区域的协同发展提供启迪。

第一，筑牢基础，先行开展协同立法的制度建设。协同立法不仅涉及复杂的立法程序，还涉及复杂的沟通、协调和协作程序。如果缺乏较为可靠的协同制度，协同立法具体业务就很难可持续地、规范化地开展。基于这样的逻辑，京津冀三地人大在推进协同立法的过程中，把协同立法制度建设当作首要任务，在近十年的探索实践过程中，陆续出台了《关于加强京津冀人大立法工作协同的若干意见》《京津冀人大立法项目协同办法》《京津冀人大法制工作机构联系办法》《京津冀人大立法项目协同实施细则》四个专门性文件。同时，三地人大还在各自体系内部采取了一些协同立法配套措施。经过这些努力，三地人大协同立法基本实现了有章可循，也基本实现了常态化协同和规范化协同。

京津冀三地人大协同立法以协同制度建设为先，有力支撑了后续协同立法的顺利推进，提供了一些重要启示。具体而言，在推进区域发展战略过程中，区域内不同地区的责任主体应当着眼长期协同、可持续协同的目标，将协同制度的建设作为业务协同的前提。如果缺乏协同制度机制，具体的业务就会增加协同成本，甚至导致相关主体之间的协同无法持续展开。在立法领域，尤其需要立法责任主体深刻把握立法工作的特性，通过主体间的积极沟通、大胆探索，把建立长效的协同工作制度放在首位，为具体的立法业务奠定基础。

第二，着眼大局，紧扣《京津冀协同发展规划纲要》开展协同立法。立法工作既是一种技术性很强的工作，它要通过严格的技术把关以保障立法的合法性，又是一种政治性很强的工作，每一项立法都指向特定的社会政治目标，它要求立法责任主体具有大局意识，从相应的社会政治目标出发开展具体的立法工作。京津冀三地的人大协同立法，不仅"埋头拉车"，在具体的技术层面开展探索和创新，还始终"抬头看路"，遵循党中央、国务院批准的《京津冀协同发展规划纲要》，按照《京津冀协同发展规划纲要》的部署，有重点、分步骤地展开协同立法，使协同立法工作与京津冀协同发展总体部署保持同向。例如，天津市人大常委会法制工作委员会提出，实施京津冀协同发展重大国家战略，是一个巨大的系统工程，需要在若干领域进行率先突破。近十年来，天津市人大常委会按照《京津冀协同发展规划纲要》要求，聚焦生态环境保护、交通一体化、产业转型升级等重点领域，在多项法规中设专条或者专章明确京津冀协同的内容。截至目前，天津市地方性法规中，含有京津冀协同专门条款或者专章的法规已有五十余件。① 京冀两地人大的协同立法工作也始终围绕《京津冀协同发展规划纲要》的安排部署和议程节奏开展。

京津冀三地人大在协同立法过程中着眼发展大局，服从和服务于战略性目标，使相关协同立法产生了积极的社会经济效应和城市治理效应，这一经验是非常宝贵的。在其他的区域发展战略实施过程中，立法责任主体都应当始终着眼大局、提高政治站位，使协同立法工作摆脱"技术本位""地方本位"，自觉把协同立法工作视为区域发展战略的一个有机组成部分。

第三，高位协调、高层领导积极参与协同立法的推进工作。从协同立法

---

① 《天津市人大：十年探索创新奋进 协同立法结出硕果》，天津人大网，2023 年 11 月 21 日，https：//www.tjrd.gov.cn/lfjj/system/2023/11/21/030029427.shtml。

工作推进的角度看，参与协同的主体层级越高，意味着处理问题的空间就越大、能够动员的资源就越多。在协同立法过程中，一系列的问题往往都需要高层领导的参与才能得到较好地处理。京津冀三地人大协同立法包含的一条重要经验就是立法机关高层领导积极参与到工作中来。不仅三地人大常委会主要领导定期参与协同立法，全国人大常委会的领导也积极参与协同立法。以最近三年为例，2021年6月，京津冀三地人大常委会立法协同工作机制第八次会议在京召开。全国人大常委会法工委副主任李宁，北京市人大常委会党组书记、主任李伟，天津市人大常委会党组书记、主任段春华，河北省人大常委会党组书记、常务副主任范照兵参加。① 2022年8月，京津冀人大常委会立法协同工作机制第九次会议在河北省张家口市召开。全国人大宪法和法律委员会副主任委员、全国人大常委会法工委主任沈春耀，北京市人大常委会主任、党组书记李伟，副主任张清，天津市人大常委会主任、党组书记段春华，副主任陈浙闽，河北省人大常委会党组书记、常务副主任袁桐利，副主任王会勇等出席会议，三地人大常委会办公厅、法制工作机构等部门有关同志参加会议。② 2023年9月，京津冀人大常委会立法协同工作机制第十次会议在天津召开。全国人大常委会法工委副主任张勇，北京市人大常委会党组书记、主任李秀领，党组副书记、副主任齐静，天津市人大常委会党组书记、主任喻云林，副主任殷向杰，河北省人大常委会党组书记、常务副主任董亚生等出席会议，三地人大常委会办公厅、法制工作机构、研究室等部门有关同志参加会议。③

全国人大常委会和京津冀三地人大常委会高层领导对协同立法的参与，有利于从战略大局推进协同立法工作，也有利于在协同立法推进过程中及时解决一些需要通过"顶层协调""顶层设计"才能解决的问题。这种高段位

① 高枝：《京津冀人大协同立法工作机制会议在京召开》，《北京日报》2021年6月21日。
② 《京津冀人大协同立法工作机制第九次会议在河北省张家口市召开 李伟、张清同志出席》，北京市人大常委会网站，2022年8月12日，http://www.bjrd.gov.cn/xwzx/rdyw/202208/t20220812_2791728.html。
③ 《京津冀人大协同立法工作机制第十次会议在天津召开》，北京市人大常委会网站，2023年9月28日，http://www.bjrd.gov.cn/rdapp/rdyw/202309/t20230928_3269248.html。

协调的常规化和制度化，是区域发展战略始终保持战略属性和始终在较高层面得到推进的重要保障。

第四，问题导向，从紧迫问题出发寻求突破。每一个区域协同发展战略的背后，都有相对独特的问题背景。例如，"京津冀"背后的主要问题是北京的"大城市病"和京津冀三地社会经济发展水平差距较大；"长三角"背后的主要问题是产业同构现象严重、同质化竞争情形较为突出；"大湾区"背后的主要问题则是制度文化差异较大、优势互补潜能没有得到充分开发等。在推进区域协同发展战略时，应当结合自身的问题背景，抓住协同发展过程中的突出矛盾和紧迫问题，寻求由点到面的突破。在京津冀三地人大协同立法的过程中，协同立法责任主体从环境保护、交通一体化等紧迫问题出发，实现了良好的开局。针对这些紧迫问题开展协同立法，一是使协同立法战略实现了"早期收获"，获得了"开门红"；二是积累了协同立法的经验，为其他领域的协同立法奠定了良好基础。

协同立法是一项高度依赖合作意志并需要随时注入合作动力的工作。为此，从什么地方入手推进业务工作显得至关重要。只有从那些能够较快实现"收获"的事项入手，才能对参与各方形成激励，也才能较快打开工作局面。就此而言，京津冀协同立法从环保、交通一体化这些紧迫议题入手，实现了较快较好的绩效反馈，是一条值得重视的经验。

第五，重视抓手，充分发挥协同立法规划的统筹引导作用。立法规划是立法工作中的重要环节。通过立法规划可以对即将进行的立法工作进行总体布局，确保立法项目有准备有步骤地展开。立法规划还能有效引导立法资源的整合，引导相关各方积极参与到立法工作中。在京津冀协同立法过程中，三地人大积极运用协同立法规划这一"抓手"，逐步提升协同立法的效能，使协同立法在当前阶段进入了"快车道"。三地人大探索了协同立法规划的具体机制：立法规划按照三地的立法需求协同制定，立法项目从京津冀协同发展实际需要出发，吸收彼此意见，照顾彼此关切，使立法计划和立法项目既满足本地需要，又照顾到兄弟省市的意见。三地人大常委会法制工作部门将立法信息及时通报，主动进行沟通协调，积极征求其他省市意见。① 在进一步总结提炼实践经验的基础上，2023 年 9 月，京津冀人大常委会立法协同机制第十次会议讨论并原则通过了《京津冀人大协同立法规划（2023—2027 年）》。该规划明确了在未来几年，三地人大"协同推进同一文本的立法项目 5 个，协同推进三地同向的立法项目 7 个，协同推进三地互动的项目 27 个。"② 该规划使接下来的协同立法工作大为提速。

在协同立法的过程中，如果相关各方能够在规划层面达成共识，形成较为细致的规划内容，则协同立法工作就成功了一大半，后续技术化工作就有了目标。在京津冀三地人大协同立法过程中，协同立法规划是一种战略性统筹框架，对工作推进具有极大的价值。

四　京津冀三地人大协同立法存在的问题及优化建议

在看到所取得的重大进展和成就的同时，我们也能看到，京津冀三地人大协同立法工作还存在一些问题。比如，立法对改革发展的引领作用还不充分，大部分的立法主要致力于解决现有的问题，指向未来的发展型立法还不多；协同立法的形式还比较传统和单一，还不能适应京津冀深度协同发展的要求；人大立法和政府立法的互动还不够，人大立法和法律实施、法律实施监督之间衔接还不充分；法律规范的协同评估、协同清理等工作处于刚刚起步阶段，全领域的评估清理工作亟待展开；三地人大立法工作人员的素质水平还不均衡，制约着进一步的协同立法推进，等等。只有正视这些问题，采取积极的应对措施，才能在新的阶段持续推进京津冀人大立法工作。结合存在的这些问题，着眼京津冀协同发展的远景目标，可在协同立法工作上采取以下措施。

第一，将治理型立法与发展型立法同时并举。在接下来的协同立法过程

---

① 河北省人大常委会：《强化责任担当　积极创新作为服务京津冀协同发展重大国家战略开创京津冀协同立法新局面》，载《京津冀协同立法联席会议文件汇编》，2019 年 8 月。

② 《天津市人大：十年探索创新奋进 协同立法结出硕果》，天津人大网，2023 年 11 月 21 日，https://www.tjrd.gov.cn/lfjj/system/2023/11/21/030029427.shtml。

中，应当推动治理型立法和发展型立法齐头并进。所谓治理型立法，主要是指针对既有紧迫问题提供治理策略的立法。这种立法的主要目的在于化解已经积累起来的相关矛盾，处理已经形成的相关问题。例如，过去近十年中针对大气污染问题进行的一系列立法就属于治理型立法范畴。而所谓发展型立法，主要是面向发展愿景和发展目标而进行的立法。它们的主要目的是为相应领域的发展提供制度支撑。例如，2021 年出台的《河北雄安新区条例》，以及列入协同立法规划的京津冀协同发展示范区建设立法、促进京津冀文旅融合发展立法等，就属于发展型立法范畴。对比而言，治理型立法的直接功能是"善后"，而发展型立法的直接功能是"瞻前"。在接下来的协同立法过程中，应当逐步提高发展型立法的比重，使京津冀发展战略的实施既能有效地"去问题存量"，又能高效地"获发展增量"。

第二，探索以"京津冀"为单元的"联合立法"形式。目前的京津冀协同立法，其协同的事宜主要还是商定法案的主题、法案的内容、法案的标准等。三地人大在明确了立法目标和内容之后，"谁家的孩子谁抱走"，三地人大通过传统的立法机制各自制定相关法案。目前阶段，三地人大的协同立法主要属于正式立法程序之外的"非正式协同"。随着京津冀发展战略的深入，这种以北京市人大、天津市人大和河北省人大为主体单位的"主体间"协同立法模式可能无法应对一些特殊的情形。例如，有一些事项，由于京津冀三地在协同过程中所处位置不同、所承担职责也不同，它需要在整个京津冀的范围内进行权利义务的合理配置，需要从整个京津冀的范围出发进行复杂的统筹。如此，在对事项进行立法时，就应当突破既有的协同模式，直接以"京津冀"作为立法的单元，在"京津冀"整体层面上进行配置与统筹。这种以"京津冀"作为立法单元的模式，可以借鉴"党政联合发文"的形式，由京津冀三地人大实施"联合立法"，一个法案覆盖整个京津冀地区。如此，协同立法就由立法程序之外的"非正式协同"，深入立法程序之内，形成"全过程协同"。从法理的角度看，这种"联合立法"没有突破既有的《中华人民共和国立法法》体制，不要求全国人大出场，即可实现"跨省域"的立法。它既回应了区域协同发展的需要，也不过多地占用全国人大的立法资源。

第三，推进人大立法与政府立法的密切联动。在我国的立法体系中，人大和政府都是立法主体，都享有相应的立法权。人大立法主要致力于确立基本性的制度规则，政府立法则主要致力于对人大立法进行具体化或者补充。二者相辅相成，共同致力于建构完备的法律体系。就京津冀协同立法来说，它也遵循同样的原理。京津冀三地人大确立的三地协同立法的基本制度规范，而这些制度规范的落实则在相当程度上需要三地政府出台较为具体的政府规章。目前来看，京津冀三地人大的协同立法工作已经走上正轨并进入了"快车道"，但三地政府的规章制定尚未纳入以人大立法为主导的规范体系中来。自 2015 年京津冀人大开始协同立法以来，参加座谈会的主体限于三地人大常委会及其法制工作机构，并不包括三地政府及其部门。这给立法项目的深层次协同，尤其是具体法规草案制定的协同，带来了很大掣肘，影响了协同立法效果的实质推进。造成这些情况主要是立法工作格局不完善，人大与政府还没有形成协同立法合力。具体而言，一方面，省市人大发挥主导作用不充分，对京津冀协同发展中的立法问题调研不够深入，对需要本省市立法和国家立法的实际需求掌握尚不全面；另一方面，是政府及其部门的立法基础作用发挥不明显，对协同发展中的法治问题考虑不够周全，主动提出国家立法和地方立法的需求尚不迫切。① 接下来，一方面，要继续推进人大协同立法，为京津冀协同发展确立起一套基础性的制度规范体系；另一方面，应当高度重视发挥人大立法的主导作用，围绕人大立法，逐渐统合、协调三地相关的政府立法，使政府立法自觉、主动、系统地纳入京津冀协同发展战略中来。具体而言，有两种方案可以选择。其一，可以参照京津冀三地人大立法相关经验和工作模式，推进京津冀三地政府尤其是政府立法部门之间开展协同立法。其二，还可依托目前三地人大协同立法制度，吸纳三地政府立法部门参与进来，使地方性法规的协同制定与政府规章的协同制定密切联动起来。总之，在京津冀协同立法的过程中，人大立法和政府立法应当有

---

① 熊菁华：《京津冀协同立法的阶段性总结与分析》，《人大研究》2019 年第 5 期。

所统筹、加强互动，才能使京津冀协同发展的法律制度更加健全。

第四，启动京津冀地方立法的联合评估与联合清理。京津冀三地人大为了推进协同立法的有效实施，启动了三地人大联合监督检查。2019年以来，三地人大主要围绕跨界河流污染防治、大运河文化保护传承利用、养老服务、机动车和非道路移动机械排放污染防治、大清河流域水污染防治和水资源保护利用等议题，充分运用联合调研、座谈交流、同步执法检查等方式，加强协同监督，积累了有益的实践经验，为规范协同监督工作打下了坚实基础。① 在实践的基础上，三地人大协同制定了《关于构建京津冀人大协同监督机制的实施意见》，使联合监督检查具有了常态化的制度支撑。对人大立法实施的监督检查，是督促法律实施、发现立法问题的重要方式。这表明京津冀协同立法逐渐走向一个"立法—执行—监督—修改优化"的"闭环"。接下来，为了使这一闭环更加完备，还可对相关法律采取联合评估、联合清理的措施。具体而言，京津冀三地人大可根据京津冀协同发展战略的基本要求和基本精神，对京津冀三地人大立法开展全面评估。在全面评估的基础上，对那些不符合京津冀发展战略基本要求和精神的地方性法规进行集中清理和集中修改。另外，还可督促三地政府根据京津冀协同发展战略基本要求和精神，对政府规章进行集中清理和集中修改。通过这种联合评估与清理，一则可以扫除旧有的法律障碍，提升京津冀协同发展法律规范体系的整体质量；二则可以使京津冀协同立法、协同执法、协同监督形成一个更高水平的"闭环"。事实上，通过法律规范的集中评估与集中清理提升法律质量、提高法律实施效能，是我国法治发展史上的一种重要经验。中华人民共和国国务院新闻办公室2018年发布的《中国与世界贸易组织》白皮书指出：加入世贸组织后，（我国）大规模开展法律法规清理和修订工作，中央政府清理法律法规和部门规章2300多件，地方政府清理地方性政策法规19万多件，覆盖贸易、投资和知识产权保护等各个方面。② 通过法律清理与修订，健全

---

① 徐丽：《京津冀三地人大构建协同监督机制》，《天津日报》2023年7月21日。
② 国务院新闻办公室：《中国与世界贸易组织》，2018年6月28日。

了市场体系，理顺了政府和市场关系，使我国的营商环境、对外开放水平迈上了一个更高的台阶。在京津冀协同发展战略推进过程中，也应当积极借鉴中国加入 WTO 领域的这一经验。

第五，深化三地立法机构骨干人员的交流。立法工作骨干人员（包括人大、政府法制部门的主要领导干部、业务处室的领导干部和业务骨干）是执行立法任务的基本力量。只有京津冀三地的立法工作骨干人员在政治素质、业务素质、意识水平等方面较为均衡，协同立法的高质量推进才有保障。然而，审视当前京津冀三地的情况，可以发现一些值得重视的问题。其一，囿于客观的城市发展水平，京津冀三地立法工作人员的立法水平并不均衡；其二，一些立法工作人员还残留着"本位主义"观念，他们"受制于各自的利益模式，一亩三分地的旧思维难以立即消除"。① 接下来，需要通过深化三地人大、政府立法工作人员，尤其是立法工作骨干，的深度交流，来实现他们业务素质的普遍提升，以及打破各种"本位主义"观念。实践中，目前已经形成了一系列立法经验交流、信息共享的制度机制，也举办了一系列的人员交流活动。但这些还不够，还应该采取一系列更加有力的措施。例如，可在三地人大、政府之间实行立法骨干人员的交叉轮岗，或者在两两之间实行立法骨干人员的对口支援，以"换位置"的方式来促进三地立法主体的深度互动。

---

① 熊菁华：《京津冀协同立法的阶段性总结与分析》，《人大研究》2019 年第 5 期。

B.12
京津冀未来产业人才高地建设对策

周泽伽　朱昱昊*

摘　要： 在京津冀未来产业建设转型发展过程中，面临产业与人才协同发展不足，各领域产业发展阶段不均衡，导致人才培养滞后；高层次科技人才短缺，影响创新能力；高校与产业的合作不够紧密，人才需求与培养脱节等问题。因此本报告通过分析识别未来产业不同类型与发展阶段的七类人才、三大人才领域，结合重点未来产业发展阶段，预测相关未来产业人才需求，测算人才培养与产业发展的协同程度，最终围绕供需分析提供人才引进与培养的配套方案，并提出加强顶层设计，构建有利于协同发展的制度保障体系；优化教育模式，培养未来产业的尖端创新人才；聚焦产业发展特征，差异化制定人才培养方案；提高人才黏性，优化对引进人才的服务保障举措；推动协同发展，创造更加活跃的未来产业发展环境。

关键词： 未来产业　人才高地　产业人才协同度

一　未来产业与人才高地建设概述

（一）京津冀未来产业政策背景

未来产业是基于重大前沿科技创新成果，富有发展活力和市场潜力，对

---

* 周泽伽，中国科学院大学经济与管理学院（特别）助理研究员，主要研究方向为发展经济学、政策分析、金融风险管理等；朱昱昊，中国科学院大学经济与管理学院博士研究生，主要研究方向为金融风险管理、数据挖掘等。

生产生活影响巨大、对经济社会发展能够产生全局带动和引领作用的先导性产业。预测未来产业发展和加快布局未来产业规划，有利于培育壮大我国经济新增长点，形成发展新动能。我国高度重视未来产业发展。习近平总书记在中国科学院第十九次院士大会、中国工程院第十四次院士大会上指出，我们要把握数字化、网络化、智能化融合发展的契机，以信息化、智能化为杠杆培育新动能。要突出先导性和支柱性，优先培育和大力发展一批战略性新兴产业集群，构建产业体系新支柱。《中华人民共和国国民经济和社会发展第十四个五年规划和 2035 年远景目标纲要》明确提出要"前瞻谋划未来产业"，在类脑智能、量子信息、基因技术、未来网络、深海空天开发、氢能与储能等前沿科技和产业变革领域，组织实施未来产业孵化与加速计划，谋划布局一批未来产业。推动未来产业发展不仅对我国加快产业转型升级和培育经济增长新动能起到重要作用，同时也是我国能否在新一轮科技革命中抢占先机的关键。

从近两年京津冀各地区政府相继发布的《北京市促进未来产业创新发展实施方案》《加快河北省战略性新兴产业融合集群发展行动方案（2023—2027 年）》《天津市未来产业培育发展行动方案（2024—2027）》等布局和规划未来产业的相关文件，可以看出京津冀地区在布局和发展未来产业方向上的决心。

同时，在河北省与天津市发布的关于未来产业规划布局的文件中，都与北京市人民政府办公厅印发的《北京市促进未来产业创新发展实施方案》中的布局思路一致，区分未来产业的重点领域，细分产业方向，从而打造未来产业策源高地。比如《加快河北省战略性新兴产业融合集群发展行动方案（2023—2027 年）》提出的六个未来产业发展方向，《天津市未来产业培育发展行动方案（2024—2027）》提到"天津的未来产业将在下一代信息技术、未来智能、生命科学、空天深海、新型能源、前沿材料等重点领域发力"等文件内容的思想，都与北京市对未来产业的布局方向一致。因此，取最大公约数，我们以《北京市促进未来产业创新发展实施方案》中面向六大领域，聚焦 20 个未来产业方向，实施八大行动，构建未来产业创新发展生态的方案为代表，介绍目前京津冀地区对未来产业布局和规划的政策背景（见表1）。

表1 京津冀未来产业规划范围

北京	天津	河北
未来信息	信息技术、未来智能	发展壮大新一代信息技术、人工智能、生物医药、新能源、新材料、高端装备等战略性新兴产业，积极部署空天信息、先进算力、鸿蒙欧拉、前沿新材料、基因与细胞、绿色氢能等未来产业
未来制造	—	
未来健康	生命科学	
未来空间	空天深海	
未来能源	新型能源	
未来材料	前沿材料	

资料来源：《北京市促进未来产业创新发展实施方案》《加快河北省战略性新兴产业融合集群发展行动方案（2023—2027年）》《天津市未来产业培育发展行动方案（2024—2027）》。

（二）京津冀人才高地建设背景

党的二十大报告对加快建设国家战略人才力量作出重要部署，提出"努力培养造就更多大师、战略科学家、一流科技领军人才和创新团队、青年科技人才、卓越工程师、大国工匠、高技能人才"的目标要求。建设国家战略人才力量，是支撑现代化建设的决定因素和首要任务，需要我们从理论和实践上准确把握其内涵与实现路径。京津冀协同发展是习近平总书记统揽经济社会发展全局，以高瞻远瞩的战略谋划、统筹协调的系统思维、人民至上的深厚情怀作出的一项重大决策。推进京津冀人才一体化是实现京津冀协同发展的重要保障。

党的二十大报告中将人才划分为七大类。大师是在某一领域具有卓越成就和深刻造诣的杰出人才，在其领域中取得了显著的成就，并为科学技术的发展作出了卓越的贡献。战略科学家是具有深厚科学背景和战略眼光的人才，他们能够在复杂的科技和产业环境中制定长远的发展战略，具备跨学科的知识结构，能够统筹规划科技创新和产业发展，为国家和企业提供科学战略指导，加快科技创新步伐。一流科技领军人才是在特定领域中具有丰富经验和领导力的人才，他们能够带领创新团队在科技研究和产业应用上取得卓越成果。青年科技人才是指在科技领域表现出色、具备创新潜力和活力的青年人才，这类人才通常在其专业领域中具备突出的学科造诣和创新能力，为学科发展提供新思路和新方向，是科技创新的中坚力量。卓越工程师是在工程领域取得显著成就的人才，他们在工程设计、实施和管理方面具有卓越的能力。大国工匠是在专业技术、制造和工程领域有卓越表现的人才。高技能人才是在各类职业和行业中具备卓越技能的人才，他们通过专业培训和实践积累，拥有高水平的实际操作技能，为制造业、服务业等行业提供了坚实的技能支持。

这七类人才构成了中国人才队伍的多层次、多领域的人才结构，是推动国家和民族长远发展的中流砥柱。党的二十大报告提出的七类人才，既包括现有科技创新人才的存量，也包括自主培养的潜力人才增量，还有着眼于全球高端人才和创新资源的流量集聚。这三种人才培养的需求方向，也对应着未来产业的实际处境。如果未来产业处于起步阶段，需要前沿技术的进步与成熟作为产业形成的科技核心保障，那么这个阶段的产业人才需求就应该聚焦在全球高端科技人才，应该包含大师、大国工匠、一流科技领军人才和创新团队三类人才，人才供给主要来自京津冀现有高层次科技人才和海外引进人才两个群体。如果未来产业处于发展阶段，需要前沿技术实现落地，开发社会应用场景，引入创新创业资源向未来产业转化。发展阶段的产业人才培养需求应该主要分布在科技创新人才群体和高校培养上，这应该包含战略科学家、青年科技人才、卓越工程师三类人才，人才供给主要来自京津冀现有高层次科技人才，由企业内和科研院所内的科技人才实现校企合作等具有实际科技价值的合作创业。如果未来产业处于成熟阶段，需要稳定且迅速地扩大产业规模，实现更多的产出，核心需求是高技能人才和卓越工程师两类人才的团队能力和规模，来自对自主培养的潜力人才需求，这部分人才应该主要来自高校对于基础专业技能和专项管理模式的探索，实现潜力人才的培养。

二 京津冀未来产业发展现状与产业成熟度测算

2008 年全球金融危机后，国内外学者开始对产业发展进行广泛的研究。刘洪昌和武博提出，培育和发展战略性新兴产业是应对经济二次探底、实现产业结构调整和优化升级的重要举措。他们总结了美、日、英、德等发达国家的产业培育政策，包括政府宏观调控、新能源发展、科技引领和"三网融合"等。① 李晓华和吕铁综述了产业发展中的工业化、生产率、创新、国际化、新兴产业发展和企业成长等六个理论问题。② 相关理论包括技术蛙跳战略和专利技术推动等。技术转移的主要手段是贸易和外商国际直接投资（Inward FDI），政府激励政策对产业布局和生产能力产生了显著影响。詹懿和李晓渝基于发达国家经济史理论，归纳了五种现代产业体系发展模式，为我国提供了启示。③ 周波等发现未来产业呈现智能化、低碳化、健康化的发展趋势，并强调新兴技术与传统产业的融合。④ 中国学者借鉴国外经验，促进国内未来产业发展。廖菁和邹宝玲总结了亚洲、欧洲和北美乡村产业的发展策略。⑤ 杨琳和高宏研究了国外新型储能产业政策，建议我国借鉴国外经验，发展储能产业。⑥

国内产业发展策略的研究始于 20 世纪 90 年代。保罗·克鲁格曼教授总结了东亚经济发展的"增加投入型的经济增长"理论，陈漓高强调转向"提高生产率型的经济增长"。⑦ 2000 年前后，国内学者研究提出了通过制

---

① 刘洪昌、武博：《战略性新兴产业的选择原则及培育政策取向》，《现代经济探讨》2010 年第 10 期。
② 李晓华、吕铁：《国外产业发展研究前沿综述》，《社会科学管理与评论》2012 年第 2 期。
③ 詹懿、李晓渝：《国外现代产业体系的发展模式研究》，《商业经济研究》2015 年第 9 期。
④ 周波、冷伏海、李宏、陈晓怡、贾晓琪、葛春雷、惠仲阳、叶京：《世界主要国家未来产业发展部署与启示》，《中国科学院院刊》2021 年第 11 期。
⑤ 廖菁、邹宝玲：《国外乡村产业发展经验及对中国乡村产业振兴的启示》，《世界农业》2022 年第 5 期。
⑥ 杨琳、高宏：《国外新型储能产业政策发展动态及对我国的启示》，《中国工业和信息化》2022 年第 8 期。
⑦ 陈漓高：《"增加投入型的经济增长"的历史、现实与未来》，《世界经济》1996 年第 4 期。

定进出口贸易政策、反倾销策略等，保障国内产业竞争力。[1][2] 2010 年前后，研究重点转向产业结构调整升级和区域经济发展。王虎提出推动东部沿海地区产业向中西部转移。[3] 昝国江等建议西部地区通过产业集中布局、集群发展，解决区域不均衡问题。[4] 马晓河讨论了制造业结构转型方案，提倡发展中高端制造和战略性新兴产业。[5] 张小波研究了政府补贴、金融开放与过度投资对金融危机的影响，发现了政府主导产业发展的缺陷。[6] 2015 年后，逆全球化形势显现，中国产业在全球价值链中受到冲击。牛志伟等提出积极调整国内国际两个循环圈，提升产业竞争力。[7] 孙治宇和王庚强调顺应经济和消费结构转型升级，以国内需求培育为重点，促进新兴产业稳健发展。[8] 王海南等提出完善基础研究、市场化合作机制和打造世界级产业集群的发展策略。[9]

在全球创新版图重构以及我国加快构建双循环新发展格局的时代背景下，京津冀未来产业发展围绕以首都及周边发展为统领，巩固产业调整转型的良好势头，准确把握新发展阶段，深入贯彻新发展理念，主动融入新发展格局，全力推进高质量发展，切实肩负起国家赋予的使命和责任。目前，北京围绕未来产业构建"2441"高精尖产业体系，打造高精尖产业 2.0 升级版。其中"两个国际引领支柱产业"为新一代信息技术、医药健康；"四个

---

① 江小涓：《保护国内产业的贸易政策与非贸易政策》，《世界经济文汇》1995 年第 5 期。
② 国家经贸委产业损害调查局：《有效运用反倾销法律保护国内产业健康发展——我国反倾销工作效果巡礼》，《中国经贸导刊》2003 年第 4 期。
③ 王虎：《推动国内产业转移，促进区域经济发展》，《中国经贸导刊》2008 年第 22 期。
④ 昝国江、王涛、安树伟：《国际国内产业转移与西部地区特色优势产业发展》，《兰州商学院学报》2010 年第 1 期。
⑤ 马晓河：《结构转型、困境摆脱与我国制造业的战略选择》，《改革》2014 年第 12 期。
⑥ 张小波：《新兴市场国家的金融开放与金融危机——基于国内产业发展战略选择的视角》，《国际经贸探索》2016 年第 7 期。
⑦ 牛志伟、邹昭晞、卫平东：《全球价值链的发展变化与中国产业国内国际双循环战略选择》，《改革》2020 年第 12 期。
⑧ 孙治宇、王庚：《国内需求培育抑或国外市场拓展：我国战略性新兴产业发展的市场驱动力研究》，《企业经济》2019 年第 1 期。
⑨ 王海南、王礼恒、周志成、王崑声、崔剑：《新兴产业发展战略研究（2035）》，《中国工程科学》2020 年第 2 期。

特色优势产业"为集成电路、智能网联汽车、智能制造与装备、绿色能源与节能环保；"四个创新链接产业"为区块链与先进计算、科技服务业、智慧城市、信息内容消费；"一批未来前沿产业"为生物技术与生命科学、碳减排与碳中和、前沿新材料、量子信息、光电子、脑科学与脑机接口等。京津冀在产业空间布局上，推动区域特色化、差异化、联动化，构建"京津冀产业协同发展"的产业布局。北京市立足京津冀地区，以前沿技术为基础催化产业发展，发挥北京"一核"辐射带动作用和先进制造、数字资源优势，以新能源、物联网、互联网等产业为突破口，构建"环京"产业协同发展格局，推动创新链产业链供应链联动，加速科技赋能津冀传统产业，推进数字化、智能化、绿色化。采取"产业基金+智能制造"方式，鼓励北京企业通过"母子工厂"等模式在津冀布局一批带动力强的项目，吸引上下游企业聚集，共同完善区域产业生态，构建分工明确、创新联动的产业协同发展格局。

（一）从企业层面分析未来产业发展现状

京津冀地区是我国经济最具活力、开放程度最高、创新能力最强的地区之一。自 2014 年京津冀协同发展战略实施到 2022 年 12 月 31 日，京津冀三地高质量发展动能持续增强，地区生产总值由 2014 年的 5.9 万亿元增加到 2022 年的 10 万亿元，增加了 4.1 万亿元。总体来说，京津冀地区的产业发展呈现出发展迅速、企业梯度培育显成效、区域协同发展不断深入、技术创新成果丰硕的特点。

首先，从京津冀地区整体和个体的生产总值分别来看，二者均显著提升。2014~2022 年，京津冀地区生产总值由 58775.5 亿元增加至 100292.6 亿元，增加了 41517.1 亿元。北京市由 22926.0 亿元增加到 41610.9 亿元，增加了 18684.9 亿元；天津市由 10640.6 亿元增加到 16311.3 亿元，增加了 5670.7 亿元；河北省由 25208.9 亿元增加到 42370.4 亿元，增加了 17161.5 亿元。

其次，京津冀地区存量企业超过 500 万家（仅统计截至 2022 年 12 月 31 日正常经营的工商主体），分布情况如表 2 所示。注册地在北京市的企业有 1950119 家，天津市的企业有 727235 家，河北省的企业有 2491924 家。从区域分布来看，石家庄市、保定市和朝阳区企业数量位列前三，分别有企业 475620 家、351500 家和 328507 家。其中省级及以上专精特新企业主要分布在海淀区、朝阳区和大兴区，分别有专精特新企业 1865 家、578 家和 567 家；高新技术企业主要分布在海淀区、朝阳区和石家庄市，分别有高新技术企业 8484 家、3261 家和 3047 家。图 1 展示了在上述统计的企业中，在产业发展中有代表性的企业类型的分布数量情况，呈现出合理的企业梯度。京津冀地区全量企业中，A 股上市企业有 584 家，专精特新"小巨人"企业有 1117 家，省级及以上专精特新企业有 9542 家，国家高新技术企业有 48547 家。

表 2 京津冀企业数量

单位：家

城市/城区	企业数量	专精特新企业	高新技术企业
石家庄市	475620	552	3047
保定市	351500	391	1761
朝阳区	328507	578	3261
邯郸市	289077	278	854
海淀区	246053	1865	8484
邢台市	245808	294	744
廊坊市	222879	273	1133
涉县市	216177	316	1161
唐山市	204259	452	1480
通州区	167113	345	1237
衡水市	162080	166	707
大兴区	152629	567	2092
丰台区	149165	372	2616
昌平区	146351	375	1801
房山区	133520	114	769
滨海新区	128933	198	2253
张家口市	119352	107	308

城市/城区	企业数量	专精特新企业	高新技术企业
秦皇岛市	104863	127	371
顺义区	102640	321	1762
承德市	99647	97	232
怀柔区	97831	113	560
平谷区	86498	60	320
武清区	85804	103	880
密云区	69264	110	512
静海区	64050	81	698
西青区	62538	211	2410
东城区	60163	114	542
西城区	58971	144	783
门头沟区	57549	76	424
石景山区	49314	176	814
南开区	48954	49	735
东丽区	48511	75	589
津南区	44965	99	876
延庆区	41737	30	197
河北区	40160	14	197
北辰区	37175	103	691
宝坻区	32331	75	306
河东区	30642	9	156
河西区	26671	12	155
红桥区	21381	17	94
和平县	19872	13	169
宁阳县	18450	31	153
赤城县	14568	7	125

资料来源：专精特新企业数据库。

　　总体来说，京津冀地区呈现出经济显著增长、企业数量大幅增加以及区域协同效应显著提升。北京市、天津市和河北省在地区生产总值和企业数量

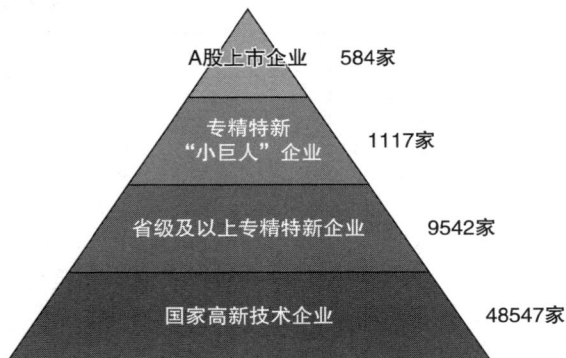

图1 京津冀地区全量企业类型层次分布

上均有显著提升，高新技术企业和专精特新企业的分布展现了技术创新能力和合理的产业发展梯度。这些特点共同推动了京津冀地区的未来产业不断向前发展。

同时，京津冀地区未来产业发展也存在问题。表3统计了截至2022年底京津冀地区专精特新"小巨人"企业的产业分布情况。从表3来看，第一，行业分布与未来产业规划方向存在错位。从行业分布来看，国家级专精特新"小巨人"企业主要分布在科技推广和应用服务、软件和信息技术服务、研究和试验发展等科技含量较高的领域，其中大多数企业在北京。科技推广和应用服务业"小巨人"企业数量遥遥领先，共有523家，占比65.79%。第二，中小企业发展存在不足。从规模来看，国家级专精特新"小巨人"企业规模以中小型企业为主。其中，中型企业有476家，数量遥遥领先，占比超过六成；小型企业有189家，大型企业有104家，微型企业2家。总体来说，在表1中明确的未来产业相关的新兴企业存量不多，这些未来产业大多尚未成形，因此，本研究旨在通过对不同未来产业重点规划的领域进行产业和技术成熟度的量化，来定位未来产业发展阶段，从而基于不同的发展情况和人才培养现状进行分析。

表3 截至 2022 年底京津冀专精特新"小巨人"企业的产业分布

行业维度	企业数量（家）	所占比例（%）
科技推广和应用服务业	523	65.79
其他行业	66	8.30
软件和信息技术服务业	55	6.92
研究和试验发展	27	3.40
计算机、通信和其他电子设备制造业	18	2.26
专用设备制造业	18	2.26
批发业	12	1.51
仪器仪表制造业	9	1.13
专业技术服务业	9	1.13
电气机械和器材制造业	6	0.75
互联网和相关服务	6	0.75
化学原料和化学制品制造业	6	0.75
零售业	6	0.75
非金属矿物制品业	5	0.63
生态保护和环境治理业	5	0.63

资料来源：项目组整理。

（二）从技术层面分析未来产业发展现状

未来产业的发展还与前沿科技的创新发展息息相关，因此，本报告通过数据评估京津冀地区的创新活力，评估未来产业的发展潜力。图2是京津冀地区授权专利相关的数据可视化结果。截至 2022 年 12 月 31 日，根据中国专利库数据，京津冀地区共有授权专利 2730806 件。从专利类型来看，京津冀地区拥有授权实用新型专利 1652231 件，授权发明专利 696253 件，授权外观设计专利 382322 件。从区域分布来看，北京市拥有授权专利 1490199 件，天津市拥有授权专利 600343 件，河北省拥有授权专利 640264 件。从京津冀地区授权专利的增长情况来看，京津冀地区新增授权专利 2159138 件。从类型分布来看，2021~2022 年京津冀地区新增授权实用新型专利 1309933 件，授权发明专利 559926 件，授权外观设计专利 289279 件。从区域分布来看，北京市新增授权专利 1149816 件，天津市授权新增专利 482411 件，河北省新增授权专利 526911 件。

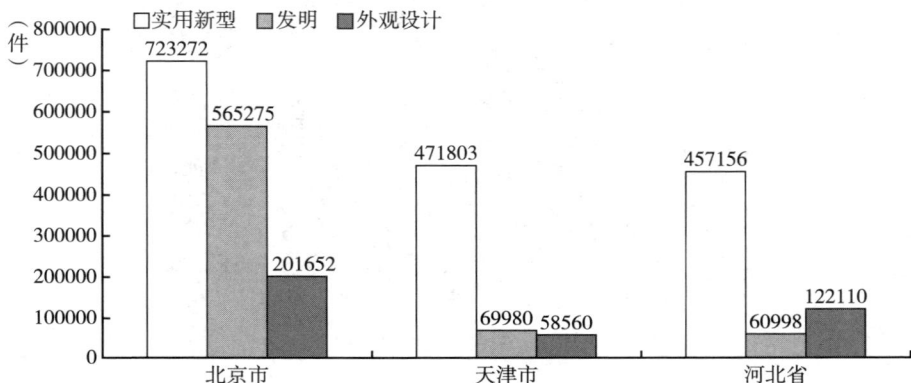

图 2　京津冀地区授权专利存量分布情况

注：数据截至 2022 年 12 月 31 日。

资料来源：中国专利数据库。

总体来说，京津冀地区近年来技术创新成果丰硕，京津冀地区授权专利 273 万件、发布标准 6.3 万项、建设研究机构 5385 家。但是，从未来产业发展的角度来看，对前沿科技的研究尚有进步空间。

图 3 是根据多家中国互联网头部企业和中国科学院战略院等权威科研机构对未来产业发展研究的分析报告中统计出的关键词云图，该图反映了人工智能、大数据、云计算等前沿技术在未来产业发展中的重要地位，被认为带动了传统产业生产方式和结构的变革。人力资源是经济和社会发展的基础性资源，在未来产业发展的过程中，社会人才的需求供给结构等各方面受到了前所未有的冲击。[1][2] 核心技术快速演进、跨领域联结力增强、产业基础愈发坚实的人工智能技术，成为引领未来产业发展的重要力量。

在信息技术驱动下，人工智能的发展和应用成为信息技术发展前沿的主

---

① 《达摩院 2022 十大科技趋势》，2021 年 12 月 28 日。

② 唐怀坤：《2021—2025 年数字经济九大技术趋势展望》，《通信世界》2021 年第 1 期。

图 3　未来产业关键词

要趋势。首先，人工智能技术发展迅速，融合创新愈加显著。以带来技术性革命的大语言模型为例，大模型基于海量数据进行自监督学习，使用统一的模型和范式完成各类任务，打破了传统技术对于大规模标注数据的依赖，显著提升了人工智能模型的效果、通用性及泛化性。其次，人工智能技术的引入为各个领域提供了更多可能性。"绿色能源 AI"的概念意味着人工智能技术将有效提升电网等能源系统消纳多样化电源和协调多能源的能力，成为提升能源利用率和稳定性的技术支撑，推动"碳中和"进程。人工智能技术可以与精准医疗深度融合，将专家经验和新的辅助诊断技术有机结合，搭建临床医学的高精度导航系统，为医生提供自动指引，实现医疗决策更快更准，实现重大疾病的可量化、可计算、可预测、可防治。未来以人为中心的精准医疗将成为主流研究方向之一，人工智能将全面渗透到疾病预防和诊疗的各个环节，实现疾病预防和诊疗的高精度导航协同。最后，人工智能技术的发展推动了自动驾驶、自动化生产、智能物流、航天航空等自动化产业的发展。人工智能技术具备更多类、更精准的感知能力，应对多任务的通用性与应对环境变化的自适应性大幅提升。目前自动驾驶技术随着人工智能技术发展已经进入落地实现的新阶段。人工智能技术保证了自动化产业可以同时适应大规模、标准化和小规模、非标准化的需求场景。在生产活动中，自动化机器人将成为生产线上的主力设备，并在服务领域中会实现规模化应用。人工智能技术与航天科技融合创新，推动深空探测迈向智能化的新阶段。以上自动化产业的进步和发展都需要人工智能技术作为主要动力。目前信息技术领域学术界与产业界结合度仍需加强，当前急需从产业应用中提炼出关键问题，并将这些问题反馈给学术界进行研究。当前中国企业在高新技术方面有很大的探索空间，但因同时面临较大风险而止步不前。[1]

虽然企业是技术转移转化为产品的主体，但在探索新技术方面涉及较多基础研究投入，企业面临着较大的风险，而很多企业不愿意承担这种风险。同时，人才培养是信息技术领域发展的重要动力储备。我国科技事业发展进入新阶段，创新成为引领未来产业发展的主要动力。因此，在人才培养上更需要与时俱进，与产业发展协同，为未来产业的发展提供规模宏大、具有突出创新能力的人才队伍，向未来产业提供持久高效的动力源泉。

（三）从产业成熟度视角分析未来产业发展现状方法

1. 指数构建说明

京津冀未来重点领域发展阶段评价体系的建立旨在量化评估京津冀未来重点发展领域在世界范围内的成熟程度，并将京津冀与世界最先进的水平进行比较，回答京津冀布局的未来重点发展领域在全世界的先进程度，为人才协同报告提供依据。

鉴于已有文献针对"领域成熟度"综合评价的定量研究较少，评价维度、指标数据标准各有侧重。[2][3] 本报告要考虑六大重点领域中的 20 大未来产业，各产业涉及核心技术受到机构关注的已达上百项，产业发展虽然都具备极大的潜力，但是也呈现产业发展不均衡、部分数据可得性不

---

[1] 包云岗、刘淼、陆品燕等：《关于信息技术驱动未来产业的若干思考》，《中国科学院院刊》2023 年第 5 期。

[2] 王礼恒、屠海令、王崑声等：《产业成熟度评价方法研究与实践》，《中国工程科学》2016 年第 4 期。

[3] 孙旭东、张博、葛宏志：《能源产业成熟度评价方法理论研究》，《中国矿业》2017 年第 10 期。

充分等特点。为了增强人才政策发展建议的协同性，本报告拟借鉴技术成熟度研究常用的"市场—技术"研究框架，通过层次分析法，增设权威机构评估，并进行客观赋权，建立未来重点领域成熟度指数，形成三级指标体系（见表4），用以评估京津冀未来重点发展领域目前的领域成熟度。

表 4   未来重点领域成熟度指数

一级指标	二级指标	三级指标
未来重点领域成熟度	市场发展程度	现阶段世界市场规模
		世界市场增长速度
	技术发展程度	领域达到成熟期年限均值
		领域专利申请数均值
		技术关注度均值
	权威评估	权威评价
		评价得分均值

未来重点领域成熟度指数由市场发展程度、技术发展程度、权威评估三个二级指标构成。针对市场总体协调发展和各产业技术发展不均衡的特点，兼顾领域的总体规模和领域内各大产业的成熟程度的平均程度，对指标进行进一步拆解。

（1）市场发展程度由目前世界市场规模与达到成熟期年限的市场占比表示。一般来讲，领域成熟度越高，意味着目前的市场已经更接近成熟期市场，即目前的市场规模相对成熟时期的市场占比就越高，市场发展程度值越大。其中，领域成熟期世界市场规模根据现阶段市场规模、世界市场的增长速度以及预计达到成熟期的年限预估得到。

（2）技术发展程度由主要领域中各产业的重点技术的主要衡量指标的均值计算得出。参考已有衡量技术发展程度的工具，选取本报告适用的指标，由机构估计达到成熟期年限、各产业专利申请数均值以及社会对重点技术的关注度构成。一般来讲，达到成熟期年限越短、专利申请数越多、技术关注度越高，领域成熟度越高。

（3）权威评估是指针对未来产业难以量化的特点，选取对各产业长期关注的权威机构、院士专家的报告、公开讲话等材料，以及个别产业的新闻报道和技术论文，借鉴《青岛市科技计划项目技术成熟度立项评价工作规程（试行）》中划分成熟度的关键词，并将13个细分阶段重新划为4个大类，进行评分。并对领域内各产业成熟程度求均值，得出权威评价的领域成熟度。一般来讲，权威评估的得分越高，说明领域内各产业的成熟度越高，即领域成熟度越高。

2. 京津冀未来重点领域的评估结果分析

本报告利用成熟度指数处理方法计算出六大未来重点领域的两个指数的数值，结果如表5所示。

表5　京津冀未来重点领域指数得分与阶段分析

重点领域	未来重点领域成熟度得分	未来重点领域成熟度	京津冀未来重点领域的科研发展先进程度得分	京津冀未来重点领域的科研发展先进程度
未来信息	0.08	样品阶段	0.65472	领先
未来材料	0.0652	样品阶段	0.26235	并跑
未来健康	0.1803	初步产业化阶段	0.16665	追赶
未来空间	0.954	初步产业化阶段	0.15741	追赶
未来能源	0.02528	样品阶段	0.65043	领先
未来制造	0.1746	初步产业化阶段	0.39501	并跑

资料来源：项目组计算整理。

从表中数据可知，未来重点领域成熟度得分出现两个数量级上的差别，较低数量级的领域正好对应权威评价的样品阶段，较高数量级的领域对应初步产业化阶段，由此主客观结果一致，确定了未来重点领域成熟度。京津冀未来重点领域的科研发展先进程度得分出现了明显的三个范围，分别是 $[0, 0~2)$，$[0.2、0.6)$，$[0.6, 0.8)$，正好可以对应追赶、并跑、领先三个阶段，由此确定京津冀未来重点领域的科研发展先进程度。

（四）产业成熟度分析结论

1. 未来信息领域

未来信息领域的产业布局包括通用人工智能、第六代移动通信（6G）、元宇宙、量子信息和光电子等细分产业。

图 4 是根据 gartner 公司 2018～2023 年的技术成熟度曲线中提到的关于未来信息五大产业的新兴技术绘制的未来信息技术成熟度曲线。由此曲线可以直观看出，近年来未来信息领域新兴技术层出不穷，处于关注度的上升期，但是产业化程度较低。

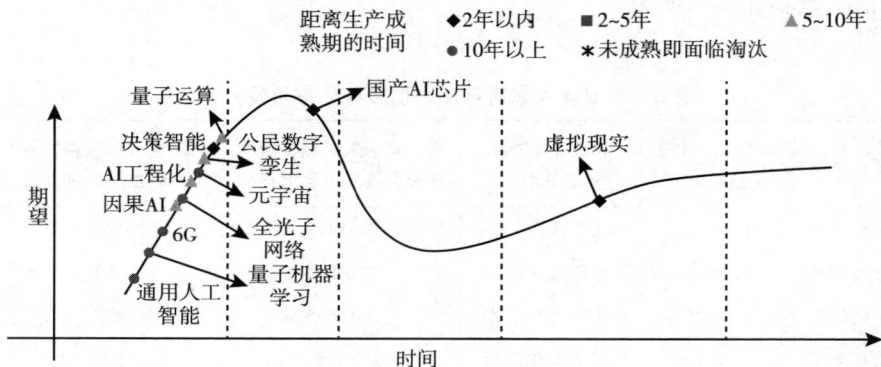

图 4　未来信息技术成熟度曲线

由未来重点领域成熟度得分（0.08）可知，未来信息领域目前主体处于样品阶段。京津冀未来重点领域的科研发展先进程度得分为 0.65472，京津冀在未来信息领域处于领先水平，预计该领域达到产业成熟期需要 10 年以上，成熟期市场规模将超过 57 万亿元。该领域成熟度较低，但是技术水平很高，说明了京津冀在该领域人才储备充足，涌现了一批专精特新企业，新产品较多，正在积极推进产业化，在未来将形成一大批成熟产业。该领域不仅有潜力，也具备成为支柱领域的基础技术条件。

2. 未来材料领域

未来材料领域的产业布局包括石墨烯材料、超导材料、超宽禁带半导体材料、新一代生物医用材料等细分产业。

图 5 是根据 gartner 公司 2018～2023 年的技术成熟度曲线中提到的关于未来材料四大产业的新兴技术绘制的未来材料技术成熟度曲线。由此曲线可以直观看出，近年来未来材料领域新兴技术较多，也相对集中，处于关注度的上升期，部分产业已经积累了很长的时间，处于实验室和产业化的初期。

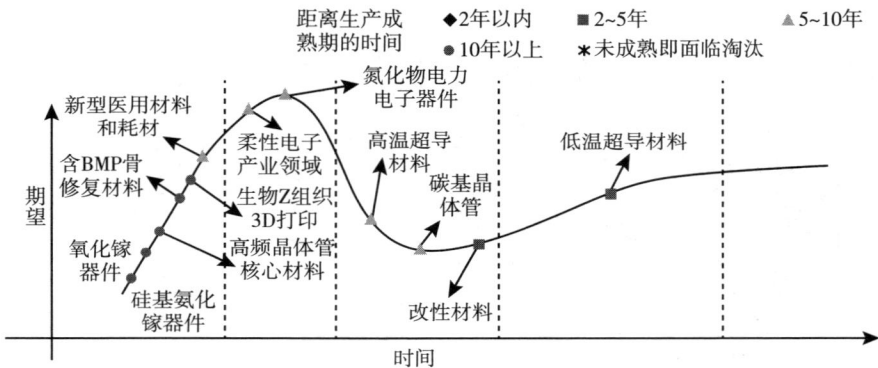

图 5　未来材料技术成熟度曲线

由未来重点领域成熟度得分（0.0652）可知，未来材料领域目前主体处于样品阶段。京津冀未来重点领域的科研发展先进程度得分为 0.26235，京津冀在未来材料领域处于并跑水平，预计该领域达到产业成熟期需要 5～10 年，成熟期市场规模将超过 300 万亿元。该领域成熟度较低，科技水平优势不够明显，未来材料领域除了需要在技术原理上实现突破，可复制性比较低，更需要在制备和批量生产上不断积累，不论是技术发展还是产业化的周期都比较长。未来需要在适当引进高端人才的同时，还要增加顶尖实验室和产业技术积累的扶持，帮助该领域实现技术和产业的快速突破。

3. 未来健康领域

未来健康领域的产业布局包括基因技术、细胞治疗与再生医学、脑科学与脑机接口、合成生物等细分产业。

图 6 是根据 gartner 公司 2018～2023 年的技术成熟度曲线中提到的关于未来健康四大产业的新兴技术绘制的未来健康技术成熟度曲线。由此曲线可以直观看出，近年来未来健康领域新兴技术较多，大部分处于技术关注度上升期，健康领域的先进技术一直受到大众和投资者的持续高度关注，但新兴技术距离生产成熟期时间都较长，反映了健康领域的一项技术出现，往往需要经过更加严格的审查、实验、小批量样品，才能到技术普及阶段，整个周期相对较长。

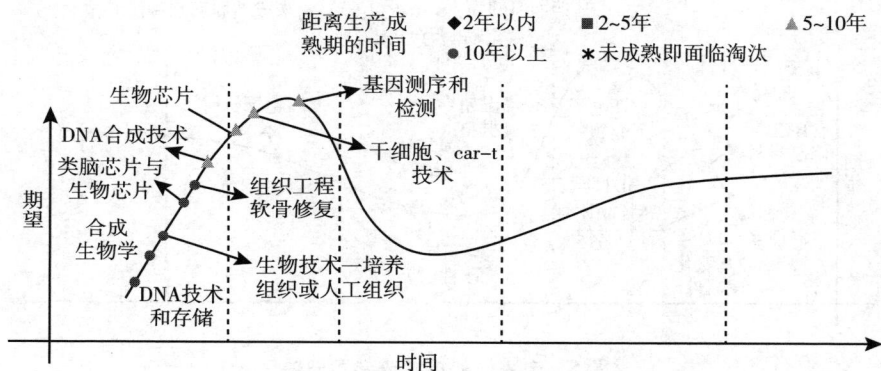

图 6　未来健康技术成熟度曲线

由未来重点领域成熟度得分（0.1803）可知，未来健康领域目前主体处于初步产业化阶段。京津冀未来重点领域的科研发展先进程度得分为0.16665，京津冀在未来健康领域处于追赶水平，预计该领域达到产业成熟期需要 5～10 年以上，成熟期市场规模将超过 117 万亿元。世界范围该领域成熟度较高，但是京津冀科技水平不足，说明京津冀在未来健康领域急需从科研、人才等方面进行追赶。

4. 未来空间领域

未来空间领域的产业布局包括商业航天和卫星网络等细分产业。

图 7 是根据 gartner 公司 2018～2023 年的技术成熟度曲线中提到的关于未来空间两大产业的新兴技术绘制的未来空间技术成熟度曲线。由此曲线可以直观看出，未来空间领域的重点技术均匀分布在曲线的各个阶段，既有已

经度过幻灭低谷期的成熟产业，也有处于创新萌发期的新兴技术，说明该领域发展较为成熟，持续均衡发展。

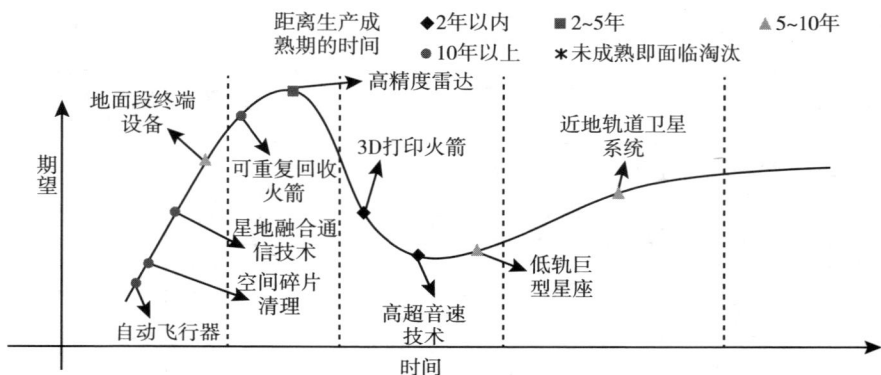

图7　未来空间技术成熟度曲线

由未来重点领域成熟度得分（0.954）可知，未来空间领域目前主体处于初步产业化阶段。京津冀未来重点领域的科研发展先进程度得分为0.15741，京津冀在未来空间领域处于追赶水平，预计该领域达到产业成熟期需要5年，成熟期市场规模将超过6万亿元。世界范围该领域成熟度已经很高，但是京津冀科技水平不足，说明京津冀在未来空间领域亟须发力追赶。经过十多年的发展，虽然中国的航天事业突飞猛进，某些关系国计民生的产业已经迎头赶上，但是与美国等国家相比，还存在较大差距。近年来，民营航天企业方兴未艾，但科研和产品还主要依赖国企央企，说明这部分还需要较多的人才积累。

5. 未来能源领域

未来能源领域的产业布局包括氢能、新型储能、碳捕集封存利用等细分产业。

图8是根据gartner公司2018～2023年的技术成熟度曲线中提到的关于未来能源三大产业的新兴技术绘制的未来能源技术成熟度曲线。由此曲线可以直观看出，未来能源领域的重点技术分布相对均匀，比较偏向技术创新萌发期，该领域存在较多的需要十年以上才能产业化的技术，尤其是储能和碳

捕捉产业的技术，正是对应近些年出现的能源问题和碳达峰目标，包括新式制氢、储氢方法在内，已经可以初步看出，能源领域将要出现的颠覆性变革。

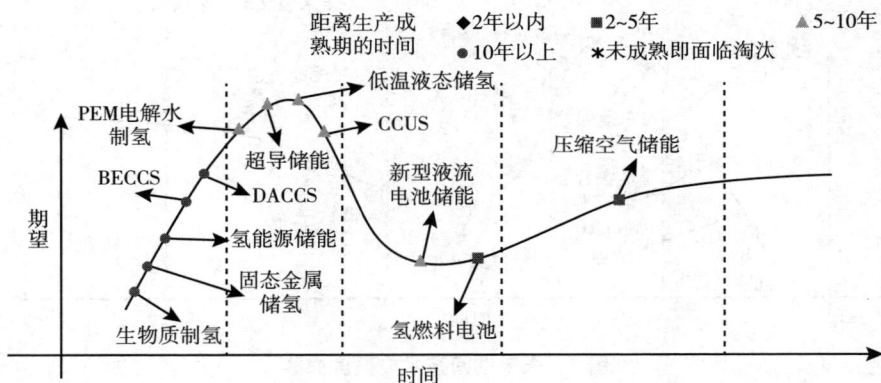

图8 未来能源技术成熟度曲线

由未来重点领域成熟度得分（0.02528）可知，未来能源领域目前主体处于样品阶段。京津冀未来重点领域的科研发展先进程度得分为0.65043，京津冀在未来能源领域处于领先水平，预计该领域达到产业成熟期需要10年以上，成熟期市场规模将超过81万亿元。世界范围该领域成熟度较低，而京津冀科技水平在世界上明显领先，说明在未来能源领域，中国紧跟党中央指示，在碳达峰目标和能源改革上重点发力，储备了较多的科技成果，但是目前需要加快推进产业化，保证人才的留存和发展。

6. 未来制造领域

未来制造领域的产业布局包括类人机器人和智慧出行等细分产业。

图9是根据gartner公司2018~2023年的技术成熟度曲线中提到的关于未来制造两大产业的新兴技术绘制的未来制造技术成熟度曲线。由此曲线可以直观看出，未来制造领域的重点技术明显偏向技术创新萌发期，该领域存在较多的需要十年以上才能产业化的技术，也体现了制造领域在科研出现新兴技术后，还需要很长时间的制造工艺的积累以及巨大的

资金投入，而且涉及技术越多的产业需要整合的时间越长，越难以形成足够的产业链支撑。

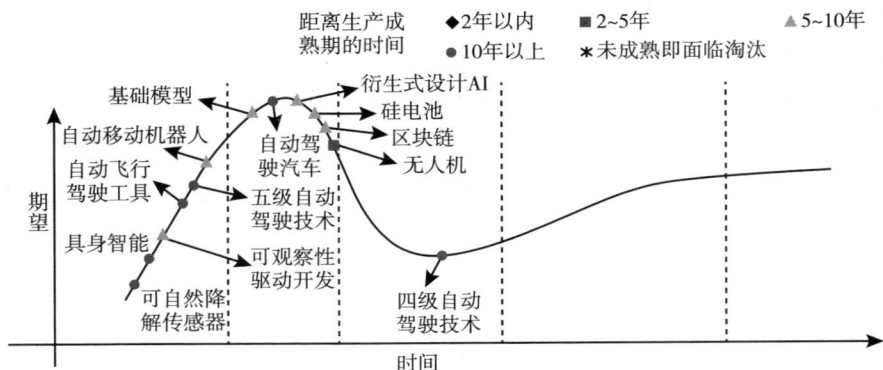

图9　未来制造技术成熟度曲线

由未来重点领域成熟度得分（0.1746）可知，未来制造领域目前主体处于初步产业化阶段。京津冀未来重点领域的科研发展先进程度得分为0.39501，京津冀在未来制造领域处于并跑水平，预计该领域达到产业成熟期需要10年以上，成熟期市场规模将超过110万亿元。世界范围领域成熟度较高，京津冀在未来制造领域存在优势，但又未全面领先，处于与世界制造大国并跑的水平。说明在未来制造领域，中国发展比较均衡，京津冀的发展水平和世界发展水平持平，科研和产业化人才符合世界先进制造领域的发展阶段，与世界制造强国之间既有大领域的相同发展水平的竞争，也有细分产业发展差异的互补。

三　京津冀地区人才高地建设以及产业协同度测算

人才一体化在推动京津冀产业结构转型和协同发展过程中起着举足轻重的作用。从高校人才培养情况来看，北京在硕士研究生及以上学历的高层次人才方面具有绝对优势，无论是招生规模、在学人数和毕业生都是天津和河北的五倍，这与北京拥有全国最多、最好的高等教育资源分不开。北京共有

305

34 所双一流的高校，全国共有 147 所双一流高校，接近 24% 的高校在北京，是名副其实的"科学中心"。河北与天津在硕士研究生及以上学历的高层次人才方面绝对值相对接近。在本专科层次受教育人才结构方面，北京与天津绝对值接近，河北总量最高，这说明了河北大中专院校较多，但是质量不高。在中职层次受教育人才结构方面，河北总量最大，天津次之，北京最少。京津冀受教育人才结构的数据比较分析体现了河北在京津冀区域人才培养层次上的劣势。京津冀三地受教育人才结构的差异不仅呈现了三地对高层次人才的吸引存在断崖式落差，同时也影响了三地产业之间的深度合作。

（一）京津冀人才培养现状

"十三五"期间，我国高校承担了全国 60% 以上的基础研究和重大科研任务，建设了 60% 以上的国家重点实验室，是我国人才培养最主要的方式之一。

京津冀汇集了 200 多所高校，高校资源位居全国前列。截至 2023 年，京津冀共有普通高等学校 276 所，其中北京 92 所，天津 56 所，河北 128 所。2022 年京津冀高等教育毕业生总数达 120.51 万人，高等教育规模庞大。其中北京毕业生约为 30.83 万，天津约为 21.93 万人，河北毕业生人数最多，约为 67.75 万人，占比 56.22%。从毕业生类别上来看，京津冀普通高等学校教育毕业生数约为 81.1 万人，占比 67.29%，其中本科生约为 44.46 万人，专科生约为 36.64 万人；研究生毕业生约为 15.99 万人，占比 13.26%，其中博士生约为 9.68 万人，硕士生约为 6.31 万人；成人高等学校毕业生约为 23.41 万人，占比 19.42%（见表 6）。总体而言，毕业生以本科生为主体，同时研究生的占比也在不断增长，人才学历逐步提升。

从地区分布来看，北京的普通高等学校教育毕业生约为 15.44 万人，其中本科生约为 12.74 万人，专科生约为 2.7 万人；研究生毕业生约为 11.44 万人，其中博士生约为 9.39 万人，硕士生约为 2.05 万人；成人高等学校毕业生约为 3.95 万人。天津的普通高等学校教育毕业生约为 16.86 万人，其中本科生约为 9.14 万人，专科生约为 7.72 万人；研究生毕业生约为 2.62 万人，其中博士生约为 0.23 万人，硕士生约为 2.39 万人；成人高等学校毕业生约为 2.45 万人，培养总体量小于其他两个地区。河北的普通高等学校教育毕业生约为 48.8 万人，[①] 其中本科生约为 22.59 万人，专科生约为 26.22 万人；研究生毕业生约为 1.93 万人，其中博士生仅 683 人，硕士生约为 1.86 万人；成人高等学校毕业生约为 17.02 万人。从表 6 可以看出，河北在普通高等教育毕业生数量上占据绝对优势，而北京在研究生教育方面表现突出，特别是在博士生培养上，约占京津冀总博士毕业生人数的 97%。总体而言，京津冀普通高等学校教育毕业生数量远高于研究生培养教育和成人高等学校教育，占比 67.29%，本专科教育在京津冀地区仍然是高等教育的主体。

表 6　2022 年京津冀高等院校及毕业生情况

单位：所，人

高等教育类别	北京		天津		河北		京津冀合计	
	学校数	毕业生数	学校数	毕业生数	学校数	毕业生数	学校数	毕业生数
（一）普通高等学校教育	92	154382	56	168571	128	488044	276	810997
1. 普通本科		127393		91377		225861		444631
2. 高职本专		26989		77194		262183		366366
（二）研究生培养教育	146	114422	25	26164	26	19316	197	159902
1. 博士		93900		2260		683		96843
2. 硕士		20522		23904		18633		63059
（三）成人高等学校教育	18	39448	13	24528	5	170173	36	234149
总　　计	256	308252	94	219263	159	677533	509	1205048

资料来源：《2022—2023 学年度北京教育事业发展统计概况》《2022—2023 学年度天津教育事业发展统计概况》《河北统计年鉴》。

　　京津冀协同发展离不开人才的支撑，京津冀地区作为中国"首都经济圈"，是中国北方经济规模最大、最具活力的地区，越来越引起世界瞩目。高等院校是京津冀未来产业人才培养的主要阵地，同时北京也是我国优质教

---

① 注：此数据为河北省统计年鉴数据，因四舍五入的原因，不等于正文中本科生和专科生之和。

育资源的云集之所。在 2022 年第二轮国家"双一流"建设高校及建设学科名单中，全国共有高校 147 所，京津冀共有 40 所高校继续领跑，其中北京 34 所，天津 5 所，河北 1 所，共占全国的 27%。同时，在新一轮"双一流"学科建设中，京津冀的学科优势也进一步显现，京津冀目前已有 106 个一流学科，占全国已经公布的 433 个一流学科中的 24.5%。无论是从高校还是学科建设来看，京津冀高校"双一流"建设都具备明显优势，为未来产业人才培养打下坚实基础。

从不同未来产业角度来看（见图 10、图 11），在未来信息领域，就开设专业数量而言，京津冀高等院校开设了 570 个相关本硕博专业，其专业数量位于六大领域首位，占所有相关本硕博专业数量的 27.10%，其中相关本科专业 213 个，相关硕士专业 203，相关博士专业 154 个。在未来健康领域，京津冀高等院校共开设了 506 个相关的本硕博专业数量，在所有专业中占比 24.06%，排名第二位，其中相关本科专业 131 个，相关硕士专业 188，相关博士专业 187 个，相关硕博专业数量占总相关专业数量的 74.1%，中高端专业人才培养优势明显。在未来材料领域，京津冀高等院校共开设了 391 个相关的本硕博专业数量，其专业数量在六大领域中排名第三位，其中相关本科专业 123 个，相关硕士专业 134 个，相关博士专业 134 个。在未来制造领域，京津冀高等院校共开设了 245 个相关的本硕博专业数量，其专业数量在六大领域中排名第四位，其中相关本科专业 82 个，相关硕士专业 83 个，相关博士专业 80 个，其硕博占比为 66.5%，相对其他产业而言较低。在未来空间领域，京津冀高等院校共开设了 201 个相关的本硕博专业数量，其中相关本科专业 75 个，相关硕士专业 72 个，相关博士专业 54 个。值得一提的是，就高校输出未来空间人才数量而言，基本来自北京航空航天大学。在未来能源领域，京津冀高等院校共开设了 190 个相关的本硕博专业数量，其中相关本科专业 29 个，相关硕士专业 77 个，相关博士专业 84 个，相较于其他领域而言，高校专业培养力度不够。总体而言，六大产业领域的人才培养结构主要集中在高端人才培养上，对中低端人才培养略显不足。

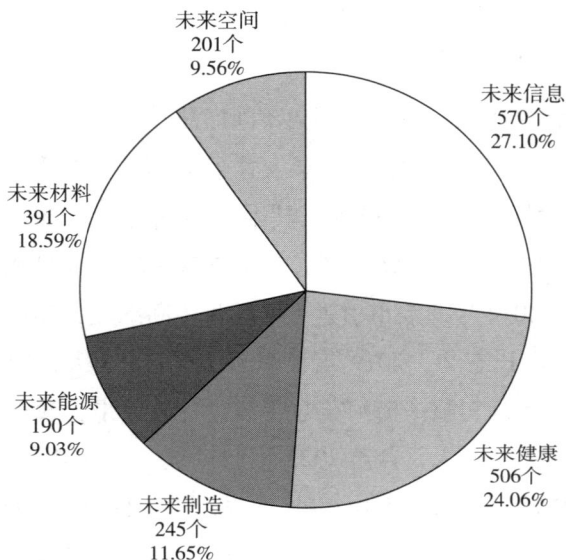

图 10　京津冀六大未来产业相关专业数量及占比

资料来源：根据各学校公开资料整理。

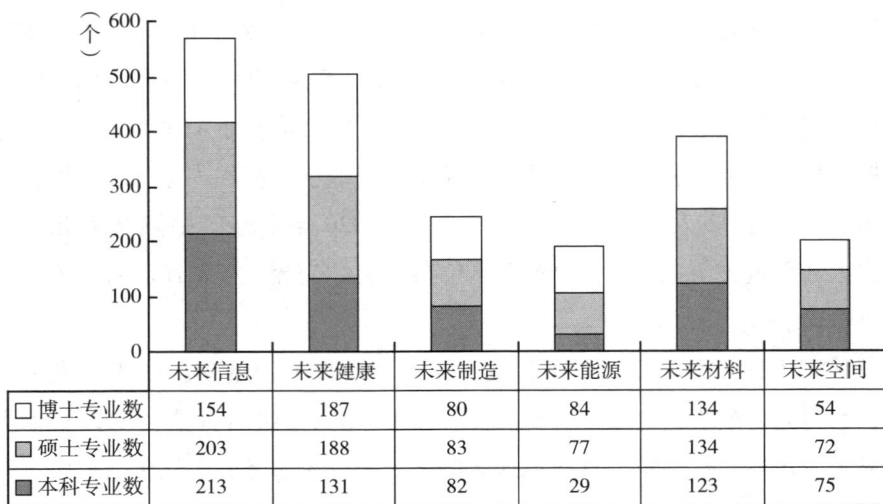

	未来信息	未来健康	未来制造	未来能源	未来材料	未来空间
□ 博士专业数	154	187	80	84	134	54
▨ 硕士专业数	203	188	83	77	134	72
▦ 本科专业数	213	131	82	29	123	75

图 11　京津冀不同产业本硕博相关专业情况

资料来源：根据各学校公开资料整理。

（二）人才引进情况

1.引才规模保持稳定，人才吸引力不断提升

从人才规模上来看，根据《北京人才发展报告2023》，北京市2012~2022年人才引进数量约为19270人，其中2017年至今引进人才总量占到近十年总引进人才数量的近四成。北京市在2016~2020年共引进人才总量为10578人，2016~2018年北京市引进人才数量不断缩减，2018年以后引进人才数量呈现稳步增长态势，2019年共引进人才2289人，同比增长103%。天津市自2018年5月实施"海河英才"行动计划以来，截至2021年4月底已累计引进人才38.7万人。截至2023年11月底，"海河英才"行动计划共为天津引进人才47.7万人，平均年龄32岁，人工智能、生物医药、新能源新材料等战略性新兴产业从业人员占比超过26%。天津市成功吸引了大量人才，特别是年轻专业人才，为城市的高质量发展提供了人才支持。2017年，河北省启动实施人才强冀工程，截至2021年，推进对接产业转型升级、区域人才一体化、补齐发展短板、人才改革落地4个专项计划，实施重点项目321个，培育形成有影响的优秀项目67个。截至2023年6月，面向国内外为雄安新区引进高层次人才75人、引进挂职优秀干部人才119人。指导省属高校、企业及科研院所等用人单位加大全职引进高端人才工作力度，全职引进院士等42人。打造"冀才"品牌，2020年举办"中国（河北）高层次人才引进交流大会"，2366家单位参与引才交流，7.3万余名人才达成引进意向。

从人才吸引力来看，京津冀地区在人才会聚方面展现出积极的发展态势，其对人才的吸引力正逐步提升。《中国城市人才吸引力排名2023》的数据显示，2018~2022年，京津冀地区的人才净流入率经历了从负增长向正增长的转变，具体数字分别为-2.9%、-4.0%、-0.7%、-0.6%、0.5%。这一变化主要得益于北京地区人才净流入的显著增长。京津冀地区在2022年首次实现了人才净流入正增长，标志着其人才吸引力显著增强。到2022年为止，京津冀地区已成功吸引了超过35.5万名持有硕士或博士学位的创新

型人才，这一数字相较于 2014 年增长了近三倍。

2. 以人才工程为抓手，携手打造人才高地

京津冀三省市分别制定实施了一系列相关的引才政策，实施全球高端人才延揽计划，面向全球发布高层次和急需紧缺人才引进计划，既抱团求才又突出特色。如北京市海淀区的"海英计划"、朝阳区的"凤凰计划"，通过健全引才机制集聚了大批海内外"高精尖缺"人才；天津市通过实施"绿卡"制度、"海河英才"行动计划，形成了独具地方特色的人才引进政策；河北省借力京津实施了一系列"百人计划""科技英才"等人才引进工程。具体措施有：实施沿海临港产业人才集聚工程，建成京津冀港口智慧物流协同平台，推进国家海外人才离岸创新创业基地（天津滨海新区）建设；实施临空经济产业人才集聚工程，制定《关于高质量建设临空经济人才枢纽行动计划（2019—2028 年）》；实施雄安新区人才集聚工程，发布"雄才十六条"，实现"雄才卡"常态化申领，累计发放 10481 张，到 2025 年，雄安新区人才资源总量预计达 54 万人，人才密度达 46.2%。诸多引进科技人才的计划或政策的实施提高了区域人才吸引力，会聚高层次科技人才，从而促进科技创新和区域经济增长。

（三）重点领域人才培养与产业发展协同方法分析

目前，京津冀对于未来产业的布局已经逐渐清晰，而未来产业的培育和发展都需要各层次的人才队伍。随着经济进入新发展阶段，未来产业呈现出新特征、新要求，面对新机遇，高质量发展逐渐成为适应经济发展新常态的主动选择，而未来产业发展与人才培养是否协同成为影响高质量发展的关键因素。科技创新是推动经济社会高质量发展的第一驱动力，人才是实现科技创新的第一资源，科技创新又是未来产业的基础工程，科技成果转化赋能未来产业的形成和发展，人才又为推动科技创新与产业发展提供源源不断的智力支持。因此，未来产业发展与人才培养相互依存、相互影响，符合辩证统一的客观规律，二者协同有助于实现高质量发展，这也是本研究探索谋划未来产业发展和人才培养协同发

展的逻辑起点。

京津冀未来产业发展和人才培养之间的协同情况不仅关系到人才供需匹配的问题，还直接影响着技术创新、经济结构升级以及产业发展的方向和速度。首先，北京市未来产业的发展需要由科技创新人才开发革新性的前沿技术，再由创新创业人才开创产品和提供服务，推动科技领域的发展，创造新的市场机会，为京津冀经济提供更有活力的支持，以适应现代社会的需求。其次，引进国际高端人才对于京津冀的未来产业发展至关重要。吸收国际先进的知识和经验，引进具有国际竞争力的人才，引进先进的技术和方法，使得未来产业具备全球性、前瞻性，推动产业提高竞争力，从而提升京津冀在国际市场上的地位。最后，建立政产学研用协作平台是实现协同发展的有效途径。这个平台能够促使政府、产业界、学术界、研究机构和应用领域的参与者紧密合作，形成创新生态系统，通过合作实现创新和经济发展。政府需要提供政策和资金支持，鼓励跨领域合作、科技创新和知识共享。同时，教育体系需要确保提供符合产业需求的课程和培训计划，学术界和研究机构可以与产业界建立伙伴关系，开展研究项目和创新活动。

总体而言，未来产业和人才培养的协同发展对于京津冀未来产业的升级和人才培养的成功至关重要。这种协同需要各方的合作，以确保这些要素之间的有效协同发展，满足不断变化的市场需求和科技创新的挑战。

耦合协调度（Coupling Coordination Degree）是指系统内各个子系统或要素之间相互联系和相互作用的程度，也可以理解为是系统内部各要素之间协调与一致程度的度量指标。它在系统科学、管理学和工程领域被广泛应用于评估和优化系统的整体协调性和效率。系统内两个要素之间的耦合协调度计算公式如下。

$$耦合协调度 = (C_{ij} - |I_i - I_j|) / C_{ij} \tag{1}$$

式（1）中，C_{ij}表示要素i和要素j之间的联系程度或耦合程度，通常使用某种度量指标（例如相关系数、距离、相似性等）来表示；I_i和I_j分别表示要素i和要素j的独立程度或自身的内部一致性。

$$\text{耦合度} = \left(\frac{\prod_{i=1}^{n} U_i}{\left(\frac{1}{n} \sum_{i=1}^{n} U_i \right)^n} \right)^{\frac{1}{n}} \tag{2}$$

式（2）中，U_i 代表各子系统的得分，在本报告中，$i=3$，分别代表各未来产业重点领域在人才、发展阶段、先进性三方面的得分。该计算公式的含义是，耦合度的值介于 0 和 1 之间，越接近 1 表示要素之间的联系程度高且内部一致性强，即具有较高的耦合度；而越接近 0 则表示要素之间的联系程度低或内部一致性较差，即耦合度较低。

耦合协调度的测算方法根据不同的研究领域和目的而有所不同。常用的测算方法有以下 4 种，用于描述系统内多个要素之间的耦合协调度。

1. 确定要素之间的关联关系

首先需要确定要素之间的关联关系，可以使用相关系数、距离度量或相似性指标等来描述要素之间的联系程度。

2. 计算内部一致性指标

对于每个要素，需要计算其内部一致性指标，以评估该要素内部元素之间的协调程度。内部一致性指标可以根据具体要素的特点和目标设定，例如使用方差、标准差、均值等统计指标来设定。

3. 计算耦合协调度

根据确定的关联关系和内部一致性指标，使用适当的计算公式来计算耦合协调度。前述的公式是其中一种常用的计算公式，可根据具体情况进行调整或选择其他适合的计算方法。

4. 分析结果和解释

根据计算得到的耦合协调度值，对系统内各个要素之间的协调程度进行分析和解释。较高的耦合协调度值表示要素之间联系紧密且内部一致性较强，而较低的耦合协调度值则表示要素之间联系较弱或内部一致性较差。

（四）重点领域协同分析

根据耦合协调度测算原理，本报告分别测算出产业发展阶段、产业领先、人才三者的耦合度，以及人才与产业发展阶段，人才与产业领先，人才、产业发展阶段和产业领先之间的耦合度，结果如表7所示。

表 7 产业发展阶段、产业领先、人才协调发展指数三个一级指标耦合度及排名

重点领域	人才—产业发展阶段耦合度	排名	人才—产业领先耦合度	排名	人才—产业发展阶段—产业领先耦合度	排名
未来信息	0.467118586	5	0.982093316	3	0.597681543	5
未来健康	0.510549418	4	0.836680351	5	0.614871849	4
未来制造	0.997816727	1	0.888114676	4	0.90166468	2
未来能源	0.696874874	3	0.803062956	6	0.784946495	3
未来材料	0.324589079	6	0.987732291	1	0.465666532	6
未来空间	0.991849675	2	0.993138081	2	0.993472124	1

由表7可知：总体而言，未来空间领域的产业发展阶段、产业领先、人才三者的耦合度最好，其人才—产业发展阶段—产业领先耦合度为0.993472124，接近于1，在六大领域中排名第一，说明其产业与人才之间呈现良好的协同发展态势；其次是未来制造和未来能源，人才—产业发展阶段—产业领先耦合度都在0.78以上，未来制造的人才—产业发展阶段—产业领先耦合度为0.90166468，属于优质拟合。未来制造作为京津冀的优势发展产业之一，将面向未来制造高端化、智能化、绿色化和融合化需求，重点发展类人机器人、智慧出行等细分产业，其坚实的产业基础和广阔的产业发展前景也吸引了大量的国内外优秀人才，在产业和人才方面具备竞争优势。未来能源领域围绕新型能源系统建设需求，将重点发展氢能、新型储能、碳捕集封存利用等细分产业，其人才—产业发展阶段—产业领先耦合度为0.784946495，属于良好耦合，说明其未来能源领域产业与人才发展之间较为协同。随着双碳政策的实施，未来能源领域的发展空间和发展潜力也不断提升，对人才的需求量也不断扩大，为产业和人才协调发展提供了有利条件。相对来说，未来材料领域的耦合度在六个重点领域中表现最差，其耦合度低于0.5，仅为0.465666532，未来材料领域的人才—产业领先排名虽然较高具备明显优势，但人才—产业发展阶段排名最低，京津冀未来材料领域的产业发展还不够完

善，仍处于降低的发展等级。

进一步两两比较，细分到人才与产业发展阶段、人才与产业领先的耦合度测算，我们发现：未来空间领域在人才和产业发展阶段协同方面的表现不如未来制造领域。未来制造领域在人才与产业发展阶段的耦合度上表现较好，未来制造领域在产业发展和人才培育引进方面注重建立协同机制和平台，鼓励企业与高校、科研机构紧密合作，重点培养产业人才，促进科技成果转化和产业化。未来材料和未来信息在人才和产业领先程度的耦合度上表现较好，这意味着京津冀的未来材料和未来信息领域内人才供给与产业领先发展水平相匹配，人才培养与用人需求相协调，人才回流与留存效果显著，产业和人才之间的紧密联系促进了两大领域的人才培养和用人机制的良性循环，进一步为产业发展提供了坚实的人才支持。可见，如何更好地实现产业和人才一体化是发展未来产业和培育产业人才的重要议题。

基于对国家文件的解读和分析，本研究将每个产业领域内的人才分为七类人才，再基于不同层次的人才培养方向，区分了三个人才层次，分别为高层次科技人才、高校培养人才和引进人才。从逻辑而言，我们认为这三种人才培养的方向直接关联着未来产业的发展阶段。在产业处于样品阶段时，为确保科技核心的进步和成熟，产业需要聚焦全球高端科技人才，包括大师、大国工匠、一流科技领军人才和创新团队。这些人才培养主要来自京津冀现有高层次科技人才和引进人才。在初步产业化阶段，前沿技术逐渐实现应用，社会场景得以开发，需要引入创新创业资源实现产业转化。因此，培养重点应该放在科技创新人才群体和高校培养人才上，包括战略科学家、青年科技人才和卓越工程师。这些人才主要来自京津冀高层次科技人才。在产业成熟阶段，迫切需要稳定且快速扩大产业规模，增加产出。这时的核心需求是高技能人才和卓越工程师，主要通过对潜力人才的自主培养来满足需求。这一部分人才应主要由高校通过探索基础专业技能和专项管理模式，实现潜力人才的培养。

对不同未来产业重点领域的发展阶段进行分析后，发现未来产业的重点领域的发展阶段主要集中在样品阶段和初步产业化阶段，因此，在对每一个产业领域的协同分析中我们也将主要集中于这两个阶段的主要人才培养来源进行分析。此外，通过对产业领域的先进程度进行指标分析的结果判定了不同的先进程度。我们认为不同的先进程度同样说明该产业领域应该采取不同的人才培养模式。通过对京津冀未来产业发展和人才培养的数据收集与数据分析，分别分析总结了六个未来产业重点领域的产业发展情况和不同层次人才培养的现状，再经过人才培养与产业发展的协同耦合度指标计算和对比，定位了不同未来产业重点领域的协同情况（见表8）。

表8　人才协同结构整体结果表

重点领域	引进人才增长需求	工程师培养人才增长需求	未来重点领域成熟度	未来重点领域成熟年限	京津冀未来重点领域规模	研发与人才技术引进关系
未来信息	大	小	样品阶段	10年以上	领先	以自主研发为主
未来健康	大	较小	初步产业化阶段	5~10年	追赶	研发与引进并行
未来制造	小	较小	初步产业化阶段	10年以上	并跑	研发与交流并行
未来能源	较大	较小	样品阶段	10年以上	领先	以自主研发为主
未来材料	大	小	样品阶段	5~10年	并跑	研发与交流并行
未来空间	小	小	初步产业化阶段	5年	追赶	研发与引进并行

四　京津冀未来产业发展与人才培养政策建议

京津冀应继续发挥科技创新和人才集聚的优势，推动科技成果转化，培育未来产业，为经济发展提供新动力，同时也应该致力于培养具有创新精神、国际竞争力和社会责任感的人才，为京津冀和国家的发展添砖加瓦。

（一）分产业结论与建议

1. 未来信息

未来信息领域相对其他领域的人才与产业发展协同情况表现出一定的优

势，但也存在一些挑战。未来信息领域在人才培养的相关数据指标上普遍表现出较高水平，在不同层次的人才数据上存在相对于其他领域的领先优势，这意味着该领域在技术和专业领域上的人才储备相对丰富。未来信息领域在产业发展和人才培养之间不同指标和共同的协同耦合度显示，未来信息领域在产业发展和人才培养的协同情况在所有重点领域三个耦合度指标排名并不突出甚至靠后，这表明该领域在人才培养和供给上与产业发展所需存在摩擦，人才培养和未来产业发展之间的协同存在不足。

人才培养与产业发展的有机结合会使得该未来产业能够更好地应对核心科技与产业发展的挑战，能够有效地推动京津冀未来产业的高质量发展。根据产业相关数据，未来信息领域的产业发展阶段处于样品阶段，产业成熟时间预估为10年以上。这表明该领域的技术尚处于研发和实验室验证阶段，需要更多时间来完善和推向市场，同时对人才层次的需求应该主要集中于高层次科技人才和人才引进，着重关注该领域的大师、大国工匠和一流科技领军人才这三类人才的培养。

但是从未来信息领域的人才培养分布现状来看，未来信息领域在本科、硕士和博士专业数上都有相对较多的数量，显示了该领域对各层次人才的培养很全面和充分，包括引进人才的计划也表明对高层次人才的需求和引进计划较为充分。与其他领域相比，未来信息领域的人才引进数量较多，显示出对人才的积极引进和培养计划有望加速产业发展，推动技术创新和应用。未来信息领域的高层次科技人才数量也是所有领域中最突出的，但是仍然存在人才培养与产业发展之间协同不足的问题。从协同耦合度指标来看，未来信息领域的人才与产业领先的协同情况优秀，但是人才与产业发展阶段的耦合度指标得分较低。从发展阶段来看，未来信息领域所处的样品阶段主要的人才需求是大师等三类尖端科研创新人才。近年来，互联网产业相关的工作收入相对较高、产业环境较好等，导致信息领域积累了大量人才，其中也包括不同层次的人才。而在未来信息领域的产业形成中，当下急需的尖端科研创新人才储备是富裕的，这一点从信息产业领域的世界领先程度可见；但是存在其他类别人才储备的溢出，比如高校培养的高技能人才、青年科技人才等。这几类人才在当下未来信息产业领域中的需求并不充分，但是人才供给却是所有未来产业重点领域中最多的，这也导致了人才培养的情况与未来信息领域发展阶段之间的严重不协同情况。我们认为这一分析结果与近年来信息产业领域中大部分互联网企业的工作竞争加剧、就业失业形势严峻的社会现象相互印证。目前，信息领域各类人才数量规模庞大的原因可能是，近年来信息领域的产业发展迅速且业内人才待遇水平较高，以及国内互联网科技的基础技术领先等多方面因素，使得不同途径的人才培养都出现了向未来信息领域靠拢的趋势。但是当下未来信息领域的未来产业总体发展阶段尚未达到初步产业化阶段，大部分想要进入该产业的更多的是青年科技人才、卓越工程师等初步产业化阶段所需的人才进入未来信息领域，而该领域由于所处的发展阶段缺乏足够的匹配需求，这就导致了未来信息领域的人才培养和产业发展的不协同情况，出现了近年来的互联网企业裁员潮、竞争压力剧增等人才就业问题。

综合分析未来信息领域在人才培养和未来产业发展方面的现状，我们看到了该领域在人才培养方面的优势，但也发现了与产业发展需求之间存在的协同不足问题。总体而言，未来信息领域需要在人才培养和产业发展之间建立更紧密的协同机制，以推动该领域的高质量发展，应对科技和产业面临的挑战。通过持续努力，未来信息领域将能更好地发挥其人才优势，实现产业与人才的良性互动，为京津冀未来产业的繁荣作出更大的贡献。

2. 未来制造

未来制造领域的各产业平均成熟度相对于其他领域较高，普遍处于初级产业化阶段；同时该领域的技术先进程度从数据上来看与世界一流科学技术水准齐平。未来制造领域的人才培养优势却不够突出，无论是整体还是对于三个人才培养途径而言，未来制造领域的人才水准在所有重点领域中都处于中游水平。从人才培养与产业发展的协同耦合度指标来看，无论是人才培养与产业领先程度或者是人才培养和产业成熟程度的协同情况都表现出不错的效果。

根据产业相关数据，未来制造领域的产业发展阶段处于初级产业化阶段，未来制造领域的世界市场规模为 45429 亿美元，预计在成熟阶段将达到 15.6 万亿美元，占比 29.10%。这显示了未来制造领域在全球市场中的重要性和潜在增长空间。中国专利申请数达到 15.8 万件，且达到成熟阶段的年限为 10 年以上。这表明未来制造领域在技术创新方面取得了显著的进展，且具备较多的技术积累。未来制造领域的综合发展评估打分和权威机构评价得分都表明未来制造领域受到较高认可，在技术研发上得到了一定的关注。同时对人才层次的需求应该主要集中于高层次科技人才和高校培养人才，着重关注该领域的战略科学家、青年科技人才和卓越工程师这三类人才的培养。

根据未来制造领域的人才培养现状相关数据，在三个人才培养途径上都不够突出，但是整体的人才培养与产业发展的协同耦合度指标是所有重点领域中最优秀的，但是从分开的两个角度来看仍然存在一定的提升空间，可以进一步提高人才培养与产业发展的协同水平以提升人才整体水平。未来制造处于初步产业化阶段，对尖端创新人才的需求有所降低，因此未来制造领域在与世界一流科学技术水平并跑的基础上，在产业领先程度与人才的协同上有所降低，但是在产业发展阶段与人才培养的协同耦合度上表现不俗。上述两个耦合度指标的特征表明未来制造领域在当前的产业阶段，实现了人才培养与产业发展的协同，因此能够在协同耦合度的整体水平上在所有未来产业重点领域中排名第一。但是未来制造领域在人才培养上仍然有一定的提升空间：未来制造领域相对于其他领域，在专业设置上可能需要更多的多样性和深度，以满足产业发展的需求；同时需要更多高层次科技人才。未来制造领域对于引进外部优秀人才具有一定的需求，但是这并非当下未来制造领域的产业所需的主要人才类型培养途径。当前，未来制造领域的人才规模相对较小，应该重视和拓宽产业发展所需人才类型的培养途径。基于上述分析，可以发现未来制造领域的人才培养与产业发展协同情况仍然存在潜在的挑战和进步空间。

虽然人才指标相对较低，但通过加强本领域的专业设置和扩大高层次科技人才的规模，有望提高未来制造领域的人才培养和产业发展的协同程度。

此外，需要注意确保本科、硕士和博士专业的均衡发展，以满足不同层次人才的需求。这些举措有助于未来制造领域更好地应对产业发展的挑战。

3. 未来健康

基于本研究已有的数据分析，发现未来健康产业处于初步产业化阶段，科研发展先进程度与世界领先水平存在一定差距。未来健康产业的人才培养是所有未来产业重点领域中最突出的领域之一，该领域具备优良的人才培养基础，同时在人才培养和产业发展的协同情况上表现中规中矩，并不突出。这说明未来健康领域的人才与产业协同发展应该继续基于京津冀产业发展的特征因地制宜地进行改善。

未来健康领域在初步产业化阶段，预计在 5 ~ 10 年达到 16.8 万亿美元规模，具有较高的潜力。当前人才指标值为 0.5704，虽然较未来信息等领域稍低，但仍是一个有前景的领域。该领域内的相关产业研究的施引论文占比为 24.20%，顶级研究机构占比 14.30%，全球占比为 12%，表明该领域在学术研究上仍有追赶的空间。未来健康在产业发展方面存在发展阶段与科技发展水平的不协同问题。从产业发展的数据角度进行分析，发现未来健康在初步产业化阶段，但是其科技水平并未达到世界前沿水平。未来健康的产业发展阶段决定了该产业目前的主要人才需求类型应该是战略科学家、青年科技人才和卓越工程师这三类人才，而这三类人才对于该领域追赶世界前沿科技发展水平的帮助有限。

从未来健康领域的人才数据角度进行分析，可以发现未来健康领域在三种层次的人才培养途径中都有不错的基础，总体的人才培养情况在所有未来产业重点领域中名列前茅。但是基于未来健康领域的产业发展中存在的问题，我们认为这也会使得未来健康领域的人才培养出现问题，产业发展阶段与产业人才培养模式不匹配，导致了该领域产业发展和人才培养的协同性不足。基于前文所述，未来产业形成和发展的基础应该是核心科技创新，科技创新的领先应该是未来产业形成和发展的先决条件，但是从产业领域的科技发展领先程度来看，未来健康领域并不突出。而初步产业化阶段的主要人才培养方向是高校培养人才和高层次科技人才，对尖端科技创新人才的重视程度不足，而未来健康领域的核心科技未达到世界领先就意味着前沿技术会制约产业化进程，这会使得产业领域内被动地投入更多资源进行科技创新，产生了产业发展人才需求的回溯。这又会增加对高层次科技人才和引进人才中的大师、大国工匠和一流科技领军人才这三类人才的培养需求，使得产业领域内的人才培养与产业所处发展阶段不能契合，制约了产业和人才协同发展。

综上所述，未来健康领域在初步产业化阶段面临着产业发展与人才培养协同不佳的挑战。为了促进人才与产业的协同发展，应该调整未来产业领域的发展策略，加强与世界领先水平的科技创新合作，引进更多高水平的科技人才，同时鼓励和培养大师、大国工匠等人才，优先培养尖端科技创新人才团队。此外，建议加强高校与产业界合作，提高高校培养的人才与产业需求的契合度。通过深化产学研合作，可以更好地满足未来健康产业发展的需求，实现人才培养和产业发展的协同共赢，加快追赶该领域世界一流科技水平。

4. 未来能源

未来能源产业处于样品阶段，科技发展先进程度与世界领先水平持平；未来能源领域的人才培养在所有未来产业重点领域中并不突出，但是未来能源领域在人才培养和产业发展的协同方面位于所有重点领域的上游。这说明未来健康领域的人才与产业协同发展的方向值得肯定，但是可能由于该领域整体的人才培养水平不高和规模不大，人才和产业的协同水平并不出众。基于数据分析表明，未来能源领域的人才与产业协同发展情况良好，但是人才培养的整体水平需要提升。

未来能源领域的产业发展呈现出一些显著的特点。首先，从数据上看，未来能源领域的产业发展阶段目前处于样品阶段，预计将在5～10年达到11.6万亿美元的规模，占比达到67.10%。这表明未来能源领域在全球市场中具有较大的发展潜力。技术方面，未来能源领域的技术先进程度从数据上看，施引论文占比达到67.10%，顶级研究机构占比达到95%，显示出其在科技研发方面取得了显著进展。这使得未来能源领域在技术水平上与世界一流科技水平持平，具备了较强的技术实力。

　　然而，与产业发展相比，未来能源领域的人才培养相对不足。无论是本科、硕士还是博士专业数量，未来能源领域都相对较少，表明该领域的人才水平在所有重点领域中都处于中游水平。从人才与产业协同发展的角度来看，未来能源领域在人才培养与产业发展的协同情况上存在一定优势。协同发展的主要问题在于人才培养和产业科技发展先进程度的协同性不够。目前未来能源领域处于样品阶段，人才培养的重心应该是大师、大国工匠和一流科技领军人才三类人才。但是未来能源领域的人才培养现状在所有重点领域中并不突出，尤其是在高层次科技人才和人才引进这两个人才培养途径上表现更为平庸，影响了人才培养与产业发展的协同程度。上述数据和分析表明未来能源领域在人才与产业发展的协同上尚有提升的空间，特别是需要加强人才培养与产业发展不同阶段和领先水平的结合。

　　为提高未来能源领域的人才培养质量和与产业发展的契合度，可能需要加强产学研的合作，深化产业界与高校之间的合作关系。此外，也需要更有针对性地调整人才培养规划，确保人才培养与未来能源产业的发展需求相匹配。通过这些举措，未来能源领域有望在人才与产业协同发展方面迎来更好的机遇。

　　5. 未来材料

　　未来材料领域的各产业平均成熟度相对于其他领域普遍较低，仍处于样品阶段。相较于产业成熟度，未来材料领域在人才培养的相关数据指标上相对较好，在领先领域拥有相应的专业人才，人才储备相对而言比较充足。从人才培养与产业发展阶段的协同耦合度指标来看，未来材料在产业发展阶段耦合度排名靠后，说明在产业发展的不同阶段其协调度相对较低。这可能意味着未来材料在不同产业阶段的发展相对不均衡。未来材料在产业领先耦合度方面表现较好。这意味着未来材料在产业的领先地位与人才培养之间存在较高的协调度，显示了该领域在产业前沿领域具有较强的竞争力。相对其他领域的人才与产业发展协同情况，未来材料领域具有明显劣势，尤其是在人才与产业发展阶段协调发展方面，还需要进一步促进产业发展，提高产业发展水平。

由相关的产业数据可知，未来材料领域的产业发展阶段仍处于样品阶段，产业成熟预估还需要 5~10 年，预计在成熟阶段将达到 44.5 万亿美元。这表明该领域的技术尚处于研发和实验室验证阶段，需要更多时间来完善和推向市场，同时对人才层次的需求应该主要集中于高层次科技人才和人才引进，在此阶段应该着重关注该领域的大师、一流科技领军人才和战略科学家这三类人才的培养。

根据未来材料领域的人才培养现状相关数据，人才培养与产业发展的协同水平依然有待提高。在高校人才培养上，相关本硕博专业开设数量相较于其他领域依然不足，尤其是在本科专业开设上，依然需要加强相关专业人才培养，以满足产业发展的需求；在人才规模方面，未来材料领域的人才规模较小；在人才引进方面，引进高水平的科研人才有助于提高企业和产业的科研水平，从而推动企业和产业的创新能力提升。基于上述分析，未来材料领域的人才培养与产业发展协同仍然存在明显不足，人才与产业发展阶段耦合度不高。一方面，产业发展不够成熟，发展水平有待提高；另一方面，相关人才尤其是三类人才的培养和引进依然存在明显不足。基于未来该领域产业发展的状况，我们应有针对性地调整人才培养的规划和布局，以更有针对性地满足产业的需求。

综合来看，在产业指标方面，未来材料在产业领先耦合度上表现较好，但在产业发展阶段耦合度和整体协同度方面有改进的空间。总体而言，未来材料领域需要在人才培养和产业发展之间建立更紧密的协同机制。在人才数据方面，在人才培养与产业发展阶段的协调性上有待提高。在协同度方面，整体协同度较低，可能需要更综合的战略规划来提高未来材料领域的整体协调性。

6. 未来空间

未来空间领域的各产业平均成熟度相对于其他领域优势明显，已经处于初级产业化阶段，其技术先进程度从数据上来看仍处于追赶阶段。相较于产业成熟度，未来材料领域在人才培养上表现相对不足，还需要加大人才培养的力度。从人才培养与产业发展的协同耦合度指标来看，无论是人才培养与产业领先程度或者是人才培养和产业成熟程度的协同情况，未来空间领域表现都突出，产业发展阶段、产业领先、人才三者的总体耦合度在各领域中排名第一，产业与人才之间呈现良好的协同发展态势。

根据产业相关数据，未来空间领域的产业发展阶段处于初步产业化阶段，其世界市场规模为6880亿美元，预计在成熟期将达到8656亿美元，占比79.5%，产业增长空间巨大。中国专利申请数将达到1.1万件，预计5年即可进入成熟阶段，这表明未来空间领域在技术创新方面发展潜力巨大。未来空间领域的综合发展评估打分和权威机构评价得分都得到较高的评价。然而目前其相关的人才引进相对于产业发展需求依然不足，同时对人才层次的需求应该主要集中于人才引进、高层次科技人才和高校培养人才，着重关注该领域的一流科技领军人才、战略科学家和青年科技人才这三类人才的培养。

根据未来空间领域人才培养的相关数据，未来空间领域的人才状况表现优秀，显示出该领域在人才培养和产业发展方面保持了良好的平衡。强大的人才基础和协调性有望为未来空间领域的发展提供坚实支撑，并在产业前沿领域取得领先地位。然而未来信息领域在本科、硕士和博士专业数量上都相对较低，对各层次人才的培养依然存在不足，还需要进一步提高专业数量，为产业发展提供多层次人才。与其他领域相比，未来空间领域在人才引进数量上明显偏低，引进人才规模较小，引进人才数量与产业发展需求不协调，仍需要不断加大人才引进力度，从而推动人才培养与产业发展之间进一步协同发展。从协同耦合度指标来看，总体而言，未来空间领域产业发展与人才培养之间呈现良好的协同发展态势，对不同产业发展阶段的人才需求有明确的规划和有效地培养机制。

总体而言，未来空间在产业发展和人才培养两方面的协调情况非常好。它在整体协调度、产业领先协调度以及整体协调度上均取得了较高的排名，表明该领域在产业发展和人才培养方面保持了良好的平衡，具备了可持续发展的潜力。

（二）对策建议

1. 加强顶层设计，构建有利于协同发展的制度保障体系

未来产业发展与产业人才培养需要教育、科技、人才等部门联动形成资源合力、政策合力，要充分发挥市委人才工作领导小组的统筹协调作用，加强高层次科技人才自主培养、高校人才培养和海外关键技术人才引进，推动产教融合、科教融汇，实现未来产业高质量发展。建议继续探索和改进京津冀未来产业发展与人才培养协同发展模式，学习借鉴国际国内先进地区的方法，从制度设计层面探索形成未来产业发展与人才培养协同发展的长效机制；建议制定和完善相关法律法规，加强政策协调和衔接，推动未来产业发展与人才培养规划的实施，形成政府、市场、社会多方参与的协同治理机制；建议适度放宽京津冀绩效工资总额限制，从市级层面加强统筹，实行更加积极、更加开放、更加有效的人才政策，构建具有充分竞争力的人才制度体系；深化综合改革，形成未来产业发展与人才培养工作深度融合、互促互进、良性循环的长效机制。同时，以部门协同为核心，加强各部门的相互沟通，建立有效的工作联动机制，优化传统架构，切实贯彻创新驱动发展理念，构建有利于未来产业发展与人才培养协同发展的制度保障体系。

2. 优化教育模式，培养未来产业的尖端创新人才

提高自主培养尖端创新人才的能力，是建设教育强国提出的客观要求。一个国家的教育体系如果不能高效培养尖端创新人才，就谈不上教育强国。北京教育科技人才资源富集，肩负着培养尖端创新人才的重大使命，对此应该说是国家有要求，社会有期待，为此，北京需要作出表率，发挥引领作用，这也是北京作为首都应有的担当和作为。

对于基础教育阶段，京津冀已经开展了各种拔尖创新人才培养的探索和制订各类人才培养计划，如"翱翔计划"，建议尽快将其中好的做法和经验上升为制度安排，同时从战略上考量，进一步解放思想，加大政策支持力度，有组织地系统设计拔尖创新人才的培养，构建多渠道的拔尖创新人才培养体系，拓展拔尖创新人才的发展通道，着力营造有利于拔尖创新培养的氛

围；建议深化高等教育领域改革，整体谋划学科发展，突出鲜明的办学特色，面向国家重大战略，不断优化学科的布局，适时优化人才培养方案，加快建设和发展新工科、新文科，加强基础学科、新兴学科、交叉学科建设，构建专业培养目标定位适应社会需求变化的动态调整机制，努力培养更多拔尖创新人才，以高质量的学科发展为社会主义现代化国家建设贡献力量；建议由教育主管部门牵头，以学科为牵引，统筹部分教育、科技、人才计划经费，设立专项引导基金，长期稳定支持高校科教、产教协同平台建设，加强高校与科研院所、企业的合作，提高人才培养质量和水平；建议通过举办学科竞赛、跨学科活动、创新创业大赛等将科教理念贯穿到人才培养的过程中，将课堂教学向实践教学延伸，不断提升学生的专业技能和创新能力；建议市属高校落实分类化发展，与央属高校的综合全面发展路线不同，市属高校可以通过注重专业领域的深度发展来形成自身的优势，市属高校应明确定位，确定自身的专业领域特色，将更多资源投入学校的核心专业领域，包括师资、研究设施和科研项目，建立紧密的产学研合作关系，将学校的研究成果应用于实际产业中，促进技术转移和创新；建议进一步推进教育教学现代化，推动现代智能化技术全面融入教育教学全过程，发展数字教育，通过科技赋能和数据驱动全方位赋能教育变革，系统性构筑教育与社会关系的新生态，为每个学习者提供合适的教育场景和教育方案。

3. 聚焦产业发展特征，差异化制定人才培养方案

建议结合京津冀产业和人才近况和发展趋势，针对不同领域不同阶段的人才，差异化制定发展战略。在技术成熟阶段，北京产业领先的领域着重构建北京的人才梯队，提高科研与产业结合的能力；在技术开发初期，北京领先的领域加强基础科研投入和人才培养，缓慢释放相关硕博士和工程师产业人才培养动能，技术成熟时间节点尽量与人才动能释放节点协同。在国际技术成熟但我国处于追赶阶段的领域，应当在大力引进相关专业人才的同时，构建我国相关人才的培养体系，为追赶直至超越做准备；在国际技术相对不成熟领域，则应当促进自身科研投入与人才引进相结合，在技术领域进行追赶。

4. 提高人才黏性，优化对引进人才的服务保障举措

建议聚焦未来产业的核心科技领域，大力培养和引进行业领域高层次人才和产业发展急需人才，完善高层次人才引进绿色通道，推动全职落地与柔性引进有机结合；建议紧抓全球高端人才流动契机，尽快建立健全海外引才网络和体系，明确用人主体的人才需求收集机制，系统性、全方面保障和推动海外人才"应引尽引""能引则引"；建议充分发挥国家实验室、新型研发机构、高校院所等用人主体的引才育才作用，积极引进一批战略科学家、科技领军人才和青年人才，对于顶尖人才，设立引才专项基金，采取"因人设岗""一人一策"方式引进人才；建议完善人才评价和激励机制，提供更加优惠的待遇和福利，加强人才公共服务和生活配套设施建设；建议优化引才标准，畅通引才渠道，营造良好的人才发展环境和氛围；建议属地政府有针对性地构建高校住房保障政策体系，支持高校与周边农村集体经济组织、房企合作，利用集体建设用地，建设定向供应的租赁性住房，以增加高校租赁性住房（周转房）供应。

5. 推动协同发展，创造更加活跃的未来产业发展环境

建议完善以财政支持为引导、以市场化运作为基础、社会力量深度参与的创新创业机制，支持高校深度参与未来产业的企业创新联合体和"校地企"新型联合研发机构建设，推行项目、基地、人才、资金一体化配置；建议由政府牵头搭建未来产业创新创业平台，聚焦传统经济转型发展、前沿技术成果转化等未来产业的源头，关注和培养未来产业所需人才，推进政府、企业、科研院所与高校紧密联合，发挥各自资源优势，培育适应未来产业发展需求的人才，促进人才与产业的协同发展；推动清华、北大、国科大等高校和在京重点企业针对未来产业的重大技术需求开展人才培养和协同创新，加大复合型人才和交叉学科人才培养力度，提高领军人才和卓越工程师等紧缺型人才培养比重；建议鼓励构建跨学科、跨院系、跨学校、跨地域协同的智库等科研创新体系，提升精准服务国家战略和首都发展的能力和水平，推动未来产业与人才培养协同发展。

服 务 篇

B.13
京津冀地区城市空间环境舒适度治理对策

杨 鑫[*]

摘 要： 京津冀地区在城市空间环境治理上，建立了政策协调机制促进区域协同，优化产业结构以减少高污染行业，并大力投入基础设施建设，显著提升了城市功能与居民生活质量。同时，京津冀充分利用大数据技术实时监测环境，并引入人工智能在污染源识别、追踪及效果评估上取得突破，提高了治理的精准度与效率。尽管如此，该地区仍面临多重挑战，包括经济发展不均衡导致资源与政策执行差异，政策协调难度大；环境污染形势严峻，雾霾与城市热岛效应影响居民生活；绿地与水体不足限制了气候调节能力。本文基于数据分析与计算，对京津冀地区城市空间环境舒适度展开评价，从土地利用类型、气象因素时空演变规律、人体舒适度时空演变特征等方面分析京津冀地区城市空间环境治理的问题，并从区域协同联动治理机制、以人为核心的人居环境治理、基于空间本底的精准治理、基于环境公平的治理举措四个方面提出治理策略与建议。

---

* 杨鑫，北方工业大学建筑与艺术学院教授，主要研究方向为城市绿地空间与气候环境。

关键词：　京津冀地区　城市空间环境治理　人体舒适度

一　人本视角下的城市空间环境治理研究概述

（一）城市空间环境治理发展趋势

城市化进程的不断加快，城市规模迅速扩张，导致城市环境问题日益凸显，城市空间环境治理成为国家生态治理进程的重要环节。近年来，城市空间治理研究有数字化、精细化和公众化的发展趋势。

目前我国智慧城市得到蓬勃发展，利用大数据、云计算等技术手段，实现城市环境数据的实时采集与分析，并通过智能决策系统优化资源配置，以此改善居民的生活环境。[1] 并结合现代化生态技术和环保技术，通过构建环境治理体系、加大环境投入、创新生态环境治理技术等方式，实现城市环境治理与生态保护的双赢，推动城市环境治理向数字化方向进一步发展。[2] 借助数字化的一些新兴模拟技术对城市微尺度气象要素进行模拟，将人体生理过程与环境气象条件建立联系，定量评估城市热舒适度，为城市环境治理提供了新的手段，对于提升城市环境治理水平、保障居民健康、预防气象灾害等方面具有重要意义。[3] 同时，大数据、人工智能等数字化手段，以及先进的环境监测与治理技术可以实时监控城市环境状况，通过数据分析等方式为城市环境治理提供科学依据。[4] 这些提高了城市环境治理的精准性和效率，实现了城市环境治理的精细化和科学化，有效提升了城市

---

[1]　蔡立辉、戴胜利、马王荣：《智慧城市环境治理政策文本挖掘及量化评估》，《学术研究》2022年第12期。

[2]　史敏：《超大城市环境治理生态现代化的路径探析》，《特区实践与理论》2023年第2期。

[3]　郭晓染、严超、苗世光：《城市微尺度气象要素快速模拟方法的建立及应用》，《中国科学：地球科学》2023年第10期。

[4]　王树强、杨恒：《京津冀环境治理协作的科技创新效应研究——基于传输通道城市环境治理政策的准自然实验》，《工业技术经济》2022年第2期。

环境治理水平。^① 在城市空间环境治理的进程中，数字化的嵌入增强了治理话语与行为的主动适应性，提升了多元共治和数字治理的效率，是推动城市环境治理从简约走向精细的重要动力。

城市环境精细化治理是治理思维及实践模式的升级，强调持续参与、渐进改善和组织优化，具有"横向到边、纵向到底"的无缝隙治理优势。^② 精细化治理是国家治理现代化的核心需求。随着我国社会的主要矛盾逐渐转变为人民日益增长的美好生活需要和不平衡不充分的发展之间的矛盾，精细化治理被视为提高空间效益和环境质量的关键环节，它也是增强人民的获得感、幸福感和安全感，以及构建共建共治共享社会治理模式的核心焦点。精细化治理具有科学和先进的治理理念，与传统的粗放式和经验化治理方法相比，它更多地关注"人"的需求，强调以居民的实际需求为治理的基础，并充分激发人民群众的主观能动性。精细化治理也是一个持续变化的过程，结合大数据和其他现代技术来构建治理的共享平台，以准确获取城市的实时信息和市民的真实需求，从而增强居民的获得感、幸福感和安全感，并促进人居环境的高品质发展。

城市环境治理具有综合性，强调政府、社会与环境的协同，并通过明确政府责任、鼓励社会参与、优化环境资源配置，来构建有效的环境治理体系。^③ 鼓励政府、企业和社会共同参与，基于绿色治理技术等理念，优化能源利用，推动居民生活方式和产业结构的高质量转型，并通过运用创新手段和政策工具，来实现城市治理的绿色转型。^{④⑤} 同时关注居民对环境状况的

---

① 黄松、谭腾：《城市环境精细化治理的内涵机制与优化路径——基于数字化视角》，《重庆社会科学》2023 年第 8 期。

② 余敏江、邹丰：《制度与行动者网络：新加坡环境精细化治理的实践及其启示》，《学术研究》2022 年第 7 期。

③ 陈石明：《城市环境治理能力提升：发生逻辑、影响因素与路径优化》，《湖南广播电视大学学报》2023 年第 3 期。

④ 叶林、邓睿彬：《城市绿色治理何以可能？——"双碳"目标下的城市治理转型》，《同济大学学报》（社会科学版）2023 年第 3 期。

⑤ 杨旭、汤资岚：《去粗取"精"还是精"益"求精："双碳"背景下城市环境治理的转型之道》，《理论导刊》2022 年第 11 期。

满意程度，通过广泛的社会调查数据及精准分析，了解居民的实际需求，并以此为导向进行城市空间环境治理的规划和实施，打造宜居环境，通过改善公共服务设施、优化住房政策的方式，实现城市可持续发展。[①] 通过优化城市空间布局、市场化筹资、区域协同治理和公众参与的方式，提升环境治理的效率，并促进城市的生态、经济和社会和谐发展。[②] 公众参与环境治理有助于推动生态文明的发展。我国现行法律中对公民参与环境保护缺乏明确规范和具体规定。在当前环境下，许多经济利益的实现都是以牺牲环境为代价的，因此，公众的积极参与可以将环境治理的责任分散到个人身上，从而进一步推动生态文明的建设，建设美丽中国。[③]

现阶段，关于环境整治的讨论日益激烈。目前我国城市环境管理面临的挑战，已经从基本的环境污染和破坏问题，转变为处理"复合碎片化""智能化管理""不在场脱域主义"等更为复杂的现代问题。[④][⑤][⑥] 这要求政府不仅要建立有效的机制来回应城市居民的环境诉求，还需改变治理策略，从传统的末端治理转向源头预防，并将国家宏观的环境治理目标细化为适应各地城市需求的、多样化的"微治理"模式。数字化技术的发展与其优势能够满足精细化治理的需求，有助于预防环境问题。通过识别、分析和解决问题的全过程，构建一个完整的治理闭环体系，实现资源的优化配置、动态监管和智能决策，从而增强系统的互用性和环境治理的有效性。

（二）从人本视角关注城市空间环境治理问题

从人本视角关注城市环境治理，是治理的核心要点。在大气污染环境治

---

① 郭冲：《精细化治理语境下城市人居环境质量评价研究——以天府新区成都直管区为例》，《国土资源科技管理》2022 年第 5 期。

② 王匈：《生态文明视角下特大城市环境治理的困境与实践路径研究》，《环境科学与管理》2022 年第 8 期。

③ 黄松、谭腾：《城市环境精细化治理的内涵机制与优化路径——基于数字化视角》，《重庆社会科学》2023 年第 8 期。

④ 余敏江：《复合碎片化：环境精细化治理为何难以推进？——基于整体性治理视角的分析》，《中国行政管理》2022 年第 9 期。

⑤ 罗志强：《城市环境卫生管理精细化的现实困境与纾解策略》，《行政与法》2021 年第 5 期。

⑥ 张锋：《超大城市社区技术治理的反思与优化》，《学习与实践》2022 年第 3 期。

理方面，人体舒适度指数的引入，将气象环境的变化规律与空间特征，转换为人体感知生活环境与气候环境的直接结果。人体舒适度评价对于人本视角下的城市环境治理具有借鉴意义。

人体在某些区域的舒适度主要是通过环境因素和个人因素共同影响而确定的，环境因素主要涵盖气温、相对湿度（或水蒸气压）、风速以及平均辐射温度。而个人因素主要由运动水平、新陈代谢速率、服饰反射率和受热经验史等多个方面组成。[1] 根据美国供暖制冷空调工程师学会的标准（ASHRAE Standard 55-2013），热舒适被定义为一种对热环境感到满足的意识状态。热舒适度是一个综合指标，包括生理和心理两方面因素。随着对热舒适度研究的不断加深，人们意识到仅仅从生理角度来描述热平衡是不够全面的。随着对热舒适理解的不断加深，人体在复杂环境下的热舒适度得到了更加精确地描述。[2] 热舒适度反映了个体对其所处热环境的主观满足度。[3] 描述了热环境中微气候的各种因素，例如空气的温度、湿度、风速和太阳的辐射温度对人体产生的应激反应，如感受到的冷热，以及是否觉得舒适等。[4]

城市居民的人体舒适度评估是对其在城市环境中的实际感受与需求的直接体现。从宏观层面，人体舒适度指数的时空变化规律研究为城市规划、环境保护和旅游发展提供科学依据。城市管理者应从人体舒适度的评估结果中更加明确地了解需要优先处理的区域或环境问题，更有效地分配城市环境治理的资源，同时提高整体管理效能。统筹规划，加强城市基础设施的建设和维护，提高城市应对环境风险的能力，从而增强城市的韧性，确保居民在面

① 孙广禄、王晓云、章新平等：《京津冀地区人体舒适度的时空特征》，《气象与环境学报》2011年第3期。
② 吴志丰、陈利顶：《热舒适度评价与城市热环境研究：现状、特点与展望》，《生态学杂志》2016年第5期。
③ 季桐：《城市中心高密度街区垂直绿化热舒适影响因素研究——以广州琶洲西区为例》，华南理工大学，硕士学位论文，2020。
④ 陈岑：《基于热舒适评价的历史街巷更新设计研究——以镇江市大龙王巷为例》，江苏大学，硕士学位论文，2022。

对环境问题的挑战时能够保持较高的舒适度。同时，通过优化城市绿色环境提升居民的舒适度，从而为居民提供一个更加健康、舒适和适宜居住的城市生活环境，促进城市在经济、社会和环境方面的和谐发展。从微观层面，治理的策略应当重点关注影响居民生活的环境元素，如空气质量、建筑材料以及绿色植被的覆盖情况等。采用一些绿色设计手段在微观层面提升城市环境的舒适性，如建设城市通风廊道，促进城市空气流动和污染扩散，有效缓解城市热岛效应，提高人体舒适度。或提倡绿色交通，鼓励居民使用公共交通工具和非机动交通工具，减少汽车尾气的排放量，从而改善城市人居环境，有效提升人体舒适度，实现城市环境治理的目标。也可以通过构建人体舒适度指数模型，评估不同环境下的居民舒适程度，通过预测用电负荷，为电力调度和城市规划提供科学依据，从而打造更加适宜的人居环境，以促进城市的可持续发展。① 因此，将人体舒适度的指数变化规律与评价研究引入京津冀地区的城市环境治理中，以打造和谐宜居的人居环境，推动京津冀的高质量协同发展。②

二 京津冀地区城市空间环境的人体舒适度指数评价

（一）研究区域与数据来源

京津冀地区是中国的"首都圈"，包括北京市、天津市以及河北省的保定、唐山、廊坊、秦皇岛、张家口、承德、石家庄、沧州、邯郸、邢台、衡水等13个城市，区域总面积为21.8万 km²。2015年末，京津冀地区的常住人口为1.11亿人，占全国总人口的8.13%，其中城镇人口为6967万人，城镇化率为62.5%。地区GDP为69312.89亿元，占全国GDP的10.24%。城

---

① 卜飞飞、白宏坤、王圆圆等：《基于人体舒适度指数的居民用电分析及用电负荷预测研究》，《中国测试》2023年第4期。
② 李积宏、周刊社、张东东等：《西藏高原人体舒适度指数时空变化特征分析》，《干旱区地理》2024年第6期。

市建设用地面积为 4141 km², 占地区总面积的 1.90%。① 京津冀区域属于典型的温带半湿润半干旱季风气候，四季分明，春秋干旱多风，夏季高温多雨，冬季寒冷干燥，地势由西北向东南倾斜，地貌类型众多，包括坝上高原、燕山和太行山、山麓平原、低平原和滨海平原等。由东南向西北，土地覆被以沿海滩涂、湿地、耕地、城市、灌丛、森林、森林草原和草原依次更替。②

日益增大的人类活动强度给京津冀生态系统带来了巨大压力，环境恶化趋势严重，城市污染总体较严重。太行山、燕山土壤侵蚀和坝上高原荒漠化不断加剧，海岸及河口生态系统有退化趋势，沙尘频繁侵袭，对人民生活质量和生态环境造成了严重影响。③

研究采用的数据包括两个部分。（1）1985~2022 年京津冀区域 30×30 分辨率的土地利用遥感影像数据，来源于武汉大学测绘遥感信息工程国家重点实验室发布的中国土地利用遥感监测数据集。（2）2001~2022 年京津冀区域共 172 个地面气象观测站点的日值观测数据，包括日最高、最低、平均气温、风速和相对湿度，来自国家气象信息中心。

（二）城市空间环境时空演变情况

为全面了解京津冀区域土地利用变化的结构特征与各类用地变化方向，构建土地利用转移矩阵。分析得到，京津冀区域的农田由 1985 年的 53%降到 2022 年的 43%，减少的农田主要转出为森林和人工地表，所占比例分别为 2.4%和 14%，反映出农田成为 1985~2022 年京津冀建设用地快速扩张的一大重要用地来源，农田减少的另一部分原因是河北省自 2002 年所全面开展的退耕还林工程。草地主要转出为森林和农田，所占比例为 25%和 9%，

---

① 李进涛、刘彦随、杨园园等：《1985—2015 年京津冀地区城市建设用地时空演变特征及驱动因素研究》，《地理研究》2018 年第 1 期。
② 吴健生、曹祺文、石淑芹等：《基于土地利用变化的京津冀生境质量时空演变》，《应用生态学报》2015 年第 11 期。
③ 马程、李双成、刘金龙等：《基于 SOFM 网络的京津冀地区生态系统服务分区》，《地理科学进展》2013 年第 9 期。

表明京津冀地区生态建设取得一定效益，但转变的农田可能导致生态退化和毁草开荒等。水体转出类型主要为人工地表，所占比重为30%，但1985～2022年水体面积总体呈小幅度上升，可以判断主要为改变位置的水体用地。人工地表整体呈巨大上升趋势，由原来的6%扩大到14%，尽管如此仍有16%和15%转变为水体和农田，这可能与"空心村"、废旧宅基地整理工作有关。裸地的变化最大，由原来的489km²缩小到66km²，主要转变为人工地表和水体，分别占比56.8%和48%。综上分析，耕地转为人工地表，森林和草地间的相互转换，水体转为农田，以及裸地转变为水体和人工地表，是1985年、2022年京津冀区域土地利用类型的变化方向（见图1）。

从北京市、天津市和河北省三地来看，2022年北京市的人工地表相比于1985年由10%上升到22%，农田由原来的43%转为25%，森林由原来的43%升为49%，整体情况为人工地表扩大两倍、农田减半、森林小幅上涨。天津市人工地表由原来的14%上升到35%，农田由原来的73%下降为54%，由此可见天津市的人工地表增长是最快的。河北省的人工地表由6%上升到13%，农田由原来的53%降为44%，森林由19%上升到25%，草地从21%降到17%，由此可知河北省除了人工地表的增长，森林的比例也提高了，退耕还林的政策推行较为成功。

从温度时空演变分析来看，京津冀区域2001～2015年的各年度平均温度没有太大变化，但2016～2020年平均温度低温区域变多了，高温区域变少了。2001～2020年，年平均温度最大值由14.7℃升至15.191℃，最低值由-1.683℃降至-1.4766℃，由此可知20年来温度呈整体上升趋势。但河北地区寒冷区域变大了，与该地区退耕还林的土地类型变化存在一定的相关性。受经纬度和地形影响，温度的低值区主要出现在赤城县、张北县、康保县、沽源县等。这些地区常年温度在-1℃左右，均为人口相对稀疏、城镇化水平较低的地区。虽然京津冀区域在2001～2020年夏季高温区间也呈现出轻微增温趋势，但变化幅度不如冬季低温上升显著，揭示了京津冀"城市热岛"效应存在且愈加显著。

此外，冬季气温的下降尤其明显，这不仅导致了寒冷区域的扩大，也

1985年

2022年

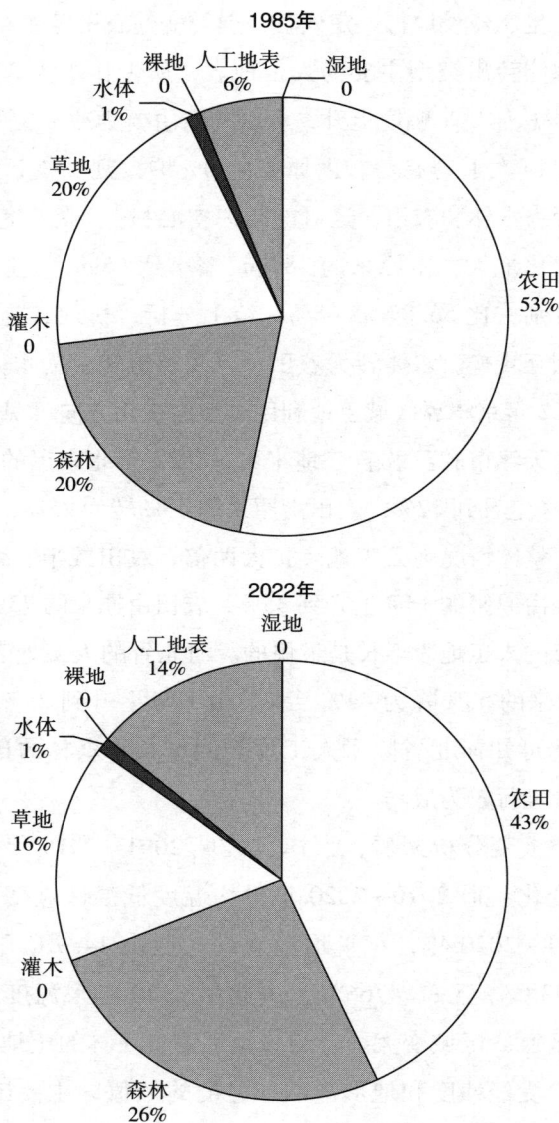

图1 1985年和2022年京津冀地区土地利用类型占比

加剧了该地区的能源消耗。为了应对冬季寒冷，居民和工业的供暖需求增加，进一步导致能源消耗的上升和空气污染的加剧。空气污染问题在京津冀地区一直是一个重要的环境问题，尤其在冬季，由于燃煤取暖等原因，空气质量明显恶化，PM2.5浓度显著增加，严重影响了居民的健康和生活质量。

夏季高温的增加，虽然不如冬季低温显著，但也带来了诸多问题。高温天气不仅影响居民的日常生活和工作效率，还对农业生产和生态环境造成影响。高温干旱天气容易导致农作物减产，增加农业生产的不确定性。此外，高温天气也增加了城市的制冷需求，导致电力消耗增加，增加了能源供应的压力。

（三）城市空间环境的人体舒适度指数计算

人体舒适度通常与空气温度、相对湿度等气象要素密切相关。较高的温度对城市居民的健康有着直接或间接的负面影响，包括高温对心脑血管疾病、呼吸系统疾病的影响，以及直接引起的热相关疾病的发生与死亡等。Sherwood和Huber为探寻热环境与基于人体能量平衡考虑的健康结果之间的关系，引入了35℃湿球温度（Tw）阈值，超过该阈值将导致暴露6小时后死亡，当然Tw的6小时生存极限根据平均辐射温度（Tair）和相对湿度（RH）的大小而有所不同，健康的年轻人可以承受33.6℃的Tw空气条件，干燥情况下则只能承受32.3℃的Tw空气条件。[①]

目前并没有统一的人体舒适度指数计算公式，孙广禄和甄晓菊等人基于公式分别对京津冀地区和邢台地区的人体舒适度时空特征进行了研究。因此本研究采用该公式进行计算，选用空气温度、相对湿度和风速3个要素为主要评价指标，计算人体舒适度指数。计算公式如下。

$$I = 1.8T_a + 0.55(1 - S) + 32 - \sqrt{v} \tag{1}$$

式（1）中：

I——人体舒适度指数

---

① Vanos, J., Guzman-Echavarria, G., Baldwin, J. W., Bongers, C., Ebi, K. L., & Jay, O., "A Physiological Approach for Assessing Human Survivability and Liveability to Heat in a Changing Climate," *Nature communications* (2023).

T_a——平均温度（℃）

S——相对湿度（%）

V——平均风速（m/s）

依据中国气象局规定的统一标准，将人体舒适度等级划分为以下 9 个级别（见表 1）。

表 1　人体舒适度等级划分表

级别	人体舒适度指数	舒适度等级	人的感觉
4	≥86	热不舒适	炎热,热调节功能出现障碍,人感觉极不适应
3	80~85	热不舒适	热,人感觉很不舒适,容易过度出汗
2	76~79	热不舒适	暖,人感觉不舒适,容易出汗
1	71~75	舒适	温暖,人感觉较舒适,轻度出汗
0	59~70	舒适	人体感觉最为舒适,最可接受
-1	51~58	舒适	凉爽,人感觉较舒适
-2	39~50	冷不舒适	凉,人感觉不舒适
-3	26~38	冷不舒适	冷,人感觉很不舒适,体温稍有下降
-4	≤25	冷不舒适	寒冷,人感觉极不适应,冷得发抖

利用 ArcGIS 10.8 软件平台，以每个地面气象观测站点计算的各站点 2000~2004 年、2005~2009 年、2010~2014 年以及 2015~2020 年气象要素的均值，利用栅格计算器进行赋值，计算出四个阶段人体舒适度时空演变情况。

由于京津冀地区范围较大，地形复杂，土地利用类型各不相同，在 2001~2020 年人体舒适度呈现出不同的变化趋势。张家口市和承德市的人体舒适度明显低于其他地区，其人体舒适度等级常年处于-3 级，体感冷。整个京津冀东南部地区人体舒适度总体呈现出向热舒适方向发展的趋势。京津冀区域这 20 年间人体舒适度指数差异不大，最高指数由 56.0148 上升到 56.6134，最低指数由 26.1676 上升到 27.1534，变化幅度较小，整体相对稳定。

（四）城市空间环境的人体舒适度总体评价

通过京津冀地区 172 个气象站逐日气象数据，计算研究区域内 2001~

2020 年逐日人体舒适度指数，并进行聚类分析，得到京津冀地区人体舒适度的空间分布结构。根据人体舒适度指数进行分类，京津冀地区人体舒适度由东南部地区向西北地区划分为 3 个区域，以各区域人体舒适度的显著特点命名分区，包括 A 类——凉舒适区、B 类——冷不舒适区、C 类——冷极不舒适区。

A 类——凉舒适区主要分布在京津冀的东南部地区，包括北京市中心城区、天津市区以及河北省的部分城市。该区域气候较为温暖，夏季温度适中，冬季寒冷程度相对较低。数据显示，A 类区域年平均温度通常在 10℃以上，年降水量较为充沛，气候条件较为宜人。人体舒适度指数在 0 到 1 级之间，人们在该区域生活感觉较为舒适。凉舒适区的城市通常具备较为完善的基础设施和较高的绿地覆盖率，这些因素都有助于缓解夏季高温对人体舒适度的影响。例如，北京市通过建设大量的城市绿地和水体，显著降低了城市热岛效应。天津市则通过发展滨海新区，利用海洋资源调节城市气候，提高了人体舒适度。

B 类——冷不舒适区主要分布在京津冀的中部地区，包括河北省的石家庄、保定、邯郸等城市。该区域夏季温度较高，冬季寒冷程度较为明显。数据显示，B 类区域年平均温度在 5℃到 10℃之间，年降水量相对较少，冬季气候寒冷，夏季炎热。人体舒适度指数在-1 到-2 级之间，人们在该区域生活感觉较为不舒适。冷不舒适区的城市在冬季需要采取更多的取暖措施，而夏季则需要加强防暑降温设施建设。石家庄市近年来在提高能源利用效率、增加绿色建筑数量方面进行了许多努力，通过推广使用清洁能源，减少冬季燃煤取暖带来的空气污染。此外，该市还在夏季通过增加城市绿地和水体面积，改善城市微气候，从而提高人体舒适度。

C 类——冷极不舒适区主要分布在京津冀的西北部地区，包括河北省的张家口、承德等城市。该区域冬季极为寒冷，夏季温度相对较低。数据显示，C 类区域年平均温度通常在 5℃以下，冬季气温常常在-10℃以下，年降水量也较为稀少。人体舒适度指数在-3 到-2 级之间，居民在冬季感受到的寒冷程度非常明显，夏季的温暖舒适度也较低。在冷极不舒适区，居民生活和工作面临严峻的气候挑战。张家口市和承德市的冬季气温极低，取暖需求极高，这对能源供应提出了很大的挑战。此外，由于该区域的气候寒冷，农业生产周期较短，农作物种类有限，影响了当地的经济发展和居民生活水平。为应对这一情况，地方政府需要采取更加有效的措施来改善居民的生活条件，如增加清洁能源的使用、提高建筑物的保温性能、建设更多的公共取暖设施等。

2001~2020年，京津冀地区人体舒适度等级分布主要变化由B类向A类转变，A类这20年来占比由50.17%增长到52.65%。通过对京津冀区域气候变化和人体舒适度的详细分析，可以看出气候变化对人体舒适度的影响是显著的。随着气候的逐渐变暖，夏季的高温对人体舒适度的负面影响逐渐加大，而冬季的寒冷程度也在一些区域有所增加。

以2020年夏季和冬季两个典型季节为例，京津冀地区人体舒适度空间分布差异显著。夏季时，河北省大部分地区以及北京市和天津市的部分区域感到极为炎热，尤其是河北省中南部地区。而在冬季，京津冀地区大部分区域感到寒冷，尤其是河北省北部和京津冀北部。

夏季人体舒适度最高的热不舒适等级（2级），主要覆盖了河北省大部分地区，包括北京市和天津市的部分区域。这些地区的人们在夏季感到极度不适，炎热的气温使得人体热调节功能可能出现障碍，人体感知非常不舒适。热舒适等级1级的区域主要覆盖了北京市的一部分地区以及河北省北部地区，在此区域，人们会感到温暖并且轻度出汗。热舒适等级0级的区域覆盖了河北省的最北部区域。这个等级表示人体舒适度最佳，人们在这些地区感到最为舒适，温度适宜。夏季时，京津冀地区大部分区域人体感觉热不舒适，尤其是河北省的中南部地区。北京市和天津市也有相当部分区域感受到炎热的不适，特别是在市区和人口密集区域。只有河北省北部的一小部分区域在夏季时能够保持较为舒适的温度。

冬季人体舒适度等级-4级的区域主要覆盖了河北省大部分地区以及京津冀地区的北部。这些地区在冬季极为寒冷，人体感到极不适应，冷得发抖。舒适度等级-3级到-1级的区域覆盖了北京市、天津市以及河北省南部区域。这些区域表示从"冷不舒适"到"凉爽"的变化。-1 级区域的人们感到凉爽并较为舒适，而-3 级区域的人们感到寒冷且非常不舒适。冬季时，京津冀地区大部分区域人体感觉寒冷不舒适，尤其是河北省北部和京津冀的北部地区。北京市和天津市则较为温和，但仍然有相当部分区域在冬季感到寒冷不适。只有河北省南部的一小部分区域在冬季时能够保持相对较为舒适的温度。

综上所述，京津冀地区在不同季节的人体舒适度空间分布差异显著，气温是影响人体舒适度的主要因素。在夏季，河北省中南部地区尤其需要采取措施来应对高温炎热，而在冬季，河北省北部地区则需要更多的保暖措施来应对严寒。

三 京津冀地区城市空间环境治理面临的问题

（一）京津冀协同发展面临的挑战

1.经济发展不均衡

北京和天津作为直辖市，经济发展水平和人均收入显著高于河北省。河北省与京津接壤的贫困地区形成了"环京津贫困带"，这不仅影响了区域整体的经济活力，也削弱了协同发展的效果。数据显示，2019 年，北京市GDP 达到35371 亿元，人均 GDP 为 16.5 万元，而河北省 GDP 仅为 35104亿元，人均 GDP 仅为 4.7 万元。北京市和天津市的财政收入分别占京津冀区域总财政收入的56%和22%，而河北省仅占22%。这种财政收入的不均衡导致区域内的资源配置和政策执行存在较大差异，进一步影响了协同发展的效果。这种经济发展的不平衡不仅导致资源流动的不均衡，也给城市环境一体化统筹造成困难。

2.政策协调难推进

北京、天津和河北在协同发展中的利益冲突和政策不统一，导致区域合作难以有效推进。北京市和天津市经济发展和政策制定具有较强的自主性，而河北省则面临着较大的发展压力和政策协调难度。区域协同发展需要有效的政策协调与顶层设计，但目前在医保报销、财税制度等方面仍存在较大的制度壁垒。跨区域的医疗服务和资源配置难以有效进行，区域内财政资源分配不合理，进一步阻碍了协同发展的推进。

3. 产业结构亟待调整

当前，京津冀主要的产业问题在河北省，河北省产业结构与生态环境建设要求之间仍存在一定矛盾，亟须进行战略性调整与优化。主要体现在以下几个方面。首先，河北省第二产业增加值占比过高，达到 40.2%，且主要集中在钢铁、化工等高耗能行业，不利于能耗减排。其次，第三产业占比为 49.4%，虽有所上升但仍低于全国平均水平，增长潜力较大。第三，新一代信息技术、新能源等战略性新兴产业发展后劲不足，难以成为新经济增长点。最后，传统高污染产业与新兴绿色产业之间结构性矛盾突出，不利于京津冀生态环境支撑区的建设。[①]

（二）人居环境舒适度面临的问题

1. 环境污染问题

京津冀地区频发的严重雾霾天气，河北省的空气污染问题尤为突出，直接影响了区域环境质量和居民生活舒适度。根据环保部门的数据，2019 年，北京市的 PM2.5 年均浓度为 42 微克/米^3，天津市为 49 微克/米^3，而河北省的石家庄市和邯郸市则分别高达 72 微克/米^3 和 74 微克/米^3。[②] 高浓度的空气污染不仅危害居民健康，还影响经济活动和社会稳定；不仅对呼吸系统健康产生直接威胁，还通过影响太阳辐射和地表温度，进一步降低了气候舒适度。数据显示，河北省多个城市的 PM2.5 浓度长期超过国家标准，直接导致该区域的气候舒适性评分较低。

① 张志强、王悦、裴素俭等：《河北省京津冀生态环境支撑区的建设途径——基于京津冀协同发展视角》，《衡水学院学报》2024 年第 4 期。
② 刘海猛、方创琳、黄解军等：《京津冀城市群大气污染的时空特征与影响因素解析》，《地理学报》2018 年第 1 期。

2. 城市热岛效应加剧

京津冀地区在快速城市化进程中形成了大面积的城市高密度建筑区域，具有明显的城市热岛效应。研究表明，夏季期间北京市中心区的温度较郊区高出 2~3℃，导致温湿指数（THI）升高，人体舒适度下降。城市热岛效应不仅增加了空调使用频率和能耗，还对城市生态环境和居民健康产生不利影响。

河北省北部区域，例如张家口市冬季寒冷且风效指数低，冬季气候不适度较高。数据显示，冬季期间北京的温湿指数（THI）通常低于 50，而张家口的风效指数（K 值）在 -1200 以下，均属于不舒适甚至极不舒适的范畴。① 这种季节性的气候不适影响了居民的生活质量和健康状况。

3. 绿地与水体不足

城市绿地和水体在调节气候、缓解热岛效应方面发挥着重要作用。然而，京津冀区域的城市绿地覆盖率和水体面积普遍不足，导致区域气候调节能力较弱。研究表明，2022 年北京市中心城区绿地覆盖率仅为 12.43%，远低于国际大城市的平均水平。绿地和水体的不足进一步加剧了城市人居环境的不舒适度。

四 京津冀地区城市空间环境舒适度治理策略

（一）区域协同联动治理机制

构建区域协同联动治理机制旨在通过政策协调、资源共享、优势互补等方式，从区域层面查找治理问题的根源。在京津冀地区全球化和城市化发展背景下，区域发展具有复杂性和多样性，以"区域一体化"为核心，以"政策协同、资源共享、产业互补、生态共建"为基本原则的治理框架，通

---

① 曹伟宏、王淑新：《京津冀地区城市人居环境气候舒适性评价》，《冰川冻土》2017 年第 2 期。

过加强区域政策协调，推动资源高效配置，促进产业协同发展，加强生态环境保护，实现京津冀地区的可持续发展。

1. 完善区域共治政策协调机制

为解决京津冀地区在政策协调和顶层设计方面的问题，政府应建立区域内的政策协调机制，解决跨区域的政策壁垒和利益冲突问题。具体措施包括建立京津冀区域城市环境治理协调发展委员会，负责统筹协调区域内的政策制定和实施；建立区域内的财政转移支付机制，平衡区域内的财政资源分配；推进公共服务的一体化，实现区域内资源的共享和优化配置。此外，政府应加强对区域内政策实施效果的监测和评估，及时调整政策，确保协同发展的顺利推进。

2. 区域协同治理还应注重产业结构的调整和优化

京津冀地区的高污染、高能耗产业较多，这些产业是环境污染的主要来源之一。产业结构调整应以环保和低碳为导向，推动高污染、高能耗产业的转型升级。政府应制定相关政策和措施，推动这些产业进行转型升级，采用清洁生产技术，减少污染物排放。同时，还应鼓励和支持这些产业进行技术改造，提高生产效率，降低能源消耗，实现绿色发展。对于已经实行的区域产业分工和合作需要继续全面推进。京津冀地区的城市功能和产业结构各有特色，通过区域产业分工和合作，可以实现产业互补和协同发展，减少环境污染。政府应加强区域产业合作，制定统一的产业发展规划，推动区域内产业的合理布局和分工，提高产业发展水平。

3. 推动建立区域合作与利益协调机制

城市环境治理的区域合作至关重要，尤其是大气环境治理改善方面，需要加强区域协同合作。应建立长效的区域内合作机制，定期召开京津冀区域发展论坛，讨论和协调区域内的发展问题，并对城市环境治理开展专项研究。同时，建立区域内的利益协调机制是区域合作的重要保障，可以加速推动区域内的公共资源共享和合作项目的实施，提升区域整体的发展水平。

（二）以人为核心的人居环境治理

京津冀地区的城市空间环境治理需要以人为核心，着重改善人居环境，包括提升基础设施建设、优化城市更新改造以及改善空气质量等诸多方面。

基础设施的提升是人居环境整治的基石，要加大对城市道路、供水、排水、供电、燃气等基础设施的投入，确保其能够满足快速增长的城市人口需求。同时，还应改善城市公共交通系统，减少交通拥堵，提升通勤效率。通过建设绿色通道和步行街区，减少汽车尾气排放，提升市民出行的舒适度。

1. 提升基础设施建设

京津冀地区的城市基础设施建设是提升人居环境舒适度的关键一步。基础设施的完善不仅能够提高城市的整体功能水平，还能直接改善居民的生活条件，提升居民的幸福感和生活质量。

城市道路系统的建设和维护至关重要。京津冀地区的交通网络较为复杂，交通压力较大，因此，需要进一步优化和扩展城市道路系统。通过修建环线道路、快速路和地下通道等方式，分流交通，缓解城市中心区的交通压力。同时，加强道路养护，确保道路平整，减少交通事故的发生。供水和排水系统的建设和改造也是基础设施建设的重要内容。京津冀地区由于人口密度大，供水需求量大，因此，需要加强供水管网的建设和改造，确保供水系统的稳定和安全。特别是在汛期，城市排水系统的能力对防洪排涝具有重要影响。因此，需要加强城市排水系统建设，提高排水能力，减少城市内涝。另外，京津冀地区的供电需求量大，因此，需要加强电网建设和改造，提高供电系统的稳定性和安全性。同时，燃气系统的建设和改造也同样重要。通过建设和改造燃气管网，确保燃气供应的稳定和安全，提高居民的生活质量。

2. 优化城市更新改造

京津冀地区的城市功能区划分应考虑到城市的发展需求和居民的生活需求，合理规划居住区、商业区、工业区和公共服务区，确保各功能区之间的协调和互补。通过合理的功能区划分，减少居民的通勤时间，提高生活便利性。

公共服务设施是居民生活的基本保障，京津冀地区应增加社区中心、图书馆、体育馆等公共服务设施的数量，提高公共服务设施的质量，满足居民的文化、体育和休闲需求。同时，还应加强公共服务设施的维护和管理，确保其正常运行和使用。同时，需要优化城市绿地和公园的布局。绿地和公园不仅能够美化城市环境，还能够改善空气质量，提高居民的生活质量。京津冀地区应增加城市绿地和公园的数量，优化其布局，使其分布均匀，方便居民使用。同时，还应加强绿地和公园的管理和维护，确保其干净、整洁、安全。

3. 推进绿色经济改善空气质量

京津冀地区应采取多种措施改善空气质量，减少污染源。政府应大力推动绿色经济和低碳发展的战略。包括加大对新能源和可再生能源的研发和应用力度，减少对化石能源的依赖；推广节能减排技术和设备，提高能源利用效率；推动绿色产业的发展，促进产业结构的升级和转型；采用清洁生产技术，减少工业废气排放；在城市中增加绿地和植被，利用植物吸收空气中的有害物质，提高空气质量。此外，政府应加强对企业的环保监管，鼓励企业履行社会责任，减少污染物的排放，实现经济与环境的协调发展。通过这些措施，可以有效提升区域的环境质量和气候舒适性，实现可持续发展目标。

（三）基于空间本底的精准治理

针对京津冀地区不同的城市环境治理问题，应采取精准治理措施，因地制宜，解决实际问题，提升人居环境舒适度。

1. 进行详细的城市环境评估

城市环境评估是精准治理的基础。通过详细的环境评估，了解各城市的环境本底情况，掌握各区域的空气质量、水环境、土壤污染等情况，为制定精准的治理措施提供科学依据。

京津冀地区应建立完善的环境监测系统，充分利用智慧化与数字化手段，对空气、水质、土壤等进行全面的监测和评估。通过定期的环境监测，掌握各区域的环境治理情况，及时发现和处理相应问题。根据环境评估结果，针对不同空间环境的舒适度，制定差异化的治理方案。对大气环境较差的区域，应重点采取措施减少污染源，提高空气质量，提升人体舒适度；对水环境较差的区域，应加强水污染治理，确保水环境安全；对土壤污染较严重的城市，应加大土壤修复力度，改善土壤质量。

2. 将先进技术引入环境治理

科技手段是精准治理的重要保障。京津冀地区应充分利用大数据、人工智能等先进技术，对城市环境数据进行分析和处理，制定科学的治理方案，提高治理效率。例如，通过空气质量监测和预警系统，及时发现和处理空气污染问题；通过水环境监测系统，保障城市饮用水安全等。同时，京津冀地区应加强人工智能技术在环境治理中的应用，以提升环境治理的智能化水平。例如，通过智能垃圾分类系统，提高垃圾分类和处理效率；通过智能交通管理系统，减少交通拥堵，降低空气污染等。

3. 加强城市环境治理的管理

为解决京津冀区域的环境治理问题，政府应加强区域内的环境治理和污染防治工作，提升区域环境质量。具体措施包括严格执行环保政策、加强对工业企业的环保监管、推动清洁能源的使用和推广。此外，政府应加大对环保科技的投入，推动环保技术的研发和应用，提高环境治理的效率和效果。

（四）基于环境公平的治理举措

城市空间环境舒适度治理以人为核心，其中重要环节是环境公平的维护。城市空间环境舒适度需考虑教育水平、经济水平、人口密度、性别、职业等多方面因素，确保环境治理成果公平惠及全体居民。京津冀协同发展是经济效率和空间公平的双向提升，弥合空间不平等是保障良好的城市群发展环境的必然要求。应当以空间公平、要素流动和区域协调机制建设为抓手推动京津冀城市环境协同共治不断深化。①

1. 缓解京津冀三地经济发展不平衡的问题

经济因素是环境公平中的首要影响因素。城市环境舒适度的精准化治理

---

① 孙久文、原倩：《京津冀协同发展战略的比较和演进重点》，《经济社会体制比较》2014年第5期。

与各区域的经济水平息息相关。作为中国经济增长第三极的京津冀地区，其综合优势远超过长三角地区和珠三角地区。① 从经济发展活跃度和区域整合收益看，京津冀地区的协同发展效应要落后于长三角地区。2005 年亚洲开发银行所做的报告《河北省经济发展战略研究》指出，"河北省与京津接壤的 3798 个贫困村、32 个贫困县形成了'环京津贫困带'，贫困人口达到 272.6 万"，发达的京津之间存在如此大规模的贫困带，引起了巨大的社会关注。为了缓解京津冀地区内部的经济发展不均衡问题，政府应加大对河北省贫困地区的财政支持和政策倾斜力度，促进区域内经济均衡发展。②

2. 教育资源的均衡配置

环境公平应体现在教育资源的均衡配置上，在城市环境治理方面，教育资源公平问题是一个双向驱动的因素。一方面，教育水平的均衡提升能够促进和保障环境治理工作的实施，另一方面，环境治理评估也应关注教育不平等的问题，有针对性地进行解决。

京津冀地区的教育资源分布不均衡，部分地区教育水平较低，导致市民环境意识不强和参与度不高。通过教育资源的均衡配置，提升全体市民的环保意识和能力，推动环境治理工作的顺利开展。政府应加大对教育的投入，缩小城乡和地区间的教育差距，提高教育质量。特别是要加强农村和贫困地区的教育资源配置，提升这些地区的教育水平，提高居民的环境意识和环保能力。政府应加强环境教育的宣传和普及，提高公众意识，通过学校教育、社区教育和媒体宣传等方式，普及环境知识，增强市民的参与度。鼓励学校开设环境课程，开展环境教育活动，提高学生的环保意识和实践能力。

3. 关注人口密度问题

人口密度是影响城市环境舒适度治理最直接的因素。京津冀地区人口密度较高，环境问题更为突出。地区人口密度分布不均，城乡差距较大，导致环境舒适度评估结果存在空间差异。在环境治理过程中，合理的城市规划能

① 薄文广、周立群：《长三角区域一体化的经验借鉴及对京津冀协同发展的启示》，《城市》2014 年第 5 期。
② 毛汉英：《京津冀协同发展的机制创新与区域政策研究》，《地理科学进展》2017 年第 1 期。

够分散人口密集区，缓解环境压力。例如发展卫星城和新城，能够分散中心城区的人口压力，解决各类环境问题。同时还应提升河北省农村地区的环境治理水平，缩小城乡环境差距，加大对农村地区环境治理的投入，通过加强农村环境基础设施建设，提高农村环境治理水平，改善农村环境质量，实现城乡环境公平。同时控制北京、天津等城市人口增长，制定合理的人口控制政策。

B.14
京津冀基本公共服务均等化建设研究

王 卉*

摘 要： 实现基本公共服务均等化是京津冀协同发展战略的重要目标之一。自《京津冀协同发展规划纲要》颁布并实施以来，京津冀地区在教育文化、医疗卫生、社会保障等领域进行了一系列制度化探索与实践，在基本公共服务共建共享方面取得积极成果，有效推动了区域公共服务均等化水平的稳步提升。然而，受到区域经济发展水平、行政区划壁垒等因素的影响，京津冀三地基本公共服务在供给数量、规模和质量方面仍存在明显差距。在区域间层面，需要进一步依托制度创新，深化基本公共服务的共建共享机制，通过多维度、多层次、多途径的合作方式，推进优质公共服务资源向雄安新区等关键地区延伸。在区域内部，需细致考量地区人口特征，以精准的供需识别为基础，提升公共服务的供需匹配效率，增强公共服务设施的精准配置。

关键词： 京津冀 基本公共服务 均等化

　　基本公共服务均等化是政府通过政策制定、资源配置和制度安排，使全体公民能够公平可及地获得大致均等的基本公共服务。① 根据《"十四五"公共服务规划》（发改社会〔2021〕1946号），基本公共服务是以政府为承担主体，保障公民生存和发展基本需要、与经济社会发展水平相适应的公共服务，主要涵盖幼有所育、学有所教、劳有所得、病有所医、老有所养、住

---

* 王卉，北方工业大学建筑与艺术学院讲师，主要研究方向为城市公共服务设施规划。
① 《国务院关于印发"十三五"推进基本公共服务均等化规划的通知》（国发〔2017〕9号）。

有所居、弱有所扶、优军服务保障和文体服务保障等领域。其中，教育文化、医疗卫生、社会保障是基本公共服务的主要内容。①

　　由于历史原因和经济发展水平不同，京津冀三地在社会发展水平、公共服务供给规模及质量层次上存在明显差异。特别是河北省，在医疗卫生等领域呈现出"断崖式"的差距。2015 年 4 月 30 日，中共中央政治局召开会议，审议通过《京津冀协同发展规划纲要》，提出发挥政府引导作用，促进优质公共服务资源配置，推进教育、医疗、社会保障等事业的发展，逐步提升公共服务均等化水平。实现基本公共服务均等化成为京津冀协同发展的本质要求和重要目标。在过去的十年中，伴随京津冀协同发展战略的不断深入实施，区域基本公共服务均等化水平持续提升，教育、医疗、社会保障等关键领域的共建共享取得了积极成果。然而，对照党的二十大报告提出的"2035 年基本公共服务实现均等化"的目标，京津冀三地仍存在明显差距。② 本报告系统梳理京津冀地区基本公共服务均等化建设的政策演进和制度构建过程，总结三地公共服务协同发展的实践和举措，分析基本公共服务设施均等化现状和问题，提出提升基本公共服务均等化水平的建议。

一　基本公共服务均等化政策演进和制度构建

（一）顶层设计：以共建共享推进基本公共服务发展

　　京津冀协同发展的探索始于 20 世纪 80 年代初期。1982 年，北京市城市总体规划——《北京市城市建设总体规划方案》首次提出三地合作发展的问题。2004 年，国家发展和改革委员会启动《京津冀都市圈区域规划》的编制工作。该规划涵盖北京、天津及河北省的石家庄、保定、唐山、秦皇

---

① 韩兆柱、于均环：《整体性治理视域下京津冀基本公共服务均等化研究》，《学习论坛》2018 年第 1 期。

② 柳天恩、孙雨薇、田梦颖：《京津冀基本公共服务均等化的多重困境与推进路径》，《区域经济评论》2023 年第 3 期。

岛、廊坊、沧州、张家口、承德 8 个地级市，并于 2010 年 8 月上报国务院。党的十八大以来，党中央进一步加强了对京津冀协同发展的顶层设计和统筹协调。2014 年 2 月 26 日，习近平总书记主持召开座谈会，明确提出实现京津冀协同发展是重大国家战略。2015 年 4 月 30 日，中共中央政治局会议审议通过《京津冀协同发展规划纲要》，京津冀协同发展进入加快推进的新阶段。《京津冀协同发展规划纲要》明确提出，促进基本公共服务均等化是有序疏解北京非首都功能的重要前提，也是京津冀协同发展的本质要求。《京津冀协同发展规划纲要》同时提出了公共服务均等化建设的战略目标：到 2017 年，京津冀三地实现在公共服务规划和政策上的统筹衔接，在教育、医疗、文化等方面开展改革试点工作并逐步推广；到 2020 年，河北省与京津两地的公共服务差距明显缩小，区域基本公共服务均等化水平明显提高，公共服务共建共享的体制机制将初步形成。①

　　2017 年 9 月 29 日，中共北京市委、北京市人民政府发布《北京城市总体规划（2016 年—2035 年）》，提出协同建设设施均好、区域均衡的公共服务体系，从区域合作、支援共建等方面统筹高等教育、医疗和养老服务的发展。2018 年 12 月 25 日，《国务院关于河北雄安新区总体规划（2018—2035 年）的批复》提出引入优质公共服务资源，提升雄安新区公共服务水平，包括优先发展现代教育、高标准配置医疗卫生资源等。2020 年 3 月 18 日，国家发展和改革委员会发布《北京市通州区与河北省三河、大厂、香河三县市协同发展规划》，提出推动北京优质公共服务资源向北三县延伸，统筹区域公共服务设施布局，建立公共服务协同配套推进机制，以逐步缩小两地公共服务的差距。2021 年 1 月 27 日，北京市第十五届人民代表大会第四次会议批准《北京市国民经济和社会发展第十四个五年规划和二〇三五年远景目标纲要》，提出全力推进城市副中心高质量发展，把支持雄安新区建设作为分内之事，包括引导北京优质养老资源向北三县延伸、推动大型医

① 《京津冀协同发展领导小组办公室负责人就京津冀协同发展有关问题答记者问》，中国政府网，2025 年 8 月 23 日，https://www.gov.cn/zhengce/2015-08/23/content_2918246.htm。

院与北三县合作等。2021年11月26日,《国务院关于支持北京城市副中心
高质量发展的意见》对外发布,进一步强调积极推进城市副中心、通州区
与北三县一体化高质量发展。2023年5月11日至12日,习近平总书记在河
北考察并主持召开深入推进京津冀协同发展座谈会,提出推进京津冀协同发
展,最终要体现到增进人民福祉、促进共同富裕上。要加快推动京津优质中
小学基础教育资源同河北共享,推进医联体建设,推动京津养老项目向河北
具备条件的地区延伸布局。

(二)教育协同发展政策与举措

自《京津冀协同发展规划纲要》发布以来,京津冀三地的教育、医疗、
社会保障等部门制定了一系列协同发展、优化布局的政策文件。在教育领
域,开展多层次区域教育合作,推进北京优质教育资源向周边地区辐射
(见表1)。

表1 教育协同发展部分政策文件

文件名称	发布时间	发布部门
《京冀两地教育协同发展对话与协作机制框架协议》	2015年10月	北京市教委、河北省教育厅
《"十三五"时期京津冀教育协同发展专项工作计划》	2017年2月	北京市教委、天津市教委、河北省教育厅
《京津冀教育协同发展行动计划(2018—2020年)》	2019年1月	北京市教委、天津市教委、河北省教育厅
《"十四五"时期京津冀教育协同发展总体框架协议(2021—2025年)》	2021年10月	北京市教委、天津市教委、河北省教育厅
《京津冀教育协同发展行动计划(2023年—2025年)》	2023年10月	北京市教委、天津市教委、河北省教育厅

在优化高等教育资源配置方面,为应对资源分布不均,提升整体教育质
量,京津冀三地通过建立分校区、组建高校联盟、加强师生合作交流等方式
促进教育资源的合理流动和高效利用。为提高雄安新区的教育资源,2023

年11月，北京交通大学、北京科技大学、北京林业大学、中国地质大学（北京）4所高校雄安校区正式开工建设。此外，北京理工大学雄安校区也已获批建设，同时另有10所部属高校也计划向雄安新区疏解。京津冀三地还组建了不同类型的高校联盟，通过培养方案互通、课程互选学分互认、师生交流合作等方式加强区域合作。目前，京津冀地区累计成立了15个跨区域特色职教集团（联盟），组建了22个京津冀高校发展联盟。[①] 在北京农学院与天津农学院，北京印刷学院与天津科技大学、天津师范大学等部分高校进行试点建设，开展本科生、研究生联合培养工作。

为推动基础教育的均衡发展，北京市和天津市以教育集团、学校联盟、结对帮扶、开办分校等方式，推动优质中小学及幼儿园与河北省中小学及幼儿园开展跨区域合作，共享优质教育资源。目前，已有202所京津中小学和幼儿园与273所河北中小学和幼儿园开展办学合作，北京景山学校、北京市八一学校、北京八中等知名学校也在河北多地市建设分校。此外，京津冀三地积极开展中小学、幼儿园教师、校（园）长挂职交流，试点三省市教师资格和职称职务互认制度，为促进师资流动提供有力支撑。

（三）医疗协同发展政策与举措

一直以来，河北省的医疗卫生资源与北京差距较大。为提升河北省的医疗质量，京津冀三地采用区域合作的方式积极推动医疗卫生服务的协同发展，出台了一系列协同发展政策（见表2）。目前，三地医疗协作日益紧密，合作方式多样，综合采用合作共建、对口支援、远端医疗、专家坐诊、建设分院区等方式提升河北省整体的医疗卫生服务水平。目前，北京已有包括安贞医院、友谊医院在内的52家医疗机构与北三县（包括河北三河市、大厂回族自治县以及香河县）开展合作。中国医学科学院肿瘤医院在河北省廊坊市建设分院区，北京大学人民医院石家庄医院、天津市肿瘤医院秦皇岛医

[①] 《十年"破壁"京津冀协同发展开启新篇章》，中华人民共和国国家发展和改革委员会网站，2024年2月27日，https://www.ndrc.gov.cn/wsdwhfz/202402/t20240227_1364245.html。

院等 8 个国家区域医疗中心项目也相继在河北省落地实施。为提升雄安新区现有医疗服务能力，北京市还通过"交钥匙"方式支持建设高水平综合医院。目前，雄安宣武医院建成投用，北京大学人民医院雄安院区也如期开建。

表 2　医疗协同发展部分政策文件

文件名称	发布时间	发布部门
《京津冀卫生计生事业协同发展合作协议》	2015 年 9 月	北京市卫生计生委、天津市卫生计生委、河北省卫生计生委
《关于支持雄安新区医疗卫生事业发展合作框架协议》	2018 年 9 月	北京市卫生和计划生育委员会、河北省卫生和计划生育委员会、雄安新区管理委员会
《关于支持廊坊北三县医疗卫生服务能力提升合作框架协议》	2021 年 5 月	北京市卫生健康委员会、河北省卫生健康委员会、廊坊市政府
《京津冀基层卫生健康协同发展框架协议》	2023 年 11 月	北京市卫生健康委、天津市卫生健康委、河北省卫生健康委

在医疗制度和政策方面，京津冀三地持续推进区域内异地就医"同城化"、双向转诊、医疗机构医学检验结果互认、医疗影像资料共享、医师资质互认等制度。目前，在京津冀医疗卫生协同方面，京津冀三地已联合创建医联体 40 个，河北省 312 家医疗机构与京津 373 家医疗机构实现 50 项检验结果互认，① 9900 余家医疗机构实现跨省异地就医门诊费用直接结算。②

（四）养老协同发展政策与举措

为居民提供养老服务是社会保障体系的重要内容。面对京津冀地区人口

① 《协同发力，京津冀怎么干》，河北省卫生健康委员会网站，2024 年 6 月 3 日，http://wsjkw. hebei. gov. cn/sxdt/403811. jhtml.
② 《十年"破壁"京津冀协同发展开启新篇章》，中华人民共和国国家发展和改革委员会网站，2024 年 2 月 27 日，https://www. ndrc. gov. cn/wsdwhfz/202402/t20240227_1364245. html.

老龄化的加剧，为满足养老需求的持续增长，缓解北京地区的养老压力，三地政府在养老协同发展上出台了一系列政策（见表3）。政策的核心是推动北京和天津的养老项目向环京津周边地区延伸布局，以医疗健康服务为支撑促进跨区域养老。

表3　养老协同发展部分政策文件

文件名称	发布时间	发布部门
《京津冀区域养老服务协同发展实施方案》	2017年12月	北京市民政局、天津市民政局、河北省民政厅、内蒙古自治区民政厅
《京津冀民政事业协同发展三年行动计划（2021—2023年）》	2021年7月	北京市民政局、天津市民政局、河北省民政厅
《关于进一步深化京津冀养老服务协同发展的实施方案》	2024年3月	北京市民政局、天津市民政局、河北省民政厅

　　在医疗机构的建设上，支持国有企业、社会资本通过建设、合作、改造等多种方式在京津周边地区建设养老机构，并通过优先入住、跨区域养老机构补贴等方式鼓励北京和天津的老人入住。如北京市东城区、西城区在天津和河北地区投资建设或合作共建养老机构，并优先定向接收北京核心区户籍老年人。为满足老年人的就医及医疗报销需求，京津冀医疗保障、卫生健康等部门积极开展医养结合服务，探索开展跨省普通门诊医疗费用直接医保结算、跨省院前急救、检验结果互认等工作。为推动养老服务人才资源的互补，京津冀三地建立养老服务人才激励机制，持续实施人才培养提升行动。截至2022年底，位于天津和河北的170家养老机构可收住京籍老年人，4384名北京老人已入住津冀两地的养老机构。[①]

[①]　北京市老龄工作委员会办公室、北京市老龄协会、北京师范大学中国公益研究院：《北京市老龄事业发展报告（2022）》，2023年6月29日。

二 京津冀基本公共服务均等化现状

自 2014 年以来，京津冀三地多措并举，区域基本公共服务均等化水平持续提升，河北省与北京市、天津市的公共服务差距明显缩小。本文对比 2014~2022 年京津冀三地的统计数据，分析教育文化、医疗、养老设施的数量、规模和均等化现状。

（一）区域间基本公共服务均等化现状

1. 教育文化服务均等化现状

在教育协同发展政策的支持下，京津冀三地不断增加教育经费投入，河北省教育文化服务缩小了与京津两地的差距，教育文化设施的数量明显增加，但教育文化服务的质量仍有待提升。首先，从高层次教育培养来看，2022 年北京市拥有普通高等学校 92 所，天津市拥有普通高等学校 56 所，河北省拥有普通高等学校 136 所。其中，北京市拥有双一流高校 35 所，天津市拥有双一流高校 6 所，河北省拥有双一流高校 2 所。以常住人口测算，京津冀三地每百万人拥有普通高校数分别为 4.1 所、3.3 所、1.6 所。从研究生在校学生数来看，北京市高校在校研究生有 435035 人，天津市高校在校研究生有 92805 人，河北省高校在校研究生有 81834 人。京津冀三地高等教育资源占有量差距较大，优质高校资源依然集中于北京市。

在基础教育方面，2014 年，北京市的中等教育机构和小学数量分别为 766 所和 1040 所。2022 年，中等教育机构和小学数量分别减少至 761 所和 719 所，无论是机构总数还是人均数量均呈现下降趋势。目前，河北省普通中学、小学和幼儿园的人均数量明显高于北京。但从生师比来看，北京市中小学的生师比最低，每一专任教师负担普通中学生数为 8.8 人，每一专任教师负担小学生数为 14.1 人。河北省每一专任教师负担普通中学生数为 13.4 人，每一专任教师负担小学生数为 16.3 人，分别高出北京市 52.3% 和

15.6%。北京市的师资资源最为充足，天津市位于次位，河北省师资力量有待提升（见表4）。

表4 2022年京津冀三地人均教育资源

单位：所，人

地区	每百万常住人口高校数	每十万常住人口普通中学数	每十万常住人口小学数	每十万常住人口幼儿园数	每一专任教师负担普通中学生数	每一专任教师负担小学生数
北京市	4.1	3.1	3.3	9.1	8.8	14.1
天津市	3.3	4.0	6.5	16.6	11.7	15.7
河北省	1.6	4.4	15.4	25.2	13.4	16.3

注：普通中学包括普通高中和普通初中。

资料来源：河北省统计局、国家统计局河北调查总队编《河北统计年鉴（2023）》，中国统计出版社，2023；天津市统计局、国家统计局天津调查总队编《天津统计年鉴（2023）》，中国统计出版社，2023；北京市统计局、国家统计局北京调查总队编《北京统计年鉴（2023）》，中国统计出版社，2023。

在文化领域的建设上，2022年，北京市拥有21个公共图书馆，天津市拥有20个公共图书馆，河北省拥有180个公共图书馆。以常住人口测算，北京市每百万常住人口拥有图书馆数量最低，仅为河北省人均拥有量的41.7%。但北京市公共图书馆规模大、馆藏量丰富。2022年，北京市公共图书馆总藏数为7819（万册/万件），人均拥有公共图书馆馆藏量是3.6（册/件），是天津市人均馆藏量的2倍，是河北省人均馆藏量的6倍。2022年，北京市共有215个博物馆，天津市有72个博物馆，河北省有185个博物馆。北京市人均拥有博物馆数量最高，每十万常住人口博物馆数为0.98个，是天津市人均拥有博物馆数量的1.8倍，是河北省的3.9倍。相比之下，北京市群众艺术馆、文化馆的人均占用率不高，不如河北省人均数量的一半，群众文化设施需进一步提升（见表5）。

表5　2022年京津冀三地人均文化设施

地区	每百万常住人口图书馆数（个）	公共图书馆总藏数（万册/万件）	人均拥有公共图书馆藏书量（册/件）	每十万常住人口公共图书馆书刊文献外借册次（万册次）	每十万常住人口博物馆数（个）	每十万常住人口群众艺术馆、文化馆数（个）
北京市	1.0	7819	3.6	2.79	0.98	1.6
天津市	1.5	2391	1.8	4.19	0.53	2.0
河北省	2.4	4641	0.6	3.25	0.25	3.3

资料来源：河北省统计局、国家统计局河北调查总队编《河北统计年鉴（2023）》，中国统计出版社，2023；天津市统计局、国家统计局天津调查总队编《天津统计年鉴（2023）》，中国统计出版社，2023；北京市统计局、国家统计局北京调查总队编《北京统计年鉴（2023）》，中国统计出版社，2023。

2. 医疗卫生服务均等化现状

医疗卫生机构的指标主要体现在每十万常住人口医院数、每千常住人口执业（助理）医师数、每千常住人口医院床位数等。2022年，北京市共有医疗卫生机构[①] 12211家，床位数133932张，其中医院741家，医院床位数126309张，基层医疗机构8256个。天津市共有医疗卫生机构6282家，床位数68538张，其中医院435家，医院床位数62185张，基层医疗机构5686家。河北省共有医疗卫生机构90195家，床位数485658张，其中医院2423家，医院床位数382583张，基层医疗机构87020家。从人均指标来看，河北省的医疗卫生机构建设较快。2014年河北省每十万常住人口拥有医院数仅为1.8个，2022年河北省每十万常住人口拥有医院数增加至3.3个，增长了83.3%，比北京市每十万常住人口拥有的医院数少0.1个。但在医疗服务的质量上，河北省距离北京市仍有明显差距。2022年，河北省每千常住人口执业（助理）医师数为3.5人，比北京市每千常住人口执业（助理）医师数低38.6%。从人均医院诊疗人次来看，2022年，北京市人均医院诊疗人次数为6.8（万人次），是天津市医院人均诊疗人次数的1.5倍，河北省医院人均诊疗人次数的3.0倍（见表6）。北京市在优质医

[①] 医疗机构包括医院、基层医疗机构、专科疾病防治院、疾病预防控制中心等。

疗资源方面仍具有较大的优势，医院需要接待大量的就医者，包括外地就医人员。

表6　2022年京津冀三地人均医疗资源

地区	每十万常住人口医疗卫生机构数（家）	每十万常住人口医院数（家）	每十万人基层医疗卫生服务机构数（家）	每千常住人口医院床位数（张）	每千常住人口执业（助理）医师数（人）	人均医院诊疗人次数（万人次）
北京市	55.9	3.4	37.8	5.78	5.7	6.8
天津市	46.1	3.2	41.7	4.56	3.9	4.4
河北省	121.6	3.3	117.3	6.55	3.5	2.3

资料来源：河北省统计局、国家统计局河北调查总队编《河北统计年鉴（2023）》，中国统计出版社，2023；天津市统计局、国家统计局天津调查总队编《天津统计年鉴（2023）》，中国统计出版社，2023；北京市统计局、国家统计局北京调查总队编《北京统计年鉴（2023）》，中国统计出版社，2023。

3. 社会保障服务均等化现状

在社会保障方面，京津冀三地城镇职工基本养老保险参保人数占常住人口比例分别为81%、59%和25%，基本医疗保险的参保人数占常住人口的比例分别为69%、47%和17%，失业保险参保人数占常住人口的比例分别为88%、29%和11%。河北省的参保比例远低于京津两地，职工基本养老保险参保比例仅为北京市的30.9%，职工基本医疗保险参保比例仅为北京的24.6%，社会保障服务不够均衡（见表7）。

表7　2022年京津冀三地城镇职工参保情况

单位：万人，%

地区	常住人口	职工基本养老保险		职工基本医疗保险		失业保险	
		参保人数	参保比例	参保人数	参保比例	参保人数	参保比例
北京市	2184.3	1764.7	81	1499.4	69	1931.4	88
天津市	1363.0	800.1	59	642.6	47	392.2	29
河北省	7420.0	1867.6	25	1238.3	17	795.4	11

资料来源：河北省统计局、国家统计局河北调查总队编《河北统计年鉴（2023）》，中国统计出版社，2023。天津市统计局、国家统计局天津调查总队编《天津统计年鉴（2023）》，中国统计出版社，2023。北京市统计局、国家统计局北京调查总队编《北京统计年鉴（2023）》，中国统计出版社，2023。

在养老设施的建设上，2022 年，北京市累计建成运营社区养老服务驿站 1429 个、养老照料中心 293 个，各类养老机构 578 家，床位数 11.2 万张。① 天津市共有养老机构 437 家，养老机构床位数 6 万张；日间照料中心 1305 个，床位数 1.31 万张。② 河北省共有养老机构 1804 家，床位数 23.2 万张。③

（二）区域内部基本公共服务均等化现状

通过对北京市各区、天津市各区及河北省各市公共服务资源的比较，河北省整体的公共服务资源供给比较均衡（见图 1 和图 2），北京市和天津市区域内的社会经济发展水平及公共服务资源差距非常明显。

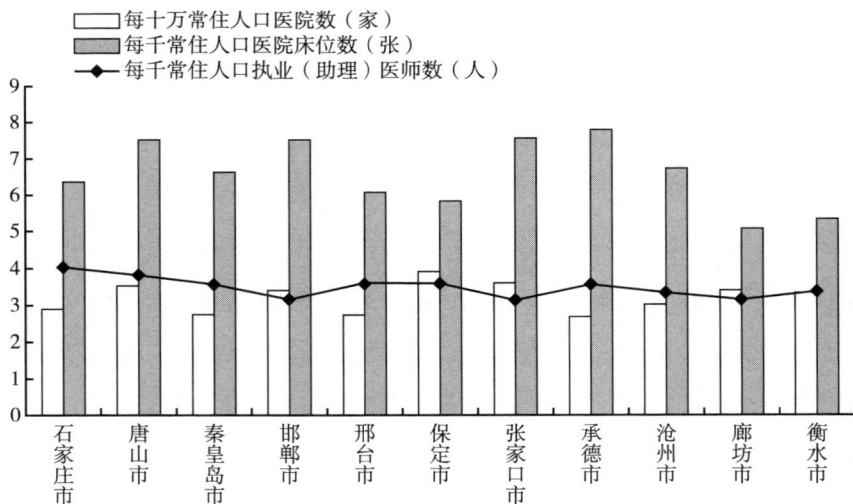

图 1　2022 年河北省各市人均医疗资源

资料来源：河北省统计局、国家统计局河北调查总队编《河北统计年鉴（2023）》，中国统计出版社，2023。

---

① 北京市老龄工作委员会办公室、北京市老龄协会、北京师范大学中国公益研究院：《北京市老龄事业发展报告（2022）》，2023 年 6 月 29 日。

② 天津市统计局、国家统计局天津调查总队编《天津统计年鉴（2023）》，中国统计出版社，2023。

③ https：//web. cmc. hebtv. com/cms/rmt0336/0/0rmhlm/qy/zhb/qwfb/11078743. shtml.

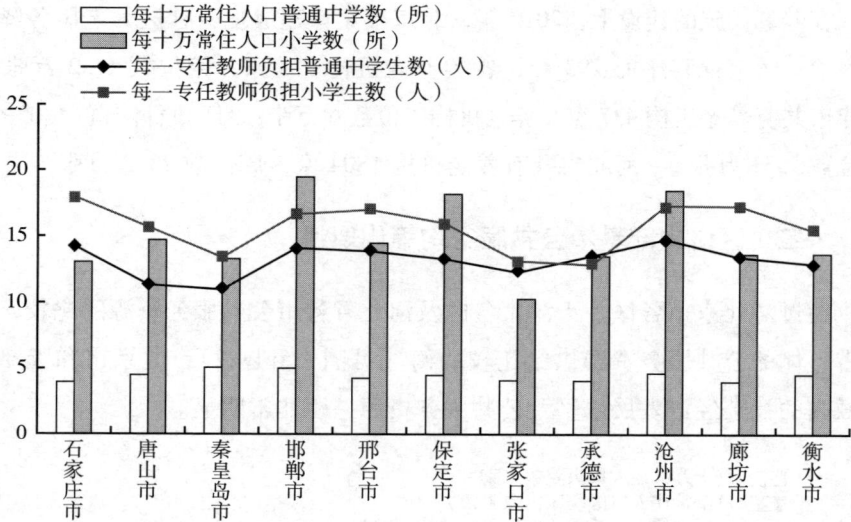

图例：
- 每十万常住人口普通中学数（所）
- 每十万常住人口小学数（所）
- 每一专任教师负担普通中学生数（人）
- 每一专任教师负担小学生数（人）

图2　2022年河北省各市人均教育资源

资料来源：河北省统计局、国家统计局河北调查总队编《河北统计年鉴（2023）》，中国统计出版社，2023。

通过对2022年京津冀三地区域内部各区（市）的教育、医疗人均资源进行比较，计算各项人均指标的标准差，河北省各项指标的标准差集中在0.1左右，北京市和天津市人均医疗资源的标准差多数在0.6左右，反映了京津两地各区之间人均医疗资源的差别大，均等化程度低（见表8）。

表8　2022年京津冀区域内部人均公共服务指标标准差比较

地区	每十万常住人口医院数（家）	每千常住人口医院床位数（张）	每千常住人口执业（助理）医师数（人）	每十万常住人口普通中学数（所）	每十万常住人口小学数（所）	每一专任教师负担普通中学生数（人）	每一专任教师负担小学生数（人）
北京市16个区	0.54	0.69	0.69	0.28	0.36	0.17	0.25
天津市16个区	0.64	0.64	0.63	0.27	0.62	0.14	0.17
河北省11个市	0.13	0.14	0.08	0.09	0.19	0.09	0.12

资料来源：根据《河北统计年鉴（2023）》《天津统计年鉴（2023）》《北京统计年鉴（2023）》计算绘制。

在基本公共服务资源分布方面，北京市各区之间的医疗资源差距最为明显，医疗资源主要集中在东城区和西城区。2022 年，西城区每千常住人口医院床位数为 16.9 张，每千常住人口执业（助理）医师数为 13.4 人；东城区每千常住人口医院床位数为 14.1 张，每千常住人口执业（助理）医师数为 15.8 人。通州区和延庆区的人均医疗资源最为稀缺，通州区每千常住人口医院床位数为 2.1 张，每千常住人口执业（助理）医师数为 2.4 人，仅为西城区的 12.4% 和 17.9%。延庆区每千常住人口医院床位数为 2.8 张，每千常住人口执业（助理）医师数为 3.8 人，为西城区的 16.6% 和 28.4%（见图 3）。在基础教育方面，受到优质教育资源的吸引，北京市中心城区集中了 59.5% 的小学在校生，63.1% 的普通中学在校生。其中，西城区、东城区和海淀区集中了 35.2% 的小学在校生和 42.3% 的普通中学在校生。西城区和海淀区的生师比也很高，西城区每一专任教师负担普通中学生数为 9.4 人，海淀区每一专任教师负担普通中学生数为 8.4 人（见图 4）。

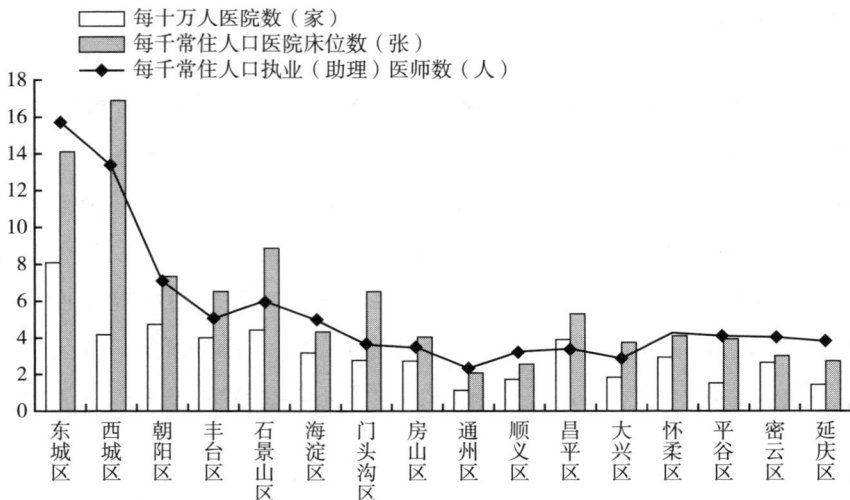

图 3　2022 年北京市各区人均医疗资源

资料来源：北京市统计局、国家统计局北京调查总队编《北京统计年鉴（2023）》，中国统计出版社，2023。

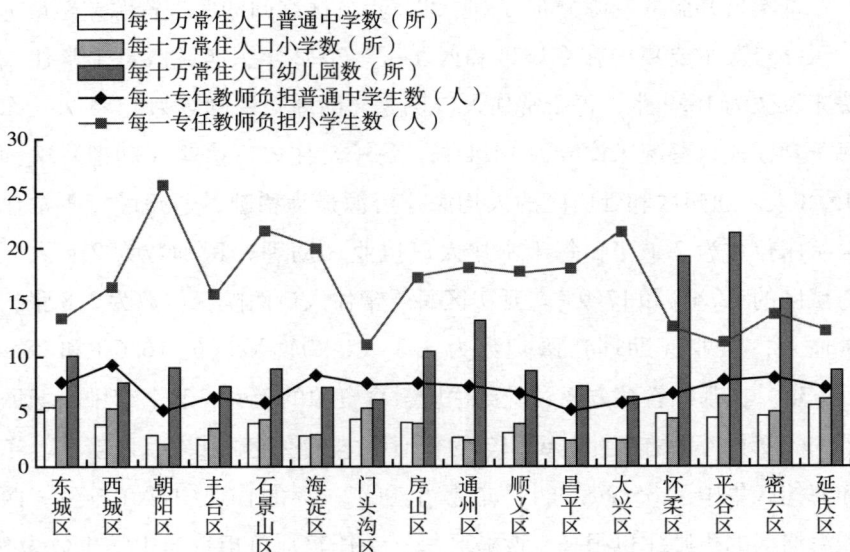

图4 2022年北京市各区人均教育资源

资料来源：北京市统计局、国家统计局北京调查总队编《北京统计年鉴（2023）》，中国统计出版社，2023。

天津市各区医疗资源同样差距明显，和平区、河西区和南开区是医疗资源最为充足的三个区，每千常住人口医院床位数分别为13.9张、11.3张和10.6张。和平区每千常住人口执业（助理）医师数为11.5人，是全市平均指标的2.7倍，是人均指标最低的西青区的6.3倍（见图5）。在教育资源的配置上，河西区、南开区的生师比较高，河西区每一专任教师负担普通中学生数为12.7人，每一专任教师负担小学生数为18.2人。南开区每一专任教师负担普通中学生数为12.6人，每一专任教师负担小学生数为20.4人（见图6）。

三 基本公共服务均等化存在的问题及建议

（一）基本公共服务均等化的问题

目前，尽管京津冀地区在基本公共服务均等化方面取得了积极进展，但

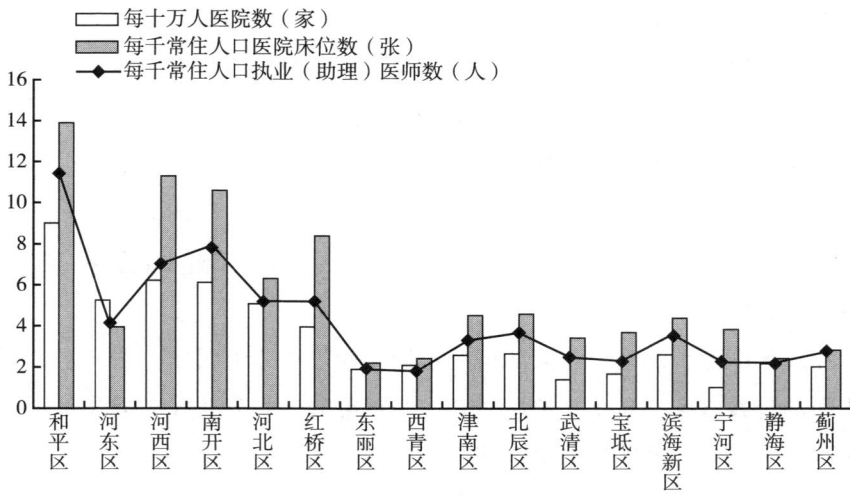

图5　2022年天津市各区人均医疗资源

资料来源：天津市统计局、国家统计局天津调查总队编《天津统计年鉴（2023）》，中国统计出版社，2023。

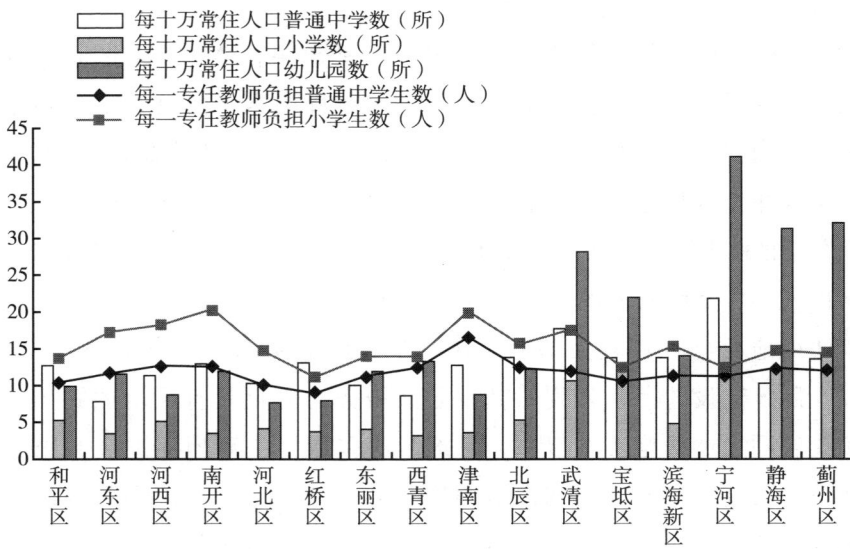

图6　2022年天津市各区人均教育资源

资料来源：天津市统计局、国家统计局天津调查总队编《天津统计年鉴（2023）》，中国统计出版社，2023。

三地在基本公共服务供给的数量、规模和质量上依然存在明显差距。

在区域层面，北京市教育文化资源和医疗资源的质量最为突出，虽然部分公共服务设施的人均配置存在不足，但其优质资源的集中度仍然最高。河北省在医疗设施的增长方面最为明显，其他公共服务设施的数量也在稳步增加，然而在公共服务质量方面尚需进一步提升。特别是在社会保障方面，河北省的城镇职工参保比例明显低于京津两地，反映出区域间社会保障服务存在不均衡现象。

在地区内部，北京市和天津市的不均衡性依然非常明显，城乡之间、各区之间的公共服务发展水平差异显著。北京市的优质公共服务资源明显在中心城区集聚，中心城区外围地区获得高质量公共服务的机会相对有限。

从公共服务设施的类型来看，京津冀三地的社区医疗设施、养老设施均有不足。由于京津冀三地均已步入中度老年化社会，且老龄化进程有加速之势，因此，增加社区养老设施的供给数量，提高其使用效率，探索社区医疗设施与养老服务的整合至关重要。

基本公共服务的均等化水平受多种因素影响。第一，地区间经济发展的不平衡是影响基本公共服务供给的关键性因素，也是基本公共服务水平不均衡的症结所在。2022年，北京市的人均地区生产总值为19.1万元，是天津市人均地区生产总值的1.6倍，河北省人均地区生产总值的3.4倍。北京市居民的人均可支配收入77415万元，分别是天津市和河北省居民人均可支配收入的1.6倍和2.5倍（见表9）。河北省的财政能力与京津两地相比存在较大差距，在一定程度上制约了公共服务的供给。第二，制度建设的完善程度对基本公共服务均等化具有显著的影响。自京津冀协同发展战略实施以来，三地政府采取了一系列促进公共服务共建共享的措施。然而，受到户籍制度、社会保障制度等因素的制约，公共服务资源仍无法在区域间自由流动，降低了跨地区公共服务的有效对接和资源共享。第三，京津冀三地在基本公共服务建设的标准上存在差异，缺少统一的标准和规范体系。这种标准上的不一致性，增加了区域间公共服务对接的复杂性。

表9　2022年京津冀三地经济发展指标

地区	常住人口 （万人）	地区生产 总值 （亿元）	人均地区 生产总值 （万元）	居民人均 可支配收 入（元）	人均一般公 共财政收入 （元）	人均一般公 共财政支出 （元）
北京市	2184.3	41610.9	19.1	77415	26161.2	34194.9
天津市	1363.0	16311.3	12.0	48976	13547.3	20187.1
河北省	7420.0	42370.4	5.7	30867	5466.7	12541.2

资料来源：河北省统计局、国家统计局河北调查总队编《河北统计年鉴（2023）》，中国统计出版社，2023；天津市统计局、国家统计局天津调查总队编《天津统计年鉴（2023）》，中国统计出版社，2023；北京市统计局、国家统计局北京调查总队编《北京统计年鉴（2023）》，中国统计出版社，2023。

（二）基本公共服务均等化水平提升建议

京津冀地区基本公共服务的均衡发展与区域协同发展互为促进。优质的公共服务资源有利于促进人口跨区域流动，补齐公共服务短板，提升公共服务的整体质量，对首都功能疏解具有重要的支撑作用。目前，公共服务的不均衡现象不仅存在于区域之间，也体现在区域内部各区（市）之间，需要结合人口规模、人口结构和特定人群的需求特征，进行精准的供需匹配研究。在实现空间均衡布局的基础上，提高各类公共服务的可及性，提升公共服务的供给质量和使用效率。

1. 加强重点地区扶持，推进共建共享

进一步深化教育、医疗、养老等关键公共服务领域的共建共享机制，通过多维度、多层次合作，引导北京市的优质公共服务资源向雄安新区、北三县以及固安等环京地区延伸。雄安新区建设是京津冀协同发展中的关键环节，需要进一步与北京、天津在教育、医疗、养老等公共服务领域建立深层次的合作关系。环京地区是以北京市为核心的首都都市圈的重点区域，每天约33万人进京工作，[①] 居民与北京地区的联系最为紧密。加强公共服务的

---

① 中国城市规划设计研究院、住房和城乡建设部城市交通基础设施监测与治理实验室：《2023年度中国主要城市通勤监测报告》，2023年8月。

配套设施建设，提升基础教育、综合医院和机构养老服务标准是环京地区深度融合与协同发展的重要手段。

2. 以制度保障为支撑，建立多元供给机制

京津冀地区的协同发展需要制度层面的创新，应进一步消除行政区划、管理制度对公共服务资源自由流动的限制。同时，也应降低基本公共服务获取与居民户籍的关联性。在社会保障和养老领域，需要进一步深化政策协同，持续推进跨省异地就医费用结算、养老保险的统筹管理，以及京津冀"一卡通"系统的建设等工作，推进跨部门、跨地区的信息共享和服务联动。

在制度保障的基础上，探索市场主体、社会组织以及个人共同参与的多元化供给模式，拓宽基本公共服务的供给渠道，增加基本公共服务的供给主体。目前，数字技术的广泛应用已推动了公共服务供给模式的创新。在线教育、互联网医疗等模式有效提升了公共服务的供给数量和质量，有助于缩小不同区域间的服务差距。因此，应进一步加快"互联网+公共服务"建设，通过增强京津冀三地政府部门之间的数据共享能力、构建跨部门业务协同机制、提升公共服务信息的开放性等措施，提高公共服务资源的供给效率。

3. 以地区供需识别为基础，加强公共服务精准配置

随着我国城市发展进入质量提升的新阶段，公共服务建设不仅需要解决公共服务设施的有无问题，更应致力于提供与居民需求相匹配的高质量服务。京津冀地区人口众多，区域之间的人口规模、人口结构及需求差别明显，加之各类人口在地区之间的频繁流动，使得公共服务资源的配置愈发复杂。公共服务供需关系不平衡、供给的缺位与错位现象明显。

因此，公共服务设施的规划与配置应进一步与城乡人口结构及需求特征相适应，以精准的供需识别为基础，提供覆盖全生命周期、多层次、多样化的社会服务。数字技术的应用增强了数据收集、分析和模拟预测的能力，未来应加强大数据、人工智能、云计算等技术在精准识别和需求定位方面的应用。在区域数据资源共享的基础上，识别公共服务的重点服务对象，提高供需双方的匹配效率，实现公共服务的精准配置和高效服务。

参考文献

石晓冬、黄晓春、和朝东、杨明、伍毅敏：《回顾京津冀协同发展历程推动建设现代化首都都市圈》，《北京规划建设》2023 年第 6 期。

杨胜利、姚健：《城市群公共服务资源均等化再测度与思考——以京津冀为例》，《公共管理与政策评论》2021 年第 3 期。

田学斌、陈艺丹：《京津冀基本公共服务均等化的特征分异和趋势》，《经济与管理》2019 年第 6 期。

魏义方、张本波：《特大城市公共服务均衡发展的重点、难点与对策——以北京市为例》，《宏观经济管理》2018 年第 5 期。

马慧强、王清、弓志刚：《京津冀基本公共服务均等化水平测度及时空格局演变》，《干旱区资源与环境》2016 年第 11 期。

鲁继通：《京津冀基本公共服务均等化：症结障碍与对策措施》，《地方财政研究》2015 年第 9 期。

B.15
京津冀地区全民健身公共服务设施的
发展现状与治理建议

王 雷*

摘　要：　京津冀地区全民健身公共服务设施的发展对于提升居民健康水平和促进区域协同具有重要意义。尽管京津冀地区全民健身公共服务设施在数量、类型等方面已具有一定发展基础，但仍存在政策协同力度不够、设施供需不匹配、区域均衡协同不足、建设运营有待提升等问题。面对体育设施投运模式趋向多元化、管理逐步迈向标准化和信息化的趋势，建议加强规划引领，优化设施布局；深化资源共享，推动京津冀区域协同发展；提升智能化管理与服务水平。

关键词：　全民健身　公共服务设施　京津冀协同发展

全民健身是公共体育服务的基础工程，是实施健康中国战略的关键环节。2020年习近平总书记在教育文化卫生体育领域专家代表座谈会上提出，要围绕群众需求，优化全民健身场地设施，构建高效公共服务体系。随着京津冀协同发展战略的深入推进，体育协同和高质量发展迎来新契机。京津冀三地已签署多项协议，明确在全民健身等领域深化合作，共建共享体育资源，加快一体化步伐。强化京津冀区域公共体育服务供给，全面实施全民健身战略，对于提升区域居民体质、增强区域竞争力、促进经济社会和谐及可持续发展具有重要意义。同时，分析京津冀区域全民健身设施现状，探索协

---

*　王雷，北方工业大学建筑与艺术学院副教授，主要研究方向为城乡规划与设计。

同发展路径，将有助于高效利用资源，提升服务效率，对推进我国基本公共服务均等化建设具有重要意义。

一 京津冀地区全民健身公共服务设施建设现状

全民健身公共服务是指面向全体人民，以公益性和基础性为导向，满足群众体育健身和运动休闲需求的场地设施、赛事活动、健身指导等产品和服务。[①] 目前我国关于区域公共服务的研究多集中在生态环保、教育、医疗等基础领域，关于区域公共体育服务的研究较少。

（一）设施分布与使用情况

1. 设施数量、类型及地理分布

（1）人均体育场地面积有所分化，增长较快。人均体育场地面积是衡量体育设施发展情况的关键指标之一，反映了居民平均能够享有的体育设施空间，是评价一个城市或地区体育设施建设和群众体育活动开展情况的重要依据。这一指标水平的高低，映射了居民参与体育活动的便利性和积极性，一定程度上影响了居民健康水平和城市区域整体活力。人均体育场地面积通常与城市规模、人口密度、体育设施的分布情况、城市发展的体育政策和经济能力等相关。由于体育发展相对滞后、经济发展不平衡等因素，我国人均体育场地面积存在严重不足的问题。[②] 2022 年我国人均体育场地面积为 2.62 米²，[③] 相较美国等发达国家仍处于偏低水平。

横向比较京津冀三地人均体育场地面积。2022 年北京市、天津市、河

---

① 国家发展改革委社会发展司、国家体育总局政策法规司编著《构建更高水平的全民健身公共服务体系》，中国计划出版社，2022。

② 玉聚成、徐莹：《我国体育健身场地研究：基于第 5、第 6 次全国体育场地普查数据的统计分析》，《体育文化导刊》2017 年第 3 期。

③ 《2022 年全国体育场地统计调查数据》，国家体育总局网站，2023 年 3 月 23 日，https://www.sport.gov.cn/n315/n329/c25365348/content.html? eqid = da3507db00042ef100000006647d3925。

北省人均体育场地面积分别为 2.90 米²、[①] 2.84 米²、[②] 2.57 米²。[③] 可见，北京市和天津市均超过全国平均水平，北京市略高于天津市，两者均保持在一个相对较高的水平；河北省略低于全国平均水平，但考虑到其人口基数较大、地域广袤，这一数据仍然反映了河北省在体育设施建设方面的积极进展。

纵向对比京津冀三地人均体育场地面积发展情况。北京市 2018 年人均体育场地面积为 2.32 米²，[④] 2023 年为 2.95 米²，[⑤] 5 年间累计增长约 27.2%，呈现了稳步增长势头。此外，天津市从 2018 年的 2.26 米²[⑥] 增长到 2022 年的 2.84 米²（增幅约 25.7%），河北省从 2018 年的 1.77 米²[⑦] 增长到 2022 年的 2.57 米²（增幅约 45.2%）。可见，京津冀三地在体育场地设施建设方面取得了显著增长，不仅提升了居民的体育健身条件，为居民提供更丰富的体育文化生活，也为推动全民健身事业的发展提供了有力的保障。同时，由于北京、天津城市空间受限等原因，人均体育场地面积增速显著低于全国。

（2）体育设施供给总量增加，更趋多样。如表 1 所示，2023 年北京市、河北省体育设施总量分别达 4.43 万个、21.20 万个，2022 年天津市体育设施总量 3.11 万个。近年来，京津冀地区大型场馆更加亲民，城市"金角银边"得到充分利用，"15 分钟健身圈"越来越多，人民群众的获得感、幸福感增强。三地体育设施类型趋于多样，涵盖了大型体育场馆、小型体育公园、健身中心、多功能运动场等多种类型。

---

① 《2022 年北京市体育场地主要指标数据公报》，北京市体育局网站，2023 年 6 月 7 日，https：//tyj. beijing. gov. cn/bjsports/xxcx/tjxx/326125109/index. html。
② 《2022 年天津市体育场地统计数据》，天津市体育局网站，2023 年 7 月 25 日，https：// ty. tj. gov. cn/jmty/ggzq/tzgg2/202307/t20230725_6360736. html。
③ 河北省统计局、国家统计局河北调查总队编《河北统计年鉴 2023》，中国统计出版社，2023。
④ 《2018 年北京市体育场地主要指标数据公报》，北京市体育局网站，2020 年 1 月 13 日，https：//tyj. beijing. gov. cn/bjsports/xxcx/tjxx/681226/index. html。
⑤ 《2023 年北京市体育场地主要指标数据公报》，北京市体育局网站，2024 年 6 月 26 日，https：//tyj. beijing. gov. cn/bjsports/xxcx/tjxx/543340285/index. html。
⑥ 《天津市体育场地统计调查数据》，天津市体育局网站，2020 年 3 月 31 日，https：// ty. tj. gov. cn/jmty/sjdt/202007/t20200722_3071948. html。
⑦ 河北省统计局、国家统计局河北调查总队编《河北统计年鉴 2023》，中国统计出版社，2023。

表 1 2021~2023 年京津冀地区体育场地统计情况

地区	总数（万个）			总面积（亿米²）			人均场地面积（米²）		
	2021 年	2022 年	2023 年	2021 年	2022 年	2023 年	2021 年	2022 年	2023 年
北京	4.24	4.28	4.43	0.59	0.63	0.65	2.69	2.90	2.95
天津	2.90	3.11	—	0.39	0.39	—	2.81	2.84	—
河北	17.32	18.85	21.20	1.78	1.91	2.15	2.39	2.57	2.91
全国	397.14	422.68	459.27	34.11	37.02	40.71	2.41	2.62	2.89

资料来源：2021~2023 年《北京市体育场地主要指标数据公报》；2021~2022 年《天津市体育场地统计调查数据》；2023 年《河北省体育场地统计调查数据》；河北省统计局、国家统计局河北调查总队编《河北统计年鉴（2023）》，中国统计出版社，2023。

从不同场地类型来看三地体育设施供给结构。总体而言，京津冀体育场地数量较多的类型有全民健身路径①、篮球场、乒乓球场等。其中，2023 年河北省全民健身路径总数达 81363 个，占所有体育场地数量比高达 38.4%，高于北京市的 28.8%、天津市的 32.8%（2022 年数据）。另外，河北省在滑冰、滑雪场地数量上远超北京市、天津市（见表 2）。分析这一现象发现，地域特点、资源禀赋、冬奥会影响、发展冰雪运动的战略部署以及市场需求和参与度等因素共同推动了河北省冰雪运动场地的建设和发展。

表 2 2018~2023 年京津冀地区分类型体育场地数量情况

单位：个

设施类型		北京市			天津市			河北省		
		2018 年	2021 年	2022 年	2018 年	2021 年	2022 年	2019 年	2021 年	2023 年
基础运动场地	田径	1771	1914	2015	1310	1288	1357	10879	11420	12403
	游泳	904	903	941	300	357	395	499	659	775
球类运动场地	足球	1785	2467	2518	1431	1603	1721	5781	6890	8482
	篮球	6087	7273	7447	5736	6084	6349	29966	31777	39393
	排球	280	415	431	599	640	638	1069	1244	1630
	乒乓球	4358	6536	6587	3808	4375	4590	26352	27616	36913
	羽毛球	949	1448	1403	538	620	665	8459	9877	12901
冰雪运动场地	滑冰	65	112	124	18	19	22	138	487	512
	滑雪	22	35	33	8	18	19	97	118	134

① 全民健身路径是指各级体育行政部门利用体育彩票公益金，在社区、村、公园、绿地等地建设由室外健身器材组成、占地不多、经济实用、可免费使用的体育健身设施的工程。

续表

设施类型		北京市			天津市			河北省		
		2018 年	2021 年	2022 年	2018 年	2021 年	2022 年	2019 年	2021 年	2023 年
体育健身场地	全民健身路径	9064	12626	12306	7934	9507	10200	60997	69564	81363
	健身房	2773	4067	4112	1260	1780	1925	3388	1673	4571
	健身步道 数量	—	—	855	260	541	612	2900	3150	5326
	健身步道 公里	635	1290	2518	754	1413	1457	8059	9766	16607
其他场地		—	—	4153	947	2302	2619	6596	9168	8253

资料来源：2018 年、2021 年、2022 年《北京市体育场地主要指标数据公报》；2018 年、2021年、2022 年《天津市体育场地统计调查数据》；2019 年、2021 年、2023 年《河北省体育场地统计调查数据》；《北京统计年鉴（2023）》；《天津统计年鉴（2023）》；《河北统计年鉴（2023）》。

（3）体育健身设施的城乡、区域分布特点。京津冀地区拥有丰富的自然资源，如山地、河流、湖泊等，体育设施的分布往往与这些自然资源密切相关。例如，在山区建设山地户外运动场地，在湖泊周边建设水上运动场地等。如河北省已建立了多个以"山水户外+休闲体育"为特色的全民健身户外活动基地，发展登山、攀岩、骑行等户外健身休闲项目，为区域公共体育服务提供了良好载体。

城乡覆盖。近年来，我国在推动全民健身公共服务体系的建设中，特别关注城乡覆盖问题。2020 年，北京市全市行政村农民体育健身工程覆盖率达 100%，"15 分钟健身圈"在城市社区的覆盖率达 100%。① 2021 年以来，天津市各区基本实现体育活动场所覆盖全区的目标，如静海区乡镇"15 分钟健身圈"，城市社区"10 分钟健身圈"基本形成。② 2022 年，河北省全省基本构成了省、市、县、乡、村五级全民健身设施网络。③ 老旧城区和人口

---

① 《回眸五年砥砺时 续写"双奥"荣耀日〈北京市全民健身实施计划（2016—2020 年）〉圆满收官》，北京市人民政府网站，2021 年 3 月 9 日，https：//www.beijing.gov.cn/ywdt/gzdt/202103/t20210309_2302648.html。

② 《回望这十年 奋进谱新篇——静海篇》，天津市体育局网站，2022 年 11 月 3 日，https：//ty.tj.gov.cn/jmty/sjdt/202211/t20221103_6025056.html。

③ 《河北：基本构成五级全民健身网络》，河北省人民政府参事室网站，2022 年 8 月 8 日，http：//css.hebei.gov.cn/2022-08/08/content_8848714.htm。

密集区、农村地区以及适老化、适儿化场地设施建设等都成了建设重点，为城乡居民创造更加便捷、智慧、安全的健身环境。

布局合理。京津冀地区的体育设施布局正在逐步优化，结合地形地貌、气候条件等自然资源进行规划，形成了具有地方特色的体育设施网络。同时，在"互联网+健身"的背景下，通过数字化手段提升了公共体育设施的智能化水平和开放服务水平，为居民提供了更加便捷、高效的健身服务。2020年国家全民健身信息服务平台及微信公众号上线，平台上有上万个体育设施的开放服务信息，同时包含健身新闻资讯、赛事活动、科学健身指导、体育场馆信息化建设咨询指导和数字监理等功能模块。

2. 设施使用效率

经常参加体育锻炼人数比例持续上升。2020年三地经常参加体育锻炼人数比例均超过国家平均水平（37.2%），[1] 说明三地人民群众参与体育锻炼的程度相对较高。在全民健身领域，京津冀三地民众对体育的参与热情较高，体育人口数量庞大。截至2019年底，北京经常参加体育锻炼的人数已超过1000万人，[2] 约占全市常住总人口的50%，到2025年全市经常参与体育锻炼的人数比例将达到53%；[3] 截至2019年底，天津市经常参加体育锻炼的人数为606万人，占总人口的43.7%；[4] 河北省经常参加体育锻炼的人数达到3216.34万人，占人口总数的42.37%。[5] 京津冀区域公共体育服务不仅拥有广泛的受众基础，还具备巨大的市场潜力。

---

[1] 《数说全民健康》，中华全国体育总会网站，2022年8月8日，https：//www.sport.org.cn/sfa/2022/0808/412954.html。

[2] 《本市经常锻炼人口破千万 百姓人均体育场地面积2.32平方米》，北京市人民政府网站，2020年10月28日，https：//www.beijing.gov.cn/ywdt/gzdt/202010/t20201028_2122852.html。

[3] 《北京：体育锻炼人口比例将达53%》，人民网，2021年12月30日，http：//bj.people.com.cn/BIG5/n2/2021/1230/c339781-35074634.html。

[4] 天津市体育局编《2021年天津体育年鉴》。

[5] 《河北破解健身"堵点" 提升全民参与度》，国家体育总局网站，2020年8月11日，https：//www.sport.gov.cn/n20001280/n20745751/n20767239/c21465856/content.html。

（二）政策规划情况

1. 国家政策规划

为深入实施健康中国战略和全民健身国家战略，加快体育强国建设奠定坚实基础，国家层面先后制定实施《中华人民共和国体育法》《全民健身条例》等法律法规（见表3）。《中华人民共和国体育法》于1995年制定实施，经历了2009年、2016年、2022年3次修订，全民健身相关内容不断强化完善。2009年《全民健身条例》的出台，标志着我国全民健身事业步入法制化轨道。2020年，为完善健身设施、发展群众体育，推动健康中国建设，《国务院办公厅关于加强全民健身场地设施建设发展群众体育的意见》发布。2021年，《全民健身计划（2021—2025年）》制定实施，计划通过加大全民健身场地设施供给、提升科学健身指导服务水平、激发体育社会组织活力等多项措施，构建更高水平的全民健身公共服务体系。

2. 地方政策规划

为深入实施健康中国、体育强国战略，注重发挥政策的引导和激励作用，京津冀三地相继制定了地方全民健身相关法规政策（见表3），明确了全民健身公共服务设施建设的目标和任务，通过加大财政投入、优化资源配置、加强多部门沟通协调形成合力等手段，推动了地方全民健身设施建设较快发展。

表3 国家及京津冀地区全民健身相关地方政策文件汇总

层级（地区）	政策文件	发布时间	发文机构	主要相关内容
国家	《中华人民共和国体育法》	1995年8月	全国人大常委会	旨在促进体育事业,弘扬中华体育精神,培育中华体育文化,发展体育运动,增强人民体质
	《全民健身条例》	2009年8月	国务院	为了促进全民健身活动的开展,保障公民在全民健身活动中的合法权益,提高公民身体素质

层级 （地区）	政策文件	发布时间	发文机构	主要相关内容
国家	《国务院办公厅关于加强全民健身场地设施建设发展群众体育的意见》	2020年9月	国务院办公厅	为推进健身设施建设，推动群众体育蓬勃开展，提升全民健身公共服务水平
	《全民健身计划（2021—2025年）》	2021年7月	国务院	依据《全民健身条例》制订的计划，旨在促进全民健身更高水平发展，更好满足人民群众的健身和健康需求
北京市	《北京市体育设施专项规划（2018年—2035年）》	2020年12月	北京市体育局、北京市规划和自然资源委员会	优化和提升北京市体育设施的布局和功能配置，建设首都国际体育名城
	《北京市全民健身场地设施建设补短板五年行动计划（2021年—2025年）》	2022年2月	北京市体育局、北京市发展和改革委员会、北京市规划和自然资源委员会、北京市住房和城乡建设委员会、北京市园林绿化局	通过增加和优化健身场地设施，提升全民健身服务水平，满足市民多样化的健身需求
	《北京市全民健身实施计划（2021—2025年）》	2022年2月	北京市体育局	构建更高水平的全民健身公共服务体系，促进全民健身与全民健康的深度融合，满足市民多样化的健身需求
天津市	《天津市全民健身实施计划（2021—2025年）》	2021年12月	天津市人民政府	构建更高水平的全民健身公共服务体系，推动全民健身与全民健康深度融合，满足市民多样化的健身需求
	《关于印发〈天津市落实"十四五"全民健身重点工作的若干措施〉的通知》	2022年12月	天津市体育局	加强基础设施建设和优化全民健身服务，提升市民健身便利性和参与度
	《关于印发〈天津市关于构建更高水平的全民健身公共服务体系的若干措施〉的通知》	2022年12月	天津市体育局	优化健身设施布局和提升服务质量，构建城乡均等、服务便利的全民健身公共服务体系

续表

层级 （地区）	政策文件	发布时间	发文机构	主要相关内容
河北省	《河北省全民健身实施计划（2021—2025年)》	2021年10月	河北省人民政府	构建更高水平的全民健身公共服务体系，提升群众体育健身便利性和参与度，推动全民健身与全民健康深度融合
	《河北省体育发展"十四五"规划》	2021年12月	河北省体育局	优化体育设施布局，提升体育产业规模和质量，推动河北省成为体育强省
	《河北省户外运动产业发展三年行动计划（2023—2025年)》	2024年3月	河北省体育局	通过加强基础设施建设，提升冰雪运动发展，优化赛事活动供给等措施，推动河北省户外运动产业高质量发展

资料来源：中国政府网、北京市体育局、天津市体育局、河北省体育局官方网站。

2022年，《北京市全民健身场地设施建设补短板五年行动计划（2021年—2025年)》出台，着力解决当前北京市全民健身场地设施建设存在的空间分布不均衡、设施级配不合理、社区配套不足、小型设施比例偏低以及群众身边可利用设施稀缺等问题，为首都市民改善生活品质、提高生活质量、增强健康体质提供坚强的基础保障。2021年，《天津市全民健身实施计划（2021—2025年)》出台，其中包含了关于全民健身设施建设的补短板行动计划，注重结合大运河文化保护传承利用、绿色屏障建设，以及落实学校体育场馆向社会开放制度、公共体育设施免费或低收费开放政策等多措并举，还强调了多元化健身服务的重要性，鼓励探索将慢病运动防治纳入医保，加强青少年儿童体育锻炼，以及探索全民健身与各项社会事业的融合发展等。2021年，《河北省全民健身实施计划（2021—2025年)》出台，该计划提出包括加大全民健身场地设施供给、提升全民健身公共服务水平、加强全民健身组织建设等发展目标和任务，推动河北省全民健身事业高质量发展。《河北省全民健身场地设施建设补短板五年行动计划》进一步提出：计划到2025年，人民群众体育健身更加便利，健身热情进一步提高，各运动项目参与人数持续提升每千人拥有社会体育指导员不少于 2.16 名，还提出经常参加体育锻炼人数比例超过 39.3%，带动全省体育产业总规模达 3000 亿元的发展目标。京津冀地区全民健身设施主要建设目标见表 4。

表 4　京津冀地区全民健身设施主要建设目标（2021～2025 年）

地区	全民健身场地设施	公共健身设施和社区"15 分钟健身圈"
北京市	新建或改扩建体育公园 32 个，全民健身中心（小型体育综合体）20 个，新增公共体育用地面积 287.27 公顷	全覆盖
天津市	推动社区健身设施提档升级，新建改建体育公园 10 个以上，社区体育园 500 个，健身步道 150 公里	全覆盖
河北省	新建或改扩建体育场地 706 个，全民健身场地设施 265 个，数字化改造 55 个	全覆盖

资料来源：《北京市全民健身场地设施建设补短板五年行动计划（2021 年—2025 年）》；《天津市全民健身实施计划（2021—2025 年）》；《河北省全民健身场地设施建设补短板五年行动计划》。

3. 京津冀地区协同政策规划

京津冀都市圈是中国北方经济规模最大、最具活力的地区之一，具有重要的战略地位。近年来，随着京津冀协同发展战略的深入实施，三地之间的经济联系更加紧密，产业协同发展、交通互联互通、生态环境保护等方面取得了积极进展。京津冀公共服务一体化是区域协同发展的重要内容，是三地公共服务资源的再分配与公共服务供给体制的重组。在分配与重组的过程中，公共服务一体化的导向也在与京津冀区域协同发展实践的磨合与适应中进行不断调试。[①] 京津冀三地共同制定都市圈全民健身相关体育政策，进一步促进区域合作，更好发挥政策协同效应，充分体现了公共服务的政府决策职能，不仅规范了京津冀地区全民健身体育设施的总体布局，也为区域体育合作指明了方向，为区域体育资源的进一步联动共享提供了良好的政策环境。

---

① 孟庆国：《怎样认识和推进京津冀公共服务一体化》，《学习时报》2019 年 4 月 15 日。

　　京津冀地区体育发展经历了从初步启动到总体宏观规划，再到具体实施、深化合作的逐步演进过程（见表5）。自2014年京津冀三地体育局签署《京津冀体育协同发展议定书》，京津冀开始了体育资源的整合与共享。随后，中央政治局发布的《京津冀协同发展规划纲要》为整个区域的发展指明了方向。2016~2017年，三地制定《深入推进京津冀体育协同发展议定书》和《京津冀健身休闲运动协同发展规划（2016—2025年）》，进一步明确了区域体育发展目标和实施策略。2023年，随着一系列深化合作协议的发布，京津冀的体育协同发展进入了以资源整合、品牌建设、平台建立和产业创新为核心的新阶段。这些政策文件不仅推动全民健身休闲运动水平、竞技体育水平提升和实现区域经济社会协调发展，也为促进区域内体育产业的共同繁荣作出了重要贡献。

表5　京津冀地区发布全民健身相关政策文件演进

政策文件	发布时间	发文机构	文件主要内容
《京津冀协同发展规划纲要》	2015年4月	中央政治局	明确了三省市各自功能定位，推进交通、生态环保、产业三个重点领域率先突破
《深入推进京津冀体育协同发展议定书》	2016年12月	北京市体育局、天津市体育局、河北省体育局	旨在通过多方面的合作和资源整合，提升京津冀地区的体育产业水平，如全民健身、竞技体育、资源共享等
《关于印发〈京津冀体育产业协同发展规划〉的通知》	2017年1月	北京市体育局、天津市体育局、河北省体育局	落实《深入推进京津冀体育协同发展议定书》的议定事项而制定，主要内容包括：产业资源整合、品牌建设、赛事活动、户外运动等
《京津冀健身休闲运动协同发展规划（2016—2025年）》	2017年7月	国家体育总局、国家发展改革委、国家旅游局	通过创新体制机制、完善空间布局、加强场地设施建设和引导健身休闲项目发展，提升京津冀地区的健身休闲运动水平
《深化京津冀体育协同发展战略合作协议》	2023年6月	北京市体育局、天津市体育局、河北省体育局	对三地体育协同发展的整体部署，如全民健身、青少年赛事、户外运动产业等
《深化体育协同发展框架协议》	2023年6月	北京市体育局、天津市体育局、河北省体育局	宏观层面的政策引导和资源共享，强调统筹推进和整体规划

政策文件	发布时间	发文机构	文件主要内容
《深化京津冀体育产业协同发展战略合作协议》	2023 年 6 月	北京市体育局、天津市体育局、河北省体育局	具体的体育活动和行政协作,强调区域间的体育交流和资源共享
《京津冀体育产业联盟成立协议》	2023 年 7 月	京津冀三地体育协会	产业资源的整合和品牌建设,以及建立平台和推动产业创新

资料来源:中国政府网、北京市体育局、天津市体育局、河北省体育局官方网站。

加强区域体育合作是京津冀协同发展的必然要求。抓住京津冀体育协同发展的战略机遇,有利于深入推进三地公共服务一体化建设,符合三地发展的共同需求。加快推进体育事业的协同发展,既是国家顶层设计的题中应有之义,也是京津冀三地的战略选择。京津冀体育合作始于 2008 年北京奥运会,天津市、河北省秦皇岛市作为北京奥运会的协办城市,体育合作被提上了日程。此后,河北启动环京津体育健身休闲圈建设,把握发展新契机。在京津冀三地体育发展"十三五"规划纲要中,三地均将"京津冀体育协同发展"列入重点章节,围绕共建京津冀体育健身休闲圈、建立群众体育赛事活动品牌库、建设京津冀体育产业带等方面作出了重要规划。京津冀三地体育发展"十四五"规划纲要强调了体育资源的共享与优势互补。规划提出,要推动京津冀体育设施互联互通,共同打造具有国际影响力的体育赛事品牌,促进体育产业链深度融合。同时,注重体育人才的交流与培养,加强体育科研合作,共同提升区域体育竞争力。此外,还强调要深化体育公共服务共建共享,提升区域体育公共服务水平,让三地群众享受更加优质、便捷的体育服务。通过多措并举,奋力实现三地体育更高水平协同与共赢发展。

(三)设施投运管理情况

1. 政府主导多元投入

一是政府主导。京津冀地区三地政府均将全民健身作为重要民生工程,加大财政投入力度,推动体育设施的建设和改造。政府投入主要用于体育设施的规划、建设、维护以及赛事活动的组织等方面。二是多元投入。除了政府财政投入，还积极吸引社会资本参与体育设施的建设和运营。通过政策引导、资金扶持等方式，鼓励企业、社会组织等多元主体参与全民健身设施的建设和运营。体育健身、体育竞赛、体育培训、体育用品等体育产业各领域的快速发展，推动了体育产业增加值①的增长。2021年京津冀地区体育产业增加值见表6。

表6　2021年京津冀地区体育产业增加值汇总

单位：亿元，%

地区	增加值	增加值增速	占地区生产总值比重
北京市	340.1	10.0	0.83
天津市	196.10	15.8	1.22
河北省	652.53	12.2	1.62
全国	12245	14.1	1.01

资料来源：全国、天津、河北《2021年体育产业总规模与增加值数据公告》；《北京统计年鉴（2023）》。

北京市积极争取中央和市级财政的支持，加大对全民健身公共服务设施的投入力度，积极引入社会资本，通过政府和社会资本合作（PPP）等模式，推动全民健身公共服务设施建设的市场化运作。天津市政府注重发挥财政资金的引导作用，通过设立专项资金、提供贷款支持等方式，鼓励社会资本参与设施建设。河北省积极争取中央和省级财政的支持，注重发挥地方财政作用，通过设立县级财政专项资金等方式，支持农村地区的体育设施建设。

2. 引入市场化运营

京津冀地区体育设施建设和运营普遍采取了两种模式。一是公私合营（PPP）模式。这一模式将政府与社会资本紧密结合，共同投资、建设和运营体育设施。这一做法不仅充分发挥了政府与社会资本各自的优势，同时显

---

① 体育产业增加值是指一定时期内体育产业活动的最终成果，包括体育服务增加值和体育用品及相关产品制造增加值。

著提升了体育设施的运营效率和服务质量，为市民提供了更加高效、优质的体育健身环境。二是引入市场化运营模式。京津冀地区政府充分发挥其主导作用，积极引入市场机制，并鼓励社会力量广泛参与，推动了全民健身公共服务设施的多元化运营，不仅显著提升了设施的使用效率，也极大地增强了社会效益，推动了全民健身事业的快速发展，为市民提供了更加优质、便捷的体育健身服务。

案例 1　朝阳活力体育公园

政府与"活力体育集团"合作，在朝阳区共同打造了一座现代化的体育公园——朝阳活力体育公园。公园采取了多元化运营模式，除了提供基本的健身设施，还定期举办各类公益性体育赛事活动，如足球比赛、篮球联赛、健身挑战赛等，吸引了大量市民参与。此外，公园还引入了一些商业性服务，如健身房、游泳馆、体育用品商店等，为市民提供了更加便捷的服务。这些商业性服务不仅增加了公园的收入来源，也提高了公园的服务水平和市场竞争力。通过这种模式，公园不仅实现了自我造血，还为市民提供了高质量的体育健身服务，真正实现了社会效益和经济效益的双赢。

近年来，北京市始终将全民健身事业作为民生工程的重要组成部分，通过与社会资本的深度合作，实现了全民健身公共服务设施的跨越式发展。天津市在全民健身公共服务设施的多元化运营方面，也取得了显著成效。该市通过与社会资本的广泛合作，引入了一批专业体育运营机构对部分公共体育设施进行了升级改造。在保持公益性的同时，也开展一系列特色体育活动，如轮滑比赛、街舞表演等，吸引了大量市民的关注和参与。此外，天津市还积极利用社会资源，建设了一批体育主题公园和健身步道，为市民提供了更加丰富的健身选择。河北省在推动全民健身公共服务设施的多元化运营方面，也进行了积极的探索和实践。该省鼓励社会力量参与体育设施建设和管理，通过引入专业机构、开展商业性赛事活动等方式，提高了设施的使用效率和服务水平。

3. 智慧化科学管理

应用先进的人工智能技术，可以大幅提升全民健身设施的服务水平和利用效率，为广大群众提供更加便利高效的健身服务。京津冀地区推动全民体育设施发展，积极采用智慧化管理手段，利用现代信息技术对体育设施进行全面升级。已投用的一些应用场景有：通过建立统一的信息化平台，实现了设施信息的实时更新和共享，提高管理效率、提升服务质量；通过引入体育公园智能预约系统，居民可以随时随地通过手机预约场地，避免场地冲突、提高使用效率；公园内智能监控设备的使用可以确保运动安全，使居民享受运动乐趣、感受科技便利。

案例2 "Hi Bro 运动场"——智慧+体育助力全民健身

"Hi Bro 运动场"是北京市通州区大运河森林公园内的一处创新型全民健身体育设施。该运动场依托先进的 AI 技术和智慧化管理系统，为全年龄段人群提供了丰富的户外运动体验。场内配备了多种智能 AI 运动设备，如 AI 全民运动大屏、青少年 AI 体适能训练设备、AI 健身魔盒等，设施功能丰富、科学专业，能够满足不同人群的运动需求。"Hi Bro 运动场"还提供了从体测到热身，从运动中到运动后的全流程科学指引，让运动更加精准匹配大众需求。在这里，广场舞可以和篮球比赛共存，父母和孩子可以在同一条赛道里进行一场"骑行比赛"，享受亲子时光。此外，运动场还采用即时语音和同步画面引导，让缺乏运动经验甚至零经验的初学者也能科学地参与其中，体会运动的酣畅与快乐。通过智慧化管理，"Hi Bro 运动场"不仅提升了体育设施的使用效率，也为市民带来了更加多元化、个性化的运动体验。

除科技加持外，京津冀三地还制定了统一的体育设施建设和运营标准，确保设施质量和安全，加强设施日常维护和管理，保障设备正常运行和使用寿命。此外，三地鼓励社会组织和公众参与体育设施的管理和监督，通过设立监督热线、开展满意度调查等方式，及时了解群众的需求和意见，不断改进管理和服务质量，共同推动体育设施体系的完善和发展。

二 京津冀全民健身公共服务设施发展面临的问题

（一）政策协同力度不够

虽然京津冀三地均已出台一系列关于全民健身公共服务设施发展的政策，但仍存在协同力度不够、具体实施效果不及预期等问题。一是政策规划缺乏区域协同性，三地之间的政策衔接不够紧密，难以形成合力推动全民健身公共服务设施的发展。二是政策规划的连续性和稳定性不足。由于缺乏长期有效的规划指导，部分设施项目建设存在盲目性和重复性。三是政策执行力度有待加强。部分政策在执行过程中存在落实不到位、监管不力等问题。

（二）设施供需仍不匹配

供给方面，三地的全民健身公共服务设施数量和质量存在一定的差异。北京市作为首都，其设施数量和质量相对较高，但仍然存在部分区域设施供给不足的问题。天津市和河北省的设施数量相对较少，尤其是一些偏远地区和农村地区，设施供给严重不足。同时，部分设施的配套服务不够完善，如健身指导、设施维护等，影响了居民的使用体验。

需求方面，随着居民生活水平的提高和健康意识的增强，其对全民健身公共服务设施的需求也在不断增加。然而，由于设施供给不足和配套服务不完善等问题，部分居民的需求无法得到满足。此外，不同年龄段、不同职业、不同兴趣爱好的居民对设施的需求也存在差异，但当前的设施供给难以满足这些差异化需求。

根据《北京市体育设施专项规划（2018年—2035年）》开展的相关调研，全民健身体育设施供需匹配度不高，市民满意度有待提升。[①] 一是可达

[①] 《北京市体育设施专项规划（2018年—2035年）》，北京市人民政府网站，2020年12月31日，https：//www.beijing.gov.cn/zhengce/zhengcefagui/202012/t20201231_2194741.html。

性。市民多选择居住地周边（占比40%）、居住地范围内（占比29%）进行日常体育运动，对居住地范围及周边"15分钟生活圈"内体育设施配备提出了更高要求。二是多样化。接近半数市民认为日常使用的体育设施由于类型少、老旧等原因无法满足锻炼需要，提供多类型、更新维护及时的体育设施显得尤为重要。三是差异化。不同年龄群体的体育设施需求有所差异，年长者倾向于新增小球场地、游泳场地，年轻人需求更加多样，除了前两者，也希望能新增大球场馆和室内健身房。

（三）区域均衡协同不足

1.区域发展不均衡

京津冀三地经济发展水平、人口分布存在较大差异，导致全民健身公共服务设施发展不均衡。在区域治理过程中，地区间公共服务差距存在较大、区域公共事务碎片化、供给效率低下等问题，均会阻碍区域的协同发展和一体化进程。2023年京津冀三地地区生产总值、人均地区生产总值仍差异明显，极差较2017年有所扩大，这不利于体育公共服务要素间的流动、功能疏解和协同发展。尽管三地经济发展极不均衡、差距显著，但是近年来体育公共服务供给仍呈现数量、质量差距收缩趋势。北京市、天津市因经济实力强，倾向于在协作收益高时参与区域合作，优化资源要素配置成为激活三地公共服务协同发展的关键。

2.城乡发展不均衡

北京市体育设施城乡发展不均衡，城市地区设施完善，而农村地区设施相对匮乏。天津市虽注重均衡发展，但城乡间差距依旧明显。特别是武清、宝坻、宁河、静海、蓟州等区域体育场地占比高，而中心城区和滨海新区设施相对不足。教育系统体育设施对外开放程度不高，商业经营性体育设施的补充作用有待提高。① 《中国群众体育现状调查与研究》的相关统计数据显

---

① 《天津市体育局关于印发天津市公共体育设施布局规划的通知》，天津市体育局网站，2023年12月28日，https://ty.tj.gov.cn/zwgk_51582/newzcwj/tyjwj/202401/t20240105_6500889.html。

示，河北省农村地区体育场馆占比仅 20.2%，远低于城镇的 78.8%，城乡发展差异明显，农村体育设施建设亟待加强。

3. 区域协同发展不足

当前，北京的体育设施资源相对丰富，天津和河北，尤其是河北的农村地区，体育设施则显得较为匮乏。这种不均衡的发展状态，不仅影响了体育活动的普及和开展，也制约了京津冀地区体育产业的协同发展。此外，京津冀三地在体育设施规划和建设上缺乏有效的沟通和协调，导致资源利用效率不高，难以实现优势互补和互利共赢。

（四）建设运营有待提升

设施建设方面，部分项目存在质量问题、安全隐患和设施损坏现象。同时，部分设施的建设周期过长，难以及时满足居民迫切需求。部分设施建设缺乏居民参与反馈机制，导致建成后与居民的实际需求相脱节。运营管理方面，部分设施的运营不够规范，开放时间设置不合理，收费标准模糊不清，给居民使用带来不便。设施的维护管理也存在疏漏，设施损坏和老化的现象较为严重，影响了居民的使用体验。此外，还存在部分设施使用效率不高，高峰时段过载、低峰时段闲置；智能化技术应用程度不高，管理效率有待提升等问题。

三 京津冀地区全民健身公共服务设施协同发展路径与治理建议

为提升京津冀地区居民的健康水平，推动体育产业的持续健康发展，亟须探索一条协同发展路径。治理建议如下。

（一）加强规划引领，优化设施布局

1. 协同制定规划，避免资源浪费与重复建设

立足实际，统一筹划，推动全民健身设施发展。明确目标，发挥各地优

势，实现基本保障与多元发展，构建有效供需对接机制，促进可持续发展。三地政府应协同制定总体规划，明确供给目标，编制区域体育协同发展规划文件。深入调研，梳理资源特色，优化布局，形成清晰发展路线。加强三年行动计划、五年发展规划、健身休闲规划等对接与协调，发挥体育资源比较优势，推动体育事业科学发展。

2. 优化设施布局，促进城乡区域均衡发展

通过科学规划，增强城市与乡村、发达地区与欠发达地区之间的体育设施互联互通。在城市地区，增加多功能运动场和健身中心等设施，以满足市民多样化的需求；在乡村地区，建设贴近自然的健身步道和篮球场，提高农民健身的便利性。同时，注重区域间的资源共享，推动体育设施向基层延伸，让更多人享受优质体育资源。有效缩小城乡、区域间的体育设施差距，推动京津冀全民健身事业的均衡发展。

（二）深化资源共享，推动协同发展

1. 建立健全资源共享机制，促进区域设施优势互补

京津冀地区通过全民健身和体育产业的协同发展，加强区域间合作与交流。实现体育资源共享与优势互补，提升体育设施和人才的利用效率和水平。建立体育产业联盟等平台，促进信息共享和资源整合，形成协同发展的长效机制。这种区域合作不仅有助于推动区域经济的共赢发展，还能提升整个区域的知名度和影响力，促进社会的和谐发展。

2. 加强跨地区、跨部门合作，推动区域设施协同发展

破除地域壁垒，统筹体育公共服务发展。为实现京津冀体育公共服务协同发展的总体目标，三地应加强体育、财政等职能部门的沟通合作，建立京津冀体育协同发展部门联席会议机制，实现信息共享、共同决策和联合执行。制定协同发展规划，明确现状与发展重点，注重实效。合理安排体育公共服务，构建目标一致、措施有效、利益相关的一体化发展体系，解决发展不均衡、不协调、不可持续的问题，推动京津冀体育公共服务协同发展。

（三）提升智能化管理与服务水平

1. 加大智能化技术应用力度，提高设施管理水平和利用效率

智慧体育以更加便捷的服务、更加科学的运动管理方法、更高效的信息反馈等优势，逐渐在体育行业中得到应用并得以发展。[①] 要推进全民健身智能化发展，建设智能化健身路径、健身步道和体育公园。为推进全民健身智能化，应建设智能健身设施，配备传感器和智能设备，实时监测并提供个性化指导。设置智能打卡系统，记录运动轨迹，提升健身兴趣。建立智能服务平台，整合资源，提供一站式服务，优化健身体验。同时，强化创新驱动，加强体育、科研合作，推动科技创新成果在体育产业中的转化与应用。

2. 完善服务体系，提升居民满意度和获得感

通过问卷调查、实地考察、数据分析等方式，全面调研体育设施的分布、数量、使用频率、设施老化程度，并收集居民对体育设施的需求和建议。为提高服务质量，需加大设施的更新维护力度，纳入城市更新计划，定期维修、更换老旧设备，确保设施安全可靠。同时，加强管理人员培训，提高专业素养和服务意识。为满足居民多样化需求，需增加有效服务供给，通过新建、改建、扩建等多种方式，加强社区体育设施建设，提升设备智能化水平。此外，建立包括管理维护、服务评价、居民反馈等机制，确保服务持续稳定并不断改进优化。

完善京津冀地区体育设施、提供高品质体育服务，还需注重激活体育经济。通过优化体育设施布局、提升服务质量、增加服务供给等措施，吸引更多居民参与体育活动，推动体育产业发展。同时，需加强与其他产业的融合，形成体育+旅游、体育+文化、体育+健康等多元化的发展模式，为京津冀经济发展注入新的动力。

[①] 李金霞：《全民健身公共设施走上智慧赛道》，《中国体育报》2022 年 10 月 13 日。

B.16
京津冀养老服务消费中家庭财富代际转移影响机制分析及其对策

宁美军*

摘　要：　京津冀养老服务协同发展不仅是京津冀老龄化社会的重大关切，也是满足京津冀扩大有效养老服务消费需求的重要举措。本文基于中国健康与养老追踪调查（CHARLS）数据，实证分析了京津冀地区家庭财富代际转移现象及其对养老服务消费的影响机制。研究发现，京津冀地区家庭内部普遍存在代际财富转移（包括经济支持和时间照料），这些代际财富转移受父母与子女的多种特征变量（性别、年龄、教育水平及收入水平等）影响，进而显著影响了京津冀老年家庭的消费需求和消费行为。因此，要通过应对代际财富转移普遍现象、优化父母特征影响机制、调整子女特征影响因素、多措并举促进养老服务消费等措施来推动京津冀养老服务协同发展。

关键词：　京津冀　养老服务消费　家庭财富代际转移

一　引言

京津冀协同发展作为国家重大战略，旨在通过区域合作推动经济社会的高质量发展。2024年3月13日，北京市民政局、天津市民政局、河北省民政厅联合发布《关于进一步深化京津冀养老服务协同发展的实施方案》（京

---

*　宁美军，北方工业大学经济管理学院讲师，主要研究方向为财务会计、政府会计、养老服务。

民养老发〔2024〕17号），① 京津冀三地在养老服务领域积极探索协同发展的新模式，建立和完善养老服务协同工作机制，加快推进京津冀地区养老政策、项目、人才、医养、区域、行业协同，引导更多优质养老资源向河北等地延伸布局，为京津籍老年人异地养老、回乡养老提供更多选择。京津冀养老服务协同发展不仅是京津冀老龄化社会的重大关切，也是京津冀扩大有效养老服务消费需求的重要举措。随着京津冀社会经济的快速发展和人口老龄化的加剧，养老服务成为社会各界关注的焦点。特别是在京津冀协同发展的背景下，如何有效促进养老服务消费，提高京津冀老年人生活质量，成为亟待解决的问题。家庭作为养老服务的主要承担者，其内部的财富代际转移行为不仅关乎家庭成员间的经济互动，还深刻影响着老年群体的消费需求和消费行为。特别是在京津冀地区，随着老龄化程度的加深，家庭财富代际转移作为影响京津冀养老服务消费的重要因素，其内在机制值得深入研究。

现有文献主要研究了家庭财富代际转移的动机、传递方式、影响因素及其对社会经济发展的影响机制，揭示了家庭财富代际转移的复杂性及其对养老服务消费的多重影响，为政策制定提供了有力支持。②③④⑤⑥⑦⑧⑨⑩⑪ 现有

① 《关于印发〈关于进一步深化京津冀养老服务协同发展的实施方案〉的通知》（京民养老发〔2024〕17号），北京市民政局网站，2024年4月3日，https://mzj.beijing.gov.cn/art/2024/4/3/art_9372_30536.html。
② Becker, G. S., "A Theory of Social Interactions," *The Journal of Political Economy* 82（1974）.
③ Cox, D., "Motives for Private Income Transfers," *The Journal of Political Economy* 95（1987）.
④ 撒凯悦、罗润东：《"啃老"还是"养老"：家庭代际财务转移与青年就业的关系》，《甘肃社会科学》2018年第6期。
⑤ 谭顺、张轶君、周钰婷：《当前我国居民消费力不足的主要症结及其矫治》，《社会科学》2019年第1期。
⑥ 苏宗敏：《中国转型期家庭代际转移的动机研究——基于CHARLS数据的实证分析》，《统计与信息论坛》2019年第8期。
⑦ 孙海婧：《养老服务代际外部性及其治理》，《广东社会科学》2020年第3期。
⑧ 吴伟：《代际经济支持的邻近效应——基于CHARLS的经验证据》，《人口与经济》2021年第6期。
⑨ 杨瑞龙、任羽卓、王治喃：《农村养老保险、代际支持与隔代抚育——基于断点回归设计的经验证据》，《人口研究》2022年第3期。
⑩ 韩中、赵红雨：《人口老龄化背景下父代居住模式对代际收入流动的影响》，《金融评论》2023年第4期。
⑪ 陈友华、杨慧康：《代际财富流理论的拓展研究》，《人口研究》2024年第3期。

研究取得了丰硕成果，但仍有一些方面的研究尚且不多，比如，现有研究多侧重于家庭财富代际转移的经济层面分析，较少涉及心理、情感等非经济因素的作用机制；同时，对于京津冀特定区域的养老服务消费中家庭财富代际转移的研究相对较少，缺乏针对性地深入分析。

本文聚焦于京津冀地区，基于无私动机理论和交换动机理论，实证分析京津冀地区养老服务消费中家庭财富代际转移的影响机制。家庭代际转移动机理论主要包括无私动机理论和交换动机理论。老有所养、老有所安需要相互协作才能实现。无私动机理论认为，父母出于无私的爱与责任，往往会对经济状况较差的子女进行财富支持，这种代际间的财富流动在一定程度上可能助长了"啃老"现象，进而抑制了老年家庭的消费需求。而交换动机理论则强调，中老年父母对子女的财富支持是出于对未来养老服务的预期，若这种预期未能得到满足，则可能影响父母的消费意愿和消费支出。为揭示上述社会现象，本文运用中国健康与养老追踪调查（China Health and Retirement Longitudinal Survey，CHARLS）数据，实证分析京津冀地区中老年家庭财富代际转移现状及其动机，揭示了京津冀地区家庭财富代际转移的机制及老年家庭消费现状，为京津冀养老服务协同发展与养老服务消费政策优化提供微观家庭的经验证据。

二　数据来源与变量定义

中国健康与养老追踪调查（CHARLS）是由北京大学国家发展研究院主持、北京大学中国社会科学调查中心与北京大学团委共同执行的大型跨学科调查项目，旨在收集一套代表中国 45 岁及以上中老年人家庭和个人的高质量微观数据，用以分析我国人口老龄化问题，推动老龄化问题的跨学科研究，为制定和完善我国相关政策提供更加科学的基础。CHARLS 全国基线调查于 2011 年开展，覆盖 150 个县级单位，450 个村级单位，约 1 万户家庭中的 1.7 万人。这些样本以后每两年追踪一次，调查结束一年后，数据将对学术界展开。① CHARLS 问卷内容包括：个人基本信息，家庭结构和经济支持，健康状况，体格测量，医疗服务利用和医疗保险，工作、退休和养老金、收入、消费、资产，以及社区基本情况等。

CHARLS 数据库包含了他们对父辈（包括受访者与其配偶健在的父母亲）与子女（包括受访者子女与孙子女）的家庭代际支持数据（包括经济财富支持数据与时间支持数据）。该数据库中共包含 28 个省（市、区）高质量的家庭调查数据。

根据比较研究需要以及数据可得性，本文使用 CHARLS 数据库中 2013年全国以及京津冀 45 岁及以上居民的数据。样本选择理由主要包括以下两方面。第一，相对于全国 4610 个样本观测值，京津冀合计样本观测值为198 个，符合大样本统计方法的要求。第二，从总体角度来说，京津冀协同发展战略的实施，使得以京津冀为研究对象，既符合客观事实需求，也符合国家发展战略。党的十八大以来，习近平总书记多次深入北京、天津、河北考察调研，多次主持召开中央政治局常委会会议、中央政治局会议，研究决定和部署实施京津冀协同发展战略。习近平总书记指出："京津冀地缘相接、人缘相亲，地域一体、文化一脉，历史渊源深厚、交往半径相宜，完全能够相互融合、协同发展。"京津冀协同发展，核心是京津冀三地作为一个整体协同发展，要以疏解非首都核心功能、解决北京"大城市病"为基本出发点，调整优化城市布局和空间结构，构建现代化交通网络系统，扩大环境容量生态空间，推进产业升级转移，推动公共服务共建共享，加快市场一体化进程，打造现代化新型首都圈，努力形成京津冀目标同向、措施一体、优势互补、互利共赢的协同发展新格局。

本文对家庭代际支持的数据处理说明如下。第一，将受访者与孙子女之间的代际转移也考虑在内，并将子女的研究对象扩大为子女家庭，即受访者与子女家庭之间的代际财富转移；第二，本文的经济支持包含过去一年之内定期与不定期的钱与物支持之和，并将物的支持以当年的物价水平折合计算

---

① 北京大学中国健康与养老追踪调查项目组：《中国健康与养老报告》，2019。

为一定的财力支持，并统一记为经济支持（其中，经济支持主要包括生活费、水电费、电话费、房贷或房租及其他费用；物的支持主要包括粮食、蔬菜、水果、衣服等其他物品）；第三，同时考虑子女与父母住在一起、不住在一起的两种情况；第四，受访者与配偶一年中对孙子女的照看时间根据每周照看时间与一年中照看的周数相乘计算得出；第四，剔除主要变量数据缺失的样本；第五，删除子女收入为0的样本；第六，研究对象分别界定为55岁及以上的父母、20岁及以上的子女。经过以上处理，最终得到4610个样本观测值（全国），其中北京市样本观测值10个、天津市样本观测值21个、河北省样本观测值167个。所使用的统计分析软件为Stata18.0。

借鉴田青①等相关研究，变量名称及其定义参见表1。

表1　变量名称与变量定义

变量名称	变量定义
父母向子女家庭的财富转移	详细定义请参见田青（2020）
子女向父母家庭的财富转移	详细定义请参见田青（2020）
父母特征变量定义	
性别	男性定义为1，女性定义为0
年龄	55~64岁定义为1,65~74岁定义为2,75~100岁定义为3
婚姻状况	已婚与配偶一同居住定义为1,其他定义为0
教育水平	文盲定义为1,小学及以下定义为2,初中及以上定义为3
户口类型	农业户口定义为1,非农业户口定义为0
居住地区	城镇定义为1,乡村定义为0
收入水平	低收入（收入排名后20%）定义为1,中收入（收入排名居中的60%）定义为2,高收入（收入排名前20%）定义为3
孩子个数	非独生子女定义为1,独生子女定义为0
退休情况	退休定义为1,未退休定义为0
自评健康	健康（自评健康等级为极好、很好、好）定义为1,不健康定义为0

---

① 田青：《中国老年群体消费结构、需求特征和行为决策研究》，经济科学出版社，2020。

变量名称	变量定义
是否有养老金	有养老金定义为1,没有养老金定义为0
是否照顾孙子女	父母照顾孙子女定义为1,父母没有照顾孙子女定义为0
子女特征变量	
性别	男性定义为1,女性定义为0
年龄	20~34岁定义为1,35~49岁定义为2,50~77岁定义为3
婚姻状况	已婚与配偶一同居住定义为1,其他定义为0
教育水平	小学及以下定义为0,初中及以上定义为1
户口类型	农业户口定义为1,非农业户口定义为0
收入水平	低收入定义为1,中收入定义为2,高收入定义为3
是否与父母同住	子女与父母同住定义为1,子女不与父母同住定义为0
子女常住地	子女与父母住在同村或同社区定义为1,住在本县市的其他村或社区定义为2,住在外省或国外等情况定义为3

三 家庭代际转移基本情况的描述性统计

表2分别汇总列示了全国、京津冀所处地区的受访者与其父母和子女的代际转移基本情况,这些转移对养老服务消费产生了直接影响。由表2可知,受访者与其父母和子女的代际转移呈现出以下几点特征。

第一,家庭代际转移呈子女向父母转移(向上转移)的特征。从全国样本(京津冀样本)看,受访者对父母提供的经济支持占比为80%(85%),受访者接受子女的经济支持占比为76%(66%)。这说明,一方面,父母的年龄越大,子女给予父母经济支持的比例越高,子女在家庭养老模式中发挥着重要作用,成年子女也较好地履行了《中华人民共和国宪法》的规定"成年子女有赡养扶助父母的义务"。另一方面,中老年人在家庭养老中承担了大量的经济支出,这可能限制了他们在养老服务上的进一步消费;也进一步证实了经济支持在代际间的流动方向,及其对父母养老服务消费的潜在抑制作用。

第二，年轻一代的"啃老"现象比老一代更普遍。一方面，从全国样本（京津冀样本）看，受访者对子女家庭提供的经济支持占比为29%（34%），年均值为2432元（1821元）；而受访者接受子女的经济支持占比为76%（66%），年均值为1919元（2219元），亦即子女接受的经济支持占比均小于提供的，全国样本中子女接受的经济支持年均值大于提供的经济支持，京津冀样本中子女接受的经济支持年均值小于提供的经济支持。这表明年轻一代存在一定的"啃老"现象，且相对于京津冀，这种现象在全国样本中更明显。另一方面，从全国样本（京津冀样本）看，受访者对父母家庭提供的经济支持占比为80%（85%），年均值为1176元（1482元）；而受访者接受父母家庭的经济支持占比为5%（11%），年均值为893元（1040元）。表明受访者提供的经济支持占比及年均值均显著高于接受的经济支持，表明老一代对父母的经济支持比例及金额均显著较高。综合以上两方面的数据对比发现，年轻一代的"啃老"现象比老一代较为严重。子女"啃老"的现象将会抑制父母老年消费需求。

第三，中老年人对孙子女的照料时间更长、照料比例也更高。一方面，从全国样本（京津冀样本）看，受访者对父母的年均照料时间为3402小时（3061小时），受访者对孙子女的年均照料时间为1427小时（3450小时），表明全国样本中受访者对父母的照料时间更长、京津冀样本中受访者对孙子女的照料时间更长。另一方面，从全国样本（京津冀样本）看，受访者对父母的照料比例为23%（28%），受访者对孙子女的照料比例为33%（54%），表明不管是全国样本，还是京津冀样本，受访者对孙子女提供照顾的现象均更普遍。综合以上两方面的数据发现，京津冀样本中的中老年人对孙子女的照料时间更长、照料比例也更高。中老年人投入大量时间和金钱照料孙子女，实质上是家庭财富从父母向子女的代际转移，这不仅减少了其消费时间，也降低了其消费欲望。

综合上述，受访者与其父母和子女之间的代际转移对养老服务消费产生了显著影响。经济支持和照料时间的转移直接降低了中老年人在养老服务上的消费能力和机会。京津冀养老服务消费中家庭财富代际转移影响机制可概述为如下两个方面。第一，经济支持直接减少了京津冀家庭受访者可用于养老服务的资金。照料时间投入减少了京津冀家庭受访者享受专业养老服务的机会。第二，经济支持可能助长"啃老"现象，削弱子女的独立性和责任感，进而影响他们未来对父母的养老支持；照料孙子女的行为可能加深代际间的情感联系，但也可能让中老年人忽视自身的养老服务需求。

表 2　受访者与其父母和子女的代际转移

代际转移类型	代际转移模式	全国			京津冀		
		均值	样本数	占比（%）	均值	样本数	占比（%）
与父母家庭的经济往来	提供经济支持（元/年）	1176	698	80	1482	39	85
	接受经济支持（元/年）	893	43	5	1040	5	11
与子女家庭的经济往来	提供经济支持（元/年）	2432	1354	29	1821	68	34
	接受经济支持（元/年）	1919	3481	76	2219	130	66
对父母的照料时间	照料时间（小时/年）	3402	723	23	3061	41	28
对孙子女的照料时间	照料时间（小时/年）	1427	161	33	3450	14	54

四　父母特征变量对代际转移的影响分析

表 3 列出了父母（受访者）特征变量对代际财富转移的影响情况。父母特征变量对代际财富转移的影响机制主要体现在不同父母特征如何影响其对子女的经济支持以及从子女处获得的经济支持。这些特征包括性别、年龄、婚姻状况、教育水平、户口类型、居住地区、收入水平、孩子个数、退休情况、自评健康、是否有养老金以及是否照顾孙子女等。这些特征通过影响父母的经济能力、责任感、生活状态等，进而对代际财富转移产生影响。

表3 父母特征变量对代际财富转移的影响分析

父母特征变量	父母对子女的财富转移				子女对父母的财富转移				总样本量（个）
	转移样本（个）	转移占比（%）	转移均值（元/年）	均值 t 检验	转移样本（个）	转移占比（%）	转移均值（元/年）	均值 t 检验	
性别									
男	32	38	2601	1473	57	68	3220	1782**	84
女	36	32	1128		73	64	1438		114
年龄									
55~64 岁	43	48	2065	1550**	52	58	2557	—	89
65~74 岁	17	22	515		58	74	2460	1816**	78
75~100 岁	8	26	3285	—	20	65	644		31
婚姻状况									
已婚与配偶一同居住	43	34	2561	2013**	83	66	2759	1491**	126
其他	25	35	548		47	65	1267		72
教育水平									
初中及以上	33	50	3142	2590**	39	59	4508	3111**	66
小学及以下	19	23	552		62	76	1397		82
文盲	16	32	605		29	58	899		50
户口类型									
非农业户口	21	54	4219	3469**	28	72	5964	4773**	39
农业户口	47	30	750		102	64	1191		159
居住地区									
城镇	25	51	2872	1662	37	76	5116	4049***	49
乡村	43	29	1210		93	62	1067		149
收入水平									
高收入	23	52	4264	3746***	35	80	4855	3552**	44
中收入	37	30	518		77	62	1304		124
低收入	8	27	822	—	18	60	1011		30
孩子个数									
独生子女	4	80	4175	2501	5	100	9040	7093*	5
非独生子女	64	33	1674		125	65	1947		193
退休情况									
退休	15	50	3280	1872	21	70	6695	5330**	30
未退休	53	32	1408		108	65	1365		166

父母特征变量	父母对子女的财富转移				子女对父母的财富转移				总样本量（个）
	转移样本（个）	转移占比（%）	转移均值（元/年）	均值 t 检验	转移样本（个）	转移占比（%）	转移均值（元/年）	均值 t 检验	
是否健在									
父母健在	19	39	2732	1264	24	49	2754	656	49
父母不健在	49	33	1468		106	71	2098		149
自评健康									
健康	47	38	2296	1539**	84	67	2528	871	125
不健康	21	29	757		46	63	1657		73
是否有养老金									
没有养老金	14	70	3837	2567	11	55	3264	1131	20
有养老金	53	30	1270		117	67	2133		175
是否照顾孙子女									
照顾	24	53	1230	−249	28	62	5323	3879**	45
不照顾	33	32	1479		68	65	1444		104

注：（1）转移占比＝转移样本量÷总样本量；（2） ***、**、* 分别表示在1%、5%以及10%水平上显著；（3）父母对子女的财富转移数据与子女对父母的财富转移数据，两个样本数据是相互独立的，所以两个转移样本数量的合计不等于总样本数量。

根据表3，父母特征变量对代际财富转移额度的影响存在以下几方面特征。

（1）性别：子女对父亲的财富年转移额度均值显著较高。在区分受访者（父母）的性别后，子女对父亲（母亲）的财富年转移均值为3220元（1438元），亦即，相对于母亲，子女对父亲的财富转移额度均值显著较高，且在5%的水平上显著。可能的原因是受交换动机的影响（也可能与父亲在家庭经济中的主导地位有关），父亲对子女的财富年转移额度均值（2601元），高于母亲对子女的财富年转移额度均值（1128元），父亲对子女的年均财富年转移额度均值高出母亲1473元。亦即，父亲对子女的财富转移额度较高，在交换动机的影响下，父亲也会得到子女更多的财务转移额度。

（2）年龄：父母年龄越小，给予子女家庭财富转移额度的均值显著较高；父母年龄处于65~74岁时，子女对父母的财富转移均值额度显著较多。一方面，相比年龄处于65~74岁的父母，当父母年龄处于55~64岁时，父母对子女的财富转移额度显著较高（年转移均值高出1550元，且在5%的水平上显著）。而尽管父母年龄处于75~100岁时，父母对子女的年转移额度均值（3285元）均高于55~64岁（2065元）、65~74岁（515元），但上述差异并不显著。以上表明，父母年龄越小，给予子女家庭财富转移额度的均值显著较高。这和田青（2020）的分析结果一致。可能的原因是，当父母年龄处于55~64岁时，其子女正处于结婚生子、初入职场阶段，此阶段子女生活支出、购房支出较大（尤其是在北京这种强一线城市，其巨额购房支出和较高昂的生活成本，使得父母对子女的财富转移额度显著较高），父母对子女的财富转移额度也较多。另一方面，相对于处于75~100岁时，当父母年龄处于65~74岁时，父母接受子女的财富转移额度年均值显著较高（年转移额度均值高出1816元，且在5%的水平上显著）。可能的原因：一是，当父母处于75~100岁时，其养老保险可覆盖一部分医疗支出和生活支出，从而使得子女对父母的财富转移额度减少；二是，处于75~100岁年龄阶段的父母人数比例较低。

（3）婚姻状况：受访者已婚与配偶一同居住时，对子女的财富转移额度显著较高，接受子女的财富转移额度也显著较高。根据表3，相比其他情况，当受访者已婚与配偶一同居住时，受访者对子女的财富转移额度显著较高（年转移额度均值高出2013元，且在5%的水平上显著）；此时受访者接受子女的财富转移额度也显著较高（年转移额度均值高出1491元，且在5%的水平上显著）。已婚并与配偶一同居住的父母给予和从子女处获得的财富转移均较高，稳定的婚姻关系可能有助于家庭内部的财富流动。

（4）教育水平：父母教育水平越高，对子女的财富转移额度显著较高，接受子女的财富转移额度也显著较高。这可能与他们的经济能力和对子女教育的重视程度有关。根据表3数据，相比小学及以下，当父母的教育水平为初中及以上时，其对子女的财富转移额度显著较高（年转移额度均值高出2590元，且在5%的水平上显著）；此时父母接受子女的财富转移额度也显著较高（年转移额度均值高出3111元，且在5%的水平上显著）。可能的原因主要包括两方面：一是，教育水平较高的父母，其收入水平通常也较高，而教育水平较高的父母通常也会更注重提升子女的教育水平，子女教育水平的提高通常也会拉升其收入水平，从而父母与子女之间的财富转移也较多；二是，该现象可能是受交换动机的影响，父母的教育水平较高、收入水平较高，对子女的财富转移额度也较高，父母与子女的这种经济交流也会推动子女感恩回馈父母，从而给予父母更多的财富转移额度。

（5）户口类型：父母为非农业户口时，对子女的财富转移额度显著较高，接受子女的财富转移额度也显著较高（非农业户口的父母在财富转移上更高，可能与他们的经济条件和社会地位有关）。根据表3数据，相比农业户口，父母为非农业户口时，其对子女的财富转移显著较高（年转移均值高出3469元，且在5%的水平上显著）；此时父母接受子女的财富转移也显著较高（年转移均值高出4773元，且在5%的水平上显著），表明父母为非农业户口时，对子女的财富转移额度显著较高，接受子女的财富转移额度也显著较高。此外，相比农业户口，父母为非农业户口时，对子女财富转移的比例也较高（54%高于30%），接受子女的财富转移的比例也较高（72%高于64%），表明父母为非农业户口时，父母与子女之间的财富转移均更加频繁。

（6）居住地区：父母居住在城镇，接受子女的财富转移额度显著较高。根据表3，父母居住在城镇时，其接受子女的财富转移额度显著较高（年转移额度均值高出4049元）；对子女财富转移额度的比例也较高（51%高于29%），接受子女的财富转移额度的比例也较高（76%高于62%），表明父母居住在城镇时，父母与子女之间的财富转移均更为频繁。居住在城镇的父母从子女处获得的财富转移更多，可能与城镇地区较高的生活成本和更紧密的家庭联系有关。

（7）收入水平：父母收入水平越高，对子女的财富转移额度显著较高，接受子女的财富转移额度也显著较高（高收入水平的父母在财富转移上更为慷慨，也能从子女处获得更多的支持）。根据表3，相比中收入，当父母的收入水平为高收入时，其对子女的财富转移额度显著较高（年转移额度均值高出 3746 元，且在 1% 的水平上显著）；此时父母接受子女的财富转移额度也显著较高（年转移额度均值高出 3552 元，且在 5% 的水平上显著），表明父母收入水平越高，对子女的财富转移额度显著较高，接受子女的财富转移额度也显著较高。同时，父母收入水平越高，父母与子女之间的财富转移额度均更加频繁。

（8）孩子个数：父母为独生子女时，接受子女的财富转移额度显著较高。根据表 3 数据，相比为非独生子女的父母，当父母为独生子女时，接受子女的财富转移额度显著较高（年转移均值高出 7093 元，且在 10% 的水平上显著），同时接受子女的经济支持也更加频繁。而尽管当父母为独生子女时，其对子女的年均财富转移均值高出非独生子女的父母 2501 元，但是这种差异并不显著。当然这种现象也可能是样本数据造成的。本文将中老年人年龄界定为 55 岁及以上，当时独生子女家庭很少，这在表 3 中也有所体现。

（9）退休情况：退休的父母，接受子女的财富转移额度显著较高。根据表 3 数据，相比未退休的父母，退休的父母，接受子女的财富转移额度显著较高（年转移均值高出 5330 元，且在 5% 的水平上显著），同时接受子女的经济支持也更加频繁。退休的父母从子女处获得的财富转移较多，可能因为他们退出职场后经济来源减少。尽管退休的父母对子女的年均财富转移额度均值高出未退休的父母 1872 元，但是这种差异并不显著。

（10）是否健在：受访者的父母健在，对子女的财富转移额度较高（年均高出 1264 元），接受子女的财富转移额度也较高（年均高出 656 元），但上述差异并不显著。可能的原因是，受访者年龄越大，其父母健在的可能性就越小。

（11）自评健康：自评健康的父母，对子女的财富转移额度显著较高。根据表 3 数据，相比自评不健康的父母，自评健康的父母对子女的财富转移额度显著较高（年转移额度均值高出 1539 元，且在 5% 的水平上显著）。这和实践是契合的，自评健康的父母往往会有更积极的心态、更充沛的时间和精力实现自我价值、提升自身收入水平，并且其医疗支出也较少，从而会有更多的财富可以转移给子女。此外，自评健康的父母对老年生活的不安程度较低，从而有更强的意愿从经济上支持子女。而尽管自评健康的父母接受子女的财富转移，高出自评不健康的父母871元，但是这种差异并不显著。

（12）是否有养老金：受访者是否有养老金，对子女的财富转移额度以及接受子女的财富转移额度均没有显著差异。根据表3，相对于有养老金的父母，没有养老金的父母，对子女的财富转移额度较高（年转移均值高出2567元），接受子女的财富转移额度也较高（年转移均值高出1131元），但上述差异并不显著。可能的原因是，拥有养老金的父母可能在经济上更为独立。

（13）是否照顾孙子女：照顾孙子女的父母，接受子女的财富转移额度显著较高。根据表3数据，相比不照顾孙子女的父母，照顾孙子女的父母接受子女的财富转移额度显著较高（年转移额度均值高出3879元，且在5%的水平上显著），这可能是对父母时间和精力的补偿。而尽管不照顾孙子女的父母对子女的年均财富转移额度，高出照顾孙子女的父母249元，但是这种差异并不显著。

基于上述分析可知，父母特征变量对代际财富转移额度的影响特征可概括为以下两方面。第一，当受访者为男性、父母年龄处于65～74岁时、受访者已婚与配偶一同居住、父母收入水平越高、父母教育水平越高、父母为非农业户口、父母居住在城镇、父母为独生子女、退休的父母、照顾孙子女的父母，接受子女家庭的财富转移额度显著较高。第二，父母年龄越小、受访者已婚与配偶一同居住、父母收入水平越高、父母教育水平越高、父母为非农业户口、自评健康的父母，给予子女家庭的财富转移额度显著较高。

综合上述，不同父母特征对代际财富转移具有显著影响，代际财富转移直接影响父母的养老服务消费能力。如果父母给予子女的财富转移过多，可能会导致他们在养老服务上的投入减少。同时，从子女处获得的财富转移可以增加父母的养老资金来源，从而有可能增加他们的养老服务消费。当然，这种增加可能受到多种因素的影响，如父母的消费习惯、对养老服务的认知和需求等。

五 子女特征变量对代际转移的影响分析

表4列出了受访者子女特征变量对代际财富转移的影响情况。

表4 子女特征变量对代际财富转移的影响分析

子女特征变量	父母对子女的财富转移				子女对父母的财富转移				总样本量（个）
	转移样本（个）	转移占比（%）	转移均值（元/年）	均值 t 检验	转移样本（个）	转移占比（%）	转移均值（元/年）	均值 t 检验	
性别									
男	43	42	2605	2133***	63	62	2806	1139	102
女	25	26	472		67	70	1667		96
年龄									
20~34 岁	36	49	2252	—	41	56	2814	—	73
35~49 岁	26	25	1422	459	76	74	2122	1208*	103
50~77 岁	6	27	963		13	59	914		22
婚姻状况									
已婚与配偶一同居住	62	34	1749	−1821	120	65	2148	−932	184
其他	6	43	2567		10	71	3080		14
教育水平									
初中及以上	44	39	2119	845	70	61	3193	2110***	114
小学及以下	24	29	1275		60	71	1083		84
户口类型									
非农业户口	27	49	2451	1045	36	65	5286	4241***	55
农业户口	41	29	1406		94	66	1045		143
收入水平									
高收入	17	38	3224	1599	34	76	5001	3486**	45
中收入	29	35	1624		54	66	1516		82
低收入	22	31	997	—	42	59	872	—	71

续表

子女特征变量	父母对子女的财富转移				子女对父母的财富转移				总样本量（个）
	转移样本（个）	转移占比（%）	转移均值（元/年）	均值 t 检验	转移样本（个）	转移占比（%）	转移均值（元/年）	均值 t 检验	
是否与父母同住									
同住	11	55	1192	−751	8	40	3681	1558	20
不同住	57	32	1942		122	69	2124		178
常住地									
外省或国外等	14	38	3720	2772	21	57	6052	4562**	37
本县市的其他村或社区	20	32	948		45	71	1490		63
与父母住在同村或同社区	34	35	1553	—	64	65	1475	—	98

注：（1）转移占比＝转移样本量÷总样本量；（2）***、**、*分别表示在1%、5%以及10%水平上显著；（3）父母对子女的财富转移数据与子女对父母的财富转移数据是相互独立的，所以两个转移样本数量的合计不等于总样本数量。

由表4分析可知，子女特征变量对代际财富转移额度的影响存在以下几方面特征。

（1）性别：父母对儿子的财富转移额度显著高于女儿，这可能与传统文化中对儿子承担更多经济责任和养老责任的观念有关。然而，女儿在给予父母财富转移的频率上较高，表明女儿在养老中也扮演着重要角色。根据表4数据，一方面，相对于女儿，父母对儿子的财富转移显著较高（年转移均值高出2133元，且在1%的水平上显著），父母对儿子的财富转移比例也高于女儿，表明父母对儿子经济支持的额度显著高于女儿，同时给予儿子的经济支持也更频繁。可能的原因是，父母心中儿子不仅担负着传宗接代的家族责任，也承担着养老的责任，因而给予儿子经济支持的额度与频率均更高。另一方面，儿子对父母的财富转移均值（2806元），高于女儿对父母的财富转移均值（1667元），但这种差异（1139元）并不显著。同时，在父母养老方面，女儿给予父母财富转移的频率更高（高于儿子8%）。这在一定程度上表明，大部分家庭（尤其是农村家庭）的父母希望依靠儿子解决养老问题，然而这种养老机制很可能不具有可持续性。历史地看，我国依靠养儿防老机制解决养老问题，隐含着依靠孝道伦理体系来维护的契约精神。现实地看，人力和财力是制约我国京津冀农村社会养老服务发展的两大核心问题。伴随农村人地流动、经济社会转型等，以子女为主的家庭养老不断弱化，亟须社会养老服务给予补充。

（2）年龄：子女年龄处于35~49岁时，对父母的财富转移均值显著较多。根据表4数据，一方面，相对于其他年龄阶段，当子女年龄处于35~49岁时，对父母的财富转移均值显著较高（年转移均值高出1208元，且在10%的水平上显著），对父母的财富转移比例也较高（高出15%）。可能的原因是，当子女年龄处于35~49岁时，正是子女工作上升期，此时子女收入也较高，有更多的经济能力支持父母，因此给予父母的财富转移数量较高，给予父母的经济支持也更频繁。另一方面，当子女年龄处于20~34岁时，父母对子女的财富转移额度较多，但这种差异并不显著。

（3）婚姻状况：父母与子女之间的财富转移额度不受子女婚姻状况的影响。根据表4数据，当子女已婚与配偶一同居住时，父母对子女的财富转移较低（年转移均值差额为1821元），子女对父母的财富转移也较低（年转移均值差额为932元），但上述差异均不显著，表明父母与子女之间的财富转移可能不受子女婚姻状况的影响。

（4）教育水平：子女教育水平越高，对父母的财富转移额度显著较高（教育水平较高的子女对父母的财富转移也较高，这表明教育水平不仅提升了子女的收入能力，也增强了其对家庭的经济责任感）。根据表4数据，一方面，相比于小学及以下教育水平的子女，当子女的教育水平为初中及以上时，子女对父母的财富转移显著较高（年转移均值高出2110元，且在1%的水平上显著）。而此时，初中及以上教育水平的子女对父母的财富转移比例却较低（差额为10%），表明初中以上教育水平的子女对父母的经济支持额度更大，而小学及以下教育水平的子女给予父母的经济支持更频繁。另一方面，相比于小学及以下教育水平的子女，当子女的教育水平为初中及以上时，父母对子女的财富转移较高（年转移均值差额为 845 元），但这种差异并不显著，表明父母对子女的财富转移可能并不受子女教育水平的影响。

（5）户口类型：非农业户口子女对父母的财富转移额度显著较高。根据表 4，非农业户口子女对父母的财富转移额度在 1% 的水平上显著较高（年转移额度均值高出 4241 元）。非农业户口的子女对父母的财富转移显著高于农业户口子女，可能与非农业户口子女通常具有较高的经济能力和更好的社会保障有关。

（6）收入水平：子女收入水平越高，对父母的财富转移额度显著较高（这直接反映了经济能力对代际财富转移的影响）。根据表 4 数据显示，一方面，相比于中收入，高收入水平的子女对父母的财富转移额度显著较高（年转移额度均值高出 3486 元，且在 5% 的水平上显著），对父母的财富转移也更加频繁（高出 10%）。另一方面，相比于中收入，高收入水平的子女接受父母的财富转移较高（年转移额度均值差额为 1599 元），但这种差异并不显著，表明父母对子女的财富转移额度可能并不受收入水平的影响。

（7）是否与父母同住：子女是否与父母同住，对父母的财富转移额度以及接受父母的财富转移额度均没有显著差异，但可能与居住安排导致的实际支持方式不同有关。根据表 4 数据，相对于不与父母同住的子女，与父母同住的子女，接受父母的财富转移额度较低（年转移额度均值低于 751 元），对父母的财富转移额度较高（年转移额度均值高出 1558 元），但上述差异并不显著，表明子女是否与父母同住，对父母的财富转移额度以及接受父母的财富转移额度均没有显著差异。

（8）常住地：子女常住地离父母越远，对父母的财富转移额度显著较高。表 4 数据显示，一方面，相比于常住在本县市的其他村或社区的子女，常住在外省或国外等的子女，对父母的财富转移额度显著较高（年转移额度均值高出 4562 元，且在 5% 的水平上显著）；而对父母财富转移的频率却较低（低于 14%）。可能的原因是，子女常住地离父母越远，无法经常去看望父母，对父母的日常照顾频率较低，从而往往通过给予父母更多的财富转移来弥补缺失的日常照顾。另一方面，相比于常住在本县市的其他村或社区的子女，常住在外省或国外等的子女，接受父母的财富转移较高（年转移额度均值差额为 2772 元），但这种差异并不显著，表明父母对子女的财富转移额度可能并不受子女常住地的影响。

基于上述分析可知，子女特征变量对代际财富转移额度的影响特征可概括为以下两方面。第一，父母对儿子的财富转移额度显著较高。第二，子女年龄处于 35~49 岁、子女教育水平越高、子女为非农业户口、子女收入水平越高、子女常住地离父母越远，对父母的财富转移额度显著较多。

综上所述，不同子女特征变量对代际财富转移的影响存在差异，这些差异不仅反映了子女的经济能力和家庭责任感，也揭示了传统文化和社会结构对代际关系的影响。代际财富转移直接影响父母的养老服务消费能力。如果子女对父母的财富转移较多，父母将有更多的经济资源用于购买养老服务、提高生活质量或应对突发医疗支出。相反，如果子女"啃老"，即依赖父母的经济支持，将减少父母的可支配收入，进而抑制其养老服务消费。代际财富转移还反映了家庭内部的经济互动和情感联系，良好的代际关系有助于增强家庭成员之间的信任和支持，从而提高养老服务的质量和效果。

六 研究结论与政策建议

（一）研究结论

本文基于中国健康与养老追踪调查（CHARLS）数据，实证探究了京津冀地区养老服务消费中的家庭财富代际转移影响机制。本文的研究结论如下。

1. 代际财富转移现象普遍且影响深远

京津冀地区家庭内部代际财富转移现象显著，包括经济支持（如购房、购车等）和时间照料（如照看孙子女）。这种转移不仅普遍存在于家庭内部，而且对老年家庭的消费需求和消费行为产生了深远影响。根据前述家庭财富代际转移研究发现：第一，家庭代际转移呈子女向父母转移（向上转移)的特征;第二,年轻一代的"啃老"现象比老一代较为严重,尤其是在房价高昂的京津冀地区,子女对父母的经济依赖程度较高,这种"啃老"新常态将会抑制父母老年消费需求和消费能力;第三,中老年人对孙子女的照料时间更长、照料比例也更高。中老年人投入大量时间和金钱照料孙子女,实质上是家庭财富从父母向子女的代际转移,这不仅减少了其消费时间,也降低了其消费欲望。

根据对京津冀年轻群体的实地调研,有一些年轻人非常依赖父母的经济支持和财富转移,在现实中他们被称为"啃老"。京津冀家庭的父母往往会通过给子女买房建房、购车、照顾孙子女、为孙子女直接提供金钱支持等多种形式扶持子女,这些行为均会造成家庭财富从父母转移至子女中,这将显著抑制老年群体的消费欲望。这和实践中也是一致的,"啃老"新常态制约了京津冀老年家庭的消费需求,尤其是农村老年家庭。可能的原因是,农村老年家庭的财富积累相对城镇家庭较低,当被子女"啃老"时,父母本能地会抑制自身的消费需求和消费欲望,尽可能地从经济资助和时间支出各方面对子女进行支持。

2. 父母特征对代际财富转移具有显著影响

父母的性别、年龄、教育水平、收入水平、居住地区等特征均对代际财富转移有显著影响。第一,当受访者为男性、父母年龄处于65~74岁、受访者已婚与配偶一同居住、父母收入水平越高、父母教育水平越高、父母为非农业户口、父母居住在城镇、父母为独生子女、退休的父母、照顾孙子女的父母,接受子女家庭的财富转移额度显著较高。第二,父母年龄越小、受访者已婚与配偶一同居住、父母收入水平越高、父母教育水平越高、父母为非农业户口时、自评健康的父母,给予子女家庭的财富转移额度显著较高。

3. 子女特征对代际财富转移具有显著影响

子女的性别、年龄、教育水平、收入水平等特征也显著影响代际财富转移。第一,父母对儿子的财富转移额度显著较高。第二,子女年龄处于35~49岁、子女教育水平越高、子女为非农业户口、子女收入水平越高、子女常住地离父母越远,对父母的财富转移额度显著较高。

4. 代际财富转移对养老服务消费具有抑制作用

受访者与其父母和子女之间的代际转移对养老服务消费产生了显著影响。经济支持和照料时间的转移直接减少了中老年人在养老服务上的消费能力和机会。子女"啃老"现象导致父母可支配资金减少，进而抑制了其在养老服务上的消费。中老年人对孙子女的过度照料也显著抑制了养老服务消费。他们投入大量时间和金钱在孙子女身上，减少了自身享受养老服务的机会和欲望，尤其在农村老年家庭中更为明显。

（二）政策建议

1. 应对代际财富转移普遍现象

第一，建立代际财富流动监测体系。京津冀政府部门可建立家庭代际财富流动监测体系，定期收集和分析相关数据，及时发现代际财富转移中的问题，为制定和调整相关政策提供依据。

第二，推广家庭财务规划教育。通过京津冀社区、学校等渠道推广家庭财务规划教育，提高家庭成员的财务意识和理财能力，促进代际间的理性经济互动。

第三，强化社会舆论引导。利用京津冀媒体和社交平台宣传独立自主的价值观，倡导子女经济独立，减少"啃老"文化的影响。通过正面典型的树立和负面案例的警示，引导京津冀家庭形成正确的代际财富转移观念。

第四，提供子女经济独立支持政策。京津冀政府可出台一系列支持子女经济独立的政策措施，如创业补贴、就业培训、税收减免等，鼓励子女通过自身努力实现经济独立，减少对父母的依赖。

2. 优化父母特征影响机制

第一，实施差异化养老补贴政策。根据京津冀父母的年龄、教育水平、收入水平和居住地区等特征，制定差异化的养老补贴政策，确保不同特征的父母都能得到适当的经济支持。

第二，推动京津冀老年教育和终身学习。鼓励和支持京津冀老年人参与各类教育活动，提高其知识水平和技能，从而增强其经济独立能力和代际支持能力。同时，倡导终身学习理念，让京津冀老年人在不断学习中保持活力。

第三，加强京津冀城镇养老服务体系建设。针对京津冀城镇老年家庭的多样化需求，优化京津冀城镇养老服务设施布局，提高京津冀养老服务质量和管理水平。同时，鼓励社会力量参与京津冀养老服务体系建设，形成多元化、多层次的养老服务体系。

第四，促进京津冀农村老年人向城镇转移。京津冀城镇养老服务供给能够更好地实现规模经济，在提供更多养老服务资源的前提下尽可能降低养老成本。为京津冀农村老年人提供政策支持（住房保障、医疗保障、交通保障等）和便利条件（相应的社会服务配套措施），鼓励其向城镇转移并享受更好的养老服务。

3. 调整子女特征影响因素

第一，倡导性别平等的家庭观念。通过教育和宣传打破性别刻板印象，倡导男女平等承担家庭责任。鼓励女儿积极参与家庭经济活动并支持父母养老，同时提高儿子在家庭责任方面的认识和承担能力。

第二，加强子女职业规划和就业指导。为不同年龄和教育水平的子女提供个性化的职业规划和就业指导服务，帮助其明确职业方向和提高就业能力，这将有助于提高子女的经济能力和对父母的代际支持能力。

第三，实施子女税收优惠政策。对高收入和教育水平的子女给予一定的税收减免或优惠政策，鼓励其对父母进行更多的经济支持。这不仅可以缓解父母的经济压力，还可以促进京津冀家庭内部的和谐稳定。

第四，发展远程家庭照护服务。针对常住地离父母较远的子女，发展远程家庭照护服务技术和平台支持。通过智能穿戴设备、远程医疗咨询等方式实现对父母的远程照护和关爱，减轻子女的经济和心理负担。

4. 多措并举促进养老服务消费

第一，扩大养老服务供给。京津冀政府可加大投入力度，扩大养老服务市场规模和覆盖范围。鼓励社会力量参与京津冀养老服务供给，提高京津冀养老服务质量和效率。同时，针对不同需求的京津冀老年家庭提供个性化的养老服务方案。

第二，提高养老服务补贴标准。根据京津冀老年家庭的消费能力和需求水平适度提高养老服务补贴标准，这将有助于增强京津冀老年家庭购买养老服务的意愿和能力，促进养老服务消费市场的繁荣发展。

第三，推广智慧养老服务。利用现代信息技术手段推广智慧养老服务模式。通过大数据、云计算、人工智能等技术手段提高京津冀养老服务的智能化水平和便捷性程度。同时加大对京津冀老年人的智能技术培训和支持力度，帮助其更好地适应和使用智慧养老服务产品和技术手段。

第四，加强养老服务监管。建立健全养老服务监管机制，加大对养老服务机构的资质审核、服务质量监督和违法违规行为查处力度，确保京津冀养老服务市场的规范有序发展，保障京津冀老年家庭的合法权益不受侵害。同时加大对京津冀养老服务从业人员的培训和管理力度，提高其职业素养和服务水平。

B.17
京津冀协同发展背景下首都都市圈
通勤治理对策研究

李道勇　宋思思*

摘　要：　在京津冀高质量发展进程中，通勤矛盾已成为制约城市发展的重大难题。本文聚焦首都都市圈，以轨道交通网络为切入点，通过时空大数据，对首都通勤圈内出行特征进行模拟，分析通勤圈内人口流动情况，构建人口聚集区识别标准，探索影响通勤出行的关键因素，提出相应的空间治理策略。首都都市圈内存在职住不平衡、通勤距离过长问题，通过多元数据分析对主要聚集区加以识别，通过促进轨道交通与首都圈发展协同推进、深度融合，调整首都都市圈功能布局、优化空间结构，优化轨道交通网络通勤圈、提升综合服务水平等策略提升首都都市圈治理水平。

关键词：　京津冀协同发展　首都都市圈　通勤距离　通勤治理　职住平衡

一　引言

"十四五"时期，北京市致力于构建国际一流的和谐宜居之都，追求高质量发展的目标，特别注重高品质宜居城市的建设。在这一背景下，北京正深入推进京津冀协同发展战略，积极疏解非首都功能，以期形成更为紧密的

---

* 李道勇，博士，北方工业大学建筑与艺术学院副教授，主要研究方向为城乡规划与设计；宋思思，北方工业大学建筑与艺术学院硕士研究生，主要研究方向为城乡规划和通勤圈。

京津冀协同发展新格局。① 其中，建设京津冀现代化都市圈，通过首都的辐射效应带动周边城市的共同发展，已成为重要战略方向。为解决北京长期以来的"大城市病"，并有效带动周边区域共同发展，北京将以构建现代化首都都市圈为核心纲领，旨在通过这一举措，推动协同发展重点领域取得新的突破性进展，进一步疏解非首都功能，促进产业向绿色、数字、智能化方向转型升级。②

　　都市圈是都市区概念的延伸，主要指中心城市向外拓展辐射外围地区进行一体化发展的地域现象，都市圈和城市群建设在我国城市高质量发展中发挥的作用日益凸显。③ 国内外学者对于都市圈有诸多研究，赵鹏军等④以京津冀都市圈为例，对城市都市影响圈、通勤圈、生活圈进行识别与梳理，对其结构特征加以比较。谢智敏等⑤以南京都市圈为研究范围，基于居民日常通勤流动数据，对城市多维度都市圈空间结构进行研究。钮心毅等⑥以上海都市圈为例，从跨城交流的角度出发，分析了上海的城市空间结构与规划发展策略。许劼等⑦以长三角都市圈为研究对象，对都市圈内的重要网络节点和空间网络结构进行了细致的分析。这些研究不仅丰富了对都市圈空间结构与发展模式的认识，更为都市圈的规划与发展提供了有力的理论支撑和实践指导。

　　通勤圈的概念源于城市"生活空间"与"生活圈"。"生活圈"最初由

①　傅利平、张恩泽、黄旭：《创新资源集聚、区域协同创新与京津冀高质量发展》，《科学学与科学技术管理》2024 年第 2 期。
②　孙久文、邢晓旭：《现代化首都都市圈发展的基本特征与高质量发展路径》，《北京社会科学》2023 年第 6 期。
③　宋迎昌：《北京都市圈治理的实践探索及应对策略》，《城市与环境研究》2023 年第 1 期。
④　赵鹏军、胡昊宇、海晓东等：《基于手机信令数据的城市群地区都市圈空间范围多维识别——以京津冀为例》，《城市发展研究》2019 年第 9 期。
⑤　谢智敏、甄峰、席广亮：《基于日常通勤流动的南京都市圈空间结构特征》，《城市规划学刊》2022 年第 5 期。
⑥　钮心毅、王垚、刘嘉伟等：《基于跨城功能联系的上海都市圈空间结构研究》，《城市规划学刊》2018 年第 5 期。
⑦　许劼、张伊娜：《基于跨城人流布局的都市圈识别与空间网络模式研究——以长三角核心区为例》，《城市问题》2021 年第 8 期。

日本学者提出，指在一定人口数量和距离的地理范围内，居民日常生活活动的空间集合，而"生活空间"通常指居民购物、休闲、就业的空间集合，[①]是城市社会、经济、文化多要素在人类活动影响下在城市地域上的空间投影集合。[②] 梳理国内外文献可知，"通勤圈"是城市居民在地理空间范围内发生的规律性通勤活动事件，这一活动事件所形成的地域范围即为"通勤圈"。[③④] 通勤圈的概念可通过时间或是空间来界定，如"1小时通勤圈""40km通勤圈"等。[⑤] 已有学者从多个角度对通勤圈进行深入研究，丁亮等[⑥]从通勤活动视角出发，根据白天和晚上聚集停留地分布的密度识别出核心城市的通勤圈范围。郭亮等[⑦]侧重于从城市内部空间结构的角度，通过研究通勤圈圈层结构、形态和构成因素，分析通勤圈空间分布以及大城市与通勤圈之间的特征关联。路启等[⑧]以天津市双城都市圈为例，通过分析通勤出行范围和就业人口比例，深入探讨了市域空间结构的特征。

在都市圈与通勤圈研究中，人流作为一个流动性要素，是诸多流动要素的核心，具有承载、激发其他诸多要素的重要职能，[⑨] 在通勤过程中，人口流动能反映人口流动方向、聚集情况，是反映城市功能和城市区域的重要指标。人口流动对于职住平衡研究有着重要作用，诸多学者也对人口流动和人

① 张森：《基于通勤圈视角的城市交通与空间结构演化机理与优化对策》，硕士学位论文，华中科技大学，2022。
② 郭亮、郑朝阳、黄建中等：《基于通勤圈识别的大城市空间结构优化——以武汉市中心城区为例》，《城市规划》2019年第10期。
③ 伍毅敏、李伟、杜立群等：《北京通勤圈范围识别、特征与跨界通勤模式研究》，《规划师》2023年第39期。
④ 马亮：《基于轨道交通刷卡数据的城市通勤圈范围研究》，《城市轨道交通研究》2017年第8期。
⑤ 陈心雨：《都市圈空间与通勤交通发展机理初探与通勤视角都市圈空间规模研究》，硕士学位论文，东南大学，2020。
⑥ 丁亮、钮心毅、宋小冬：《利用手机数据识别上海中心城的通勤区》，《城市规划》2015年第9期。
⑦ 郭亮、郑朝阳、黄建中等：《基于通勤圈识别的大城市空间结构优化——以武汉市中心城区为例》，《城市规划》2019年第10期。
⑧ 路启、阚长城、魏星等：《基于LBS数据的天津市双城通勤圈研究》，《城市交通》2020年第5期。
⑨ 谢智敏、甄峰、席广亮：《基于日常通勤流动的南京都市圈空间结构特征》，《城市规划学刊》2022年第5期。

口聚集进行深入研究。赵蕊①通过人口统计数据，综合利用传统数据和空间分析方法，对北京常住人口空间分布及其变动特征进行分析，探讨了常住人口空间分布变动的原因。仇婧妍等②通过相关性分析，探索石家庄市中心城区及其周边的人群聚集特征，通过热力数据，测算地区实际人口。杨俊宴③通过手机信令数据挖掘人群活动潜在规律，进而发现人群活动的潮汐波动特征。闫学东④等通过顺风车数据将北京都市圈划分为核心区、近邻区、远郊区三个圈层。吴志强等⑤则在百度提供的热力图等动态大数据的基础上，对上海中心城区人口聚集区进行考察，研究城市空间结构。以上学者通过对城市人口流动、人口聚集区进行识别与分析，探讨人口空间分布与人流流动特征，进一步分析城市通勤特征与空间结构。

上述研究大多从都市圈的角度出发，通过大数据对城市功能聚集区进行识别，但是对于中观的通勤圈范围内的人口流动、聚集区分布、通勤联系等缺乏考虑，对于城市中心城区一小时内通勤关注度较少。有些研究只是用单一的百度热力图或 POI 数据，没有将两者相结合进行通勤圈功能区的统筹考虑与通勤识别。基于此，本文聚焦首都通勤圈范围，利用百度热力图数据和不同类型的 POI 数据，结合不同时间段的时空变化，研究通勤圈内人口流动和人口聚集区的分布特征及内部通勤联系，为解决通勤圈内通勤问题、完善城市功能布局和配套设施分布、提高城市空间绩效等提供理论基础。

① 赵蕊：《北京常住人口空间分布变动与对策研究》，《北京社会科学》2018 年第 1 期。
② 仇婧妍、姚梓阳、潘鹏程：《基于多源数据的人群聚集特征与实际服务人口初探——以石家庄鹿泉区为例》，《面向高质量发展的空间治理——2020 中国城市规划年会论文集（05 城市规划新技术应用）》2021 年 9 月 25 日。
③ 杨俊宴：《城市脉搏：基于多源大数据的城市动态结构研究》，《规划师》2020 年第 21 期。
④ 闫学东、郭浩楠、李永昌等：《基于顺风车数据和聚类方法的都市圈区域划分与层级结构研究》，《交通运输系统工程与信息》2021 年第 4 期。
⑤ 吴志强、叶锺楠：《基于百度地图热力图的城市空间结构研究——以上海中心城区为例》，《城市规划》2016 年第 4 期。

二　研究区域与研究框架

（一）研究区域

《2022年度中国主要城市通勤监测报告》的数据显示，北京市的城市通勤空间半径被评定为40km。因此，本研究选择以北京市40km通勤空间作为研究范围，覆盖北京市六环及其周边，面积约为5024km²。这一区域不仅包括了北京市主城区（东城区、西城区、朝阳区、丰台区、石景山区、海淀区城六区），还涵盖了北京市城市的主要建成区（顺义区、通州区、大兴区、房山区、门头沟区及昌平区部分地区），甚至扩展至河北省廊坊市部分区域（如三河市、大厂回族自治县）。

（二）研究框架

利用时空大数据，使用百度热力图和POI数据，通过ArcGIS平台进行数据处理，研究首都通勤圈内人口流动和人口聚集区分布情况，构建典型人口聚集区识别标准，识别出首都通勤圈内典型商业类聚集区和典型居住类聚集区，判定北京市通勤空间范围内居住地和工作地的分布情况，最后探索两类聚集区的理论通勤联系、通勤距离，为进一步了解职住空间特征和提高通勤效率提供参考。

首先，将所有百度热力图通过ArcGIS平台进行配准；其次，为更好地观测百度热力图在空间上的数值变化情况，对所有百度热力图进行相同空间范围批量裁剪，将研究范围划分成200m×200m的网格，将原始百度热力图赋值于渔网上；最后，为更好地显示百度热力图数值大小，利用自然间断点分级法进行重新分类和赋值，热力图从低到高分别是1-7，共7类。同理，将POI数据赋值于渔网上，重复上述操作，将两类数据结合，根据自然间断点分级，计算人口聚集区的平均值和标准差，制定典型人口聚集区识别标准，最终进行两类城市典型人口聚集区的识别。最终，通过对城市典型商业类聚集区和典型居住类聚集区进行理论通勤距离分析，初步识别首都通勤圈内理论通勤联系、通勤距离（见图1）。

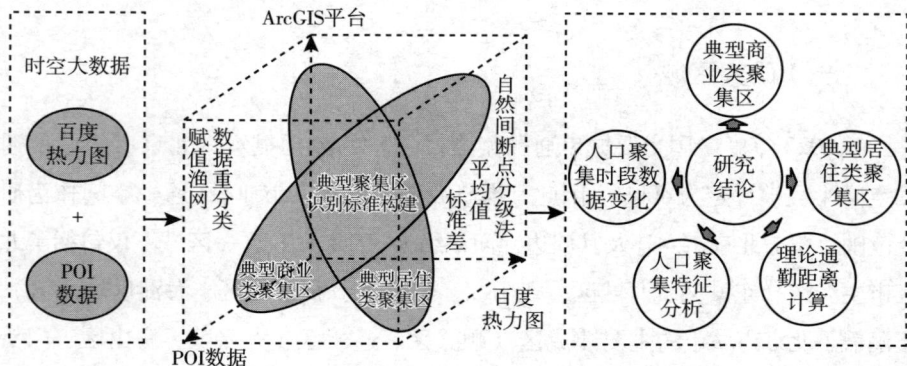

图1　研究框架

资料来源：作者自绘。

三　数据来源与研究方法

（一）数据来源

1. 人口聚集数据

人口聚集数据来源于百度地图平台提供的百度热力图，以百度热力图数值变化情况，反映研究区域某一时段的人口聚集情况。本文基于研究内容，选取2022年11月14日至16日共3天工作日时间，以一小时为时间间隔，采集7点至24点的百度热力图数据，每天采集17组数据，3天共采集51组数据。

2. POI数据

本文采用来自高德地图开放平台的POI数据，经过信息筛选后，保留用于分析的总数据量889928条。根据高德POI分类进行数据重分类，将POI数据分类为大类、中类、小类3类，大类包括居住和商业，居住大类包含住宿服务、商务住宅；商业大类包括商业、商务金融、商务服务业（见表1）。

表1 POI数据分类

大类	中类	小类
居住	住宿服务	宾馆酒店
		旅馆招待所
	商务住宅	产业园区
		楼宇
		住宅区
商业	商业	购物服务
		餐饮服务
		室内设施
	商务金融	公司企业
		汽车销售
		金融保险服务
	商务服务业	汽车维修
		汽车服务
		摩托车服务

资料来源：作者自绘。

（二）研究方法

1. 自然间断点分级法

自然间断点分级法是基于数据集排列，对数据进行分类识别，从而对相似值进行最恰当的分组，确定数据中心自然存在的断点，使得各个类之间的差异最大化的方法。该方法根据数据集划分为多个小类，将数据值分类到不同的类别中，对于这些不同的类别，通过在数据值差异相对较大的地方定义其边界，构建数据自组织聚合。

本文通过自然间断点分级法来显示百度热力图数值高低，根据百度热力图数值的大小进行类别的划分并进行赋值，依序从数值低到高分别是1、2、

3、4、5、6、7 共 7 类，从而可以更好地反映百度热力图数值的变化情况。

2. 人口聚集时段

为更好地观察时间段上的变化情况，本文将获取的 3 天工作日 17 个时间段的百度热力图归纳为通勤时段、上班时段、休憩时段共三类时段，包括早通勤时段、晚通勤时段；上午上班时段、下午上班时段；中午休憩时段及晚上休憩时段（见表 2）。通过对人口聚集时段数据的划分，对首都通勤圈大范围居住聚集区、商业聚集区进行识别，从而更好地识别聚集区主要功能。

表 2　人口聚集时段数据划分

通勤时段	上班时段	休憩时段
7:00~9:00	9:00~12:00	12:00~13:00
18:00~20:00	13:00~18:00	20:00~24:00

资料来源：作者自绘。

3. 人口聚集区量化

（1）人口聚集区平均值

参考相关研究，用人口聚集区平均值来反映人口聚集情况，用人口聚集情况平均值来反映区域内人口聚集的整体水平。统计各个人口聚集区工作日的热力度平均值，以反映不同时间段的人口聚集和分布特征。人口聚集区平均值与人口聚集程度之间存在正相关关系，平均值越大，说明人口聚集程度越高；反之，人口聚集程度越低。

计算人口聚集情况平均值的公式为：

$$P(x) = \frac{\sum_{i=1}^{n} X_i}{n} \tag{1}$$

式（1）中，$P(x)$ 是人口聚集区平均值，X 是某一时间段的人口聚集区数值，n 为时间段数量，为了将人口聚集情况进行分类，采用自然间断点分级法，将人口聚集区平均值从低到高分为无聚集、少聚集、较少聚集、一般聚集、轻度聚集、中度聚集和高度聚集。

（2）人口聚集区标准差

在人口聚集区平均值的基础上，引入人口聚集区标准差评价指标，来进一步识别城市人口聚集区，标准差用来反映不同时段人群聚集的变化情况，与聚集情况变化呈负相关关系，标准差越小，聚集变化越剧烈。人口集聚标准差被看作是评估一个地区的功能和确定一个城市的特定功能区或个别功能区的重要标准。

计算人口聚集情况标准差的公式为：

$$Pstd = \sqrt{\frac{1}{n} \sum_{i=1}^{n} (X_i - P(x))^2} \tag{2}$$

式（2）中，$Pstd$ 是人口聚集区标准差，X 是某一时间段的人口聚集值，n 是时间段的数量，$P(x)$ 是人口聚集区平均值。

四　首都通勤圈不同时段人口分布情况

（一）人口聚集时段数据变化情况

将百度热力图按照自然间断点分级法重新整理后，将人口聚集程度按照热力值从1到7定义为无聚集、少聚集、较少聚集、一般聚集、轻度聚集、中度聚集和高度聚集。其中，中度和高度聚集区在一定程度上分别代表了城市内相对集中和高度集中的区域，较大的区域反映了较高的集中度，较小的区域反映了较高的分散度。将中度聚集区和高度聚集区总面积作为城市人口聚集区，反映城市人口聚集程度。

通过对百度热力图的分时段精细化数据处理，最后得出2022年11月14日至11月16日共3天时间内6个重要时间段的热力值情况（见图2）。从图中可以清晰地观察到，在早通勤时段、上午上班以及中午午休时段，人口明显向城市中心区域聚集，而在下午上班、晚通勤时段和晚上休憩期间，

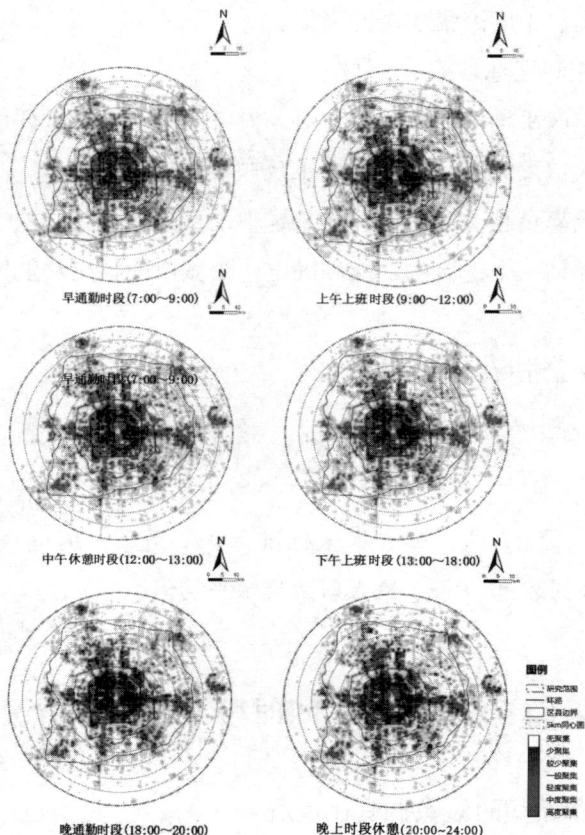

图2　人口聚集时段变化

资料来源：作者自绘。

人口分布则相对较为分散。值得注意的是，在早、晚通勤时段，人口向轨道交通路径流动趋势尤为明显，包括 CBD 附近的国贸站、双井站、大望路站、金融街附近的阜成门、复兴门、南礼士路等地铁站，由于其作为重要换乘站点，日常人流量显著，整体呈现出明显的聚集状态。此外，还可以观察到，在上午上班、中午休憩和下午上班期间的人口聚集区基本重合，主要集中在国贸、CBD、王府井、金融街、中关村等核心商圈和办公区域附近。然而，与白天不同的是，晚上休憩时段的人口聚集则主要集中在五环以外、六环周边的城市边缘区，如天通苑、回龙观、通州、燕郊等区域。

为进一步量化人口聚集程度的变化情况，本研究计算了6个时段内人口聚集程度为中度聚集和高度聚集的聚集区面积的平均值（见表3）。从表3中的人口聚集区面积平均值可以看出，首都通勤圈内工作日的人口聚集最大值出现在晚通勤时段，表明该时段是人口流动和人口聚集最为活跃的时刻。而上午上班、下午上班和中午休憩时段人口聚集程度也相对较高，呈现出一定的集中性。相比之下，早通勤时段和晚上休憩时段的人口聚集度则相对较低。

表3　不同时间段集聚集面积分时段比较

单位：km², %

时间	人口聚集区面积平均值	人口聚集区面积占总面积比重
早通勤时段（7:00~9:00）	79.59	1.58
上午上班时段（9:00~12:00）	115.81	2.31
中午休憩时段（12:00~13:00）	114.38	2.28
下午上班时段（13:00~18:00）	98.87	1.97
晚通勤时段（18:00~20:00）	160.47	3.19
晚上休憩时段（20:00~24:00）	40.88	0.81

资料来源：作者自绘。

（二）人口聚集特征分析

1. 人口聚集平均聚集程度特征分析

通过观测人口聚集情况平均值（见图3），可以观察到首都通勤圈内人口聚集程度的空间分布特征，首都通勤圈内人口聚集情况由内到外逐渐减少，五环以内（半径20km内）的区域呈现人口密度大、聚集程度较高，无聚集区域相对较少的特点；而五环至六环周边（半径大于20km而小于40km）的区域则表现为人口密度相对较低、集聚情况较低，无聚集区域占比较大的特点。进一步聚焦人口聚集区域，即"中度聚集"和"高度聚集"所在区域，可知，在国贸、CBD、金融街、中关村、王府井、西单、回龙观、天通苑等地区人口聚集程度较大的区域。通过计算人口聚集程度与其面积占比（见表4），发现人口聚集程度和面积之间基本呈现出负相关关系，即聚集程度越高，所占面积越小（轻度聚集区除外，轻度聚集区分布面积较大）。本研究选取"中度聚集区"和"高度聚集区"来反映人口聚集情况。

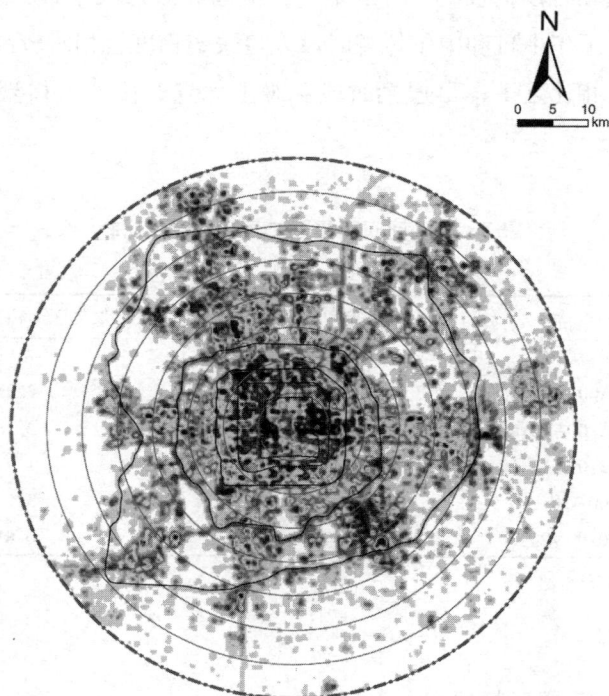

图3　首都通勤圈人口聚集情况平均值

资料来源：作者自绘。

表4　首都通勤圈不同人口聚集程度的面积比较

单位：km²，%

聚集程度	人口聚集程度面积	人口聚集程度面积占总面积比重
无聚集	3202.78	63.75
少聚集	458.01	9.12
较少聚集	334.69	6.66

聚集程度	人口聚集程度面积	人口聚集程度面积占总面积比重
一般聚集	277.34	5.52
轻度聚集	488.19	9.72
中度聚集	160.61	3.20
高度聚集	102.38	2.04
总和	5024	100.00

资料来源：作者自绘。

2. 人口聚集变化程度特征分析

为更加深入剖析人口聚集的变化程度，本研究采用自然间断点分级法将人口聚集区标准差分为 7 个等级，从低到高分别显示标准差由小到大的分布情况。标准差越大，表明该区域各时段人口变化剧烈，能在一定程度上反映人口流动情况。据观测可知，六环周边的亦庄、通州、常营、顺义、回龙观、天通苑、西三旗、上庄、房山等区域的标准差较大，这些区域多为居住地，人口流动性相对较高。五环内的望京、亚奥商圈、中关村、五棵松、丽泽商圈、南宫商圈、劲松、潘家园、国贸、三里屯、东直门、西直门、金融街、西单、崇文门、朝外等地为商务区。识别出的区域与普遍认知上的城市功能区相符（见图 4）。

（三）城市典型人口聚集区识别

1. 构建典型人口聚集区识别标准

在已有的人口聚集区识别基础上，为进一步深化研究，综合运用人口聚集的平均值和 POI 数据，对人口聚集区的类型进行详细划分，将人口聚集区划分为不同类型，从而更好地揭示人口流动和人口聚集的内在规律和潜在影响因素。在首都通勤圈内，主要识别了位于轨道交通周边的居住和商业功能，并将其划分为商业类聚集区和居住类聚集区两大类。在构建指标识别聚集功能区时，首先通过高德地图开放平台获取轨道交通站点步行 15 分钟内的覆盖范围，获得各站点周边步行 15 分钟可达的范围，从而分析站点分布

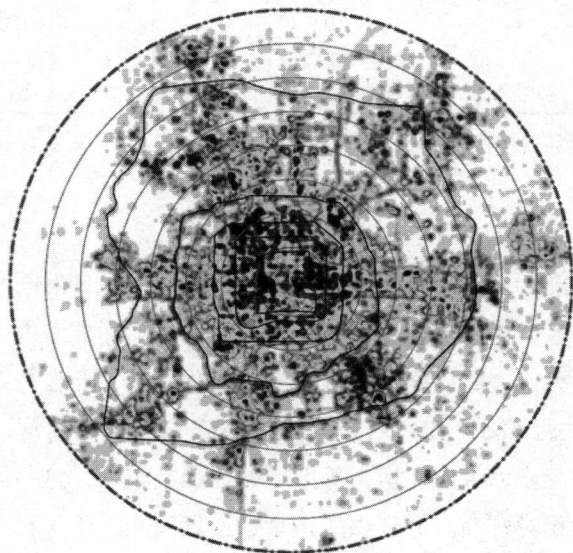

图 4 首都通勤圈人口聚集情况标准差

资料来源：作者自绘。

特点和存在的问题。具体可达范围流程如下。

通过高德开放平台提供的 POI 查询服务，利用 Python 批量获取北京市轨道交通站点位置信息，其中包括站名和具体坐标，并对坐标数据进行处理，便于研究使用。

（1）使用随机发生器，分别在每个站点周围建立点阵，出行方式为步行时半径取 1500m，并获取点阵所有点的坐标。

（2）以站点为起点，以点阵中各点为终点，通过高德地图路径规划服务，规划路径时间和步行动作等数据。

（3）筛选其中时间小于 15 分钟的点位，以最外围点位连接成多边形，即为该站点步行 15 分钟可达范围。

之后，结合人口聚集的平均值和标准差等级，识别出典型的两类聚集区（见表5），这也成为后文人口聚集区的识别标准。

表5　典型人口聚集区识别标准

典型聚集区	识别标准
典型商业类聚集区	工作日（11月14日至11月16日）上午上班时段（9:00~12:00）、下午下班时段（13:00~18:00）两个时段人口聚集程度为中度聚集以上，及标准差等级为5的区域
典型居住类聚集区	工作日（11月14日至11月16日）晚上休憩时段（20:00~24:00）人口聚集情况平均值程度为中度聚集及以上的区域，同时人口聚集情况标准差等级为5的区域

资料来源：作者自绘。

2. 城市典型人口聚集区识别结果

基于上述构建的识别标准，使用 ArcGIS 平台对两类典型人口聚集区进行空间识别，并绘制了相应的空间分布图，可以观测到聚集区识别结果基本与现实情况相符合。典型居住类聚集区主要分布在四环以外至六环周边，典型商业类聚集区主要分布在四环以内。

识别出的典型居住类聚集区包括昌平区的天通苑和回龙观，其位于北五环与六环之间，是北京市最大的居住地之一，人口较为密集；河北省三河市的燕郊，位于东六环外，毗邻通州，距北京市中心35km，与北京联系紧密，是北京周围著名的"睡城"；朝阳区望京片区，位于东北方四环与五环之间，属职住混合型社区，居住指数较高；大兴区亦庄片区，位于东南五环与六环之间，属职住混合型社区，居住指数较高（见图5），识别结果与现状相同。

识别出的典型商业类聚集区主要分布在四环以内，包括西直门商圈、东直门商圈、金融街、西单、丽泽商圈、崇文门、王府井、国贸等（见图6）。

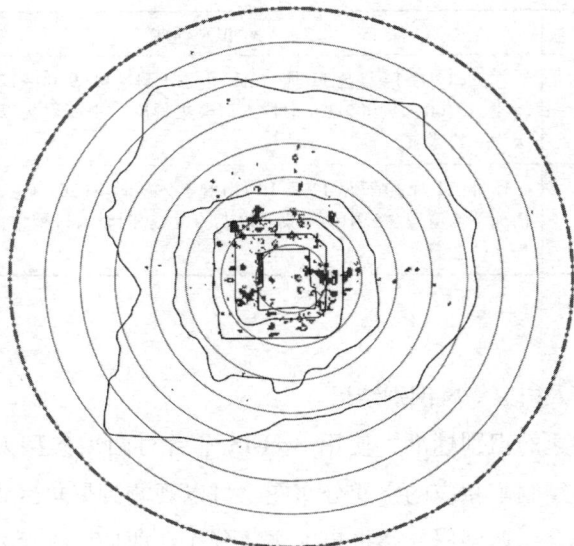

图5 首都通勤圈典型居住类聚集区

资料来源：作者自绘。

五 典型人口聚集区通勤距离测算

在已识别出的典型居住类聚集区和典型商业类聚集区基础上，通过轨道交通线路创建网络数据集，采用网络分析方法，精确计算出居住区到商业区的通勤距离。按照通勤距离最短原则，对其职住对应关系进行匹配，并通过通勤测度，获取理论通勤距离（见图7）。通勤圈内的通勤距离介于最大通勤距离和最小通勤距离之间，最大通勤距离和最小通勤距离是城市通勤行为的两个极值，理论通勤距离的长短直接反映了职住分离度的程度，即距离越长，职住分离度越高，城市的通勤效率也就越低。平均理论最大通勤距离代

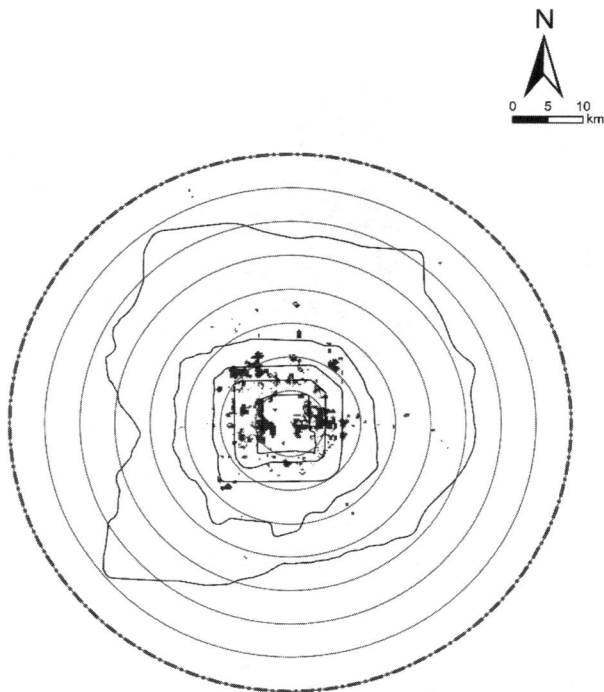

图 6　首都通勤圈典型商业类聚集区

资料来源：作者自绘。

表是人均选择离居住地最远的地方就业所产生的最大通勤距离，而平均理论最小通勤距离是由居住和就业空间结构决定的，用来表示职住平衡的程度。

为进一步分析通勤距离的分布特点，本研究通过自然间断点分级法将理论通勤距离细分为 5 级，理论最小通勤距离段为 0~5.25km，即为理论最小通勤流；而理论最大通勤距离段则为 23.18~40.2km，反映了理论最大通勤流（见图8、图9）。通过观测可知，理论最大通勤流，主要源自首都都市圈的外围地区，其分布范围广泛，通勤联络线主要沿南北向和东西向展开，其中南北向的通勤流主要集中在北六环至南六环之间，包括从天通苑与回龙观方向流向亦庄商圈的通勤流；而东西向的通勤流主要是从东六环向西五环方向流动，即主要由通州、燕郊流向公主坟与五棵松商圈。相较之下，理论

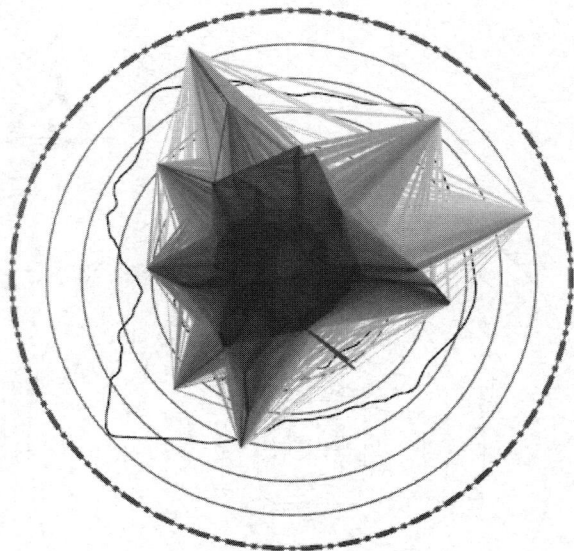

图7 理论通勤距离分布

资料来源：作者自绘。

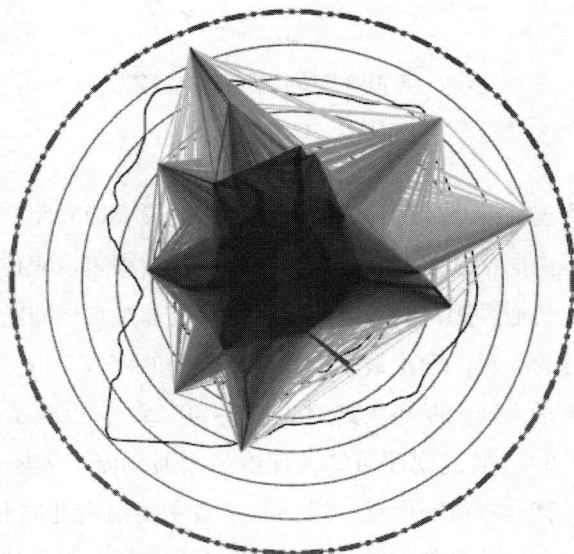

图8 理论最大通勤距离分布

资料来源：作者自绘。

最小通勤流，主要分布在四环以内，体现了主城内部之间的通勤联系，特别是东西两侧之间的理论通勤联系较多。通过对理论最大通勤流和理论最小通勤流的观测，得出的结论与现实情况较为符合，进一步验证了本研究方法的科学性和可行性。

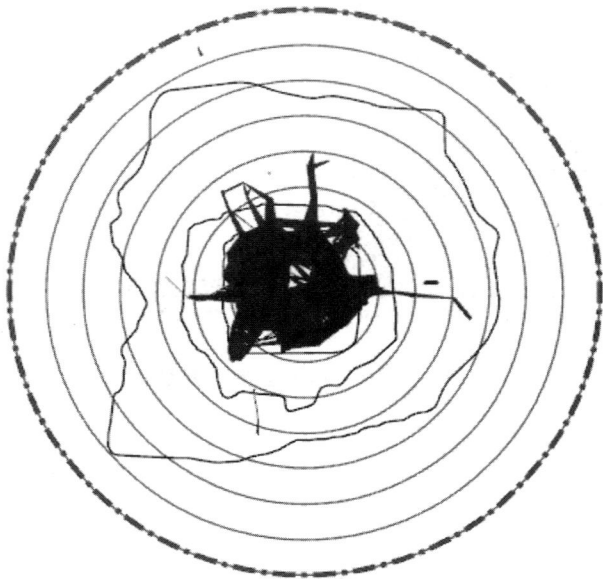

图 9　理论最小通勤距离分布

资料来源：作者自绘。

　　理论通勤距离分布最多的距离段为 5.25~9.67km，主要分布在五环以内，同时也涵盖了五环以北的部分区域。由此可见，五环内是理论通勤距离分布最为密集的区域，这也反映了城市内部居住与就业空间结构的特征。进一步分析理论通勤距离直方图（见图10）可知，本研究计算的通勤距离平均值为9.42km，标准差为5.86km，中位数为8.9km。《2022年度中国主要城市通勤监测报告》显示，北京市平均通勤距离为11.1km，中位数为7.6km，由于本研究的研究范围为半径40km的首都通勤圈，部分外围长通勤距离未纳入计算，导致平均值略小于百度平台的数据，但考虑到研究的范围和计算方法，并去除误差值，本研究的理论通勤距离仍然具有较高的准确性。

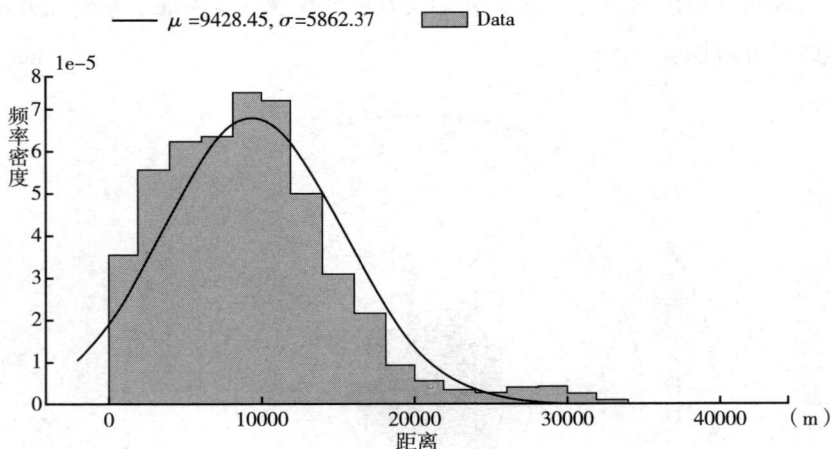

图 10　理论通勤距离直方图

资料来源：作者自绘。

六　首都都市圈空间治理对策

（一）促进轨道交通与首都都市圈发展协同推进、深度融合

首都通勤圈内典型居住类聚集区主要分布在四环以外至六环周边，而典型商务类聚集区主要分布在四环以内。人口主要流动方向包括：在白天，由燕郊、六环周边流向四环内、北京主城区；而在夜间，则由城内工作地向外围扩散。本文识别出的典型居住类聚集区包括天通苑、回龙观、燕郊、望京、亦庄等地，大型居住区基本分布在六环周边，居住区从城中心向外围扩散。典型商业类聚集区包括国贸、金融街、王府井、西直门商圈等，商业类聚集区更多分布在中心城区。

轨道交通一方面能促进职住空间的有效沟通、减少通勤距离和通勤时间，另一方面在一定程度上对用地进行不断分割，存在阻隔职住空间、增加出行时间的情况。为促进人口流动、有效解决通勤问题，促进职住空间均衡发展、提升通勤效率，需要对城市空间进行合理布局，同时也需要轨道交通辅助推进，实现通勤的高效化和快速化。只有城市规划与轨道交通相互配合、深度融合，才能有效解决城市通勤问题，推动城市高质量协同发展。

（二）调整首都都市圈功能布局，优化空间结构

首都通勤圈呈现出明显的圈层式分布特征，典型商业类聚集区主要分布在四环以内，并未向外围扩散，其分布沿轨道交通沿线特征明显，南北向发展态势良好，但东西向发展略微失衡。西侧石景山区六号线沿线发展较弱，具有较大的提升空间；而东侧有向通州方向向外延伸的趋势，但目前尚处于发展阶段，需要进一步重视通州副中心发展，加快完善轨道交通布局、功能业态和基础设施建设。同时，典型居住类聚集区除了分布在四环以内，大部分分布在四环以外，五环至六环周边，甚至还有向外扩散的趋势。典型商业类聚集区的发展速度滞后于典型居住类聚集区，导致职住分布的不平衡现象，进而引发通勤距离过长和通勤时间过久等问题，需强化多点支撑，提升各区综合承接力。

（三）优化轨道交通网络通勤圈，提升综合服务水平

1.建立分圈层交通发展模式，加速构建"1小时通勤圈"

对首都都市圈不同空间范围，通过构建不同圈层的交通发展模式，形成高效便捷的轨道交通网络体系，以轨道交通作为主干骨架，推动"轨道上的京津冀"建设进程，构建"1小时通勤圈"。这主要包括核心圈层的地铁与城市快速路建设，以及近郊圈层的区域快线（含市郊铁路）和高速公路的完善。通过构建"环线+放射+贯通"状的轨道交通网络格局，利用轨道交通走廊实现各圈层间的有效连接与高效转换。同时，加快重大基础设施及周边站点、轨道交通沿线重要功能的规划与建设，重点建设重要核心枢纽站点，如加强建设城市副中心区域站点和四环周边站点的建设，确保各圈层间

的顺畅衔接。

2. 内优外拓，织补轨道交通网络

当前，轨道交通建设应坚持内优外拓、有效织补的原则，进一步完善轨道交通网络。一方面，向外拓展轨道交通线路，特别是建设五环之外的交通路线，如 1 号线、6 号线的外延线及市郊铁路，以缓解首都通勤圈中心城区的交通压力。同时，持续优化中心城区内部的轨道交通网络基础设施与服务，提升地铁线路的运营效率。另一方面，随着轨道交通网络的日益成熟和线网密度的增加，可以适当引入城际快线，以更好地连接周边城市，提升首都都市圈的整体交通效率。此外，还应加强外围圈层的轨道交通建设，对交通相对薄弱区域的轨道交通进行有效织补，比如通勤圈西部石景山区轨道交通路线及站点的建设、东部通州区域重要站点及基础设施建设。结合北京市用地功能与空间结构，建设轨道交通联络线与区域快线，满足首都都市圈的发展要求。

3. 加强轨道交通"微中心"建设与发展

轨道交通"微中心"的建设与发展，对于提升土地利用效率、增强轨道交通站点的可达性、丰富城市功能属性具有重要意义。同时，轨道交通"微中心"具有活力共享、复合多元、高效集约、便捷出行、空间宜人五大主要特征，有助于北京市形成功能复合、高品质、服务人民的活力中心。[1]因此，需重视轨道交通"微中心"建设与发展，促进轨道交通"微中心"周边可达性，结合轨道交通站点的功能定位、交通区位、经济区位、交通级别、周边用地等诸多因素进行轨道交通微中心站点的确认。目前北京市正在大力发展轨道交通"微中心"，选取第一批轨道微中心 71 个，涉及 14 个区、28 条线路。[2] 微中心的建设将为北京市的轨道交通发展注入新的活力，为市民提供更加便捷、舒适的出行体验。

---

① 陆化普：《公共交通导向的发展模式：现状与趋势》，《科技导报》2023 年第 24 期。
② 陆化普：《公共交通导向的发展模式：现状与趋势》，《科技导报》2023 年第 24 期。

B.18
京津冀协同背景下新型地摊经济发展对策

苗婷婷[*]

摘　要：　近年来，发展新型地摊经济成为政策研究领域的热门议题。在京津冀地区，社会整体就业压力较大，部分行业企业营收呈下降态势。在各地升腾城市烟火气、打造消费中心城市以及数字经济快速发展的背景下，京津冀可发展新型地摊经济并与夜经济、外摆经济、数字经济、社区地摊经济等有机融合，推动地摊向夜间延伸，向沿街商家、百货商超门口及有条件的社区扩展，借助多元数字经营工具，促进地摊经济的数字化转型。同时，京津冀三地也需要从政策协同、技术协同、人员协同、资源协同等方面入手为新型地摊经济创造条件，为京津冀持续高质量发展打造新赛道。

关键词：　京津冀协同　新型地摊经济　夜经济　外摆经济　数字经济

当前阶段，中国社会人口、经济、技术、管理等要素已发生显著变化，地摊经济正进入全民时代，"白领地摊族""地摊创业联盟""汽车摆摊族""摆摊带货网红"等新兴摊主大量涌现。[①] 同时，对城市过渡空间，包括城市广场、街头公园、绿地、街道、桥下空间等的精细化使用正成为一种融合城市规划设计、综合管治、社区场所营造的复合型城市发展工具。在这样的背景下，地摊经济有望脱离传统意义上以游商摊贩为主的流动街头贩卖形

---

　*　苗婷婷，博士，首都经济贸易大学讲师，主要研究方向为城市治理、韧性城市。

　①　潘悦、王誉霖、田韬禹：《地摊经济 3.0 发展现状、问题及对策分析》，《中国商论》2021年第 21 期。

式，升级成为一种囊括多元主体和产品选择，融合先进数字生态系统和服务模式，兼容良好城市卫生、秩序的新型地摊经济。在新形势下，引导和规范新型地摊经济发展，深入思考新型地摊经济的融合共生之路，提升政府的精细化管理水平，可为城市未来发展带来无限可能。在京津冀协同发展十周年之际，有必要在既有丰硕成果的基础上，持续创新、优化管理，鼓励引导新经济业态的发展，为城市群的高质量发展带来新气象和新作为。

一　发展概况

（一）传统地摊经济的发展脉络及现实困境

传统地摊经济是指通过在城市街道、广场、社区等公共场所设立临时性不固定摊位，出售小吃美食、自产自销的农产品以及各类日用品等，以增加收入来源而形成的一种经济形式。[①]

改革开放后，随着城市化的推进及市场经济的发展，地摊经济回应现实需求，获得快速发展。[②] 1981 年，中共中央、国务院在《关于广开门路，搞活经济，解决城镇就业问题的若干规定》中指出，"按照国民经济的需要适当发展城镇劳动者个体经济，增加自谋职业的渠道；要采取积极态度，坚决地迅速地改变那些歧视、限制、打击、并吞集体经济和个体经济的政策措施，代之以引导、鼓励、促进、扶持的政策措施"。以"傻瓜瓜子"为代表的叫卖小贩不再被归于"投机倒把"的范畴，地摊经济迎来发展曙光，迅速遍及各城市。

20 世纪 90 年代，中国改革开放和现代化建设进入关键时期，一些破坏

---

① 吴丽蓉、余碧蓉、许悦珊、关羽晴：《论地摊经济的可持续发展》，《商业 2.0》2023 年第 19 期。
② 王舒敏、白淇文、贾胜超等：《流动商摊视角下街道边缘空间调查及优化探索——以长沙市万家丽商圈为例》，载《人民城市，规划赋能——2022 中国城市规划年会论文集》，2023 年 9 月 23 日。

市场秩序的经济活动出现，影响了社会良性秩序。地摊经济的野蛮发展也为城市带来了诸多负面影响，如占道经营、阻碍交通、污染环境、偷税漏税、销售假冒伪劣产品等。因此，很多城市为促进城市和谐文明发展，设立城管①对地摊经济进行规范和限制。同时，北京开始实施"退路进厅"工程，即将街头群摊市场整合到规划设定的特定区域和建筑中，未进厅的街头市场逐步失去其合法性。随着全国卫生城市和文明城市的创建，各城市认为地摊影响城市形象，皆对其持排斥态度。

2005 年之后，部分省区市城管执法队员"暴力执法"和小摊贩"暴力抗法"事件频频发生，各地开始规范城管执法行为，同时对游商摊贩"疏堵结合"，进行人性化管理。例如，从 2005 年开始，北京市城管执法局委托有关单位编写《城市管理综合行政执法原理与实务教程》《城管执法案例分析》《城管执法操作实务》等多部城管内部培训教材，加强对北京市城管执法队员进行培训教育。2009 年，北京市原崇文区城管大队协调相关部门在东花市小区建立早市，把游商请进市场合法经营。② 2017 年，国务院出台的《无证无照经营查处办法》明确指出"在县级以上地方人民政府指定的场所和时间，销售农副产品、日常生活用品，或者个人利用自己的技能从事依法无须取得许可的便民劳务活动"不属于无证无照经营，不在查处范围内，一定程度上承认了地摊经济的合法性。同年，《河北省食品小作坊小餐饮小摊点管理条例》正式实施，对小摊点实行备案卡管理，且备案卡不收取任何费用。

2020 年以后，以成都为首的各城市开始鼓励推行地摊经济。中央文明办在全国文明城市测评指标中，也明确提出不再将占道经营、马路市场、流动商贩列为文明城市考核内容。河北省诸城市，如石家庄、秦皇岛等地，提出鼓励释放"地摊经济"，以促进就业，助力城市经济发展。

概括而言，改革开放以来我国地摊经济管理政策经历了"放活解禁"

---

① 周洪双、王旋：《王连峰：城管改革大幕已拉开》，人民网，2014 年 2 月 21 日，http：//politics. people. com. cn/n/2014/0221/c30178-24424740. html。

② 《北京城管"新政"》，清华大学公共管理学院中国公共管理案例中心网站，2009 年 12 月 31 日，http：//case. sppm. tsinghua. edu. cn/info/1004/1618. htm。

"限制排斥""疏堵结合""重新释放"四个阶段。作为城市化进程中发展起来的非正规、非定点、非商业机构的流动销售和服务活动，地摊经济一方面对城市经济发展作出了较大贡献，另一方面在缺少合理规划和管理制度下的摊位自由生长也为城市发展带来了很多"负外部性"。地摊经济的低门槛、低质量、无秩序、难监管等特征，带来了街道脏乱、假冒伪劣、噪声扰民、游商满街、堵塞交通、不卫生不文明等城市顽疾，给城市管理、环境卫生、交通出行等方面带来诸多压力。① 尤其是，近年来北京治理"开墙打洞"、占道经营、无证无照经营、背街小巷环境等老百姓关心的问题颇具成效，城市品质和人居环境明显提升，传统地摊经济对北京来之不易的城市治理成果造成了较大挑战。②

（二）新型地摊经济及其优点

近年来，我国社会经济和技术水平发生了很大变化，"新型地摊经济""新型摊状经济"③"微型街道市场""地摊经济3.0"④ 等提法开始出现。

"新型地摊经济"的外在形式有所升级。传统地摊经济多以露天形式临时摆在地上进行买卖，而现阶段的地摊经济可借助数字化手段开展云上经营，也包括在户外或大型公共建筑物内的小店或售货摊、一些具备创意美学成分的售卖车等特色售卖点，以及敞开的私家车后备箱等经营。新型地摊经济与以"脏乱差""低级"为标签的传统地摊经济不同，是经过精心规划选址、科学市场定位、统一形象设计、公共服务配套、管理政策制定等的干净、安全、有序、艺术的地摊经济新形态。其类型包括：每天在固定时间规划开放的夜市、允许有文化特色的摊贩在指定区域的摆摊、专业公司在相关部门统一管理下组织巡回的快闪集市、商圈空地与文旅特色街区的外摆、周末公园集市、

---

① 吴迪、朱彦莉：《经济内循环下地摊经济发展现状与路径探究》，《营销界》2024年第2期。
② 京平：《地摊经济不适合北京》，《北京日报》2020年6月7日。
③ 浙江省公共政策研究院研究员夏学民提出"新型摊状经济"的概念。
④ 潘悦、王誉霖、田韬禹：《地摊经济3.0发展现状、问题及对策分析》，《中国商论》2021年第21期。

城市郊区及高架桥桥下空间的后备箱市集、社区组织的跳蚤市场等。

新型地摊经济能够为城市发展释放"正能量"，其作用包括：促进就业、帮助中小企业渡过难关、实现低收入群体底层互助、强化城市经济多元韧性、营造城市场所精神、扩大未充分利用的空间价值、增进城市生机活力、形塑包容宜居城市形象、保障公民基本劳动权利等，因而受到很多群众的支持。[①] 从产业发展的视角，"新型地摊经济"背后涉及的产业链十分庞大且复杂，从地摊售卖原材料的供应、摆摊辅助工具、地摊商业管理规范到地摊环保处理，再到"地摊经济"相关话题的网络活动、城市全域旅游开发等，围绕"地摊经济"的环节将会慢慢形成完整的商业生态。探索发展"新型地摊经济"，在一定程度上能够刺激和带动城市其他商业业态的发展。北京、天津等超大城市不适合"随处摆摊"，但与"地摊经济"并不冲突。打造新型高质量文明地摊，探索"地摊经济"的升级版，对于锚定城市群不同城市的功能定位、维护超大城市治理成果、繁荣区域经济、保障民生具有重要的现实意义。

二　京津冀地区发展新型地摊经济的现实条件

2014 年，京津冀协同发展上升为国家战略，意在整合三地资源、构建创新型区域经济体，打造具有国际竞争力的经济增长极。[②] 作为中国北方的经济核心区域，京津冀协同发展十年来取得了显著成效，2023 年京津冀地区生产总值为 10.4 万亿元，是 2013 年的 1.9 倍。[③] 另外，新形势下我国内外部形势发生了深刻变化，对京津冀协同发展带来了多重挑战。京津冀地区须通过区域协同创新，实现生产力再造以及高质量发展的目标。

从发展新型地摊经济的视角来看，京津冀地区就业形势严峻，部分行

---

① 倪寒飞：《从地摊经济看民生与经济的选择》，《商业观察》2023 年第 19 期。
② 《京津冀协同发展的五大全局战略意义》，人民论坛网，http://www.rmlt.com.cn/2016/0311/419979.shtml，最后检索时间：2024 年 7 月 2 日。
③ 北京市统计局。

业，尤其是中小微经营主体面临较大的生存发展挑战，发展"新型地摊经济"具有较强的内在需求。进入社交媒体新时代，用户触媒行为发生变化，为新型地摊经济发展带来了广阔机遇。京津冀打造消费型城市、提振消费等政策措施为新型地摊经济发展提供了新空间。

（一）就业形势

近年来，我国就业形势呈现总体稳定、逐步改善的态势。与此同时，就业市场仍然面临总量性压力和结构性矛盾的双重挑战。[1] 2022 年、2023 年、2024 年我国高校毕业生的规模分别为 1076 万人、1158 万人和 1179 万人。[2]在高等教育普及背景下，我国高校毕业生规模日益增加，劳动力素质得到显著提升。但受到经济运行压力增大、产业结构转型升级、信息技术发展及 AI 智能替代等因素的影响，高校毕业生的就业压力增大。在社会整体就业压力增加的大环境下，京津冀城市群经济高质量发展、人口集聚和吸纳劳动力的能力低于大湾区、长三角。[3] 尤其是，在绿色发展背景下，京津冀城市群近几年为协同发展推进生态环境保护，环境规制对京津冀城市群整体的就业呈现负向显著影响。其次，受宏观经济形势影响，企业经济性裁员压力增大，互联网、房地产、教育、制造业四大行业裁员力度加大。未就业、失业群体在再就业的过渡期内，缺少收入来源，存在较大的摆摊意愿。

（二）经济压力

新形势下，国民经济下行压力加大，部分行业企业面临生存危机。例如，就对税收贡献、GDP 贡献、科技创新和吸纳就业作出重要贡献的中小微企业而言，近几年中小微企业运行压力加大，营收情况不容乐观。例如，2023 年前三季度，北京全市规模以上中小微企业实现营业收入 56173.2 亿

① 方长春：《稳就业成效、挑战与政策指向》，《人民论坛》2024 年第 5 期。
② 来自教育部 2022 年至 2024 年的统计数据。
③ 卜伟、刘珊珊、李晨曦：《三大城市群经济高质量发展水平测度与比较》，《统计与决策》2024 年第 12 期。

元，同比增长仅 0.3%，其中中型企业实现营业收入 34511.8 亿元，同比下降 4.5%；微型企业实现营业收入 4720.7 亿元，同比下降 1.1%；中小微企业吸纳就业 294.6 万人，同比下降 4.7%。再例如，作为国民经济中流通行业的重要组成部分，批发和零售业的市场运行低迷（见图 1），压力有待纾解。引导中小微企业（尤其是零售业，以及餐饮业、娱乐业、休闲业）加入市集、夜市、商场外摆等的摆摊过程中，这可以扩大商户与消费者的接触面，为自身产品进行宣传展示、开展推销促销、为自己门店引流，进而实现增收目标。

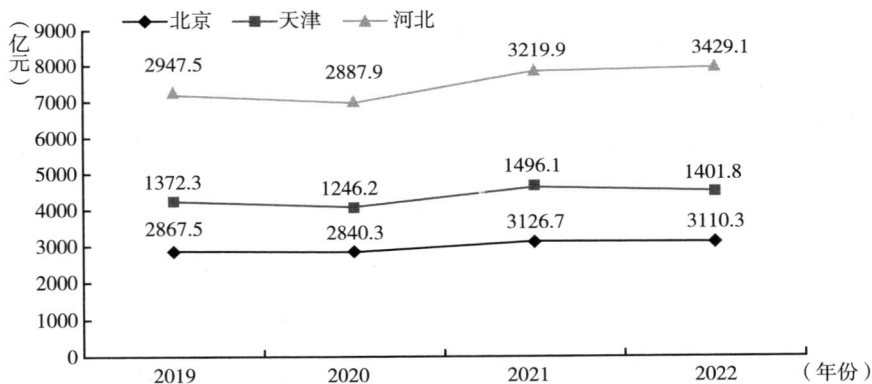

图 1　2019~2022 年京津冀批发和零售业增加值

资料来源：京津冀三地 2020~2023 年统计年鉴，行业增加值分别按当年价格计算。

（三）网络机遇

进入社交媒体时代，短视频引流作用显著。近年来，随着互联网技术的成熟和用户触媒行为的变化，数字平台逐渐成为城市形象传播和商家经营的新平台，也成为城市地摊经济发展的重要基础设施。根据巨量引擎城市研究院的研究报告，作为一款国民级的短视频应用，2023 年抖音日活跃用户超过 6 亿人，借助用户和创作者（包括商家）两大主体链接线上和线下，抖音成为推动城市繁荣经济的重要平台；其中，80% 的抖音用户日常会通过短视频或直播获取地摊、市集、夜市等生活相关资讯，然后再线下消费和打卡，再通过评价和反馈将线下的消费体验同步至线上，进一步促进了线上内容生态的繁荣。与此同时，2020年，京东、阿里等电商平台也从自身优势出发，围绕地摊经济的进货、资金和经营等难题，发布多维度帮扶计划（见表1），全面帮助地摊摊主进行数字化转型以及就业、创收。[①]

表1　各电商平台针对地摊经济发布的帮扶计划

电商平台帮扶计划	帮扶计划的重点内容
京东"星星之火"计划	供货支持方面,京东新通路基于其全渠道供货能力,联动近10000家品牌厂商、4000多家联合仓,为线下地摊零售商家提供超500亿元的品质货源,并提供数亿元进货补贴。 经营支持方面,京东新通路通过引入京东自有平台流量,打破地域和空间限制,实现有效地引流、获客、增收,以帮助线下地摊零售商家拓展线上经营;同时,新通路通过金融、数据和物流支持,多元经营拓展,令线下中小零售商家提升经营能力,拓展业务。 资金支持方面,新通路联合京东数科为有需要的小店提供最高10万元的无息赊购
阿里"地摊经济"帮扶计划	供货支持方面,阿里1688通过工厂直供的"新批发"模式触达摊主,去除中间商;上线"数字化夜市地摊进货专区",专为地摊经济优化选品,让摊主优化购货。 经营支持方面,阿里1688运用其数据能力,为摊主推送趋势热点,帮助摊主提前发现商机,提供进货决策咨询;通过数字化转型推动实现智能化新批发,使买家、摊主实现良性互动。 资金支持方面,阿里1688提供700亿元"诚e赊"免息赊购服务,支持摊主从1688赊账进货,商品卖出的资金用于还款和新一轮的采购,赊购额度最高达200万元,"循环额度+账期"保证摊主资金链健康运转
苏宁"夜逛合伙人"地摊夜市扶持计划	供货支持方面,苏宁平台的本地特产、生鲜、原产地、小百货等全国"当日配"可追溯优品货源;苏宁还提供全国家乐福、苏宁小店门店10000个冷柜仓储服务,夜市摊主可申请3公里内的免费冷链仓储服务。 经营支持方面,苏宁免费开放直播以及社群平台,为夜市摊主提供一键直播培训,为夜市摊主提前蓄客,并给予10亿元直播红包支持。 资金支持方面,苏宁提供20亿元夜市启动资金的低息扶持,为夜摊主提供资金保障

[①] 《网络平台赋能地摊经济：一些公司纷纷推出帮扶措施》，新浪科技，2020年6月4日，https://tech.sina.com.cn/roll/2020-06-04/doc-iircuyvi6600717.shtml。

续表

电商平台帮扶计划	帮扶计划的重点内容
微信 "全国小店烟火计划"	经营支持方面:小微商户智慧经营工具"收款小账本"小程序发布"小程序店铺模板",结合下单助手、朋友会员帮助商家低门槛打造数字化经营模式;微信支付上线"经营指南"和"任务中心",为商家提供丰富的经营及管理分享内容;"收款小账本"也通过官方定期的功能指引、优秀案例教学以及商家讨论等,帮助商家快速上手线上经营,获得生意增长。 物料支持方面:微信支付为商家提供免费下载门店经营海报、智能播报音箱等物料支持,帮助商家提升线下门店形象和推广能力。 资金支持方面:商家可免费获得 20 万元保额的"微信安心收款计划"保障,还可通过"收款小账本"小程序的"商家保障中心"升级为 100 万元保额的"收款安全险"保障

资料来源:各电商平台。

(四)宣发需求

发展地摊经济一直被各地视作升腾城市烟火气、打造消费中心城市的有力举措。根据 2022 年北京市规划和自然资源委员会与北京市商务局共同编制的《北京市商业消费空间布局专项规划(草案)》,到 2035 年,北京将建设成为"中国潮"、"国际范"与"烟火气"共融共生的国际消费中心示范城市。天津市文化底蕴丰厚,天津之眼、洋楼建筑、火车站、世纪钟、海河、解放桥、五大道、解放北路、相声茶馆等景点丰富。2019 年,天津市文化和旅游局出台《天津市促进旅游业发展两年行动计划(2019—2020年)》,表明了打造消费中心城市的意愿。河北省文旅资源同样丰富,世界文化遗产共 4 项 5 处。而据马蜂窝发布的《当代年轻人旅游图鉴》,在"2022 年年轻人心中最具烟火气的城市 TOP10 榜单"中,长沙、重庆、西安、成都、贵阳、广州、武汉、昆明、喀什、延吉位列其中,北京、天津及河北各城市均榜上无名,说明京津冀各地烟火气不足,城市搜索度、旅游吸引度、线上美誉度等较弱。以发展新型地摊经济为突破口,打造消费中心城市,对于京津冀地区抓住年轻消费者,进一步推动各城市走红出圈,提高城市线上线下吸引力具有极高的价值。

三 新型地摊经济的融合共存发展路径

新型地摊经济的实施主体与传统地摊经济有所不同。尤其是进入后工业社会，人类社会组织方式开始由业缘主导向趣缘主导转变，社会群体的业缘属性逐步淡化，越来越多的都市人响应趣缘，出现了越来越多的"斜杠青年"。"斜杠青年"不再满足专一职业的生活方式，而倾向于选择拥有多重职业和身份，享受多元生活，摆摊成为一种备受追捧的副业选择。"斜杠青年"等新型地摊摊主与以往流动商摊贩完全不同，具备较高的文化素质，是新型地摊经济的全新承担者。相应地，新型地摊经济的消费人群、售卖内容、技术工具等也异于传统地摊经济。基于此，新型地摊经济有条件与"夜经济""外摆经济""社区地摊经济""数字经济"等融合共生发展。

（一）"地摊经济"与"夜经济"融合共生

夜间经济，是白天经济活动时间的延伸，是利用夜晚时间和空间盘活闲置资源的经济活动的总称，包括食、游、购、娱、体、展、演等主要形式，具有舒缓白天压力、释放消费潜能、丰富旅游活动、提供更多的就业岗位等作用，对区域经济、社会、文化发展具有较高价值。[①] 由于部分地摊消费是夜间场景，地摊经济与夜间经济在发生地段、时段、内容、方式等方面多有重叠，二者呈现融合发展趋势。尤其是，通过在城市中规划植入"夜间功能区"，夜间经济可将摊主白天的经济行为向夜间转移，使其组织化、集中化、合法化，便于维护环境卫生秩序和加强食品安全监管。因此，新型地摊经济行之有效的方法，就是与夜间经济结合，长期共存发展。

2018年，天津市人民政府办公厅发布《关于加快推进夜间经济发展的实施意见》，鼓励开展"夜赏津曲""夜品津味""夜购津货"的体验活动，

---

① 《京沪最具人间烟火气，"夜间经济"如何点亮城市发展?》，新浪财经，2023年3月6日，https：//finance.sina.cn/2023-03-06/detail-imyixivw0586395.d.html。

进而打造"夜津城"。2019 年，北京商务局发布《北京市关于进一步繁荣夜间经济促进消费增长的措施》，提出打造"夜京城"地标、商圈和生活圈，繁荣夜间经济，激发新一轮消费升级潜力。河北省发展夜经济以石家庄市为重点，[①] 逐步向秦皇岛、邯郸、唐山、保定、承德等市发展，商业夜市、观光夜市和流动夜市等多类型夜市稳步发展。

基于现有基础，京津冀区域可推动"夜经济"的"老三样"（夜市、演出和景区）向"新三样"（节事、场馆和街区）发展，同时借助短视频平台开展营销活动，引导"地摊经济+夜经济"融合共同发展。具体措施包括：依托特色餐饮集中区域，体育场馆、图书馆、博物馆、电影院、公园、演艺游乐场等集中区域，高校和产业园等人员密集区域，以及具有夜间消费习惯的街道里巷、封闭市场以及空置商业设施等，放宽摆卖限制，引导新型地摊发展；引入商业夜游、主题公园夜游、表演夜游、娱乐夜游、水上表演、庙会、元宵节、专题夜游、体育夜游、天文夜游、专题摄影等一系列参与性和体验性强的促消费项目。与此同时，出台相应政策，包括税收优惠、场地租金减免、人才引进等，吸引更多的企业和机构参与到"地摊经济+夜经济"活动中，如组织创业大赛、创业培训等活动，加大对地摊经济和夜间经济创新创业项目的支持力度，为创业者提供资金、场地、人才等方面的支持。另外，各城市须加强对夜间经济场所的安全、卫生、交通管理，确保市民在夜间活动中的人身和财产安全，提供安全、便捷的夜间交通服务。

（二）"地摊经济"与"外摆经济"融合共生

外摆经济源于欧美、日韩等国的餐饮行业，尤其是咖啡馆的外摆文化，主要是指沿街商家利用门店外的位置，将商品、服务以及品牌文化从店内扩展到外部，利用具有自身品牌风格的露天营业区域，拉动消费。外摆形式可以有效地展示实物商品、服务商品、体验商品，同时也可以创新各种场景，具有增加营业面积、增加品牌与消费者之间的互动、带动潜在的消费群体等

---

① 王佳雯、徐丽蓉、郭艺薇：《石家庄夜经济发展研究报告》，《河北企业》2013 年第 12 期。

作用，还可塑造自身品牌形象，扩大品牌影响力。

近年来，部分百货商超门口广泛开展了区域地摊摆放等活动。对比百货商超的外摆，地摊销售的商品定位较为低端，两者品类重叠小，不存在竞争关系。地摊经济的兴起或助推百货商超线下客流恢复，两者具有协同性。对于品牌餐饮，短期内地摊小食消费可以提振居民外食信心，未来进一步向室内品牌餐饮店消费转移。长期来看，"地摊经济"将会是我国社会零售业的重要补充业态，而"地摊经济"与"外摆经济"具有极大的融合共生发展空间。

2023年，北京市发展和改革委员会、北京市商务局联合印发的《清理隐性壁垒优化消费营商环境实施方案》（以下简称《方案》）提出，深入推进消费领域供给侧改革，将恢复和扩大消费放在优先位置。根据《方案》，北京市提出在重点商圈开放外摆，丰富商业业态，增加商圈运营空间，从而提高商业的经济效率。2020年，天津市商务局、天津市公安局、天津市城市管理委、天津市市场监管委联合发布的《关于进一步完善配套保障措施推动夜间经济繁荣发展的实施意见》提出，在不挤占盲道和消防通道、不扰民、保障人行道宽度不小于两米、严格落实门前三包责任制等前提下，允许夜间经济示范街区、商业步行街等指定区域内酒吧、咖啡店、甜点、饮品、轻餐饮店等在晚8点至次日凌晨开展外摆经营活动，临时摆放促销宣传品，设置顾客临时等候区就餐座席等。在外摆经济升温的背景下，河北省廊坊、定州等地也出台了相关政策，支持有条件的商户外摆。

在"地摊经济+外摆经济"融合发展模式下，京津冀地区可逐步开展在夜间经济、特色街区、商业体外广场和开放式公园等增加摊位，联动品牌餐饮和百货商超，现场售卖商品；探索"文商融合"新模式，强化地摊经济的展览功能，支持商家设置夜间灯光，鼓励推出网红游乐类产品、文创类产品，打造网红打卡点；同时，也可探索设置售卖车、玻璃房子、直播间等特色售卖点，适度添加摊位的创意文化和美学成分。此外，政府在支持新消费业态发展的同时，应实施经营者向所在街道进行网上报备的制度，实施街道对外摆时间、摆放范围、经营品类等的精细化管理，指导督促商户落实市容环境卫生责任制，做好生活垃圾分类、餐厨垃圾和废弃油脂收运处置等工作，保障外摆经济规范可持续发展。

（三）探索"社区地摊经济"有序发展

有人才有需求，才会有消费，因而人群聚集地是地摊经济的主要根据地。调查发现，住宅区附近是人员进出经过的主要场所，购物比较便捷，在一定程度上受到住户欢迎，因而住宅区的商业机会较高，是地摊经济的重要消费场景。[①] 住宅区"地摊经济"的营业时段以早市为主，也有全天市场。早市售卖的商品多为早餐和时蔬，而全天市场的售卖品类更加丰富、齐全。

现实当中，住宅区也是地摊经济的"冲突地区"。反对声音主要来自邻避势力。实际上，发展社区地摊经济能够有效回应居民生活需求，为完善城市"15分钟生活圈"提供助力，提高社区居民生活便利度；社区地摊经济也能激活社区内生活力，推动打造社区共同体；同时，社区地摊经济与社区更新计划等相结合，可以提升街头集市的场景设计品质，推进城市的有机更新。

因此，京津冀可探索地摊经济在社区的有序发展，构建社区发展治理新形式。具体措施包括：在有条件的社区开展社区夜市地摊试点，以街道和社区为主体成立社区地摊经济协调小组，以民主协商为原则，划定社区摆摊区域；充分发挥线上平台优势，组建社区地摊创业微信群，引导社区贫困家庭、失业家庭以及感兴趣的群体居民、辖区企业等多维度、多层次参与，整合地区资源；引导社区"摊主"参与制定社区地摊公约，营造"品质保障、规范经营、遵守规则、自律自觉"的社区地摊风景线，消解社区内部矛盾。同时，对于早市和全天摆摊的老年人、残疾人等弱势群体，城市管理执法单位应秉承"以人为本"的原则，在确保社区周边环境健康有序的前提下，进行规劝引导与柔性弹性管理，展现城市格局的包容和博大；同时街道和社

---

① 潘悦、王誉霖、田韬禹：《地摊经济3.0发展现状、问题及对策分析》，《中国商论》2021年第21期。

区可积极呼应"双创"建设和在线新经济发展，开展街头贩卖培训、商业教育、低息信贷和公共卫生培训，将选定的街头小贩纳入促进创业的项目，促进个人商业升级，满足人民群众的"美好生活需要"，让城市充满温情。

（四）"地摊经济"与"数字经济"融合共生

进入数字经济时代，数字技术对经济社会发展的放大、叠加、倍增作用显著。[①] 以数字化助力地摊经济转型升级具有巨大潜力。目前，多领域平台企业推出地摊支持计划，如京东的"星星之火"计划、阿里1688的"地摊经济"帮扶计划、苏宁的"夜逛合伙人"地摊夜市扶持计划、百度地图为地摊聚集区开辟的POI上传绿色通道、微信的"全国小店烟火计划"等，线上平台为线下摊主提供的福利补贴、商家教育指南、经营保障等，推动了地摊经济的线上线下一体化发展。

2021年，北京市发布了《北京市关于加快建设全球数字经济标杆城市的实施方案》，提出以高质量发展为主题，以供给侧结构性改革为主线，以科技创新为引擎，促进数字技术与实体经济深度融合，打造中国数字经济发展"北京样板"、全球数字经济发展"北京标杆"。2019年，《天津市促进数字经济发展行动方案（2019—2023年）》正式发布，该方案提出打造智能科技创新能力突出、融合应用成效显著、数字经济占GDP比重全国领先的数字经济发展新格局，数据成为关键生产要素，数字化转型成为实现天津高质量发展的主导力量。2020年河北省人民政府制定的《河北省数字经济发展规划（2020—2025年）》提出，加快建立自主参与、激励创新的制度基础和社会氛围，在重点区域、重点领域打造一批应用场景，探索数字经济发展的新模式、新机制、新路径；高效释放数据资源的价值作用，开启数据驱动高质量发展新模式，形成经济增长新动能；引进培育一批数字经济新型市场主体，激发各类市场主体的创新创业活力，打造有利于人才、技术等要

---

① 《推动数字经济高质量发展》，光明网，2023年8月4日，https：//m.gmw.cn/2023−08/04/content_36744881.htm。

素资源集聚的产业生态等。

因此，在数字经济赋能高质量发展的大背景下，京津冀地区应该借助多元数字化经营工具，促进"地摊经济"的数字化转型发展。在金融方面，数字技术能够有效解决摊主现金管理和流水记录两大问题，如数字技术能够帮助摊主规避使用现金、持有现金等发生的成本；记账功能所带来的流水管理智能业务分析能够帮助摊主提升经营效率；摊主的经营流水沉淀，有条件享受保险、贷款等更为丰富的金融服务。在地摊货源质量和供应链方面，可依托京东、阿里、苏宁等电商平台，提供本地特产、生鲜、小百货等品类货品的本地化直供，摊主可申请冷链仓储服务，实现优品货源可追溯、可保障。在摊位的数字化管理方面，可与百度地图合作，为地摊聚集区开辟POI（地点信息）上传绿色通道，大幅度简化上传摊点聚集区位置、图片等信息内容流程，更易操作，更快通过。摊主只需打开百度地图App，点击首页"上报"，选择新增地点，提供地摊聚集区所在位置、经营时的现场照片等，审核通过后消费者即可通过百度地图导航至地摊聚集区。网红经济、直播带货、社群电商的背后离不开数字物流、大数据分析、移动支付的支撑。地摊虽然销售的是更接地气的意识文化和生活场景，但"地摊经济+互联网+数字经济"的融合发展空间十分广阔。未来，连锁品牌地摊、网红地摊等极有可能发展成为一种新业态。发展数字化经营的新地摊经济也将成为行业新趋势。

四　京津冀地区协同发展新型地摊经济的政策建议

围绕京津冀协同发展目标，三地可从政策协同、技术协同、人员协同、资源协同等方面入手，携手共同推动新型地摊经济发展，打造北方新型地摊经济新领地。

（一）政策协同

京津冀地区各城市对夜间经济、外摆经济、社区地摊经济等方面存在共性需求，政策态度较为一致。因此，围绕"新型地摊经济+"，三地可以加大政策协同力度，打造统一要素市场，共同推动新型地摊经济成为京津冀区域协同高质量发展的特色抓手。例如，京津冀地区可针对新型地摊经济相关市场主体，包括商业综合体、品牌企业、平台企业、演艺活动主办方等给予政策支持，如税收优惠政策、财政支持政策等，引导新型地摊经济繁荣发展。再例如，围绕部分区域（商业体外空间、夜市等）新型地摊摊位费较高等社会热点问题，京津冀地区各地主管部门应加强规范管理，加强租赁成本信息公开，科学计算摊位费的成本，或探索摇号制度保障摊位分配公平，真正实现政策服务有温度，让地摊经济发挥持久活力，同时，还应支持地摊经济各市场主体、平台企业、金融机构、媒体等组建地摊共治联盟，通过构建协商联动机制为地摊经济赋能，构建京津冀地区新型地摊经济管理新模式。

（二）技术协同

在京津冀区域协同发展过程中，数字经济发挥着重要作用。但相对于珠三角和长三角区域，京津冀区域数字经济发展不均衡，北京市平台型企业富集，对津冀两地的空间溢出效应不足，数字鸿沟影响了京津冀区域协同创新发展效率。[1] 京津冀地区以"数字经济"助力"新型地摊经济"，需要以北京为中心，发挥平台型企业智慧赋能和服务保障的作用，为京津冀区域"地摊经济"的数字化智能转型提供数字平台支撑。例如，可依托相关平台开通京津冀"地摊经济"地图，摊主及用户可以实时对京津冀各地允许摆摊的地点进行查阅，降低摊贩及用户的时间成本和试错成本，同时也为政府更科学地监管提供便利。与此同时，京津冀三地应鼓励数字信贷发展，为个体经营者和摊主提供资金支持，也可通过发放消费券等方式推动地摊经济与智慧商圈的融合发展。针对传统地摊经济商品质量监管难、环境卫生秩序难保障的问题，京津冀地区可以转换思路，依托电商平台的商品溯源系统等，

---

① 刘畅：《探索数字经济新路径 打造协同发展新引擎》，《天津日报》2023 年 4 月 6 日。

用数字技术将摊主的信息、卫生资质、位置信息、产品信息等录入后台，形成实时的动态管理系统，逐步推动提升城市末端精细化治理水平，深入落实城市数字化管理转型。①

（三）人员协同

"新型地摊经济"相比其他业态，对从业人员的职业要求较低，具备很高的自由性。但是，依靠摆地摊日入 1500 元的并不多见，② 多数地摊从业者对摆摊的地点、产品选择、定价策略、营销推广等缺乏经验。多数情况下，地摊从业者将摆地摊视作再就业过渡期间的临时选择，或将摆地摊视作副业，而非长期从事的理想职业。因此，新型地摊经济发展缺乏专业的、可持续性的人才供给。因此，京津冀地区相关部门可以联合组织创新创业大赛、创业培训等活动，加大对创新创业项目的支持力度，鼓励引导地摊经济向数字化转型发展，同时，对各类摊主实施文明素质教育，强化其社会责任意识，从源头上解决传统地摊经济卫生秩序差、商品质量参差不齐等问题。与此同时，京津冀地区各城市应由政府牵头，专业培训机构承办，城管、工商、卫生、公安、交通等部门协办，开展专业培训，学习日本等地柔性执法经验，打造一批具备人性化服务管理能力的现代化城市管理执法队伍。尤其是，各地应建立"新型地摊经济"应急机制，由城管、工商、卫生、公安、交通等部门分别或统一成立应急小队，及时高效处理突发情况。③

（四）资源协同

京津冀地区地缘位置接近，区域资源多元丰富。自京津冀协同发展战略实施以来，三地在基础设施、公共服务、生态环境保护、产业协同发展等重

---

① 王吉伟：《地摊经济背后的数字化，摊位在地经营上云》，《大数据时代》2020 年第 7 期。
② 《医生适合做兼职吗？90 后医生兼职摆摊日入 1500，网友吵翻天》，网易，2024 年 5 月 9 日，https://www.163.com/dy/article/J1OF8N3C0552M0MJ.html。
③ 《关于开展地摊培训的建议》，中国民主建国会安徽省委员会网站，2020 年 6 月 5 日，http://www.ahdca.org/article/detail/11661.html。

点领域取得了显著成绩。打破区域障碍，整合区域优势资源，推动资源要素在京津冀统一市场自由流动，为推进京津冀协同高质量发展提供了重要前提。推动京津冀新型地摊经济发展，可在现有资源整合的基础上，持续创新，开拓布局，推动各类新业态深度融合，共生发展。例如，京津冀地区可在现有文化旅游资源共享以及文旅产业项目融合发展的基础上，围绕精品线路、重点商圈、特色街区，甚至公园绿地和符合条件的城市边缘空间，发展夜经济和外摆经济，放宽摆摊限制，在公共服务和标准规范等方面实行协同共管，推动实现渠道平台的共享共用，通过资源共享推动京津冀新型地摊经济可持续规模化发展。

参考文献

郭征、孔令斌、张晋熠：《城市高品质发展形势下做好流动摊贩市容管理提振地摊经济问题的对策研究——以深圳市龙岗区坪地街道为例》，《特区经济》2024年第6期。

黄丁琦：《"地摊经济"赋能"夜经济"带动城市经济的研究——以即墨古城为例》，《全国流通经济》2020年第24期。

黄珊、黄焕汉：《"时空修复"：新时期地摊经济的空间转向及合理化发展》，《改革与战略》2021年第5期。

侯伟胜：《地摊经济走向正规化的必经之路》，《商业观察》2024年第11期。

马赛、薛勇、黄钊坤：《京津冀城市群环境规制对就业规模影响》，《中国软科学》2023年第9期。

王成栋：《引导"地摊经济"有序发展》，《人民论坛》2020年第20期。

王岩：《城市精细化管理如何包容地摊经济——基于上海中心城区的实证调查研究》，《中国发展观察》2018年第13期。

杨利、张俊杰、彭小兵等：《数字化治理视域下提升地摊经济治理水平的对策》，《上海城市管理》2024年第3期。

社会科学文献出版社

皮 书

智库成果出版与传播平台

❖ 皮书定义 ❖

皮书是对中国与世界发展状况和热点问题进行年度监测，以专业的角度、专家的视野和实证研究方法，针对某一领域或区域现状与发展态势展开分析和预测，具备前沿性、原创性、实证性、连续性、时效性等特点的公开出版物，由一系列权威研究报告组成。

❖ 皮书作者 ❖

皮书系列报告作者以国内外一流研究机构、知名高校等重点智库的研究人员为主，多为相关领域一流专家学者，他们的观点代表了当下学界对中国与世界的现实和未来最高水平的解读与分析。

❖ 皮书荣誉 ❖

皮书作为中国社会科学院基础理论研究与应用对策研究融合发展的代表性成果，不仅是哲学社会科学工作者服务中国特色社会主义现代化建设的重要成果，更是助力中国特色新型智库建设、构建中国特色哲学社会科学"三大体系"的重要平台。皮书系列先后被列入"十二五""十三五""十四五"时期国家重点出版物出版专项规划项目；自2013年起，重点皮书被列入中国社会科学院国家哲学社会科学创新工程项目。

皮书网

（网址：www.pishu.cn）

发布皮书研创资讯，传播皮书精彩内容
引领皮书出版潮流，打造皮书服务平台

栏目设置

◆ **关于皮书**
何谓皮书、皮书分类、皮书大事记、
皮书荣誉、皮书出版第一人、皮书编辑部

◆ **最新资讯**
通知公告、新闻动态、媒体聚焦、
网站专题、视频直播、下载专区

◆ **皮书研创**
皮书规范、皮书出版、
皮书研究、研创团队

◆ **皮书评奖评价**
指标体系、皮书评价、皮书评奖

所获荣誉

◆ 2008 年、2011 年、2014 年，皮书网均
在全国新闻出版业网站荣誉评选中获得
"最具商业价值网站"称号；
◆ 2012 年,获得"出版业网站百强"称号。

网库合一

2014年，皮书网与皮书数据库端口合
一，实现资源共享，搭建智库成果融合创
新平台。

皮书网

"皮书说"
微信公众号

权威报告·连续出版·独家资源

皮书数据库

ANNUAL REPORT(YEARBOOK)
DATABASE

分析解读当下中国发展变迁的高端智库平台

所获荣誉

- 2022年，入选技术赋能"新闻+"推荐案例
- 2020年，入选全国新闻出版深度融合发展创新案例
- 2019年，入选国家新闻出版署数字出版精品遴选推荐计划
- 2016年，入选"十三五"国家重点电子出版物出版规划骨干工程
- 2013年，荣获"中国出版政府奖·网络出版物奖"提名奖

皮书数据库　　"社科数托邦"
　　　　　　　微信公众号

成为用户

　　登录网址www.pishu.com.cn访问皮书数据库网站或下载皮书数据库APP，通过手机号码验证或邮箱验证即可成为皮书数据库用户。

用户福利

- 已注册用户购书后可免费获赠100元皮书数据库充值卡。刮开充值卡涂层获取充值密码，登录并进入"会员中心"—"在线充值"—"充值卡充值"，充值成功即可购买和查看数据库内容。
- 用户福利最终解释权归社会科学文献出版社所有。

数据库服务热线：010-59367265
数据库服务QQ：2475522410
数据库服务邮箱：database@ssap.cn
图书销售热线：010-59367070/7028
图书服务QQ：1265056568
图书服务邮箱：duzhe@ssap.cn

社会科学文献出版社　皮书系列
SOCIAL SCIENCES ACADEMIC PRESS (CHINA)
卡号：263615989962
密码：

S 基本子库
UB DATABASE

中国社会发展数据库（下设 12 个专题子库）

紧扣人口、政治、外交、法律、教育、医疗卫生、资源环境等 12 个社会发展领域的前沿和热点，全面整合专业著作、智库报告、学术资讯、调研数据等类型资源，帮助用户追踪中国社会发展动态、研究社会发展战略与政策、了解社会热点问题、分析社会发展趋势。

中国经济发展数据库（下设 12 专题子库）

内容涵盖宏观经济、产业经济、工业经济、农业经济、财政金融、房地产经济、城市经济、商业贸易等 12 个重点经济领域，为把握经济运行态势、洞察经济发展规律、研判经济发展趋势、进行经济调控决策提供参考和依据。

中国行业发展数据库（下设 17 个专题子库）

以中国国民经济行业分类为依据，覆盖金融业、旅游业、交通运输业、能源矿产业、制造业等 100 多个行业，跟踪分析国民经济相关行业市场运行状况和政策导向，汇集行业发展前沿资讯，为投资、从业及各种经济决策提供理论支撑和实践指导。

中国区域发展数据库（下设 4 个专题子库）

对中国特定区域内的经济、社会、文化等领域现状与发展情况进行深度分析和预测，涉及省级行政区、城市群、城市、农村等不同维度，研究层级至县及县以下行政区，为学者研究地方经济社会宏观态势、经验模式、发展案例提供支撑，为地方政府决策提供参考。

中国文化传媒数据库（下设 18 个专题子库）

内容覆盖文化产业、新闻传播、电影娱乐、文学艺术、群众文化、图书情报等 18 个重点研究领域，聚焦文化传媒领域发展前沿、热点话题、行业实践，服务用户的教学科研、文化投资、企业规划等需要。

世界经济与国际关系数据库（下设 6 个专题子库）

整合世界经济、国际政治、世界文化与科技、全球性问题、国际组织与国际法、区域研究 6 大领域研究成果，对世界经济形势、国际形势进行连续性深度分析，对年度热点问题进行专题解读，为研判全球发展趋势提供事实和数据支持。

法律声明

"皮书系列"（含蓝皮书、绿皮书、黄皮书）之品牌由社会科学文献出版社最早使用并持续至今，现已被中国图书行业所熟知。"皮书系列"的相关商标已在国家商标管理部门商标局注册，包括但不限于LOGO（ ）、皮书、Pishu、经济蓝皮书、社会蓝皮书等。"皮书系列"图书的注册商标专用权及封面设计、版式设计的著作权均为社会科学文献出版社所有。未经社会科学文献出版社书面授权许可，任何使用与"皮书系列"图书注册商标、封面设计、版式设计相同或者近似的文字、图形或其组合的行为均系侵权行为。

经作者授权，本书的专有出版权及信息网络传播权等为社会科学文献出版社享有。未经社会科学文献出版社书面授权许可，任何就本书内容的复制、发行或以数字形式进行网络传播的行为均系侵权行为。

社会科学文献出版社将通过法律途径追究上述侵权行为的法律责任，维护自身合法权益。

欢迎社会各界人士对侵犯社会科学文献出版社上述权利的侵权行为进行举报。电话：010-59367121，电子邮箱：fawubu@ssap.cn。

社会科学文献出版社